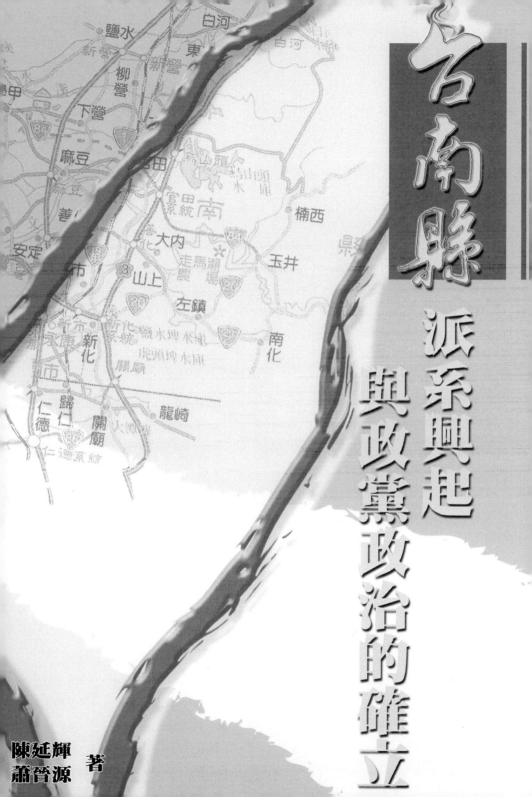

台南縣

派系興起
與政黨政治的確立

陳延輝
蕭晉源　著

序

　　台南縣是台灣民主運動推進者陳水扁總統的故鄉，他曾在 1985 年參選第十屆台南縣長，雖然沒有當選，但由此可以理解到地方政治對台灣整體政治環境的影響，有其一定的脈絡相繫。所以要了解台灣的政治生態，首先應從地方政治著手。

　　為了要對地方政治的變遷有進一步的了解，所以本研究由台南縣出發，介紹自戰後以來，在國民黨威權統治時期，縣內海派、山派及高系三大主要派系勢力的形成過程；以及這三大派系勢力在縣長選舉過程中，彼此競爭、結盟的情形；不過，到了 1970 年代末期反對運動的興起，縣內受台灣大環境政治變遷的牽動，逐漸形成一股有別於國民黨所控制的政治勢力，而這也對 1980 年代中期以後的政黨政治時代的來臨，奠定了基礎。

　　在此了解地方政治勢力所下的努力，是為了能夠進一步描繪出屬於台灣在地的本土政治學理論。這條路雖然漫長，但是十分有意義；而且也有了具體的行動，故希望這本書的出版對接近這個目標有些許的幫助，並敬請不吝指教。

致　謝

本書得以順利出版，特別感謝
『守根制憲聯盟』發起人李永祥的熱情
贊助，在此特別提出以表最高謝意。

目　次

圖表目次

第一章 海派、山派及高系 三大勢力的形成

　　1945 年 10 月 25 日國民政府（以下簡稱國府）接管台灣後，省行政公署於同年 12 月 6 日訂定「台灣省各級民意機關成立方案」，為各級民意機關成立之依據。又於 1946 年 1 月 12 日訂定「台灣省各縣市籌設各級民意機關工作預定進度表」，規定自 1946 年 1 月開始籌備，並須於同年 3 月 31 日全部辦理完成。於是依規定各縣市次第成立村里民大會，鄉鎮縣轄市區民代表會，縣市參議會；復由各縣市參議會選出省參議員成立省參議會（董翔飛，1984b：505）。當時大台南縣（包括今之雲林縣、嘉義縣共六十五鄉鎮）依上述方案及進度表，次第辦理各級選舉；並依台灣省行政長官公署之指示，於 1946 年 4 月 15 日前，完成縣參議會的成立[1]。

　　在縣市長、及鄉鎮縣轄市區長等地方行政首長部分，從 1945 年 10 月國府接管台灣，到 1950 年 8 月實施地方自治前，縣市長均由政府任命。1946 年 1 月 7 日，台灣省行政長官公署，指派袁國欽為首任官派台南縣縣長，籌組台南州接管委員會，並於州接管委員會所位地，現在的台南市成立台南縣政府，再於同年的 4 月 9 日遷移縣治，到今日縣府所在地新營。1948 年 11 月，國共戰事激化，袁氏回中國大陸，一去不還；同月省府才又另派薛人

---

[1] 當時縣參議會議員，係由各鄉鎮民代表會間接選舉產生（台南縣選舉委員會編印，1989b：23）。

仰，為第二任官派縣長[2]。

　　而鄉鎮縣轄市區長剛開始，是由官派的縣市長任命，任期未定；但從 1946 年 11 月開始，則改以間接選舉方式；由各鄉鎮縣轄市區代表，相互投票選出，任期二年，這種以間接方式選舉出來的鄉鎮縣轄市區長，分別在 1946 年 11 月和 1948 年 11 月先後產生兩屆，直到 1950 年 8 月實施地方自治後，才和縣市長一樣改由民選直接產生（陳延輝，1996.5：46）。

　　以上可知各縣市在 1945 年 10 月，至 1950 年 8 月台灣省奉准實施地方自治前，即已辦理各級地方選舉；且大多是間接選舉，並限於各級地方民意機關的代表；及後來擴及的鄉鎮縣轄市區長，至於縣市長仍為官派。

　　國府於 1949 年 12 月遷台；並於 1950 年 8 月 16 日公布台灣省實施地方自治。隨之而來的歷屆地方選舉，與國民黨的刻意栽培主導下；台南縣內的地方政治勢力，延續日治時期已有的雛型蓬勃發展[3]；依形成的先後順序，和主要領導人物的某些特質來分；國民黨在縣內大致可分成三大主要勢力，分別為「海派」、「山派」和「高系」。

---

[2]　長官公署於 1947 年 4 月 22 日撤銷，改設省政府。有關袁國欽生平的資料目前不全，至於薛人仰則為福建人，國立中央大學教育系畢業、國民黨革命實踐研究院結業，曾任國立中央大學實驗中學祕書主任、教育部邊教會祕書、台灣省台北縣民政局長、台灣省教育廳主任督學、台灣省教育廳主任祕書兼省編審委員會主任委員，出任台南縣長時為卅九歲；其任期一直到 1951 年 6 月 1 日，與第一屆民選縣長交接止，共兩年半又十一天（洪波浪、吳新榮主修，1980a：60；白夢，1951.7：19；李旺臺、甘春煌等，1982.11：79；台灣新文化服務社，1952：253）。

[3]　吳文星認為台灣地方派系的形成，可淵源至日治時期，他說「…總督府…保障既得利益和特權，使一人一家久任不替，造成地方政治參與的壟斷和地方派系的形成，直接影響光復後地方政治的發展…」（1992：374）。

　　海派或有稱之「北門派」，山派亦有稱之「胡派」或「三新派」，「高系」又稱高派；其中「海派」就是依其最初領導人的籍屬地，是較靠海的北門區[4]而來；「山派」則以相對於「海派」而稱之，因為三新派（新營區、新化區、新豐區）的主要勢力圍範是離海較遠、接近山區的鄉鎮，或有謂從「三新派」的「三」諧音而來。至於「高系」名稱則是依領導人物的姓氏而被命名[5]。

　　派系名稱主要是為方便表達、描述或研究某一政治勢力，而將事實現狀加以概念化而來。所以派系的名稱，可能是由地方人士、媒體工作者或研究者，依各個地方勢力的某些共同特質所賦與。本文為方便描述，一律採用「海派」、「山派」及「高系」。三者形成與發展過程分述如下：

第一節　陳華宗、高文瑞等人的崛起

　　1945 年 10 月日本人結束治台，一直到籍屬新化區曾任國民黨縣黨部主委的胡龍寶[6]，於 1957 年 4 月當選第三屆縣長前的這段時間，日本人在台南縣所遺留下來的縣政領導權，繼國民政府官派縣長及經過幾次地方選舉後，逐漸由籍屬北門區的人士所掌握。

4　為配合台南縣當地人士，長期以來對縣內區域劃分的既有概念，及方便本文敘述；摘錄以天然的地理環境—曾文溪所劃分的溪南、溪北，及 1946 年 1 月至 1950 年 8 月所行的區署編制；再配合 1950 年 8 月行政院通過「台灣省各縣市行政區域調整方案」迄今日的台南縣，其下所轄的共三十一鄉鎮縣轄市，整理成表一供查閱對照。有關台南縣的行政區劃分沿革，見（洪波浪、吳新榮主修，1980a：43～66；黃文博，1995：24～27）。
5　張昆山，〈地方派系雖有其名多數民眾未染色彩〉，聯合報，1985.11.1，6版。
6　胡龍寶，1910 年生，善化鎮胡厝寮人。嘉義農林學校畢業，日治時曾任安定莊助役（副鄉長）。戰後曾任安定鄉長、縣參議員、議員、國民黨台南縣黨部主委、縣長（廖娟秀、葉翠雯，1992：年表）。

（表一）台南縣行政區表*

曾文溪**	五區***	兩市	七鎮	二十二鄉
溪 北	新營區	新營市	鹽水鎮白河鎮	後壁鄉東山鄉 柳營鄉
	曾文區		麻豆鎮	下營鄉官田鄉 六甲鄉大內鄉
	北門區		佳里鎮學甲鎮	西港鄉七股鄉 將軍鄉北門鄉
溪 南	新化區		新化鎮善化鎮	新市鄉安定鄉 山上鄉左鎮鄉 玉井鄉楠西鄉 南化鄉
	新豐區	永康市		仁德鄉歸仁鄉 關廟鄉龍崎鄉

資料來源：洪波浪、吳新榮主修，1980a，43～66。

台南縣政府網頁

http://www.tnhg.gov.tw/index.php3?mode=A00_01_02（2002.3.25 查詢）

---

*　1950 年 10 月行政區域重劃完成後，原含新營鎮有 7 鎮 24 鄉，後 1968 年
　　8 月 22 日學甲鄉升格為學甲鎮，1981 年 12 月 25 日新營鎮升格為新營市，
　　1993 年 5 月 1 日永康鄉升格為永康市；即為今日 2 縣轄市、7 鎮、22 鄉。
**　以曾文溪將台南縣分溪南、溪北，是從自然地理的角度出發，這是非正
　　式的稱呼，正式的行政區劃上，並無此分法。
***　現今台南縣正式的行政層級及區劃，並無「區」的層級；但現今普遍仍
　　有五區的稱呼，是延續 1946 年 1 月省行政公署，剛自日人接收初期的區
　　署制（洪波浪、吳新榮主修，1980a，60～65）。區署制雖於 1950 年 8 月
　　裁撤，但至今仍被非正式的延用。故台南縣政府網站內有提到「民國三
　　十九年十月二十五日重劃行政區域後，台南縣僅轄原新營、新化、新豐、
　　北門、曾文等五區，計七鎮，二十四鄉，四九九村里，六、九〇一鄰。」
　　其實當時重劃後，就已經沒有「區」的層級編制了。

台南縣首屆參議員選舉於 1946 年 3 月 24 日舉行，順利產生七十七位縣參議員；縣參議會並在 4 月 15 日於新營成立，並選舉陳華宗[7]為首屆縣參議會議長。1951 年 2 月 12 日首屆縣議會成立，陳華宗順利當選首屆縣議會會長；於此開始連任四屆，一直到 1959 年 12 月間才轉任嘉南農田水利會會長。所以陳華宗出任縣參議會議長及縣議會議長的任期，一共長達十三年又八個月餘[8]。

縣長選舉方面，原本有意出馬競選台南縣第一屆民選縣長的共有五人；這五人分別是曾文區區長高文瑞、縣府財政科長高錦德、建設科長莊維藩、教育科長胡丙申及縣議會主任祕書蔡愛仁[9]，後來莊氏因出任農復會專員而胡氏因競費經費問題，先後宣布退出選局，故登記且競選到底的只剩北門區的高文瑞、高錦德及新豐區出身的蔡愛仁[10]。高文瑞 1893 年生，將軍鄉人，台北國語學校師範部畢業，在日治時代就擔任過十二年的佳里街街長（約如今日鎮長），戰後出任北門家政學校及北門農校校長，後來並負責創辦北門中學；並曾當選台南縣（包括今之雲、嘉、南

---

[7] 陳華宗，1903 年生，學甲鎮人，日本立正大學文學系史學科畢業，日治時曾任學甲庄長，1947 年發生二二八事件時陳氏曾下獄並被判死刑，後來改判無罪開釋。擔任議長後 1963 年起當選過兩屆省議員，1968 年 11 月 10 日於任內在台北車禍身亡（黃朝琴，1970.6：95；涂叔君，2001：148）。

[8] 見表二，台南縣縣議會歷屆議員任期暨正副議長姓名。

[9] 胡丙申，1891 年生麻豆鎮人，台灣總督府國語學校畢業，曾任中學、台南師範教員、縣參議員、縣府教育科長、縣教育會理事長。1954 年 4 月，當選第二屆臨時省議會議員。莊維藩，日本東京帝大畢業，日治時高等文官考試合格；戰後曾任官派縣長時代建設科長、農復會技正及台銀董事（白夢，1951.6：36～37；洪波浪、吳新榮主修，1980b：55、84；涂叔君，2001：138）。〈故胡丙申先生生平事略〉，中華日報，1972.4.23，6 版。

[10] 高文瑞背後有海派陳華宗支持。高錦德是高文瑞的遠房親戚。敗選後高錦德辭科長職，轉到省參議會擔任專門委員（李旺臺、甘春煌等，1982.11：78）。

（表二）台南縣議會歷屆議員任期暨正副議長姓名

屆次	任期	日期起迄	正副議長姓名	備註
參議會時期	2年	1946.04.15起 1951.02.21止	陳華宗（海派） 楊群英	華宗、楊群英於一九五七年一月十六日轉任嘉南農田水利會總幹事，補選廖乾定為議長、謝文生為副議長。程其達議長故辭職，補選戴再生為副議長。吳木桐於一九九二年十一月二十九日死亡，連清泰、陳華……選李和順為副、吳健保為正議長。周五六於一九九八年十二月當選第四屆立委，同年九月、二十九日兩天，分別補選連……
議會時期1	2年	1951.02.21起 1953.02.21止	陳華宗（海派） 楊群英	
2	2年	1953.02.21起 1955.02.21止	陳華宗（海派） 楊群英	
3	3年	1955.02.21起 1958.02.21止	陳華宗（海派）、楊群英 陳華宗（海派）、謝文生（山派）	
4	3年	1958.02.21起 1961.02.21止	陳華宗（海派）、廖乾定（山派） 廖乾定（山派）、謝文生（山派）	
5	3年	1961.02.21起 1964.02.21止	廖乾定（山派） 王鼎勳（山派）	
6	4年	1964.02.21起 1968.02.21止	沈水德（海派） 戴再生	
7	5年2個月多	1968.02.21起 1973.05.01止	王鼎勳（山派） 張鏗堯（海派）	
8	4年7個月多	1973.05.01起 1977.12.30止	張鏗堯（海派）、程其達 張鏗堯（海派）、戴再生	
9	4年2個月多	1977.12.30起 1982.03.01止	戴再生 陳三元（海派）	
10	4年	1982.03.01起 1986.03.01止	陳三元（海派） 吳維樵（海派）	
11	4年	1986.03.01起 1990.03.01止	周清文（高系） 林憲同	
12	4年	1990.03.01起 1994.03.01止	周清文、吳木桐（山派） 周清文、連清泰	
13	4年	1994.03.01起 1998.03.01止	連清泰 周五六	
14	4年	1998.03.01起 2002.03.01止	周五六、李和順 李和順、吳健保	

資料來源：台南縣選舉委員會，1989b：86~87；台南縣議會編印，1999：14～16。

三縣）教育會理事長，1950 年調任曾文區區長[11]，因此在北門區及曾文區的教育、政治界有深厚的影響力。高錦德在日治時期，主要是從事交通事業，戰後兼經營魚塭，並出任官派縣長時期的縣府財政科長，支持者主要在新營區和新化區。至於蔡愛仁，他早年曾留學日本，是位基督徒且精通國、英、日語，日人結束治台後任職於縣議會，頗有交際手腕，支持者主要是其戶籍所在的新豐區，及其居住地新營地區（白夢，1951.6：37）。

　　因為三人都是國民黨員，所以選舉剛開始時三人曾擬定競選公約，以示君子之爭；公約主要內容為一、不懸掛布質橫幟。二、不得張貼競選廣告。三、不得刊登報紙廣告。四、不得豎立宣傳路牌。五、投票日不論運動員（助選員）非運動員，均不得散發名片。六、使用卡車或汽車不得超過五輛。

　　若以現今需要花大錢才能當選的風氣來衡量公約內容，節約是當時三位參選者的共識與目標。

　　當時國民黨並未刻意要支持那個人選，所以日後競爭漸趨激烈，後來不免有攻擊對手的匿名文宣及違反先前選舉公約的情事發生[12]。選舉於 1951 年 4 月 15 日舉行投票，高文瑞以 106,631 票；及 50.08％過半數的得票率當選，這也是當時少數幾個不需要第二輪投票，就順利選出縣長的縣份[13]。

　　此次選舉過程及結果有以下幾點意義：

　　一、海派日後的發展擁有較高自主性。由於國民黨是採開放

---

[11] 台南縣文獻委員會，1978.6b：229。蘇清藤，〈高文瑞哀榮…〉，中華日報，1977.6.7，8 版。

[12] 台灣時報記者集體採訪，1977：164。不著撰人，1951.6：37。

[13] 董翔飛，1984b：415；王清治，1985：171。參閱表三，歷屆縣長選舉開票結果。

自由競選，尚未特別支持或栽培某個人選。高文瑞憑藉
他己身在地方的實力，及縣參議會議長陳華宗、工商鉅
子龔聯禎的支持下，順利當選。由於高氏並無特別借助
國民黨資源情況下當選，這對他個人及日後海派，在與
國民黨互動時和日後刻意受培植所形成的山派比起
來，就相對顯得較有自主性。

二、呈現縣內政治勢力雛形。依當時規定，須有過半數公民
出席投票，且得票要超過投票人總數一半以上才算當選
（絕對多數才算當選）；要是開票結果，無人符合規定
時，應以得票較多的前二名候選人，於二十天內舉行第
二次投票，再以得票較多者為當選[14]。從台南縣於第一
輪就能完成選舉來看，當時縣內的政治生態和其他縣份
比較起來，顯得單純的多；若再由各候選人的得票結果
來看，高文瑞、蔡愛仁及高錦德三人的得票率分別為
50.08％、24.77％及23.16％，可以發現台南縣內的地方
政治生態，呈現出一股主要的勢力，及其他較小的零星
力量。而這些較弱的力量如果單獨運作的話，尚不足以
對那股主要勢力，產生制衡功能。

三、影響日後海派、山派主要支持地域的劃分。由於蔡愛仁
來自新豐區，選舉動員結果使得新豐區與北門區兩地的
選民，因地域不同而有各自的支持對象，進而形成兩股
不同勢力，這成為日後影響海派、山派擁有各自主要支
持地區的因素之一。

---

[14] 當時全省二十一縣市，第一輪就完成選舉的有台南、新竹、彰化、雲林、
澎湖五縣及台北、基隆、高雄三市（董翔飛，1984b：415）。

（表三）歷屆縣長選舉開票結果

屆別	投票日期	人口數	選民數	投票數	投票率%	侯選人	黨籍	得票數	對選民數%	對投票數%	備註
1	1951.04.15	611,114	272,928	212,899	78.01	高文瑞	國民黨	106,631	39.06	50.08	
						蔡愛仁	國民黨	52,742	19.32	24.77	
						高錦德	國民黨	49,323	18.07	23.16	
2	1954.04.18	661,403	298,057	231,509	77.67	高文瑞	國民黨	129,668	43.50	56.00	
						黃千里	青年黨	95,778	32.13	41.37	
3	1957.04.21	713,573	314,893	266,037	84.48	胡龍寶	國民黨	178,248	56.60	67.00	
						吳　拜		81,579	25.90	30.66	
4	1960.04.24	770,609	339,610	231,988	68.31	胡龍寶	國民黨	210,637	62.02	90.79	
5	1964.04.26	845,573	370,264	292,853	70.09	劉博文	國民黨	176,833	47.75	60.38	
						李耀乾	國民黨	109,296	29.51	37.32	
6	1968.04.21	892,564	392,901	300,078	76.37	劉博文	國民黨	270,845	68.93	90.25	
7	1972.12.23	939,041	466,244	318,292	68.27	高育仁	國民黨	299,524	64.24	94.10	
8	1977.11.19	949,923	522,682	413,793	79.23	楊寶發	國民黨	386,738	73.99	93.46	
9	1981.11.14	964,952	568,587	421,032	74.05	楊寶發	國民黨	215,662	37.93	51.22	
						蔡四結		189,172	33.27	44.93	
10	1985.11.16	995,639	624,103	486,538	77.96	蔡四結		10,017	1.61	2.06	
						李雅樵	國民黨	173,743	27.84	35.71	
						胡雅雄	國民黨	133,452	21.39	27.43	
						陳水扁		157,513	25.24	32.37	
11	1989.12.02	1,008,976	663,610	510,901	76.99	蔡四結	中國自強黨	16,954	1.68	3.32	
						李宗藩	民進黨	234,237	23.22	45.85	
						李雅樵	國民黨	243,766	24.16	47.71	

屆別	投票日期	人口數	選民數	投票數	投票率%	候選人	黨籍	得票數	對選民數%	對投票數%	備註
12	1993.11.27	1,051,314	705,430	517,156	73.31	黃秀孟	國民黨	218,509	30.98	42.25	
						黃丁全		16,097	2.28	3.11	
						陳唐山	民進黨	275,317	39.03	53.24	
13	1997.11.29	1,091,147	756,073	506,798	67.03	陳唐山	民進黨	328,641	43.47	64.85	
						洪玉欽	國民黨	171,357	22.66	33.81	
14	2001.12.01	1,106,619	802,135	539,627	67.27	吳清基	國民黨	236,670	29.51	43.86	
						蘇煥智	民進黨	274,086	34.17	50.79	
						魏耀乾		21,479	2.68	3.98	

資料來源：

1. 陳陽德，1978：附錄 78。

2. 台南縣選委會編，歷屆《台南縣縣長選舉候選人各投開票所得票數一覽表》。

四、使後來的高育仁[15]初入政壇時和山派互動較佳。與高文瑞競選失利者之一的高錦德，就是後來第七屆縣長高育仁之父；所以這次選舉，使高育仁日後剛在台南縣政壇發展時，與海派較有距離，而和山派較有互動不無關係。

三年任滿後，高文瑞參選尋求連任，而當時與他競逐縣長寶座的是中國青年黨（以下簡稱青年黨）籍的黃千里；黃氏出身曾文區六甲鄉，所喊出的競選口號是「結合新營、新化、新豐、善化等區的力量，以對抗『北門派』」，這樣競選宣傳使選民的地域觀念加深[16]。第二屆縣長選舉於 1954 年 4 月 18 日舉行投票，開票結果高文瑞 129,668 票、黃千里 95,778 票；兩人得票率分別是 56.00％及 41.37％[17]，高文瑞擊敗黃千里，成功連任。

和三年前第一屆縣長選舉結果比較，高文瑞的選票增加 23,037 票；得票率增加 5.92％。而黃千里的得票數，則只比第一屆蔡愛仁和高錦德兩人的得票總和少 6,287 票；得票率比兩人的總和減少 6.56％。由這些數據的變化來看，雖然高文瑞連任成

---

[15] 高育仁 1934 年生，佳里鎮人。台南一中、台大法律系畢業，司法官及外交官考試及格，曾任中學教師、律師、推事、外交官（台南縣文獻委員會，1967.6：21）。

[16] 關於黃千里的黨籍，陳陽德以及台灣時報所出版的《政海浮沉錄》一書中，皆指出他是青年黨籍；但是廖忠俊及王清治，則認為他屬於民社黨。另關於黃千里當時的職務；陳延輝指其是台北市自來水廠廠長，但台灣時報記者集體採訪的《政海浮沉錄》一書中，則提到他是當時台北市政府的工務局局長，經查對台北市公車處（1952 年起自來水與公車業務分立）網頁，證實黃氏當時應是自來水廠長（陳陽德，1978：附錄 78；台灣時報記者集體採訪，1977：165；廖忠俊，2000：157；王清治，1985：171；陳延輝，1996.5：52）。http://tcba.tcg.gov.tw/組織簡介/組織簡介.htm（2004.6.24 查詢）。

[17] 詳見表三，歷屆縣長選舉開票結果。

功，但是對當時任國民黨台南縣黨部主委，已二年又二個月多的
胡龍寶來說，實際輔選成績不十分出色。理由如下：

一、高文瑞擁有現任優勢；是要尋求連任，得票率只增加 6
％不到，的確進步不多。且和上一屆比較起來，高文瑞
的對手陣營得票總數只減少約 6,200 票；所以選民和上
屆的支持態度，基本上並沒有太大的改變。

二、就高文瑞得票數較上屆增加約 23,000 餘票來看，如果
扣除來自上一屆是支持敵對陣營的 6,200 餘票，剩下約
16,800 餘票。這個數字剛好和所增加的投票數 18,600
餘票（尚未扣除廢票，且投票率較上屆低 0.34％）相近，
所以依此推論高文瑞所增加的票源，除了少部份可能來
自之前投給對手陣營的之外，極大部份則是來自新增加
的年輕族群選票。而年輕族群的選票，會投向國民黨所
提名的候選人高文瑞的理由，除了當時的縣黨部主委胡
龍寶，還兼任救國團台南縣支隊長而有所影響外，和高
氏之前在教育界曾任高中、職校長的資歷不無關係。

三、當時高文瑞已有海派的奧援，如果胡龍寶以自身在新化
區的實力和黨務系統全力輔選，青年黨的黃千里不可能
還有 41.37％的得票空間。所以如果要說高文瑞所增加
的那 23,000 多票，是胡龍寶全力輔選的功勞，似乎不
太有說服力。所以當時國民黨總裁蔣介石會在選後嘉獎
胡龍寶，自有其他政治意義，首先是黨務系統雖尚無法
完全掌控既有勢力（海派），但已有能力牽制縣內任一
地方政治勢力。再來則是高層企圖建立「雙重派系結構

[18]」；當時山派勢力雖尚未具體形成，但總裁的接見則具有扶植胡氏的宣示意義。

第二屆縣長選舉中，青年黨推出人選與國民黨競爭，表面上看起來似乎是政黨競爭，但實質上在戒嚴時期，青年黨並無法發揮在野政黨監督功能；這從青年黨每個月都領取國民黨所發給的「反共宣傳費」來維持黨務運作就可印證；前民進黨主席黃信介就曾譏其為「廁所裡的花瓶」，意指其只是一個沒有監督、制衡功能裝飾用的政黨（齊光裕，1996：263；王振寰，1989.1：72）。所以本屆縣長選舉表面上雖有兩個政黨推出候選人參選，但在實質上並非真正的政黨競爭。

在陳華宗擔任十三年餘的議長，和高文瑞的兩任六年縣長期間，以陳、高二人為首的地方政治勢力於焉成形。因兩人皆籍屬北門區，所以基於地緣關係，後人稱以陳、高兩人為主的這股地方政治勢力為「北門派」或是「海派」。同為台南縣北門區出身，且在當時對縣內有影響力的政治人物，還有前國大代表、省議員、省府委員及台北市長的吳三連[19]。

---

[18] 根據陳明通說法，國民黨「在中央有ＣＣ派、團派、孔宋集團、政學系等等派系，地方則是全省廿一縣市，且絕大部份縣市內至少都有兩個以上的派系存在。此一雙重結構是以蔣介石、蔣經國為主軸，連結中央及地方兩個層級的派系，但是這兩個層級內的派系只能與蔣家父子結盟，任何中央派系彼此之間、中央派系與地方派系之間，以及地方派系彼此之間的結盟企圖都是被禁止的。」有關雙重派系結構的建立，詳見（陳明通，2001：166～168）。

[19] 謝敏捷於《地方派系生態與政黨政治變遷之研究（一）─台南縣個案》第 31 頁，首先提到「…1945 年至 1952 年北門派當時領導人物為吳三連…」，第 33 頁又提到「台南縣的地方派系在形成之初，原本只有陳華宗所領導的北門派，後來雖有…」；前後文對當時海派領導人是誰有不一的說法。本文支持第 33 頁看法，而不贊同第 31 頁看法的原因是，後者

第二節　國民黨培植胡龍寶

　　從 1952 年 2 月胡龍寶出任國民黨台南縣主任委員開始；至
1957 年 4 月胡氏當選縣長為止，是國民黨派系平衡化策略[20]運作
期。而從 1957 年 4 月胡氏當選縣長，至 1964 年 6 月兩屆縣長任
滿止的這段期間，台南縣內則形成一股有別於陳華宗、高文瑞；
而以胡龍寶為首的政治勢力。

　　在陳華宗、高文瑞兩人分別掌控縣議會和縣府的同時。1951
年 1 月 28 日甫當選第一屆縣議員；籍屬新化區善化鎮的胡龍寶
旋於 1952 年 2 月被國民黨派任為台南縣黨部主任委員，並兼救
國團台南縣支隊長，及軍人之友社台南縣分社總幹事（廖忠俊，
2000：158）。以胡氏本省籍的背景，能在 1950 年代出任縣黨部

　　描述與吳氏返台時間有出入。吳氏於 1946 年日人離台後才返鄉（謝德
　　錫，1990：154），時間上與謝氏所指 1945～1952 年吳三連已是北門派領
　　袖不合。另外謝氏的認定與同文第 5 頁「所謂地方派系是派系的一種意
　　指其勢力或活動範圍侷限於地方層次…」相矛盾，因為吳三連當時主要
　　活動範圍並不在縣級的地方層次，雖在 1947 年 11 月當選第一屆國大代
　　表（當時國府還未遷台）、但隨即在 1951 年 1 月當選第一屆台北市民選
　　市長；故主要活動範圍不侷限在台南縣。第二，吳三連擔任和台南縣較
　　有直接關係的職務，是 1954 年 4 月和 1957 年 4 月當選的第二、三屆臨
　　時省議會參議員。反觀 1945～1952 年間在台南縣內活動並擔任重要職務
　　的是陳華宗（見前文對陳氏生平介紹），故早期陳氏對台南縣海派的影響
　　力應大於吳氏；吳氏對海派的影響要到陳氏於 1968 年 11 月車禍去逝後
　　才趨明顯。所以游光明在引用 Hv and Lin（1981）有關台灣地方派系的
　　資料中，把吳三連當成台南縣海派的創建人亦是誤植（游光明，1994：
　　29），另一位重要縣籍人士省議會議長黃朝琴，在國民黨威權統治下未在
　　縣內培植所屬勢力（陳明通，2001：136）。
[20]「派系平衡化」策略，亦有學者稱之為「雙派系主義」，就是對存有地方
　　勢力的縣市，至少再扶植一個以上的派系勢力，以對舊有勢力收制衡之
　　目的（陳明通，2001：152）。

主委並身兼三職，且一當就是五年之久[21]。當時必其特殊時空條件配合，才有可能如此。這可從胡氏本身在地方的政治基礎，及國民黨初到台灣局勢未穩需要培植親己勢力，以掌控地方兩方面來理解。

　　以胡龍寶本身在地方的政治基礎來說；日治末期時任庄助役（副鄉長）的胡龍寶，於 1940 年兼任安定庄產業組合（即農會）組合長。後於 1946 年當選安定鄉鄉長、及後補縣參議員。1948年年底，當時的縣建設科長莊維藩（佳里人，原有意參選第一屆縣長，後因出任農復會專員而作罷）的全力支持下胡氏選上縣農會及省農會理事。有了縣及省農會理事兩個頭銜，胡氏在安定、善化和新化三地，便很快的建立了自己的地方基礎；並在 1951年 1 月當選第一屆縣議員。

　　從胡氏日治後期就已擔任安定莊助役，戰後經間接選舉，又被選為安定鄉鄉長；後來更在 1949 年之前當選過後補縣參議員、縣農會及省農會理事，以及後來的縣議員來看，可以理解他在農會系統和新化區有一定政治實力（廖娟秀、葉翠雰，1992：100～101）。另外早期國民政府初到台灣局勢未穩，國民黨為了深入對地方的控制，勢必需要利用台灣本土既有的地方勢力；或是培植親己的新興勢力，以對日治時期既有的政治勢力產生制衡之效。日治後期以來，至 1950 年地方自治實施前的幾次間接選舉，陳華宗等人為首的政治勢力日漸成形，開始實施地方自治後，國民黨為了加以制衡於是選擇以培植新地方勢力的方式，來達其掌控地方的目的。當時胡氏便因在農會系統及新化區的安定、善化、

---

[21] 迄今仍是國民黨台南縣黨部歷任主委任期最久一個。見表四，中國國民黨台南縣黨部歷任主委姓名及任期。

（表四）中國國民黨台南縣黨部歷任主委姓名及任期

屆次	任期	日期起迄	姓名	本省籍	備註
1	4 個月	1951.10.17～1952.02.18	沈奠國		
2	5 年	1952.02.19～1957.02.15	胡龍寶		任期最久
3	約 3 年 5 個月	1957.02.16～1960.07.23	歐陽禎		
4	約 4 年 1 個月	1960.07.27～1964.08.29	劉清源		
5	約 2 年	1964.08.30～1966.09.13	楊虔州		
6	約 2 年 2 個月	1966.09.14～1968.11.24	白全友		
7	約 4 年 7 個月	1968.11.25～1973.06.22	張翰飛		
8	約 4 年 9 個月	1973.06.23～1978.03.21	陳　燮		
9	約 2 年 1 個月	1978.03.22～1980.05.11	李讚成		
10	14 天	1980.05.12～1980.05.26	蔡鐘雄		任期最短
11	約 1 年 2 個月	1980.05.27～1981.08.07	林豐正		
12	約 8 個月	1981.08.08～1982.04.18	張麗堂		
13	2 年	1982.04.19～1984.04.19	張國勛		
14	約 1 年 9 個月	1984.04.20～1986.02.06	張晉相		
15	2 年	1986.02.07～1988.02.09	沈銘鐘		
16	2 年 2 個月	1988.02.10～1990.04.23	顏文一		
17	約 2 年 11 個月	1990.04.24～1993.03.31	葉肇祥		
18	約 1 年 1 個月	1993.04.01～1994.05.03	謝金池		失去南縣政權
19	約 1 年 7 個月	1994.05.04～1995.12.20	劉文正		
20	約 3 年 4 個月	1995.12.21～1999.04.06	薛正直		
21		1999.04.07～	沈榮鋒		

資料來源：中國國民黨台南縣黨部提供。

新市等地已有初步的政治實力，國民黨台南縣改造委員會主任委員沈奠國便將其吸收入黨加以栽培[22]。

因為北門區出身的縣議長陳華宗，與新營區出身的副議長楊群英[23]素來對立，再加上陳華宗於 1951 年首屆縣議會成立時，曾有意要支持胡氏（當時為縣議員）出馬競選副議長，以抵制楊群英，但被胡氏所婉拒；事情過後不久，胡氏即於 1952 年 2 月出任縣黨部主委，陳氏認為胡龍寶自知另有高就又不明講，自此陳、胡二人種下心結[24]。再加上早期國民黨的縣黨部主委，對縣議長、縣長、鄉鎮長等公職人員有「輔導」之責任，美名為「輔導」實則是監督，如果有那位公職人員不聽黨指揮，在下次選舉時便不提名，在國民黨一黨獨大的當時，沒有黨資源的奧援要想勝選或連任，可說是難上加難。所以公職人員為了自己政治前途，無不以「服侍」好縣黨部主委為第一要務，如此一來原本打「聯胡制楊」主意的陳華宗而言，對胡氏態度勢必轉趨防衛。

早在 1954 年 4 月第二屆縣長選舉時，國民黨便有意提名胡龍寶出馬競選，但當時才出任主委約兩年的胡氏，自認本身全縣性的勢力基礎尚未發展穩固，實力仍不足以與主要是海派人士的

---

[22] 胡龍寶加入國民黨並被重用的詳細過程，見（廖娟秀、葉翠雯，1992：103～114）。

[23] 楊氏於 1946 年 4 月當選副議長時為五十二歲，參議員身份是由新營區後壁鄉所選出，台北師範學校本科畢業，當選前曾任教員六年、庄助役、庄長，鄉長等十七年。當選前擔任嘉南大圳總務課長、兼任台灣省水利委員會聯合會主任委員、土地銀行董事，台灣省地方自治協會台南縣分會理事長等職（台灣新文化服務社，1952：261）。

[24] 站在胡龍寶立場來看，有機會能當上國民黨在台南縣的代理人，當然就沒必要選擇屈居陳華宗之下的副議長了。而胡氏對陳氏的婉拒也使得日後新營區的楊群英與新化區的胡龍寶有了更大的合作空間與可能性（陳明通，1990：484；廖娟秀、葉翠雯，1992：106～107）。

黨內競爭對手抗衡；加上第一屆縣長高文瑞有意競選連任，因而
作罷。所以高文瑞得以在國民黨部份奧援下，擊敗青年黨的黃千
里連任成功。而胡氏以黨部主委之職輔選順利，在地方上其勢力
又更深入基層一步，並逐漸建立全縣性群眾基礎（廖娟秀、葉翠
霙，1992：111；王清治，1985：171）。由胡龍寶親自所回憶的
這段往事來看，國民黨當時刻意栽培第二勢力，以制衡原有地方
政治勢力的意圖十分明顯。

在五年的國民黨縣黨部主委任內，胡龍寶致力於在各鄉鎮設
立黨部組織、發展救國團、軍人之友社等國民黨外圍組織的黨務
拓展工作，並在各項地方公職選舉的輔選同時，趁機擴大己身影
響力。胡氏縣黨部主委任內的選舉，從村里長到縣長，鄉鎮民代
表到臨時省議員都有；時間依序是 1952 年 12 月的第四屆村里長
及鄉鎮民代表選舉、1953 年 2 月的第二屆縣議員及 4 月的第二屆
鄉鎮縣轄市長選舉、1954 年 4 月的第二屆縣長與臨時省議員選
舉、1955 年 1 月的第二屆縣議員及 4 月的第五屆村里長及鄉鎮民
代表選舉、1956 年 6 月起的第三屆鄉鎮縣轄市長選舉。由此可理
解胡氏縣黨部主委任內對基層影響之深入[25]。

憑藉在農會系統和新化區既有的勢力基礎，再加上縣黨部主
委職務之利，胡氏在縣內逐漸匯聚成一股，有異於以陳華宗、高
文瑞為首的地方政治勢力。而這兩股地方政治勢力的對立，終於
在 1957 年 6 月的第三屆縣長選舉時正式浮上檯面。

當時在國民黨派系平衡化策略的考量下，具有地方實力，且
為國民黨來台後刻意栽培的台籍黨工胡龍寶[26]，獲得國民黨提名，

---

[25] 各項選舉投票日期見表五，台南縣各項選舉投票日期一覽表。

[26] 在 1950 年代初期，台籍的縣黨部主委只有兩人，除了胡氏之外另一人是

（表五）台南縣各項選舉投票日

縣長選舉

屆次／日期	一	二	三	四	五	六	七	八	九	十	十一	十二	十三	十四
年	1951	1954	1957	1960	1964	1968	1972	1977	1981	1985	1989	1993	1997	2001
月	4	4	4	4	4	4	12	11	11	11	12	11	11	12
日	15	18	21	24	26	21	23	19	14	16	2	27	29	1

省議員選舉

屆次／日期	參	臨一	臨二	臨三	二	三	四	五	六	七	八	九	十
年	1946	1951	1954	1957	1960	1963	1968	1972	1977	1981	1985	1989	1994
月	4	11	4	4	4	4	4	12	11	11	11	12	12
日	15	18	18	21	24	28	21	23	19	14	16	2	3

縣議員

屆次／日期	參	一	二	三	四	五	六	七	八	九	十	十一	十二	十三	十四	十五
年	1946	1951	1953	1955	1958	1961	1964	1968	1973	1977	1982	1986	1990	1994	1998	2002
月	3	1	2	1	1	1	1	3	11	1	2	1	1	1		
日	24	28	8	16	19	15	26	21	17	19	16	1	20	29	24	

鄉鎮縣轄市長選舉

屆次／日期	前一	前二	一	二	三	四	五	六	七	八	九	十	十一	十二	十三	十四	十五
年	1946	1948	1951	1953	1956	1959	1964	1968	1973	1977	1982	1986	1990	1994	1998	2002	
月	10	11	7	4	6	12	1	1	3	11	1	2	1	1	1		
日			15	11	24	13	26	21	18	19	16	1	20	29	24		

備註	參、臨一、臨二、臨三分別代表：縣、省參議員、第一～三屆臨時省議員。 前一、前二分別代表：施行地方自治前的第一及第二屆。

雲林縣的林金生（廖娟秀、葉翠雯，1992：105～106）。

鄉鎮縣轄市民代表選舉																	
屆次＼日期	一	二	三	四	五	六	七	八	九	十	十一	十二	十三	十四	十五	十六	十七
年	1946	1948	1950	1952	1955	1958	1961	1964	1968	1973	1978	1982	1986	1990	1994	1998	
月	3	4	10	12	4	5	5	5	5	10	6	6	6	6	7	6	
日	3	15	8	21	17	4	7	10	19	6	17	12	14	16	16	13	

村里長選舉																	
屆次＼日期	一	二	三	四	五	六	七	八	九	十	十一	十二	十三	十四	十五	十六	十七
年	1946	1948	1950	1952	1955	1958	1961	1965	1969	1973	1978	1982	1986	1990	1994	1998	
月	1	3	9	12	4	5	5	4	4	10	6	6	6	6	7	6	
日			3、10	14	17	4	7	25	20	6	17	12	14	16	16	13	

國民大會代表選舉							
屆次＼日期	一	區補	增選	增改	增改	二	三
年	1947	1969	1972	1980	1986	1991	1996
月	11	12	12	12	12	12	3
日	21~23	20	23	6	6	21	23

立法委員選舉											
屆次＼日期	一	增選	增額	增額	增額	增額	增額	二	三	四	五
年	1948	1969	1972	1980	1983	1986	1989	1992	1995	1998	2001
月	1	12	12	12	12	12	12	12	12	12	12
日	21~23	20	23	6	3	6	2	19	2	5	1

備註：學甲鄉於 1968.2.2 升格為學甲鎮，故第八屆村長改為第一屆里長。區補、增選、增改分別代表：區域代表補選、增額代表選舉、增額代表改選。增選、增額分別代表：立法委員增選、增額立法委員選舉。第一屆台灣省長（只辦一屆）於 1994 年 12 月 3 日投票。第九任總統（首次民選）於 1996 年 3 月 23 日投票、第十任總統於 2000 年 3 月 18 日投票。

資料來源：齊光裕，1996：1088～1093；董翔飛，1984ab；台南縣選舉委員會編印，
　　　　歷次選舉實錄；台灣省選舉委員會，1996；台灣省選舉委員會，2000。

出馬競選第三屆縣長。在同時，以陳華宗、高文瑞為首的海派則暗中支持無黨籍的吳拜與之競爭（廖娟秀、葉翠雯，1992：107、114）。除了之前婉拒陳華宗搭配競選副議長，轉就任縣黨部主委的心結外；海派暗中支持無黨籍候選人吳拜參選的舉動，更使得雙方嫌隙加深。這也意謂有國民黨黨務系統奧援的胡氏勢力，與海派的對峙局面正式形成。胡氏的勢力組合除了國民黨資源的挹注外，可以理解的是還有之前和海派對立的幾股勢力加入；例如與陳華宗對立，新營區出身的副議長楊群英、1951年4月第一屆縣長選舉時與高文瑞對壘新豐區出身的蔡愛仁，再加上胡龍寶本身的新化區。若從地區性來看所謂新營、新豐、新化的三新地區有逐漸聯合起來支持胡氏的現象。

　　胡氏在三新地區及國民黨各種外圍組織[27]奧援的情況下，胡龍寶以178,248票，得票率約67％；勝過吳拜的81,579票，得票率約30.66％；順利贏得選舉。此次選舉所代表的意義可從以下幾個面向來理解：

　　一、國民黨「派系平衡化」策略收效。在國民政府遷台前的1946年3月，全台就已開始舉行地方性的選舉，陳華宗就是在當時經過民意洗禮，所產生的地方勢力領導人。由於那時國民政府尚未遷台，所以國民黨對地方的政治影響力，相較於遷台後來得小。是故國府遷台前經選舉

---

[27] 當時是國民黨台灣區產業黨部主委的前總統府國策顧問徐鼐，在〈勤政親民的胡龍寶先生〉一文中就曾提到國民黨動員各種組織助選的情形「…各職業黨部凡在台南縣設有事業單位者都應派員協助輔選…」、「台糖在台南縣有九個糖廠，員工眾多，再加上契約蔗農分佈各鄉鎮，人數更多力，票源廣泛…為歷來競選人必爭的對象…」、及「…產業黨部的選票素稱鐵票，這回不可漏氣…」，另外胡氏在農會系統的影響力；如農、漁會、農田水利會等等…（廖娟秀、葉翠雯，1992：25~29）。

所產生的民意領袖，對國民黨比較沒有依賴性；相對的
國民黨也較無法完全支配這些深受日本文化、教育薰陶
的台灣本土菁英。而國民政府遷台後，國民黨為了要能
深入統治台灣基層，於是栽培台灣本土的地方黨工幹部
及地方政治勢力，有了自己一手所扶植出來的新地方勢
力，就國民黨統治地方的難易度和全面性而言，就相對
容易而且深入。而國民黨所刻意栽培的胡龍寶，能成功
擊敗有海派暗地支持的競爭者，順利當選縣長，此一訊
息即可証明國民黨的「派系平衡化」策略已經初步收效。

二、國民黨勢力已深入基層，並充分掌控台南縣內重要團體
組織。相對於 1954 年 4 月的第二屆縣長選舉，國民黨
原所屬意的人選—縣黨部主委胡龍寶，當時尚自認群眾
基礎未穩固，還無十足把握能與海派高文瑞競爭而婉拒
來看[28]，那時國民黨勢力對基層的掌控尚有努力空間。

---

[28] 謝敏捷於前揭文，第 31 頁提到「…1945 年至 1952 年…山派當時領導人
物為胡龍寶，其經歷為縣參議員、第三、四屆縣長、第一屆縣議員…」。
謝氏的時間劃分，與事實有些出入；胡龍寶當選臨時縣參議員是 1945
年 3 月、當選第一屆縣議員是 1951 年 1 月、在 1952 年 2 月出任縣黨部
主委、到 1957 年 4 月才當選第三屆縣長。所以一、胡龍寶在 1951 年 1
月當選縣議員時，有別於海派；新營區出身的楊群英已是副議長，所以
當時胡龍寶實力尚不足以成為一個縣級派系的領導人。二、胡龍寶在
1954 年 4 月第二屆縣長選舉時，尚自認基層實力還不足與海派的高文瑞
抗衡，而婉拒國民黨提名來看，在 1952 年 2 月他出任縣黨部主委的當時，
其勢力尚不成氣候。所以要確切稱山派已發展成為一縣級派系，且勢力
能與海派抗衡，必須要在胡氏出任縣黨部主委，並整合與海派對立的三
新地區（新營區、新豐區、新化區）完成；於 1957 年 4 月當選縣長後較
恰當。謝氏於文中所指稱的 1945～1952 年胡氏已為山派領導者，的確言
之過早。而且依謝氏的劃分方式，在 1945～1952 年的這段時間內，就把
台南縣的地方派系劃分成海派和山派，與其後在第 34 頁提到「可見台南

胡氏經過三年的努力，在 1957 年 4 月第三屆的這次縣長選舉結果顯示，國民黨對台南縣基層的經營及各種團體組織的掌控，已有重大進展與收穫。

三、日後以縣長胡龍寶為首的政治勢力，逐漸形成。除了之前在黨務系統所累積的基層實力外，胡氏在當選縣長後，因對充沛的行政資源有了直接的支配權，日後以胡氏為首的勢力，逐漸形成壯大，這股勢力就是日後所稱的「山派」；此後海派、山派相互對峙抗衡[29]。長期的派系抗衡競爭，對日後台南縣內的政治變遷產生了深遠的影響。

縣的地方派系正式形成兩股對抗、競爭的時間，不同於…而是到了第三屆縣長之後才有的狀況…」相矛盾。故較正確的看法應是；在山派尚未發展成縣級派系可與海派抗衡前，其前身雖型是以和海派對立，但尚不足以與之抗衡的零星勢力（如新營區的楊群英、新豐區的蔡愛仁、新化區的胡龍寶）為主體，而要到國民黨刻意栽培胡龍寶，且經胡氏對各零星勢力，加以整合完成當選縣長後，才漸具縣級派系實力；也才有「山派」的形成。

[29] 謝敏捷於前揭文第 37 頁中指「……吳三連提拔劉博文，胡龍寶支持李耀乾，從此南縣地方派系始有正式名稱，正式形成。」這樣的論述，應與實際情形有所出入。在派系名稱形成方面，雖然我們無法確切認定，派系名稱是何人何時最先使用。但可以確定的是，黃千里在和高文瑞於 1954 年，競逐第二屆縣長時，黃氏其競選口號就已提到所謂的「北門派」（前文已提過）。是故若單以陳華宗、高文瑞為首的派系來說，何時有正式名稱？答案必定較謝氏所提的 1964 年選早。而就派系形成時間部份，謝氏在第 33 頁則引用陳明通的觀點，指出「…胡龍寶…1960 年再連任一屆，從此台南縣便有了另一個縣級派系─『胡派』（或稱山派），用以平衡原有的『北門派』（海派）。」則和第 37 頁所提的，在 1964 年才正式形成派系的說法矛盾不一。至於胡龍寶的勢力，何時才能被確認為縣級派系一事，恰當的時間應是 1960 年胡氏同額競選縣長，獲 21 萬餘張選票且得票率達 90.79％，順利連任成功時就可認定。而不必等到如謝氏所指的 1964 年。

　　1960 年 4 月第四屆縣長選舉時[30]，胡龍寶再次獲得國民黨提
名；並挾其行政優勢尋求連任，在沒有人挑戰的同額競選情況
下，以得票率 90.79％的 210,637 票順利當選。由胡氏在這次選舉
的得票情形可以看出，以胡龍寶為首的地方勢力，顯然已壯大到
具有全縣性的規模。直到 1964 年 6 月，胡氏第二任縣長屆滿，
前後共七年[31]擁有行政上的資源可供挹注，使得山派的勢力更加
茁實。

---

[30] 陳延輝於前揭文第 52 頁，誤植第四屆縣長選舉時間為 1961 年。
[31] 縣市長的任期，自第四屆起由三年改為四年，所以胡龍寶任第三、四屆
縣長；任期前後一共是七年。王清治於前揭文第 172 頁，誤植胡氏兩屆
縣長任期共八年。歷任縣長及任期見表六，台南縣歷屆縣長姓名及任期。

（表六）台南縣歷屆縣長姓名及任期

屆次	任期	日期起迄	縣長姓名	備註
1	3年	1951.06.01 起 1954.06.02 止	高文瑞	首任官派縣長為袁國欽，但袁於 1939 年局勢惡化時回大陸後下落不明，於是政府另派曾任省黨部主委的薛人仰接任。
2	3年	1954.06.02 起 1957.06.02 止	高文瑞	屬國民黨海派
3	3年	1957.06.02 起 1960.06.02 止	胡龍寶	屬國民黨山派
4	4年	1960.06.02 起 1964.06.02 止	胡龍寶	
5	4年	1964.06.02 起 1968.06.02 止	劉博文	屬國民黨海派
6	4年6個月	1968.06.02 起 1973.02.01 止	劉博文 金輅（代理）	劉博文因六甲農地重劃弊案遭停職，自 1972.08.01 至 1973.02.01 由金輅代理。
7	4年10個月多	1973.02.01 起 1977.12.20 止	高育仁 李悌元（代理）	（高系）高育仁調內政部常務次長，自 1976.07.20 至 1977.12.20 由李悌元代理
8	4年	1977.12.20 起 1981.12.20 止	楊寶發	屬國民黨山派
9	4年	1981.12.20 起 1985.12.20 止	楊寶發	
10	4年	1985.12.20 起 1989.12.20 止	李雅樵	屬國民黨海派
11	4年	1989.12.20 起 1993.12.20 止	李雅樵	
12	4年	1993.12.20 起 1997.12.20 止	陳唐山	屬民進黨台獨聯盟。中斷國民黨連續執政十一屆縣長。
13	4年	1997.12.20 起 2001.12.20 止	陳唐山	
14	4年	2001.12.20 起 2005.12.20 止	蘇煥智	屬民進黨新潮流

資料來源：1.台南縣政府祕書室提供。
　　　　　2.台南縣選舉委員會編印，1989a：1～10。

第三節　派系對立下產生高育仁新勢力

在 1964 年 6 月到 1981 年年底的這段時間內，縣內地方政治
勢力的變遷經過，可再細分為 1964 年 6 月到 1972 年 7 月；與 1972
年 8 月到 1981 年底兩個階段。前半階段以不同地方政治勢力輪
流主持縣政（派系輪政）及期間彼此的對立為其特色。後半階段
則是國民黨試圖以派系替代[32]策略，要來解決地方政治勢力的對
立，但卻造成第三勢力的出現為其主軸。

壹、派系輪政與對立

1964 年，當時縣長胡龍寶兩屆已任滿，不能再選[33]。有意爭
取國民黨提名者；山派方面前後有縣議會議長廖乾定和醫師李耀
乾，海派則是縣府教育科科長劉博文。廖乾定玉井鄉人，原台北
高等學校理科乙類畢業；後留學日本取得熊本醫科大學學歷，曾
任台南醫院醫師、玉井鄉農會常務理事，1946 年 11 月，同鄉籍
的縣參議員陳連進因當選玉井鄉鄉長辭去原職，廖乾定遞補其所
留下遺缺；後廖氏再當選縣議員、縣議會副議長，1959 年 12 月

---

[32] 所謂「派系替代」就是指國民黨以「發展地方黨部及救國團組織，吸納
本土年輕菁英…一旦自覺稍微站穩腳步後，便開始試圖去拔除地方派系
的勢力，替代自己的人馬。它既知縣市長是地方派系汲取地方資源，轉
化為派系力量的最重要位置，因此便以非派系者（特別是救國團系統或
威權體系所吸收的基層行政官僚）奪取縣市長位置，來削弱地方派系勢
力。」所以當時提名的對象往往是以新生代的黨工，或派系色彩較不鮮
明者為優先考量（陳明通，2001：181～182）。

[33] 國民黨除了培植新勢力以制衡既有勢力外（派系平衡化策略），為了避免
地方政治勢力藉現任的優勢，長期壟斷地方上最重要的縣長政治職位；
於 1959 年，更在選舉法規中，加入縣長只能連任一次的規定（陳明通，
2001：153）。

縣議長陳華宗轉任嘉南水利會會長時，當時任副議長的廖氏獲補
選為縣議長（洪波浪、吳新榮主修，1980b：55；台灣新文化服
務社，1952：264；台南縣議會編印，1999：15）。當時國民黨從
地方、省到中央都一致屬意親山派的縣議長廖乾定，就在大家認
為他將獲得提名的同時，廖議長突然收到一封內附子彈的恐嚇
信，後在廖母堅決反對下，廖氏選擇退出選舉，並逐漸淡出南縣
政壇[34]。山派不得已只好更換候選人，改由李耀乾出馬。李耀乾
雲林縣人，早年留學日本，在 1929 年時就已加入國民黨，並從
事地下情報工作，1940 年在新營開設「明安堂醫院」。日人離台
後，李氏曾任國民黨的小組長、區委員、縣委員、縣監察委員兼
召集人、縣評議委員、全國黨代表大會代表、三民主義青年團主
任、區隊長等各種黨職，與國民黨的淵源頗深，是一位黨性堅強
的國民黨員[35]。

　　相較於山派的臨時更換候選人，海派所推出的劉博文則已部
署經營許久。劉氏學甲鎮人，日本專修大學高等研究科（函授）、
政大法官訓練班畢業。早年曾謀職中國東北，日人離台後返鄉，
先後在教育界及獄政單位服務；曾任農校教員、典獄長、北門中
學主任、縣府祕書兼社會課長、教育科長、國民黨縣黨部委員[36]；

---

[34] 從此一事件亦可感受到當時競爭激烈。劉金清，〈重大選戰講古──角逐百
　里侯，兩派大對決…〉，聯合報，1989.10.28，14 版。

[35] 如此就不難理解，為何同為黨工出身的胡龍寶，會找他出馬。李氏後來
　於 1968 年 3 月出任省府參議，1972 年 12 月當選國大代表。台南縣文獻
　委員會，1978.6a：231～232。陳延輝，1996.5：53。董翔飛，1984a：297。
　劉金清，〈重大選戰講古──角逐百里侯，兩派大對決…〉，聯合報，
　1989.10.28，14 版。

[36] 台南縣選舉委員會編印，1989a：5。台灣時報記者集體採訪，1977：170
　～173。〈政海情竇牢獄終身苦，賈勇無術懸樑萬事休〉，台灣時報，

劉氏日治時代曾就讀北門農校，後來輟學，十四歲時遠走中國東
北，投靠從醫的叔叔；並經介紹，於當地日本憲兵隊擔任類似工
友的工作；同時參加日本函授學校，畢業後升職任翻譯的工作。
二次大戰後返台，於北門農校教地理；當時校長就是後來當選第
一、二屆縣長的高文瑞，因為有這個淵源，使得劉日後有了從政
的契機。

　　1947 年劉參加司法人員甄試及格，赴南京受訓後，出任花蓮
看守所所長，後調任新竹監獄，但因受刑人意外死亡，遭到撤職。
失業後的劉博文回到家鄉，這時他之前在北門農校服務的校長高
文瑞，已經當選首屆民選縣長；在高氏的安排下劉氏出任白河農
校教務主任；不久調任民政局社會課長，旋又升任教育科長成為
海派縣長高文瑞旗下的重要人士[37]。

　　高文瑞刻意栽培劉氏，可以從劉氏要出任教育科長的人事案
風波，看出高氏的用心良苦。當時高氏要任命劉氏接任縣府教育
科長，但因劉氏的文憑是「日本專修大學」函授，省府方面認為
函授學校，不是正式學校，而將此人事案，前後退回三次，由於
高氏的堅持及劉氏自己的奔走，最後還是通過[38]。

　　也因為高文瑞任內的用心栽培，劉博文在接任縣府教育科長
後，努力的在教育界經營出屬於自己的政治資源，再加上海派的

　　1981.6.7，3 版。劉金清，同上。

[37] 同上。

[38] 被屬於海派的縣長高文瑞提拔，使劉氏成為繼任的山派縣長胡龍寶所提
　　防的對象；胡氏曾經要調動他的職務，但是經過斡旋，最後還是留在原
　　職。從劉博文為自己的人事案（一次是省府打三次回票、另一次是胡龍
　　寶要調動他）努力的過程，最後都能化險為夷看來，劉氏除了有高文瑞
　　等人相助之外，本身的能力和政治勢力，當時應已皆具一定的水準。同
　　上。

全力支持，成為他在競選時最大的後盾[39]。

在李耀乾與劉博文爭取國民黨提名的過程中，縣黨部原本較屬意李耀乾，而縣黨部會傾向支持李氏是不難理解的；除了李氏本身在國民黨的黨務歷練完整外，當時縣長胡龍寶的支持亦是影響因素之一，胡氏自 1952 年 2 月起即擔任縣黨部主委且一當就是五年多，直到當選縣長才辭去主委職務；又 1957 年 6 月～1964 年 6 月胡氏任第三、四屆縣長期間的縣黨部主委，分別是歐陽禎和劉清源[40]，有別於大多數縣市，胡龍寶可是歐、劉二人的「學長」；基於胡氏是前任主委又是現任縣長的緣故，當縣黨部要向上反應所屬意的提名人選時，較易受當時縣長胡龍寶的影響是可以理解的。

至於海派的劉博文則從地方和中央著手；在地方，劉氏利用他在教育科長的任內所凝聚的勢力，由支持者發動教育界向國民黨投書，要求提名劉氏；在中央，則請出海派的吳三連，居間向中央爭取支持。在此之前吳氏已分別當選過 1947 年 11 月的國民大會代表、1951 年 1 月首任省轄市時代的民選台北市長、和 1954 年 4 月、1957 年 4 月兩屆的臨時省議會議員。但在此時（1964 年）吳氏在國民黨的影響力已大不如前，因為吳氏在省議員任內就是省議會的「五龍一鳳」（分別是北市郭國基、宜縣郭雨新、雲縣李萬居、嘉縣許世賢、南縣吳三連、高市李源棧）成員之一，走的是反對國民黨的路線；後來更於 1960 年 6 月參與籌組「中國民主黨」，列名十七位籌備召集委員之一，組黨不成後自身便漸漸淡出政壇，但仍支持特定人選參與選舉的幕後角色，且朝出

---

[39] 海派領導人之一的陳華宗，其女兒結婚時的媒人就是劉博文，這亦可以理解劉氏在海派有重要的地位（劉博文，1969.6：103）。

[40] 參閱表四，中國國民黨台南縣黨部歷任主委姓名及任期。

版文化、教育及企業經營發展（李筱峰，1987：71、76、78；謝
德錫，1990：153～155）。所以海派在當時請吳三連出馬，可從
以下幾點來理解其用意：一、協助爭取支持。利用吳三連之前與
國民黨的關係，多少尋求國民黨相關人士的支持。二、暗示若不
獲提名，將有可能號召海派勢力，於選舉過程中對國民黨所提名
人選進行杯葛。海派用意主要以後者為主，因為當時海派對縣黨
部所能著力之處實在有限。

由於海、山兩派分別透過管道運作以圖取得提名；造成雙方
相持不下，國民黨中央只好採納省黨部建議，開放自由競選。

以當時兩人的實力而來說；有醫師背景、且曾從事情報工作
的李耀乾，除了有胡龍寶縣長的行政系統的支持外，山派的根據
地；新營區、新化區及新豐區則是他的票源所在，再加上他本身
背景緣故，醫師界和情治單位亦傾全力支持。而經前縣長高文
瑞，栽培良久的海派大將劉博文，除了因擔任縣府教育科長，所
以教育系統站在他這邊之外；當時北門區、曾文區則傾向支持海
派的候選人[41]。

由於是開放競選雙方陣營傾力較勁互不相讓。例如李耀乾是
雲林縣人，所以海派緊咬這點大作文章；而山派則以質疑劉博文
的日本專修大學學歷有問題，加以反擊[42]；競選期間，海派為了

---

[41] 台灣時報記者集體採訪，1977：171～172。〈政海情寰牢獄終身苦，賈勇
無術懸樑萬事休〉，同上。劉金清，〈重大選戰講古──角逐百里侯，兩派
大對決…〉，聯合報，1989.10.28，14版。

[42] 劉氏的學歷日後常有爭議；當選後曾被李耀乾告上法院，指其學歷是假
的；根據記載，他的學歷是一、日本專修大學高等研究科畢業。二、日
本專修大學法學部第二學年修了。三、教育部台（53）文字第 10794 號
函認定視同國內大學畢業資格。四、國立政治大學法官訓練班第四期結
業。五、革命實踐研究院分院第十期結業。六、戰地政務研究會第十二

要探知山派的選舉策略，甚至派人到李耀乾的競選總部臥底，因此海派得以掌握山派的舉動取得機先。最後，選舉於 1964 年 4 月 26 日投票，計票結果劉博文 176,833 票、得票率 60.38％，李耀乾 109,296 票、得票率 37.32％（參閱表三）。原本被看好的李耀乾沒想到敗給了劉博文；海派重掌縣府，台南縣派系輪政的雛型浮現。當時山派會先被看好的理由是山派的縣長胡龍寶在縣內的黨務、行政影響力。但是海派的劉氏能夠扭轉局勢的原因大可歸為以下幾點：一、長期經營。海派的前縣長高文瑞，在任內就明確的栽培劉博文，所以劉博文有充足的時間，深耕基層並經營好班底，尤其高文瑞亦是教育界出身，故可在教育系統著力甚多。二、山派臨時更換候選人。山派原本是推出縣議長廖乾定，後來廖氏因故退選；山派只好再找李耀乾出馬，雖然廖、李兩人同為醫界出身，但李耀乾在台南縣的聲望和影響力，是無法和廖議長相比的。三、個人政治基礎懸殊。雖然李氏有山派的支持，但劉氏背後亦有海派傾力相助；但如以個人的政治基礎來比較的話，李氏是無法和劉氏相比的，李氏是在新營執業的眼科醫師，且是雲林縣出身；而劉氏來自教育基層，一路升到縣府的科長，且為道地的台南縣學甲鎮人。兩人的基層實力自有差距。四、財力因素。劉氏有新生製麻廠與台南紡織（1955 年創立時的董事長為吳三連）等大財團支持；而李氏則為了競選經費，抵押了他所

期結業。而法院則依據教育部的那份公函，認定劉氏的學歷有效，但是日後在議會選是時常被反對他的議員當成話柄（台南縣文獻委員會，1967.6：21；台南縣選舉委員會編印，1989a：5；台灣時報記者集體採訪，1977：171～172）。〈政海情寞牢獄終身苦，賈勇無術懸樑萬事休〉，同上。劉金清，同上。

經營的戲院、旅社，如此一來兩人的財力強弱立即分出高下[43]。
五、派系平衡化策略的影響。由國民黨一手所栽培的山派最後輸
了選舉，除了以上所提因素外，國民黨的派系平衡化策略，對此
次選舉結果多少也有影響，國民黨中央的目的，就是要讓地方至
少有兩個實力相當的政治勢力存在，如今山派胡龍寶已繼海派高
文瑞握有縣長一職兩屆，平衡目的已達。一旦第五屆再由山派接
掌縣府，不但會直接引起海派的反彈，長久下來獨厚山派也將造
成兩個政治勢力的失衡。一旦失衡與國民黨原本策略就相違背，
長遠來說將有損國民黨利益；也正因為這個因素，台南縣國民黨
派系輪政的雛型也浮現[44]。

　　1964 年 4 月第五屆縣長選舉後，以胡龍寶為首的山派遭受挫
敗；也因此山派和海派的傾軋無時或已，當時派系的傾軋可從人
事的調動上看出一二，被劉博文遣走的縣府一級主管有建設局長
劉萬選、財政科長徐承業、地政科長朱慶濤、主計室主任唐詠壎、
合作室主任陳明祈、安全室主任王位槐[45]。

貳、「六甲鄉農地重劃弊案」劉博文入獄

　　剛上任的劉博文以「教育第一、建設為先」為施政方針，加
上議會裡正副議長屬海派或中立人士，故議會可提供劉氏護航的
作用，整體施政還算有表現。劉氏是在 1964 年 6 月就任第五屆

[43] 劉金清，〈重大選戰講古—角逐百里侯，兩派大對決…〉，聯合報，
1989.10.28，14 版。

[44] 新營名醫沈乃霖在回憶二二八事件中，曾間接提到一位後來曾擔任過國
大代表的李姓人士；在事件前後出賣過很多縣內台籍菁英，若其所指李
姓人士是李耀乾，則多少也會影響他的縣長選情（涂叔君，2001：142）。

[45] 王清治，1985：172。台灣時報記者集體採訪，1977：177。王谷龍，〈劉
博文判刑後兩種不同的反應〉，中華日報，1972.9.23，6 版。

縣長,當時的縣議會第六屆正副議長是同年 2 月當選的沈水德和
戴再生。所以劉博文的首任縣長任內,雖然派系對立尖銳,但是
議會正副議長的派系背景屬於海派或較中立,多少對劉氏產生護
航的功能[46]。例如第六屆議會召開第一次臨時大會,於 1964 年 6
月 5 日審查五十四年度歲出入總預算時,因縣長選舉時的恩怨,
反對海派的議員主張刪減房捐、土地稅和營業稅等歲入,就引起
兩派的對立和紛爭。而以教育縣長自居的劉博文,於 1965 年底,
在新營國小辦了一個縣教育展,企圖與有「農業縣長」之稱胡前
縣長互別苗頭;此舉的成效和經費支出,亦在 1966 年 6 月的縣
政總質詢中,成為兩派爭執的焦點。另外同年 12 月的第六屆議
會第八次臨時會,當時素有反對派大將之稱的玉井鄉籍議員劉武
雄,因提議組成專案小組針對縣府所屬部份機關在人事調動時,
收取活動費進行調查被否決所引起的辭職風波。都在正副議長的
議事護航下使劉氏化險為夷[47]。

　　在劉氏初上任兩年裡施政並無重大疏失,且在全省性的十六
項政績競賽裡,有十三項第一,二項第二,一項第三;考績皆為

---

[46] 沈水德,1908 年生新營鎮人,日本京都高中畢業,曾任鹽水鎮代表會主
席、及農會總幹事。他是首次當選縣議員就被選為縣議長的「異數」,但
也當了一屆就在政壇匿跡。戴再生,1915 年生將軍鄉人,國校畢業,本
身從事貨運及營造業,派系色彩較中立,曾任二至十一共十屆的縣議員,
第六、八兩屆副議長、第九屆議長時間為 1977 年 12 月~1982 年 3 月(台
南縣議會編印,1999:11;台南縣文獻委員會,1967.6:10)。〈台南縣
議長沈水德、副議長戴再生〉,中華日報,1964.2.22,6 版。

[47] 〈南縣議會昨續討論五四年預算,對刪減房捐土地稅時,部份議員意見
仍分歧〉,中華日報,1964.6.6,6 版。〈南縣教展已否收效,兩派議員互
起爭執〉,中華日報,1966.6.5,6 版。〈臨時動議未獲通過,老羞成怒掛
冠求去〉,中華日報,1966.12.24,6 版。

甲等表現還算不差[48]。在劉氏第五屆任滿時，地方還發起擁護他
的連署活動（台灣時報記者集體採訪，1977：173），由於山派並
沒有推出人選與其競爭，最後順利獲得國民黨的提名，在同額競
選的情況下，於 1968 年 4 月 21 日，以得票率 90.25％的 270,845
票（參閱表三），順利當選第六屆縣長，連任成功。

　　連任後的劉博文，一改之前穩健作風，力求表現；其中以 1968
年起九年義務國教開始實施，而大幅度調整教育界人士、配合上
級規劃曾文及白河兩水庫及持續推動農地重劃等施政招來較多
批評的聲音；九年國民義務教育的實施，舉凡人事、預算都成為
議會熱烈討論的焦點；另外更有議員直指農地重劃和國中小的工
程，圍標與舞弊的情形嚴重[49]，直到爆發了「六甲鄉農地重劃弊
案」才又掀起另一波政壇風暴。

　　當時為了增進土地利用以提昇農業生產，台南縣政府配合中
國農村復興委員會與省府，於 1958 年選定仁德鄉大甲地區，辦
理農地重劃過程順利（張泉香，1970.6：1）。之後省府便決定將
全省耕地分十年辦理重劃，預計要完成三十萬公頃，並於 1961
年指定麻豆地區為全省示範農地重劃區。依據省府的十年重劃計

---

[48] 當時縣市首長的考績是由省府所評分，依據的是配合上級政策的程度如
何。不似今日有民意調查，較能直接的從基層縣民，反應出對縣市首長
的滿意度。所以當時的考績所代表的意義，可說是上級的態度大於縣民
對縣長的態度。〈南縣施政成果，環境衛生最差〉，中華日報，1966.6.5，
6 版。

[49] 〈議員簡為國對目前國教，昨在議會…〉，中華日報，1968.11.22，6 版。
〈簡為國鄭溫在議會指摘，兩所國中校長…〉，中華日報，1968.11.22，6
版。王國瀧，〈南縣議會的新希望—國中問題必獲改善〉，中華日報，
1958.11.28，6 版。〈商人圍標風氣鼎盛…〉，中華日報，1970.5.17，6 版。
〈南縣教育第一口號下，教育經費編列不能厚此薄彼…〉，中華日報，
1970.5.19，6 版。

劃,原本 1962 年是台南縣正式推行重劃的第一年度,但原選定的後壁鄉上茄苳重劃地區,因工程費負擔問題無法解決,而延後一年才正式開始辦理(Ibid:16)。原來農地重劃所需工程費,除了政府補助少部份外,其餘的費用,則由標售劃餘的零地抵償一部份,剩下的則依重劃後農民所分配到的面積比例來均擔(Ibid:16)。如此一來農地重劃工程招標和劃餘地的標售過程,就與農民的利益息息相關。

　而當時六甲鄉參與重劃的農地約有一千九百多甲,總稱六甲鄉農地重劃區;分成六甲、七甲、二甲、青埔、水林、中社、林鳳營等重劃段[50],是在 1969 年 6 月完成;是台南縣第二十個完成的農地重劃區,也是劉博文任內第十六個重劃完成的農業用地。工程進行過程因不肖的官員和商人勾結,在重劃工程費用上大量浮編預算,以議價代替招標,如果以招標方式發包,則洩漏底標給商人圍標,商人則以偷工減料賺取暴利,並分賄給承辦官員;當重劃後的劃餘地要標售來抵償部份工程費時,商人則以圍標的方式壓低標售價格;這雙重的剝削使當時六甲鄉參與重劃工程的農民,每公頃所要負擔的工程款,是其他重劃區的兩倍,因為農民在工程款的負擔加重因而引發拒繳[51],除此之外重劃後的農地在分配的公平性上也常引發不滿,其中施工品質不良,常在雨後造成農田淹水,更使農民生計大受打擊。而農地重劃區的農民,因無法忍受官商勾結的剝削,在民怨鼎沸下弊案於是曝光。

　曾被國民黨提名施政表現連續七年考績甲等、因績優於 1970

50　程良田,〈下雨天農田成澤國,大奇觀水往高處流〉,中華日報,1972.7.8,3 版。

51　〈六甲鄉農地重劃工程,農民負擔款高達兩萬元…〉,中華日報,1972.4.29,6 版。

年元月被總統召見；並且在任期將屆前被盛傳內定為省府委員或
省社會處長的劉博文，會因弊案被判重刑而下台。依據當時的時
空環境，可有幾個面向來解釋此重大事件發生的原因：

  一、革新政風澄清吏治。1972 年初蔣經國就任行政院長厲
   行革新政風，並以改進基層政治風氣為革新的基本任
   務；其中尤以檢肅貪污為重心工作。當時行政院通令各
   機關的肅貪措施第一條，就強調「…應將整飭貪污列為
   革新之首要工作…」[52]，而為了鼓勵檢舉不法，更下令
   各機關都要設立政治風氣檢肅信箱，廣開檢舉之門。為
   配合貫徹中央革新政風的決心，在省府方面則規定，檢
   肅信箱內的投書一律視同最速件公文，隨到隨辦；在台
   灣省黨部方面亦於同年 5 月 19 日，訂頒鼓勵黨員檢舉
   實施辦法，其中第一條指出，國民黨黨員可向黨員小
   組、區黨部、縣市黨部檢舉公務員不法，屆時再由省黨
   部的專案小組處理[53]；在行政院蔣院長的決心下，可明
   顯看出不管行政部門或是黨務系統皆努力在貫徹此一
   革新政策，於是從 1972 年下半年開始，被起訴的貪污
   案件，全省性的接二連三爆發，例如：宜蘭市長葉煥培
   則因購買校地涉嫌舞弊被提公訴、省府印刷廠承印教科
   書弊案、嘉義也爆發了菸廠集體收賄、農地重劃及築路
   索賄等弊案、高雄市則有國宅會的買賣官職案、屏東縣

---

[52] 〈蔣院長在立院答詢，宣示嚴懲貪污決心〉，中華日報，1972.6.14，2 版。
  〈改進當前政治風氣，政院通令加強肅貪…〉，中華日報，1972.1.23，3
  版。
[53] 〈檢舉貪瀆受法保障，匿名誣告依法治罪…〉，中華日報，1972.1.31，3
  版。〈革新政風澄清吏治，省黨部訂辦法…〉，中華日報，1972.5.20，3 版。

則也有地政官員因農地重劃受賄被起訴[54]。除了貪瀆的大案外，當時的雲林縣衛生局長許秋火，因嫁女歸寧，於 7 月 24 日宴客四十二桌，被人檢舉過分舖張，有違革新規定，而被行政院人事行政局記兩大過[55]。在全國性的革新政治氣氛中，便可以理解為何考績優良的劉博文，當時為何會被判刑。

二、地方政治勢力惡性對立。劉博文在弊案爆發初期，曾指出他會被牽連其中，是派系惡意的設計陷害；他指出是因為 1972 年 12 月第七屆縣長及第五屆省議員選舉將屆，而前縣長胡龍寶及其女婿張文獻，懼其支持海派人士而影響山派的佈局，故聯合同派的山上鄉長陳登洲、陳朝寬、顏英津、顏胡秀英唆使包商顏鄭清、蔡明哲將其捲入弊案。此說法一出，當時呈辦的檢察官王德雲，還曾親自到新營，拜訪當時的國民黨縣黨部主委張翰飛以深入了解；並曾傳喚陳登洲及顏胡秀英出庭，而當時縣主委張翰飛雖承認縣內有派系存在，但是他認為弊案純係法律案件與派系糾紛無關[56]。從整個事件的發展過

---

[54] 〈購買校地涉嫌舞弊，宜蘭市長被提公訴〉，中華日報，1972.11.6，3 版。〈省府印刷廠弊案，台中地院昨宣判〉，中華日報，1972.9.26，3 版。〈菸廠集體舞弊案宣判，卅二名官員均處重刑〉，中華日報，1972.10.14，3 版。〈嘉縣農地重劃弊案今再開庭偵查〉，中華日報，1972.7.6，6 版。曉林，〈國宅會弊案將進入偵審階段〉，中華日報，1972.9.27，5 版。〈屏縣三名地政官員辦理農地重劃涉嫌受賄〉，中華日報，1972.9.18，6 版。

[55] 〈雲縣衛生局長嫁女大宴賓客，記大過兩次〉，中華日報，1972.8.1，3 版。

[56] 張文獻，1933 年生，關廟鄉人。台灣大學法律系畢業，曾任省民政廳指導員、文書科長（台南縣選舉委員會編印，1989b：11）。周威，〈因「病」失去良機〉，中華日報，1972.6.16，6 版。〈農地重劃案純係法律案件，

程來看，在上級廣開檢舉之門，劉博文任內又調動多位
一級主管，在人事上難免埋下恩怨[57]，再加上當年底中
央民意代表、縣長及省議員的選舉將屆，在此關鍵的時
刻接二連三的檢舉，在偵辦六甲農地弊案同時，劉博文
還被縣府職員及包商聯名檢舉，指其向後壁農地重劃承
包商索賄、另外如文化大樓工程、東山、下營、西港等
地的農地重劃工程都有人出面檢舉[58]，很難令人相信背
後沒有派系的傾軋。另外在檢方起訴的前幾天，有三十
三位縣議員聯名簽署支持劉博文，陳情書雖旋於輿論的
壓力下公開焚燬，但事後卻引來柳營鄉代會副主席林百
川，發起對這些聯署議員的罷免案。事後在國民黨縣黨
部的疏導下，才平息這一場蘊釀中的政壇風波。罷免風
波的另一對象則是六甲鄉長林德祥，事後也在縣黨部的
調解下，由林氏自己辭去六甲鄉鄉長一職才平息[59]。從
以上三件事的演變可以看出檯面下派系間的傾軋。

劉博文誣地方派系作崇顯屬遁詞〉，中華日報，1972.6.30，3 版。程良田，
〈劉博文逃不出法網，從六甲弊案爆發到被收押經緯〉，中華日報，
1972.8.13，3 版。

[57] 就連當時素有山派師爺之稱的李先生，也從工商課被調往吃力不討好的
拆除隊。

[58] 〈後壁農地重劃亦爆發弊案！…〉，中華日報，1972.6.28，3 版。劉堂，
〈…看西港區農地重劃疑案〉，中華日報，1972.7.25，6 版。〈南縣文化
大樓磚頭也出毛病…〉，中華日報，1972.8.1，8 版。〈台南縣衛生局長林
清輝貪瀆案…〉，中華日報，1972.7.12，3 版。

[59] 〈議員為劉博文陳情，柳營人士醞釀罷免…〉，中華日報，1972.7.22，6
版。〈醞釀罷免卅三位縣議員…〉，中華日報，1972.7.25，6 版。〈六甲鄉
民罷免鄉長案宣告不能成立…〉，中華日報，1972.9.1，6 版。〈六甲鄉長
獲准辭職…〉，中華日報，1972.9.2，6 版。

三、個人操守不持。前面兩點是弊案發生的外在因素，劉博
　　文本人的操守及行事風格則是主因，當時除了工程舞弊
　　外；人事任用及調動的紅包風氣則亦令人詬病，1972
　　年1月國民黨縣黨部曾參酌基層同志所反映意見，彙訂
　　一份給劉縣長參照的新年度施政提要，當中第一條提到
　　的就是，化解派系促進團結的問題；第二條則是根絕貪
　　污整飭政風問題[60]。劉氏當時就在己身操守不持、縣內
　　派系對立、中央厲行政風革新的時空環境配合下，結束
　　政治生命。

　　當時因六甲鄉農地重劃弊案被台南地方法院，一審判刑的共有
十二人，分別是縣長劉博文徒刑十二年，五十八歲縣府主任祕書孫
學津十五年，四十四歲白河鎮籍的縣府祕書楊啟瑞四年…等[61]。

　　此事件的影響，可從以下幾點來理解：

一、打亂既有派系接班佈局。劉博文兩屆任滿，不能再連
　　任；海派和山派都積極的推出人選準備爭取提名。在海
　　派方面曾任下營鄉長、及第三、四兩屆省議員的李雅
　　樵，一直被公認是劉博文的接棒人選；山派則推出前縣
　　長胡龍寶的女婿、曾任第三屆省議員的張文獻，張氏為
　　了表示問鼎縣長的決心，在1968年省議員任滿後，便

---

[60]　〈南縣六十二年度施政，應該力求兩大革新〉，中華日報，1972.1.17，6
　　　版。周威，〈南縣應興應革事項〉，中華日報，1972.7.4，6版。
[61]　其他分別是縣府重劃股股長吳省事五年，包商顏鄭清十二年六個月，二
　　　手包商蔡明哲十二年，忠義工程隊隊長葛永飛七年，忠義工程隊駐六甲
　　　鄉工程負責人藍凱三年，重劃協進會委員黃邦智三年，六甲鄉農會股長
　　　陳錦城二年，緩刑三年。包商陳銓炎二年，毛慶隆一年，何文良、陳進
　　　丁、陳文旦各三個月得易科罰金。〈六甲農地弊案宣判，劉博文處刑十二
　　　年，孫學津囚十五年另十三人亦分別判罪〉，中華日報，1972.9.17，3版。

向山派推薦同是台大法律系的同學高育仁，接替自己競
選第四屆省議員，而他則獲安排出任省黨部主要負責黨
政關係及輔選工作的第三組總幹事，積極經營省黨部內
的人脈以期獲得國民黨的提名。但事與願違，劉博文因
弊案下台，接棒人李雅樵直接受到影響，他除了放棄縣
長提名登記外，也婉拒國民黨徵調他競選增額國大代表
（後由親海派的無黨籍人士，吳豐山出馬並當選一席，
另一席是國民黨提名的山派李耀乾），在立委提名登記
敗給張文獻後，暫時離開地方政壇，接受自立晚報社長
的安排；而山派的張文獻亦改變路線，獲提名競選立
委，並順利當選[62]。

二、海派不滿情緒高漲。屬於海派背景的縣長，因弊案於
1972 年 7 月底被起訴下台後；緊接著同年 12 月的立法
委員、國大代表、縣長及省議員等重要的選舉，海派在
黨內提名上再次受到打擊；國民黨於同年 9 月 22 日公
佈的提名名單中，縣長提名高育仁，省議員提名林秋
龍、楊馨宜、林耿清、謝崑山及江恩，立法委員部份提
名張文獻，國大代表則提名李耀乾[63]。若先不論縣長提

[62] 李雅樵 1929 年生，下營鄉人。台灣師範大學教育系畢業，曾任教員、督
學、下營鄉長、省議員。吳豐山 1945 年生，將軍鄉人，政大新聞研究所
畢業，於 1972 年 12 月以 73,621 票當選國民大會代表（董翔飛，1984a：
271；台南縣選舉委員會編印，1989b：11；王清治，1985：172～173；
廖忠俊，2000：160）。〈公職候選黨內提名，南縣昨日截止…〉，中華日
報，1972.8.16，6 版。南縣府網站 http://travel.tnhg.gov.tw/index.html
（2003.6.26 查詢）
[63] 〈參加四項公職人員選舉，國民黨提名候選人名單〉，中華日報，
1972.9.23，3 版。〈四項公職人員選舉，黨內提名南縣人選簡介〉，中華

名情形，從這份名單中可以看出除了謝崑山、林秋龍（北門鄉三寮灣人，任職天仁工商）為海派人士外，清一色都是山派的人馬。海派看到此提名結果，必定不能釋懷。因立委選舉台南縣當時屬第四選區，包含雲、嘉、南縣及南市，國民黨分別提名陳水亮、蕭天讚、張文獻、辛文炳，禮讓一席給嘉義縣的許世賢，故海派不易在立委選舉中有所作為。而其不滿情緒就表現在國大代表，及隔年亦即 1973 年 5 月的第八屆縣議會正副議長兩次選舉上；國大代表選舉當時台南縣應選二名，國民黨只提名李耀乾一人，而無黨籍年僅二十八歲的吳豐山，因有海派的暗中支持，以 93,600 餘票，僅次李耀乾的 117,994 票，當選其中一席。在隔年的縣議會正副議長選舉上，海派的張鏗堯找程其達搭檔，擊敗國民黨所提名及規劃的王鼎勳、林琨修（無黨籍），此舉震撼一時，而張、程兩人隨即被國民黨黨紀處份[64]。

三、埋下第三勢力出現的伏筆・前面提到海派的縣長因案丟官下獄，同派的接棒人選在提名上，直接受負面影響是可以理解的，當時李雅樵直接放棄提名登記；但是為何不提山派張文獻或王鼎勳等其他登記的九人，而提高育仁呢。因為國民黨有意要擺脫地方派系的影響，當時省黨部主委梁永章，在辦理提名登記時就明確指出「…除了要貫徹中央革新決策外…此次提名，務期跳出派系的

日報，1972.9.23，6 版。
[64] 台南縣文獻委員會，1973.5：2～3。王清治，1985：173。〈南縣正副議長選舉爆出冷門〉，中華日報，1973.5.2，6 版。〈國民黨昨日通知張鏗堯、程其達正式開除黨籍〉，中華日報，1973.5.17，6 版。

圈子，不遷就派系，決不受派系左右，不向惡勢力妥協，
凡在政治上有污點，有過違紀、違法紀錄者，將予摒棄…
至於候選人的年齡…在平均年齡上，儘可能降低…」
[65]，在這樣的提名政策下，年輕、無明顯派系背景且有
一定民意基礎的高育仁，會從九位參與提名人中被青睞
是可以理解的。高育仁雖曾在張文獻的引薦下當選過省
議員，與山派有一定淵源，但究非山派嫡系人物，於是
在他當選縣長後，逐漸形成一股有別於海派及山派的新
勢力—高系。

劉博文被起訴後省府旋下令停職，並派金輅及李貞甫二人，
於 1972 年 8 月 1 日起分別代理縣長及主任祕書二職[66]。金輅在半
年的代理期內，提出「更乾淨」、「更團結」及「大新營」的建設
計劃，作為過渡時期縣政努力的方向。代理縣長金輅上任後，所
發表的公開談話內容，可以從中了解劉博文主政後期，當時縣內
的一些弊病；首先在 8 月 1 日就職典禮上，金代縣長所提的「更
乾淨」的縣政努力方向，是指除了是要杜絕類似農地重劃弊案的
工程貪瀆外，另一是針對人事異動的紅包歪風，金氏在 9 月 12
日應新營扶輪社邀請，發表他代理縣政月餘的感想時，就直言要

---

[65] 當時張文獻、高育仁兩人同為三十八歲，王鼎勳五十二歲。 秋白，〈掃
除污染靜化選風，執政黨決心辦好中央暨地方選舉〉，中華日報，
1972.8.6，2 版。

[66] 金輅，時年六十一歲，廣東省人，上海復旦大學政治系畢業，日本早稻
田大學研究，曾任省府科長、參議及代理嘉義縣長、台南市政府主任祕
書，是當時的省府民政廳專門委員兼代主任祕書。李貞甫，時年六十一
歲，中華大學畢業，曾在河北省擔任縣長及書記長等職務，在當時為省
民政廳視察。〈牽涉六甲農地弊案起訴，省府下令劉博文停職，派金輅代
理…〉，中華日報，1972.8.1，3 版。〈南縣代理縣長金輅昨就職，代理主
祕李貞甫亦已到職〉，中華日報，1972.8.2，8 版。

改革過去縣內校長任命及教師調動時，都要紅包帶路的惡風。他保證當年度要作的很清潔，假如有任何不乾淨的事情，請大家去檢舉他。其次是「更團結」部份，金代縣長是有感於派系對立，及縣府與新營鎮公所的關係惡劣所提出的呼籲，弊案爆發初時，劉博文回應承辦檢察官王雲德的偵訊，曾將原因歸就派系的傾軋，劉氏指包商顏鄭清是前縣長胡龍寶的人，供出他收了賄款是山派人士惡意要誣陷他。就可以讓我們察覺到當時確有派系對立的情形。而「大新營計劃」更可看出另一不和諧例子，原來大新營的建設計劃早在 1968 年劉博文連任成功初期，就已開始初步規劃，無奈當時的新營鎮長陳哲仁，除了對規劃內容與縣府的意見有些不同外，更認為計劃內所使用的土地主要是鎮有財產，故應由鎮公所通盤處理整個計劃，而非由縣府來主導，進而造成縣府與鎮公所的不睦而使計劃胎死腹中；縣府與新營鎮公所的糾紛除了上述開發新營的計劃外，還有縣府文化大樓占用鎮有土地的糾紛，及新營鎮原本設立補校，但縣府不接辦，以致形成鎮公所經費負擔沈重等。金代縣長於是以修改過的「大新營」建設計劃，與新營鎮公所重修舊好，此計劃後來於 1972 年 9 月 25 日亦獲得新營鎮代會支持。從金輅努力的方向來看，劉博文主政後期縣內政風至少有以下的問題：一、工程貪墨與人事紅包盛行。二、派系傾軋。三、縣府與新營鎮公所的對立，造成縣府建設停滯兩敗俱傷[67]。

---

[67] 周威，〈金輅代縣長談負〉，中華日報，1972.8.7，6 版。王谷龍，〈大新營的建設計劃〉，中華日報，1972.9.12，6 版。王谷龍，〈好的開始就是成功的一半──新營鎮大建設計劃即將實施〉，中華日報，1972.9.16，6 版。周威，〈南縣建設蓬勃發展〉，中華日報，1972.9.22，6 版。〈推行大新營都市計劃，鎮代熱烈支持期則早日實現〉，中華日報，1972.9.26，6 版。

　　從傳言劉博文涉入弊案，到他被起訴停職約七個月，以司法效率而言是算快速的，但在二審宣判緊接上訴最高法院後則一拖就是十年，直到劉氏身亡；這和一、二審時的效率是無法相提並論的，這也可以理解國民黨有意要速辦速判，目的在避免影響當時將至的年底選舉。如果拖太久對國民黨可能的影響有：一、提名作業無法理直氣壯。要是選舉提名期間劉氏涉案尚在調查未被起訴階段，則國民黨在考量年底選舉的提名作業時，勢必須要給海派陣營公平的機會，否則難以讓海派有意參選人士心服口服。二、民怨久抑易失人心。如果整個弊案無法在短期內由司法審判給縣民一個合理交待，因農地重劃弊案所造成的民怨，恐怕會對即將到來的選舉產生負面影響；考量民心向背下司法調查結果可以理解的很快就呈現了。三、給地方派系相當的警惕。由國民黨有意營造出來的派系對立，演變到當時有貪瀆、建設停滯等傾軋惡化的情勢發生，弊案調查早日有個結果除了可以給縣民一個交待外，亦給地方上的政治參與者一個警惕，這同時對澄清政風也有正面幫助。

　　這場官司近十年的纏訟相信都是海派人士心中的陰影，也令人很難沒有殺雞儆猴的聯想。至於劉博文一、二審皆被判十二年徒刑，下獄一年多後因病獲准保外就醫，且上訴到高法院纏訟多年，後來在 1981 年 6 月 6 日，因久病厭世於台南市建業街自宅上吊身亡，結束起伏的一生[68]。

---

[68] 謝敏捷於前揭文第 37 頁，誤植劉氏是在獄中上吊自殺。〈劉博文厭世自殺，官司纏身久病不癒突萌短見〉，台灣時報，1981.6.7，3 版。〈端陽節投環！不幸縣長第一個，重劃地受賄？無邊訟案累終身〉，台灣時報，1981.6.8，3 版。王谷龍，〈大新營的建設計劃〉，同上註。

參、高系的出現

　　被國民黨當局快辦速判的農地重劃弊案，發展到 1972 年 8
月底漸至尾聲；在此同時第七屆縣長選舉的提名登記緊接到來
[69]。在國民黨既定的提名策略下，由高育仁出線並順利高票當選。
以他為首的第三勢力便漸漸的在縣內形成。

　　1972 年前後國際上正值能源危機，政府在外交上亦頻受孤
立，蔣經國此時出任行政院長，在行政及黨務上都有許多整頓的
措施；行政上是推動革新政風，以「十項革新」來整飭吏治。黨
務則以「青年才俊」及「派系替代」策略相配合以整頓地方派系；
也就是試圖以年輕黨工、地方黨部及救國團等組織，取代地方派
系在地方政壇的運作（陳明通，2001：181）。

　　行政院於 1972 年 8 月 4 日發布臺內字第七七三八號令，把
立法委員、國民大會代表等增額中央民意代表、縣市長、省議員
等四項公職人員調整成同一日投票（董翔飛，1984b：460）。當
時國民黨中央黨部祕書長張寶樹，在台灣省各級公職黨內提名候
選人的座談會中就曾強調：「…此次四種公職選舉，同時舉辦，
具有多重意義；一、加強全民團結。二、充實外交折衝運用上的
力量。三、實踐政治革新。四、鞏固政權基礎。…」[70]由此可以
理解國民黨十分重視這次選舉。

---

[69] 第七屆縣長、第五屆省議員及增額中央民意代表選舉同於 1972 年 12 月
　　23 日舉行，國民黨台灣省黨部則在 8 月 10 至 15 日辦理黨內候選人提名
　　登記。〈中央暨地方公職選舉，國民黨提名候選人，定今正式公佈名單〉，
　　中華日報，1972.9.22，2 版。

[70] 〈國民黨提名公職候選人，一致表示貫徹革新政策，張寶樹勉勵…〉，中
　　華日報，1972.9.30，2 版。〈此次選舉在國際國內均具有相當重要影響，
　　全黨同志團結合作…〉，中華日報，1972.9.25，6 版。〈社論—認清本次
　　公職人員選舉的重大意義〉，中華日報，1972.8.12，2 版。

　　由於國民黨有意整頓地方派系，故十分慎重 1972 年底的選
舉，其提名策略則以延攬本省籍的青年才俊及擺脫地方派系為考
量主軸；此舉完全打亂了海派和山派的接班佈局。由於六甲鄉農
地重劃弊案的影響，李雅樵直接放棄縣長的提名登記，只登記立
法委員；但後來還是落空，只好接受吳三連的安排出任自立晚報
社長。但是張文獻則不同，他登記了縣長和立法委員，後來獲得
提名立法委員並順利當選，從整個過程來看海派受弊案負面的衝
擊是大於山派的。

　　曾於 1963 年 4 月當選第三屆省議員的張文獻（前縣長胡龍
寶女婿）與李雅樵兩人，分別是山派和海派在劉博文將任滿時，
問鼎縣長寶座的熱門人選。1968 年第三屆省議員即將屆滿，張文
獻為佈局 1972 年 12 月的第七屆縣長選舉，放棄尋求連任省議員
轉任國民黨台灣省黨部，主管黨政關係及輔選事宜的三組總幹
事；深耕省黨部人脈以為將來爭取縣長提名努力；張氏所遺留連
任省議員的位缺，經他本人引介下改由其同鄉的大學同學高育仁
出馬，並於 1968 年 4 月順利當選[71]。李雅樵也同時成功連任第四
屆省議員。

　　當時參與國民黨第七屆縣長黨內提名登記的共有十人[72]，但

---

[71] 筆者親訪山派資深人士，回憶當時引介情形；胡龍寶與其身邊智囊團於
會商中，詢問張文獻「高某人可不可靠？」，當時張氏擔保高氏絕對可靠！
於是胡龍寶允諾支持，後來高氏順利當選 1968 年 4 月的第四屆省議員。

[72] 分別是：五十二歲的台南縣議長王鼎勳，四十三歲的南投縣民政局長劉
憲廷、台南市區長周文雄、教員陳清田、卅八歲的省黨部總幹事張文獻、
省議員高育仁、新竹自來水廠長林茂文，卅七歲的台南縣農會總幹事蘇
金賀，卅六歲的私人醫院院長黃輝鍠，卅五歲的人事行政局科長林玉縈。
王谷龍，〈一時俊彥‧爭取提名〉，中華日報，1972.8.22，6 版。周威，〈中
央及地方公職人員選舉，南縣黨內提名大勢〉，中華日報，1972.8.20，6

是有實力較可能被提名的熱門人選只有王鼎勳、張文獻及高育仁三人。在青年才俊、擺脫派系色彩的兩大提名策略主軸及勝選考量下，年齡偏高、派系出身的王鼎勳、張文獻及缺乏一定群眾基礎的其餘六人一一出局；最後則由高育仁獲得提名。

　　當時在海派和山派對立的環境中，高氏除了他本身具有的司法、外交官才幹外，再加上籍屬地位於北門區佳里鎮、曾受山派推薦當選省議員有一定民意基礎等要素，使他成為海、山兩派皆能接受的人物（廖忠俊，2000：161；王清治，1985：172），這從提名過程中縣黨部副主委、前縣長高文瑞之子高宗仁曾出面幫高氏爭取，及提名結果出爐後的隔天，山派前議長廖乾定曾陪同高育仁等人，拜訪麻豆地區未獲提名人士，這點就可證明高氏在當時，和海、山兩派人士皆有良好互動[73]。獲得提名後的高氏認為，台南縣多年來沒有進步是缺少和諧所致，故以「和諧」、「進步」為其競選訴求的主軸，並以「人事公開、財務公開、建設公開」的三大目標為當選後施政的保證，以期能整飭地方政風[74]。從高氏的政見內容來看，主要是針對當時地方政治勢力對立和政風不佳提出改善的訴求。而這也和國民黨當時所力行的革新政風，及擺脫地方派系對地方政治負面影響的方向相呼應。

　　版。周咸，〈南縣黨內登記縣長人士簡介〉，中華日報，1972.9.5，6 版。

[73] 高宗仁 1928 年生，台灣師範大學史地系畢業，曾任南縣南新中學校長、國民黨台南縣黨部副主委、高雄縣黨部主委，1969 年 12 月當選國民大會代表（李旺臺、甘春煌等，1982.11：79；廖達琪，1997：87；葉炎清，1970.6：42）。〈張翰飛高育仁等昨驅車，分至善化麻豆等地，慰問未獲提名人士〉，中華日報，1972.9.24，6 版。

[74] 〈國民黨提高育仁競選南縣長⋯〉，中華日報，1972.9.26，6 版。陳輝，〈高育仁談競選縣長之政見〉，中華日報，1972.10.2，6 版。〈高育仁政見重點⋯〉，中華日報，1972.12.15，6 版。

　　國民黨為了要擺脫地方派系，並徹底贏得選舉，對於輔選過程訂有明確的遵行事項，並嚴格要求輔選的黨工確實遵行，在當時黨工幹部的「輔選公約遵行事項」主要有：一、辦理輔選工作應堅持黨的立場，二、貫徹黨的決定，三、應秉公正無私的態度，四、應絕對保守工作機密，五、應遵守政府法令，六、應促成地方團結[75]。在黨工幹部「決不違反事項」則有：一、不捲入地方派系，二、不經手候選人競選費用，三、不接受候選人任何津貼，四、不接受與選舉有關者之任何餽贈、邀宴、招待，五、不對有意競選者，預作承諾，六、不向外籌募輔選經費[76]。從這些規定事項，可以清楚的看出，國民黨想把地方黨部和各地方勢力劃分清楚，並企望從輔選時就斷絕和地方勢力的利益、人情往來，以求所提名的人選在當選後，於縣政運作上能有更充足的自主性，不受地方勢力的左右；進而期以黨工、地方黨部取代意見領袖及地方勢力。

　　國民黨中央黨部，對參與提名登記的候選人，所宣達的要求及規定有；一、申請競選，應基於為地方及民眾服務之目的，二、不以不正當的手段爭取競選提名，三、不邀宴，不送禮，不奔走請託，不製造不實輿情，以維護社會優良風氣，四、不惡意攻訐其他登記同志，以維護組織及地方團結，五、絕對服從組織決定，不違紀競選或助選。省黨部方面則規定；一、決不向黨員以不正

---

[75] 秋白，〈掃除污染靜化選風，執政黨決心辦好中央暨地方選舉〉，中華日報，1972.8.6，2版。〈社論─發揮輔選與監選的最大作用〉，中華日報，1972.8.16，2版。

[76] 〈中央公職人員選舉，南縣昨舉行座談會〉，中華日報，1972.8.23，6版。王谷龍，〈輔選公職人員決採最新方法，使人人均為助選員〉，中華日報，1972.8.24，6版。

當方式爭取有利於己之意見反映，二、決不向黨工人員以期約、金錢、實物、邀宴等賄賂行為爭取競選提名，三、決不對其他登記競選同志，造謠中傷，惡意攻訐，四、絕對服從組織決定，如未獲提名，決不違紀競選或助選[77]。這些規定除了要端正選風外，還可以看出國民黨是要杜絕黨內因爭取提名，所引發的地方勢力對立，更要防杜未被提名者違紀參選。

在國民黨嚴格的提名、競選規定，及決心擺脫地方勢力影響的宣示下，當時並沒其他人士能（敢）出馬與國民黨的提名人相抗衡。當國民黨的提名名單，於 1972 年 9 月 22 日公佈後，地方上曾傳出麻豆鎮長許才良有意出馬競選，後來經其本人否認即平息這項傳言[78]。選舉於 1972 年 12 月 23 日投票。高育仁在沒有競爭者的情況下，以得票率 94.10％的 299,524 票[79]，順利當選第七屆台南縣長。

高育仁任內的縣府預算連續四年（含李悌元代理期），都獲得縣議會的百分之百支持，分文未刪順利通過，1976 年 7 月高氏獲得拔擢，升任內政部常務次長（台灣時報記者集體採訪，1977：180；台灣時報，1981：88；廖忠俊，2000：161）；結束三年五個月餘連一屆都未任滿的縣長任期。

---

[77] 〈國民黨辦提名競選，奠立端正選風基礎〉，中華日報，1972.10.13，6 版。〈省黨部籲全體同志，支持革新輔選工作…〉，中華日報，1972.9.30，2 版。〈黨員違紀競選，一律開除黨籍，梁永章昨鄭重宣布〉，中華日報，1972.11.28，2 版。

[78] 王谷龍，〈許才良再堅定表示，決不出馬競選縣長…〉，中華日報，1972.10.13，6 版。

[79] 當時高育仁是全省縣市長當選人中，得票數最高者；次高的是台北縣的邵新恩有 285,625 票。〈四項中央地方公職人員選舉，當選名單暨得票數…〉，中華日報，1972.12.25，3 版。

高氏在升任內政部常務次長前,短短的三年又五個月縣長任期,縣政府與縣議會的關係可算異常的平靜和諧,原因可有以下幾點:

一、國民黨縣黨部主委陳變強勢領導風格(王清治,1985:174)。於 1973 年 6 月接任張翰飛的縣黨部主委陳變,其強勢行事風格可由他處理 1973 年 5 月,縣議會正副議長違紀參選案的過程了解一二。當時海派的張鏗堯搭擋程其達違紀參選,擊敗國民黨所提名的王鼎勳、林琨修當選正副議長;國民黨在政治手段上,除了開除兩人黨籍外;更對個人所經營的事業加以打擊。程其達是永達製藥廠董事長故首當其衝,國民黨透過行政部門,針對其產品施以特檢,宣稱為不合格的禁藥,一時造成程氏的藥廠全省性的退貨,在巨大的財務壓力下,程氏不得不找上當時的縣黨部主委陳變談判,當時國民黨提出兩條路給程選擇,一是繼續當副議長,但是準備倒閉破產。二是自動辭職,保全己身事業和黨籍。後來程氏選擇辭去副議長,才得以恢復平靜的生活;至於張鏗堯因無明顯的自身事業,故國民黨主要是以開除黨籍來對付他。後來因張氏恢復黨籍之心漸萌,故張氏和國民黨縣黨部及縣府的關係漸趨平和[80]。程氏後來曾有意參加 1977 年 11 月的第八屆永康鄉鄉長選舉,但因為有違反國民黨黨紀的「前科」,使得提名落空,而逐漸淡出政

---

[80] 陳變處理張鏗堯、程其達違紀事件經過,是從採訪具海派身份且和高系互動良好的陳姓資深人士所得。〈誰是下屆南縣正副議長?〉,聯合報,1977.11.22,7 版。〈南縣下屆正副議長之爭,輔選單位慎防違紀…〉,聯合報,1977.11.30,7 版。

壇。張鏗堯恢復黨籍後，在 1977 年 6 月 14 日，領表準備參加國民黨黨內縣議員提名登記時，就曾表示在他議長任內，台南縣議會開創了縣府四年預算分文未刪的紀錄，是他本人最大的安慰，但他認為這應歸功於縣黨部主委陳燮的「卓越領導」[81]。

二、海派的蟄伏。1972 年底的選舉，海派的李雅樵雖放棄參選縣長，退而求其次登記提名立法委員一項，但結果揭曉是山派的張文獻獲得提名，證明當時海派人士，對六甲農地重劃弊案的衝擊評估太過樂觀；後來雖在國大代表及 1973 年 5 月的縣議長選舉，表示了不滿的情緒；畢竟當時國民黨整頓地方派系的決心和措施十分明顯，而讓海派人士在高育仁任縣長期間，對地方政治事務的態度轉趨消極。

三、高育仁本身協調折衝能力。高育仁具有律師、推事及外交官的資歷，口才和反應在當時南縣政壇皆屬頂尖。但只有一屆四年的省議員資歷，旋於國民黨「派系替代」策略運作下當選縣長。在沒有屬於自己的地方支持系統下，一方面要調和海、山兩派對立以推展縣政；同時又要建立能為自己掌握的勢力，以逐漸擺脫山派對其影響。是甫上任的高氏所要面對的難題。在這樣處境下府會能平靜和諧，除了有強勢的縣黨部主委護航，且海派暫時氣勢消沈外，其本身協調折衝能力，亦是不可忽視的因素之一。

---

[81]　〈張鏗堯昨參加縣議員登記，表示希望爭取連任議長，唯將服從組織決定〉，中華日報，1977.6.15，8 版。〈永康鄉長選舉開放自由競選，程其達未獲提名心灰意冷〉，聯合報，1977.8.28，7 版。

　　因為國民黨對地方勢力的整頓，所以高育仁與劉博文比較起來，高氏受派系對立的影響較少，所以推行縣政上較得心應手是可以理解的；廖忠俊在《台灣地方派系及其主要領導人物》一書提到「…高育仁因縣長任內特優，蒙中央擢升為內政部常次…」（2000：161）及台灣時報所出版的《政海浮沉錄》也提到「…高育仁對建設台南縣的成績是極斐然可觀的…」（1977：179）。但是高氏畢竟也只當了四十一個月餘的縣長，能有什麼政績可讓他調升內政部常務次長，是令人疑惑的。若對《政海浮沉錄》一書中所提到的「政績」加以探究後，有以下的不同看法：

一、有關連結曾文、烏山頭及白河三水庫那兩條觀光道路部份。依據高育仁在 1973 年 5 月 7 日向外界表示，待省府首長會議通過，即可定案；並預定在 1975 年度展開規劃設計與編列預算發包施工（台南縣文獻委員會，1974.6a：164、172）。高氏是在 1976 年 7 月就調升，且 1977 年 9 月出版的《政海浮沉錄》提到「…那兩條觀光道路，不久將可全線通車…」可見高氏調升時路還沒鋪好。

二、有關開發三個工業區部份。經查對高氏於 1976 年 5 月11 日，對第八屆縣議會第七次大會施政總報告的內容，那三個工業區分別是官田鄉二鎮工業區、龍崎鄉番社工業區、永康鄉車行工業區，而只有二鎮工業區在 1976年 6 月底才有第一期工程完工，其餘兩個工業一個還在開發，另一個還在作規劃工作（高育仁，1976.6：2）。

三、有關實施都市計劃成效部份。書中所提到成效是兩年內從六千二百多公頃增加到八千七百多公頃（台灣時報記者集體採訪，1977：179）；也就是說一年的進度約一千

　　　二百多公頃，依此效率那麼剩下的一萬零五百公頃，則
　　　要再花約八年才能全部完成。

四、有關續修縣志部份。當時是省府轉內政部指示，各縣市
　　　應於 1975 年度編列預算從事纂修縣志的工作，依計劃
　　　進度到 1980 年 6 月底，即楊寶發任內才完成出版（台
　　　南縣文獻委員會，1974.6b：175），所以前後約六年餘
　　　才完成，政績很難由高氏獨攬。

　　根據上述可以了解，《政海浮沉錄》一書中，所謂的「政績」
根本就只是一些尚在規劃或是尚未完工的工程罷了。所以高育仁
調升內政部常次的原因不應只是所謂的「政績特優」，而還有以
下的理由：一、個人際遇。當時內政部長是張豐緒，因為張氏與
一位雷姓常務次長理念不合，雷姓次長請辭獲准；而高育仁又是
張豐緒在台灣大學讀書時的學弟，所以將其延攬入內政部（李旺
臺、甘春煌等，1982.11：79）。二、縣長選舉時得票數高。高氏
當選縣長時的得票數，是各縣市之冠，故較有機會脫穎而出。三、
國民黨刻意栽培。高氏的學經歷和才幹俱佳，在地方勢力對峙的
台南縣，成為國民黨刻意栽培的對象，這從他後來一路高昇的過
程來看就可印証。

　　高育仁升任內政部常務次長後，台灣省政府指派省府委員李
悌元[82]，代理縣長職缺至 1977 年 12 月 20 日原縣長任期屆滿止，
第七屆縣長任期，原應於 1977 年 2 月 1 日屆滿，但依行政院 1976
年 3 月 27 日，台內字第二五四九號函：「台灣省第五屆省議員、

---

[82]　李悌元，台灣大學醫學系畢業、英國愛丁堡大學公共衛生學碩士、美國
　　　哥倫比亞大學公共衛生學博士。曾任醫師、教授、台北市衛生局長、省
　　　衛生處長、省府委員、行政院衛生署副署長（紀俊臣、陳陽德，2001a：
　　　126）。http://ccms.ntu.edu.tw/~ihpm/guide13.htm（2003.6.26 查詢）

第七屆縣市長、第八屆縣市議員之改選，延至 1977 年 11 月間同時辦理」的因素（台南縣選舉委員會編印，1989a：8；董翔飛，1984b：475），任期延長了十個月餘，成為四年十個月多，所以李悌元代理縣長前後約十七個月。

　　1978 年 10 月高育仁轉任國民黨中央黨部祕書處主任；1978年 6 月省府改組時，由省主席林洋港調任省府委員兼民政廳長；1981 年 12 月回台南縣參選第七屆省議員，以 67,154 票當選，並順利當選省議會議長[83]；當時高育仁是省民政廳長，被國民黨內定為省議長，故提名高氏返鄉再次競選省議員，這和他於 1968年受山派張文獻等人推薦，當選第四屆省議員已隔十三年。高氏在國民黨全力輔選的情況下，企圖衝高得票數以利接任省議長，開票結果雖是台南縣最高票當選的省議員，但 67,000 多票仍與理想有段差距；當時由各縣市所選出的第七屆省議員共七十三位，當選票數比高氏多的共有 10 位（董翔飛，1984b：117～123），不過在國民黨的運作下高氏還是順利當選省議長。因為得票數不高所以對高育仁來說是一種警訊，故高氏在省議長任內，對台南縣的地方政治事務的介入較以往具體且積極，因此以高氏為首的第三勢力，在台南縣內也就更具體浮現[84]；1983 年 12 月的增額

---

[83] 高氏任省府民政廳長應是 1978 年 6 月省府改組時。紀俊臣、陳陽德與廖忠俊等人於文中皆誤植為 1979 年（紀俊臣、陳陽德，2001a：125；李旺臺、甘春煌等，1982.11：79；廖忠俊，2000：161）。台灣省政府網站 http://www.tpg.gov.tw/tpaih/governor/governor.htm（2003.6.26 查詢）

[84] 根據蔡明惠、張茂桂的歸納，對於地方政治勢力起源的問題有兩類答案，一是自然形成說，一是外來威權政權的刻意創造（1994.春：126）；若以台南縣的情形來看，海派的出現是日人治台末期的地方選舉即出現雛型，所以其形成因素應兩者兼具，至於山派嚴謹來說亦不應只是國民黨的刻意栽培，理由是 1950 年國民黨進行黨務改造時，對於組織目標是

立法委員選舉結果，可以視為高系此一政治勢力，具體形成的證據之一。當時台南縣選出的區域立委分別是；黃正安、李宗仁及洪玉欽。原本國民黨籍色彩中立的洪玉欽能當選連任，主要是高育仁為首的勢力全力支持（王清治，1985：174～175；廖忠俊，2000：161）；無黨籍的黃正安是國民黨海派所支持的對象，至於李宗仁則是屬於國民黨山派人士[85]。若從當選的三人分別屬於海派、山派及高系情形來看；從 1972 年 12 月高育仁當選第七屆縣長起，以其為首的勢力—高系，發展至 1983 年 12 月，已自成一勢力。高氏的勢力除了向下在台南縣內發展外，他在內政部次長、國民黨中央祕書處主任、省府委員兼民政廳長任內則逐漸向上，及水平的與其他縣市的政治勢力相結合；此現象可從 1981 年 10 月，在辦理登記第七屆省議員候選人時，有許多其他縣市

要達到「黨外無黨，黨內無派」的目標（張憲炎等，2004：23），所以國民黨當時刻意製造自己黨內的地方派系勢力的可能性不高，故國民黨培植胡龍寶的目的不應只視為要制衡海派，而是要完全取代之，只是既有地方政治勢力海派的抗衡，最後才會出現地方政治勢力二元化的現象，至於高系的出現則與海、山兩大勢力惡性對立，及國民黨的派系替代策略有關，只是從整個歷程來看，應屬國民黨策略失敗高系才會出現，所以若從台南縣山派、高系的例子來看地方政治勢力起源的這個問題，應該也可以說是國民黨欲消除地方政治勢力的策略運用失敗的結果，而非刻意創造。

[85] 黃正安 1952 年生，七股鄉龍山村人，台大法律系畢業，執業律師，為國民黨高雄市選出立委黃正雄胞弟本身為無黨籍人士，1980 年 12 月以 60,395 票，當選立委。李宗仁 1933 年生，麻豆鎮人，政治大學行政管理研究班結業，曾任台北市政府法規委員、台北市台南縣同鄉會常務理事，1980 年 12 月以 53,506 票當選立法委員。洪玉欽 1942 年生，下營鄉人，中國文化大學三民主義研究所博士，曾任中國文化大學教授兼法律系主任，1980 年 12 月以 62,904 票當選立法委員。黃、李、洪三人於 1983 年 12 月同時成功連任立委（台灣省選舉委員會編印，1981：204～205）。參見表七，歷屆台南縣所屬選區選出立法委員。

民意代表，如立委鍾榮吉、吳梓、國代陳陽德等人，前來助陣看出一二，當時立委鍾榮吉更直言：「高育仁是全國性的人物」[86]。

後來高育仁於 1985 年 12 月，再以 102,103 票當選第八屆省議員並連任省議長（紀俊臣、陳陽德，2001a：125）。1989 年與邱創煥兩人被視為台灣省主席可能接任人選，與省主席一職無緣後被聘為總統府國策顧問，1992 年 12 月當選第二屆區域立法委員且有意競選立法院院長但失利（陳明通，2001：214～215）。後來成功連任 1995 年 12 月第三屆立委，1998 年 12 月再當選國民黨不分區立委並順利連任（台南縣選舉委員會，2002：587）。

---

[86] 〈楊寶發助選陣容強大，高育仁聲勢令人矚目〉，聯合報，1981.10.4，7
版。

（表七）歷屆台南縣所屬選區選出立法委員

1947 年第一屆立法委員選舉				
劉明朝	羅萬俥	黃國書	蔡培火	郭天乙
謝 娥	林 慎	鄭品聰	（以上八人由台灣省選出）	
1969.12.20 立法委員增選				
梁許春菊（國民黨海派）	吳基福		黃宗焜	郭國基
1972.12.23 增額立法委員選舉				
張文獻（國民黨山派）				
1975.12.20 增額立法委員選舉				
張文獻（國民黨山派）				
1980.12.06 增額立法委員選舉				
黃正安[87]（無黨籍海派）	郭俊次（國民黨山派）		洪玉欽[88]	李宗仁（國民黨山派）
1983.12.03 增額立法委員選舉				
黃正安（無黨籍海派）		洪玉欽	李宗仁（國民黨山派）	
1986.12.06 增額立法委員選舉				
朱高正	李宗仁（國民黨山派）		李勝峰	洪玉欽
1989.12.02 增額立法委員選舉				
魏耀乾[89]（民進黨獨盟）	李宗仁（國民黨山派）		李勝峰（國民黨山派）	洪玉欽
1992.12.19 第二屆立法委員選舉				
魏耀乾	蘇煥智（民進黨新系）	蘇火燈[90]（國民黨山派）	高育仁（國民黨高系）	洪玉欽
1995.12.02 第三屆立法委員選舉				
蘇煥智	李俊毅民進黨福系	謝錦川民進黨美系	洪玉欽	高育仁	黃秀孟國民黨海派
1998.12.05 第四屆立法委員選舉							

蘇煥智	李俊毅 民進黨福系	王幸男 民進黨獨盟	葉宜津 民進黨正線	洪玉欽	黃秀孟	周五六	方醫良 國民黨山派	宋煦光[91]
2001.12.01 第五屆立法委員選舉								
陳唐山 民進黨獨盟	李俊毅	葉宜津	侯水盛 民進黨新系	鄭國忠 民進黨新系	郭添財 國民黨海派	李全教 國民黨	謝鈞惠[92] 親民黨	

資料來源：1.董翔飛，1984a：555～802。2.台南縣選委會編，歷屆《立法委員選舉候選人在台南縣各投開票所得票數一覽表》。新營：縣選委會。3.政黨及派系屬性的認定由媒體報導與訪談知情人士而得。

---

[87] 黃正安為無黨籍但與國民黨海派往來密切。

[88] 洪玉欽與黃秀孟皆為國民黨海派人士，洪氏於 1980 年初入政壇時與高育仁互動良好。

[89] 民進黨「福系」代表民主進步黨福利國，「新系」代表新潮流，「獨盟」代表台獨聯盟，「正線」代表正義連線。

[90] 蘇火燈原國民黨山派，後因違紀參選，而被國民黨停止黨權後又恢復。

[91] 宋煦光是國民黨籍，票源主要是非本省族群及軍眷區，有別於傳統的海、山、高等派系或是中立色彩，其夫婿陳慶鴻與海派互動良好。

[92] 謝鈞惠原為國民黨，2000 年總統大選後，脫離國民黨加入親民黨。

第二章　反國民黨的民主勢力興起

　　台南縣縣政在 1977 年 12 月起，至 1985 年 12 月止是由楊寶發所主持。在楊寶發出任第八、九兩屆縣長的八年期間，對整個地方政治勢力變遷過程而言，可以說是一個關鍵的轉折點。而本章所要討論的要點，是從楊寶發當選縣長的過程為開始，再述及其擔任縣長期間和地方政治勢力互動的情形，並對 1981 年 11 月及 1985 年 11 月的第九、十兩屆關鍵的縣長選舉過程加以論述，進而呈現出此一時期在地方政治勢力變遷過程中，所代表的特殊意義。

第一節　楊寶發與山派合流

　　國民黨「派系替代」政策下所產生的縣長高育仁，於任內調升內政部常務次長，而由省府委員李悌元代理縣長約十七個月後，來接第八屆縣長棒子的，是令縣內政壇人士感到意外的楊寶發[1]。

壹、內定的提名人選

　　1977 年 11 月的第八屆縣長選舉，國民黨的黨內提名登記，是在同年的 6 月 11 至 16 日辦理；當時有意向參與提名的縣內政壇人士，大致有蘇金賀、劉憲廷、郭俊次、黃天授、李雅樵、林秋龍等人：其他如留德法學博士、當時在台灣大學教書的蘇俊

---

[1]　楊寶發 1931 年生，新化鎮豐榮里（洋仔港）人。台南一中、台灣大學政治系畢業，高等考試普通行政及格，曾任省府民政廳科員、股長、指導員，內政部視察、專門委員，國民黨南投、苗栗兩縣縣黨部主委，時任台北市民政局長（台南縣選舉委員會編印，1989a：8）。

雄，省自來水公司台中區經理的林茂文，台南市政府社會科長的
林武俊，前縣長高文瑞之子、國大代表、時任國民黨高雄縣黨部
主委的高宗仁，及立法委員張文獻等[2]。

　　分析這幾位被地方政壇所矚目的人士背景，可以歸納為以下
幾類；一是當時在縣內任職者；如蘇金賀和劉憲廷，蘇金賀是當
時台南縣的縣農會總幹事，有一定群眾基礎和選戰經驗，至於劉
憲廷則是曾佐理前縣長高育仁三年的縣府主任祕書，其以職務之
便欲深入基層並不難。二是旅外的縣籍人士如郭俊次、黃天授、
蘇俊雄、林茂文及林武俊等，這類人士背景主要以學者和服務於
政府機構的事務官為主，形象較清新但群眾基礎相對比較薄弱。
第三類是經選戰洗禮，省級以上的民意代表；如省議員林秋龍、
李雅樵、國大代表高宗仁和立委張文獻[3]。這類人士有全縣性的
群眾基礎和知名度，但相對的派系色彩也較明顯。

　　當時國民黨針對提名原則及規範提名競爭的重要宣示，可歸
納為以下幾點：一、中央民意代表任期未滿者，不考慮提名競選

---

[2]　劉憲廷 1929 年生，歸仁鄉人，省立行政專校（現中興大學）畢業，曾任
　　南投縣政府民政局長，時任台南縣政府主任祕書（台南縣文獻委員會，
　　1985.6：268）。蘇金賀 1933 年生，六甲鄉人，中興大學農經系畢業，曾
　　任縣議員，時任台南縣農會總幹事。郭俊次 1942 年生，學甲鎮人，政治
　　大學法學博士，曾任研究員、科長，時任國民黨台南縣黨部委員、行政
　　院研究發展組副主任。黃天授 1931 年生，下營鄉人，台大法律系畢業，
　　時任雲林縣政府主任祕書。林秋龍 1937 年生，學甲鎮人，淡江文理學院
　　（現淡江大學）商業系畢業，曾任天仁工商總務主任，時任省議員、天
　　仁工商校長。〈誰是下屆台南縣長？誰可獲選為省議員？〉，聯合報，
　　1977.6.7，7 版。〈縣長真空群雄並起，徵召一人出馬亦有可能〉，中國時
　　報，1977.6.7，6 版。
[3]　高宗仁曾於 1969 年 12 月 20 日，以 162,775 票當選國大代表。張文獻於
　　1975 年 12 月 20 日，以 252,475 票連任立法委員（董翔飛，1984a：213、
　　699）。

縣市長。二、決不以登記人經濟上的能力和地方派系背景來取捨。三、登記後靜待提名結果，嚴禁奔走活動。四、不得違紀競助選，否則開除黨籍。五、只要有違法證據，不論當選與否，事後追究到底[4]。由第一、二點來看，對張文獻、林秋龍、李雅樵及高宗仁四人較不利，理由是規範的第一點提到：「中央民意代表任期未滿者，不考慮提名競選縣市長」，可以說已宣告張文獻不可能被提名；至於第二點則是針對有派系背景的人而來，山派的蘇金賀，及高宗仁、林秋龍和李雅樵三位海派色彩鮮明的人，被提名的可能性亦相對降低許多。所以在辦理提名登記前，主要以「在縣內任職者」及「旅外的縣籍俊彥」這兩類人選的呼聲較高。

就在各路人馬摩拳擦掌，躍躍欲試的當兒，開始受理提名登記的 6 月 11 日早上八點半不到，楊寶發以篤定的態度完成領表及登記手續，此舉令政壇人士一陣錯愕！一來在地方政壇人士評估可能出線人選時，楊寶發一直是被忽略的對象，因為以台北市民政局長即直轄市的首席局長回頭來競選縣長，是屬「降階」；二來他完成登記手續的過程十分不尋常；因為在辦理提名登記的前一天，台南縣黨部還拒絕提前讓有意參與登記者預先領表，而楊氏能把領表、登記還加上體檢等手續在二十幾分鐘內一口氣完成，當時便令政壇人士有很多的聯想，一般認為他事前已受國民黨上級相當程度的安排與認可。第三、當楊氏完成登記後，便開

4　〈國民黨端正選風，辦理提名登記嚴禁…〉，聯合報，1977.6.2，2 版。〈國民黨昨公告黨內提名登記注意事項〉，聯合報，1977.6.8，2 版。〈黨內提名登記作業方式將有重大改變…〉，中國時報，1977.6.8，6 版。〈四項選舉黨內提名十一日起辦理登記，省黨部訂登記注意事項…〉，中華日報，1977.6.8，2 版。〈中央民意代表任期未滿，不考慮提名競選縣市長…〉，聯合報，1977.6.9，2 版。〈五項地方選舉黨內提名，將依兩項原則…〉，中華日報，1977.6.9，2 版。

始拜會地方人士,並指稱是「有關方面」(意指國民黨高層),敦
促他出馬角逐縣長寶座的[5],此舉更讓有意參與提名登記的人
士,出呼意料之外進而轉持觀望態度,心想是不是高層已有內定
人選。於是有意參與提名競逐者,在楊氏以黑馬姿態出現後,便
紛紛打探他問鼎縣長的本身實力如何,以及是否像他自己所言,
是國民黨高層所內定的提名人選。

對楊寶發的背景有了較深層的了解之後,辦理登記的人士到
了第三天(13日)後才熱絡起來,至於為何在探尋與評估後,有
意競逐提名之士一改之前「被震懾住」的態度,又恢復為積極參
與,可有以下幾個原因:

一、地方人士咸認為楊氏缺乏群眾基礎。楊寶發的學經歷十
　　分豐富,和有意參與競逐黨內提名者比較起來,屬頂尖
　　人選;但他最大的弱點則是在縣內缺乏選舉經驗及群眾
　　基礎。這一點使得那些在縣內有基層實力的競逐者,認
　　為有機會與他一較長短。

二、不認為楊氏在新的提名作業上能佔到優勢。這一屆國民
　　黨的縣長提名候選人,黨員反映作業方式,有別於以往
　　「黨員投票」或「項目反映」方式,而是以各種黨部小
　　組集會討論,並對提名候選人作成有紀錄的意見為憑;
　　且需評量出適任人選三人,因為楊寶發長年在外服務,
　　故這項新措施對他來說,在黨員反映這部份自然佔不到
　　什麼便宜。

5　〈競選下屆縣市長暨省議員,首日六十六人…〉,中國時報,1977.6.12,
　　2 版。〈台北市民政局長楊寶發,辦妥台南縣長提名登記〉,聯合報,
　　1977.6.12,7 版。〈台南縣長選舉闖出一匹黑馬,楊寶發辦黨內提名登
　　記〉,中國時報,1977.6.12,7 版。〈地方選舉候選提名八縣市第一日登
　　記名單〉,中華日報,1977.6.12,2 版。

三、對本身支持者有所交待。在楊辦妥登記後，雖一再向外宣稱他並非自己主動，而是受「有關方面」的「敦促」才出馬，但當時國民黨各級黨部，都三緘其口不表意見的情形下，有意參與提名競逐者便猜想，楊氏是不是唬人的。從有意參與提名登記者的立場來看，要是在情況不明的狀態下便放棄角逐的機會，除了有可能被對手的競爭策略所誤導外，對自己的支持者亦無法交待；於是採取積極行動者便不乏其人了。而參與登記的結果，便引發分屬不同勢力人士之間，相互牽制的賽局，如此一來提名登記的人數便日漸增加。

四、地方政壇人士的不滿。當時各路人馬從勢在必得，轉而觀望情勢、打探楊氏真正實力，再到登記人士並起的起伏過程。從另一個面向來看，就是地方人士針對楊寶發出線的方式，感到不滿，當時平面媒體就披露：「有各路人馬要聯合起來對付楊氏的傳說」。可見當時地方人士，對國民黨的提名過程有不滿情緒存在[6]。

接下來完成手續的人士，如行政院參議黃正雄、自立晚報社長李雅樵，也都以「受高層人士敦促」、「接到中央某方面的暗示」或「經過有關當局核可」為宣傳，和楊氏互別苗頭[7]。6月16日登記截止共有十三人參與提名登記；十三人分別是：楊寶發、王

---

[6] 關於此點，在訪談一位資深的陳姓民代時亦提到：「當時就有人放出風聲，如果楊當上縣長，要在縣議會為難他。」〈楊寶發角逐台南縣長似出於組織方面徵召…〉，中國時報，1977.6.13，7版。〈楊寶發實力如何？…〉，聯合報，1977.6.15，7版。〈下屆台南縣長選戰中，楊寶發為何爆出冷門…〉，聯合報，1977.6.18，7版。

[7] 〈南縣「提名戰」競爭激烈，群雄以「暗示」壯大聲勢〉，聯合報，1977.6.22，7版。

友仁、蘇金賀、林秋龍、周嘉村、黃正雄、黃天授、劉火山、李
雅樵、王鼎勳、陳石獅、郭俊次、劉憲廷。登記人數高居全省各
縣市之冠[8]，由此可體會當時縣內各路人馬互不相讓的情形。

　　從 1977 年 6 月 16 日登記截止，到 8 月 10 日公布提名名單
這段時間，依照當時國民黨中央的宣導：「登記後靜待提名結果，
嚴禁奔走活動」，但是實際的情形卻是競爭十分激烈；例如楊寶
發在辦理登記後便馬上拜會地方人士；黃天授則由他的岳父前新
化鎮長王教本帶領，拜託相關人士支持；陳石獅是由他的岳母，
當時縣議員黃蜜梨引介有力人士相助。除了奔走運作、提高知名
度外，以投書方式向監察院、省政府或司法機關檢舉的事件，一
時亦蔚為風氣，此使相關單位不勝其擾[9]。

　　這些有違「嚴禁奔走活動」的現象，相較上屆選舉時國民黨

---

[8]　楊寶發四十六歲新化鎮人，台北市民政局長。王友仁四十二歲歸仁鄉人，
　　中國文化學院政治系教授。蘇金賀四十四歲六甲鄉人，台南縣農會總幹
　　事。林秋龍四十歲學甲鎮人，省議員。周嘉村四十六歲新營人，台北縣
　　政府社會福利股長。黃正雄三十八歲七股鄉人，行政院參議。黃天授四
　　十六歲下營鄉人，雲林縣政府主任祕書。劉火山三十八歲學甲鎮人，台
　　南縣衛生局課長。李雅樵四十八歲下營鄉人，自立晚報社長。王鼎勳五
　　十六歲善化鎮人，縣議員。陳石獅四十四歲佳里人，高等法院推事。
　　郭俊次三十五歲學甲鎮人，行政研究發展組副主任。劉憲廷四十八歲
　　歸仁鄉人，台南縣政府主任祕書。以上所列十三人的職銜及年齡，以 1977
　　年 6 月時為準。〈台南縣下屆縣長及省縣議員黨內提名登記名單〉，中華
　　日報，1977.6.17，8 版。〈南縣黨內人才濟濟，十三人爭縣長提名〉，中
　　華日報，1977.6.22，8 版。
[9]　〈女婿登記提名角逐縣長，泰山泰水到處拜託…〉，聯合報，1977.6.23，
　　7 版。〈台南縣長選戰提前來臨，推介李雅樵的傳單…〉，聯合報，
　　1977.7.21，7 版。張昆山，〈楊寶發返鄉拜會地方士紳…〉，聯合報，
　　1977.7.26，7 版。〈楊寶發拜會父老…〉，聯合報，1977.7.27，7 版。〈南
　　縣議員推薦李雅樵爭取縣長提名〉，聯合報，1977.7.30，7 版。〈選戰揭
　　序幕黑信滿天飛…〉，中國時報，1977.6.13，7 版。

上級雷厲風行，參與者不敢違反規定的情形大不相同；當時行政院長仍是蔣經國（1972 年 5 月～1978 年 5 月），與 1972 年的第七屆縣長提名過程相比，1977 年 11 月這屆沒有上屆雷厲風行的「行政革新」，雖有「擺脫地方派系影響」的宣示但亦較和緩；在此情況下參與提名登記者因大環境的氣氛不同，加上對楊寶發的實力存疑以致競爭提名的動作頻頻，連帶使楊寶發在提名登記後，至提名名單公布前的這段時間，多次返鄉拜會重要人士。從檢舉黑函增多，調查後皆非屬實的情形看來，除了顯示角逐提名過程激烈之外，各派系勢力之間的較勁亦可視為造成原因之一。

國民黨台南縣黨部於同年 7 月 18 日完成初步匯整作業，向省黨部所提出的縣長提名候選人參考名單，以楊寶發為榜首，郭俊次居次。此一消息傳出後的第二天上午，縣內各機關首長和政界人士，即收到一封由李雅樵陣營所寄出，長達五千字的李氏推介信，鄭重推薦李氏為下屆縣長候選人[10]。

在國民黨基層各小組，對台南縣縣長選情的政情反映資料中，其實是以李雅樵和郭俊次二人的受歡迎程度較高，但是縣黨部提給省黨部的參考名單，卻以楊寶發為排名第一，其原因有以下：

一、派系替代策略。當時李雅樵的基層反映雖佳，但是李氏的地方派系色彩太明顯，是國民黨派系替代策略所要排除的對象。楊氏雖然在地方沒有群眾基礎，但是曾出任過國民黨苗栗、南投兩縣的縣黨部主委，是忠貞且年輕的黨工，又有豐富的行政經歷。這是國民黨當時執行派系替代策略時，最常出線的人選；可見當時縣黨部排名楊氏為第一，

---

[10] 〈下屆台南縣長選戰中，楊寶發為何爆出冷門…〉，同上。〈台南縣長及省議員選舉提名，縣黨部已提出參考名單…〉，聯合報，1977.7.19，7 版。〈台南縣長選戰提前來臨，推介李雅樵的傳單…〉，同上。

只是執行高層的指示，接受上級屬意的人選。

二、個人職務關係。有行政院研考會副主任職銜的郭俊次，
是當時國民黨台南縣黨部改組時，新任的委員之一，故
以職務之便深入組織基層，以致能在反映資料中居優勢
地位；即使書面的基層反映結果良好，但在高層政策考
量下，「屈居」陪榜的情形發生，並不感意外。

三、背景的同質性。排除有地方派系背景的李氏，而以楊、
郭兩人相較，最大的共同點是在縣內沒有公職選舉經
驗，但楊氏在行政及黨職的歷練是郭氏所不及的；故若
站在地方黨部立場來看，相同的輔選負擔，以楊氏為首
要人選是可以理解的。

剛和台北市長林洋港訪問韓國歸來的楊寶發，馬上於 7 月 24
日返回南縣，在前新化鎮長、時任台南市政府行政室主任梁德山
的陪同下，連續三天拜會地方士紳；楊氏首日拜訪的對象是以縣
正、副議長張鏗堯、戴再生，前縣議長沈水德及非國民黨籍的省
議員蔡江淋，等海派相關人士為主；次日才與其他辦妥提名登記
的相關人士；如縣農會總幹事蘇金賀和縣府主任祕書劉憲廷等人
禮貌性會晤。在拜會的過程中，曾有支持李雅樵的海派人士，當
面對楊氏表示其返鄉角逐縣長寶座的過程「太倉促了！」，國民
黨台灣省黨部提名審查小組，在 7 月 26 日審核通過了提名的建
議名單，其中李雅樵、楊寶發分列一、二名[11]。

在國民黨省黨部公布建議名單後，支持李雅樵的陣營為了掌
握最後衝刺的機會，隨即發起一項約三十餘位縣議員聯名推荐李

---

[11] 張昆山，〈楊寶發返鄉拜會地方士紳…〉，同上。〈楊寶發拜會地方父
老…〉，同上。〈下屆縣市長及省議員，國民黨候選人名單，提名小組初
步提出〉，聯合報，1977.7.23，2 版。

氏的行動；這項行動是由縣議長張鏗堯領銜，帶著聯署書到各鄉鎮尋求縣議員簽名蓋章的主要是國民黨籍安定鄉的王維道、白河鎮的廖昭猛等議員，此一大動作最後在李氏本人「勸阻」下才告中止。最後國民黨中常會於 8 月 10 日作出最終定案，由楊寶發獲得提名[12]。

貳、關仔嶺群英會

　　楊氏獲得國民黨黨內提名底定後，第八屆縣長選情並未馬上明朗，因為縣內不斷傳出有特別人選，欲與楊寶發於選戰上一決雌雄。這些被預測可能有所動作的人選，有國民黨籍的李雅樵，和無黨籍的吳豐山、黃正安；吳豐山是海派出身的無黨籍人士，當時為國民大會代表、自立晚報總編輯；因為沒有黨紀的顧忌且曾於 1972 年 12 月以 73,000 多票當選國代，是當時被公認最有可能出馬挑戰國民黨籍候選人的無黨籍人士；吳氏自己對於是否出馬，亦曾向媒體表示過慎重考慮的態度。黃正安亦屬海派人士，當時才剛於台南市執業律師；一度傳出決定出馬競選縣長，但後來限於律師須執業四年，才可辦理縣長候選人資格檢覈的規定，才澄清此一不可能發生的傳聞[13]。

　　在 8 月 10 日提名人選底定後，還持續傳出有挑戰者要出馬

---

[12] 〈南縣議員推荐李雅樵爭取縣長提名〉，同上。〈國民黨中常會昨通過縣市長、省市議員提名候選人名單〉，中華日報，1977.8.11，1 版。

[13] 台灣省選舉委員會編印，1981：204～205。張昆山，〈台南縣長提名「熱戰」變化難測…〉，聯合報，1977.7.31，7 版。張昆山，〈楊寶發獲提名競選台南縣長…〉，聯合報，1977.8.11，7 版。〈從國民黨提名候選人名單，透視縣市長及省議員選局〉，聯合報，1977.8.11，2 版。〈黃正安決出馬競選台南縣長〉，中國時報，1977.8.17，7 版。〈七股鄉律師黃正安被傳角逐縣長…〉，聯合報，1977.8.18，7 版。

和楊氏競爭的風聲，國民黨縣黨部主委陳燮及國民黨提名人楊寶
發當然亦有回應的動作；國民黨公布提名楊寶發當日，縣議長張
鏗堯曾婉拒發表支持楊氏的聲明建議，而陳燮接獲報告後，便即
約晤張氏以了解真正的意向。直到 8 月 18 日張氏才公開聲明支
持國民黨所提名的候選人[14]，張鏗堯和李雅樵私誼篤厚，同為海
派中堅人士；延遲宣布支持楊氏是可以理解的。從陳燮在接獲張
氏婉拒表態的報告後，就馬上約晤他的過程來看；提名登記時就
傳出有地方人士排斥楊氏的傳聞並非只是空穴來風，而張氏在陳
燮特別關注後的幾天，才宣布支持楊氏的過程來看；除了是因為
張氏之前有違紀競選的紀錄，而後來有連任打算的個人因素使然
外，整個過程至此亦可看出排斥楊寶發的暗潮已受初步控制，並
沒有再進一步擴大。

接下來陳燮又在 8 月下旬於公開場合向外界透露，吳三連已
和他在電話中澄清了吳氏本人「所能影響的人士，不致出馬正面
對抗國民黨的候選人」[15]；吳氏強調的是他「能影響的人士」，不
致與國民黨提名的縣長候選人「正面對抗」，所以他無法左右的
個人行為或是暗中支持非國民黨提名人的動作，則非他所能保證
不會發生的。吳氏此一回應，除了對陳燮表示善意，使各方有了
能坐下來談的基礎外；也為將來萬一協調不成，海派人士欲有所
動作時預留了空間。

在這樣的情況下，9 月上旬幾位台南縣旅居台北的重要政壇
人士，在陳燮出面邀宴下面對面坐了下來，當時出席人士有吳三
連、立委張文獻、前縣長高育仁、前省議員李雅樵及楊寶發本人，

---

[14] 〈張鏗堯態度明朗，公開支持楊寶發〉，中國時報，1977.8.19，6 版。
[15] 〈地方上若干傳聞獲得澄清，台南縣長選情較前更明朗〉，中國時報，
1977.8.21，6 版。

來賓則有台北市長林洋港[16]。

此次的餐會對楊寶發來說，有著正面意義；當時楊氏除了國民黨高層所給予的支持可以確定外，地方各勢力的意向則尚未完全明朗；在陳燮的主動協調下，海派、山派、高系主要人物及國民黨縣黨部主委能坐下來吃個飯，對楊寶發即將而來的競選之路來說是有正面收獲的；此一觀點可從幾天後的「關仔嶺群英會」得到肯定。台北餐會幾天後，一場以縣內近海派人士為主的宴會於 9 月 17 日在關仔嶺舉行，與會的有李雅樵、吳豐山、縣議長張鏗堯、省議員蔡江淋、縣議員吳維樵、周揚詩、廖昭猛、前縣長劉博文的機要祕書張德，來賓則有楊寶發[17]。從與會時間和出席的人士來看，「關仔嶺群英會」和台北的那場餐會有著一定的延續性，這也是楊寶發在確定獲得國民黨提名後，能和縣內近海派的政壇人士同時齊聚，作面對面交換意見的寶貴機會。

在盡力化解競選時可能出現的阻力後，10 月 11 日辦理第八屆縣長候選登記的第一天，楊寶發又拔得頭籌首先辦妥登記，楊氏在辦理縣長候選人登記時，十分低調並沒有大排場[18]。雖然沒有盛大的場面，但特別的是他向選務所所登記的助選員名單；名單上的卅一人就是台南縣卅一鄉鎮的農會總幹事[19]，針對全縣所有鄉鎮農會總幹事，都登記為楊寶發的助選員一事，這情勢多少和山派的縣農會總幹事蘇金賀，和前縣長胡龍寶的基層勢力有一

---

[16] 〈北市一次深具意義的餐會楊寶發有意想不到的收獲〉，中國時報，1977.9.13，6 版。

[17] 王清治，〈關嶺好漢坡群英會集，政壇人士動向費猜疑〉，中國時報，1977.9.20，6 版。

[18] 〈楊寶發一馬當先辦妥登記…〉，中國時報，1977.10.12，6 版。

[19] 〈辦理縣長候選登記楊寶發又一馬當先，助選員全是農會總幹事〉，聯合報，1977.10.12，7 版。

定的關聯；胡龍寶在 1957 年 4 月當選第三屆縣長前，就曾於 1948 年擔任過縣農會、省農會理事，在縣長任內更以農業縣長自居，縣長兩屆任滿後不久，更在 1970 年出任省農會總幹事；於省農會退休後，又於 1978 年出任農林公司董事長直到 1990 年（廖娟秀、葉翠雰，1992：192～198）。所以胡氏在有關農民的各級單位或系統，都有著十足深厚的影響力；由全縣卅一鄉鎮的農會總幹事都表態支持的情形下，多少可以看出當時國民黨縣黨部是透過山派循著農會系統，來動員基層以輔選楊氏，而此舉也使楊寶發日後受山派勢力的影響。截至登記時限為止，楊氏是唯一辦理登記的候選人。

參、投票結果與分析

競選過程中楊氏以「吾愛吾縣」為主要訴求，強調將以促進地方的團結、進步為當選後推展縣政的前提，主要政見有以下：一、強化守法利民措施，貫徹分層負責制度。二、促進地方和諧團結，發揚「吾愛吾縣」精神。三、加強財稅管理，開源節流，杜絕浪費，力求課稅公平合理。四、強化南縣各級教育。五、開發農業資源，改善投資環境，建設風景區。六、策進公共工程建設。七、發展社會福利。八、辦好警政，確保地方安寧。另外也提出五個第一：國家政策第一、民政第一、地方建設第一、誠實廉正第一、做事效率第一[20]。因為是同額競選所以選戰被矚目的程度不及同時舉辦的第六屆省議員、第九屆縣議員及第八屆鄉鎮長（學甲鎮第四屆，新營鎮於 1981 年 12 月 25 日才改制為縣轄市，

---

[20] 張昆山，〈選壇點將錄—楊寶發促進地方團結〉，聯合報，1977.10.29，7版。王清治，〈雲嘉南縣市長候選人簡介〉，中國時報，1977.11.9，7版。〈競選縣長五字訣，楊寶發簡明扼要…〉，中國時報，1977.11.16，6版。

故第八屆新營鎮長後來即為第一屆新營市長）選舉[21]；再加上楊氏於先前的黨員反映支持率只有 31.23％，是當時國民黨所提名的廿位縣市長中成績最低的一位。此與 1960 年 4 月第四屆的胡龍寶、1968 年 4 月第六屆劉博文的連任，和 1972 年 12 月第七屆曾有省議員資歷的高育仁等，皆屬同額競選的縣長選舉比較起來，楊氏個人在縣內相對缺乏群眾基礎和較低知名度。也因此，楊氏在競選期間地方上一度傳出「楊寶發不認識縣民」的耳語[22]。

　　為了提高選民對自己的認識，楊氏除了遍訪當時全縣五百廿七村里外，在登記為候選人後的十天中，即發出超過廿萬份印有自我介紹的「拜會卡」，再針對本身的弱點採取和國民黨所提名的省、縣議員候選人搭配，於公辦政見會上相互支援呼應及聯合拜會地方人士的策略；和楊氏搭配競選的國民黨提名省、縣議員候選人，主要以山派人士為主，例如楊氏曾和省議員候選人江恩在政見發表會上，同時針對無黨籍候選人謝三升的攻擊提出回應；而楊氏於 11 月 15 日到善化胡厝寮，拜訪前縣長胡龍寶時，就是在尋求連任的省議員候選人林耿清和縣議員候選人蘇火燈的宣傳車隊助陣下前往的[23]。

---

[21]　（台南縣選舉委員會編印，1989a：40～42；台南縣選舉委員會編印，1989b：16～19）。〈實施地治以來最大規模選舉，省市選民今天投票〉，中國時報，1977.11.19，1 版。

[22]　國民黨所提名的縣市長人選中，黨員支持率次低的是高雄縣的王正和48.35％（後來落選），最高的是宜蘭縣的李鳳鳴98.73％。〈選戰線上〉，聯合報，1977.10.22，7 版。〈縣市長提名候選人，黨員反映支持統計〉，中國時報，1977.8.11，2 版。〈國民黨辦理公職提名，排除地方派系色彩〉，聯合報，1977.8.11，2 版。〈重視實際才能並不在意群眾基礎，楊寶發…〉，中國時報，1977.8.11，6 版。

[23]　楊氏拜訪胡前縣長時，陽明國小師生還列隊歡呼迎接。這樣的現象顯示教育單位並沒有保持中立，有受迫或濫用職權的可能。〈新營區人才太少

　　選舉於 1977 年 11 月 19 日投票，楊寶發共得 386,738 票，得票率是 93.46％，順利當選第八屆台南縣縣長。

　　原本在縣內政壇默默無聞的楊寶發，為何能夠安然渡過驚險的提名過程，並得以在同額競選的情況下，順利坐上縣長寶座。除了國民黨事先「內定」及為了降低輔選難度，而全力「協調」所致外，楊氏個人背景多少亦提供了關鍵助力。首先是和上級單位的人事淵源；楊氏於內政部服務期間，曾先後擔任連震東、徐慶鐘兩位部長的機要工作，尤其是連氏於 1953 年 4 月出任省建設廳長、1954 年 6 月轉任民政廳長，到 1960 年 6 月升行政院政務委員兼內政部長時，楊寶發都一直擔任連震東的機要工作[24]。楊氏後來於 1966 年 9 月，轉任國民黨黨職，接掌苗栗縣黨部主委、再於 1970 年調南投縣黨部主委；當時國民黨台灣省黨部主委為李煥（1968～72），而於這屆縣長選舉指定楊寶發回鄉參選的人士，就是當時已升任國民黨中央組織工作會主任的李煥（1972～78）[25]。而楊氏任南投縣黨部主委時的南投縣長為林洋港，又楊氏回鄉選縣長前是在台北市擔任民政局局長（1972 年 6 月～1977 年 6 月），其前後兩任市長分別是張豐緒和林洋港，故與林洋港有二度

手楊寶發很不以為然，政見會上楊謝二人針鋒相對〉，中國時報，1977.11.10，6 版。〈南縣政見會炮聲隆隆，謝三升既攻擊又叫陣…〉，聯合報，1977.11.13，7 版。〈準縣長拜訪胡厝寮車水馬龍受到歡迎〉，中國時報，1977.8.16，6 版。

[24] 楊氏與連家為世交，除了關係可上溯到連震東外與連戰亦熟識；楊氏比連戰大六歲，當連戰於 1993 年 2 月出任行政院長時，楊氏仍為佐理連氏的幕僚之一。劉桂林、曾應鐘，〈兩代世交情同手足楊寶發是連戰幕後智囊〉，中央日報，1993.2.23，5 版。

[25] 楊氏是李煥指定回鄉參選縣長一事，是由訪談山派人士李先生得知，李煥的經歷詳見行政院網站 http://www.ey.gov.tw/member/mp078.htm（2002.12.31 查詢）。

共事之誼[26]。所以與上級的黨政關係有深厚的淵源，其中在提名登記前後，林洋港更是出面參與「協調」的工作[27]。

　　其次是和縣內人士的交誼。雖然楊寶發在獲國民黨提名後，媒體輿論都強調楊氏與南縣政壇沒有淵源，但這則要看是從那個層面而言；楊氏雖擔任過苗、投兩縣的縣黨部主委，具有輔選的經歷，但在台南縣內沒有選舉經驗，亦沒有群眾基礎也是事實。但是一直被媒體「忽略」的是，他和山派人士胡龍寶、張文獻的交誼；楊氏服務於省府時，因公務上的往來並且又是同鄉，所以和前縣長胡龍寶熟識；1961 年春天，當時胡龍寶正擔任台南縣第四屆縣長，而楊寶發和張文獻則同事於省政府民政廳一科；透過楊氏的介紹，張文獻和胡氏的三女胡瓊月得以相識並結婚[28]。所以楊氏在縣內與山派人士的私誼，若以「白紙」來形容是不恰當的。

　　最後則是他的黨政經歷。楊氏本身除了是台灣大學政治系畢業外，是由省府基層科員一路磨練，晉升到直轄市的首席局長─台北市民政局長，行政經歷可說十分紮實；最重要的是他還擔任過國民黨苗、投兩縣的縣黨部主委，在國民黨黨務系統內有一定的人脈；而這些行政及黨務上的歷練，對當時國民黨為擺脫地方派系而致力的「派系替代」策略而言，正是最佳的提名人選（陳明通，2001：185）。

---

[26]　張豐緒是於 1972 年 6 月 10 日就任台北市長，並於 1976 年 6 月 11 日調升內政部長，所留缺由當時的省建設廳長的林洋港接任；林氏則於 1978 年 6 月 9 日調任台灣省主席。歷任台北市長詳見台北市政府網頁 http://www.taipei.gov.tw/cgi-bin/classify/index.cgi?class_id=%41%30%33%2C%42%30%31%2C%43%30%39（2002.12.13 查詢）。

[27]　王清治，〈楊寶發在台南縣政壇是一張白紙，獲提名競選縣長足調和地方派系〉，中國時報，1977.8.15，7 版。

[28]　楊寶發，〈永遠受人尊敬的縣長〉，收錄於廖娟秀、葉翠雯，1992：32。

以上三項楊寶發的個人特殊條件，使他以黑馬的姿態當選縣長，但這並不代表國民黨的派系替代策略，在黨提名人順利當選的台南縣就可以宣布策略成功[29]。楊氏雖有豐富的行政及黨務歷練，但之前在縣內尚無屬於自己的群眾基礎；雖在國民黨全力促成同額競選，並動員農會、黨務系統，再配合同為國民黨提名的省、縣議員候選人，相互支援拉抬的輔選策略下，楊氏以高票當選。但是日後在運作縣政時，卻因此無法擺脫地方政治勢力的影響，最後甚至與其結合。

原因是楊氏本人和前縣長胡龍寶及立委張文獻等山派人士私誼甚篤；選舉過程又倚重已被山派掌握的農會系統來輔選；在主持縣政後因其忠厚、行事保守的人格特質[30]，楊氏常須倚重山派的勢力才得以順利推展縣政，久之便被視為山派人物。

國民黨雖然在台南縣所提名的「白紙人選」順利坐上縣長位置，但這位非地方政治勢力出身的縣長，後來還是不免受地方政治勢力的影響而與其合流，所以就台南縣情勢來說國民黨原欲執行的派系替代策略後來還是歸於失敗。

---

[29] 當時有桃園縣的許信良勝歐憲瑜、台中市的曾文坡勝陳端堂、台南市的蘇南成勝張麗堂和高雄縣的黃友仁勝王正和，共四縣市國民黨提名的候選人，因地方政治勢力對國民黨「派系替代」策略的反撲，而輸給無黨籍人士。相較 1972 年 12 月第七屆的廿席縣市長全為國民黨提名者所當選，第八屆縣市長選舉對國民黨而言，可說見識到了地方政治派系的實力，除了喪失四席縣市長外，還有廿一席省議員和流血的中壢事件（陳明通，2001：185）。〈台灣省下屆縣市長競爭激烈，四個縣市由無黨籍人士當選〉，聯合報，1977.11.20，2 版。

[30] 訪談海派出身且與高系互動良好的陳先生時，他曾描述楊氏是位「讀書人」、「好好先生」。而山派的李先生在提到楊氏個性時，也形容他是個行事保守的老實人。而後文亦會提到監委施鐘響及楊氏要連任時的競爭對手，對他都有類似的評論。

第二節　蔡四結違紀參選縣長

　　四年前與楊寶發爭逐國民黨黨內提名失敗的李雅樵，在 1981 年捲土重來，再次問鼎縣長寶座；而楊寶發上任後，對是否連任的意向卻一直不明確表態。使得 1981 年 11 月的第九屆台南縣縣長選舉，在國民黨提名過程中就競爭激烈，幾經協調最後才取得妥協由李氏退出選局，楊氏獲提名尋求連任；但是在候選人登記截止前一刻，以往在縣內政壇沒沒無聞，具國民黨籍的退役軍官蔡四結，卻出乎大家意料之外的決定出馬挑戰楊氏。選舉結果，被國民黨提名尋求連任、曾於 1977 年以同額競選方式，獲 360,000 餘高票的楊寶發只以 26,000 餘票的差距險勝蔡氏。整個選舉過程與結果，對日後縣內的地方政治勢力變遷，有著特殊的意義與影響。

壹、李雅樵的堅持與退出

　　1977 年李雅樵競逐國民黨黨內提名失利後，轉任自立晚報社長；1978 年的中央民意代表選舉，獲國民黨的提名出馬競選立法委員，但是原定在 12 月 23 日投票的這項中央民意代表選舉，卻因美國於 12 月 16 日宣布與中共建交，並與我國斷交而延期。延期後的中央民代選舉後來定於 1980 年 12 月恢復（齊光裕，1996：590～594；董翔飛 a，1984：734～743），但李氏卻拒絕出馬再選立委；而於 1981 年元月的春節前夕，在新營明確宣布要競選同年底的第九屆縣長[31]；5 月底更以返鄉定居的具體行動以示參選

---

[31] 陳芳忠，〈縣長逐鹿展開前哨戰，雙雄對峙…〉，民眾日報，1981.5.11，10 版。

決心[32]。從李氏積極參加 1978 年的立委選舉，且後來拒絕被提名
出馬參加因延期的 1980 年中央民代選舉，可以明顯看出他對參
與第九屆縣長選舉的計劃是長遠且積極的；因為從過程中可以理
解，李氏是打算選上 1978 年的立委後，欲藉經營地方以更深厚
基層實力；待三年立委任期屆滿時，便能接著馬上選 1981 年底
的第九屆縣長。無奈因中美斷交而打亂此預定步驟，故李氏會拒
絕出馬選 1980 年的立委，就是因為要選縣長而來。

　　至於楊寶發方面，其當選第八屆縣長後，因看不出他有欲連
任的積極動作，所以更加強其他有意競逐縣長寶座人士的企圖
心。直到 1981 年初，楊氏可能接任陳時英因被提名競選監察委
員，所遺留的國民黨中央祕書處主任一職的傳聞落空後；他對佈
署連任一事才轉趨重視[33]。在李氏宣布返鄉定居的 1981 年 5 月
29 日同一天，楊氏在縣議會第九屆第七次大會中，回答縣議員質
詢有關是否連任的問題時，他仍然以「有待組織方面指示」為回
應；於是在縣議長戴再生主導下，縣議員曾文錡提出「促請楊寶
發縣長競選連任」的臨時動議；並發動下營鄉鄉民代表、村鄰長
以自強活動名義，到縣府敦促楊氏連任[34]。在這一連串勸進的動
作下，楊氏對是否連任一事仍然守口如瓶。幾天前表示尚在等待
組織指示的楊寶發，於 6 月 2 日開始受理登記的首日，即由民政
局長黃德旺代辦，完成國民黨黨內提名登記。李雅樵則接著楊氏
之後親自前往辦妥手續；並旋即向全縣國中小學校長等教育界人

---

[32] 〈李雅樵要雪前恥志在必得，黃正雄黃天授等…〉，聯合報，1981.6.15，
7 版。

[33] 〈…楊寶發改變初衷決心衛晃〉，聯合報，1981.6.15，7 版。

[34] 〈李雅樵楊寶發鷸蚌之爭，蘇俊雄可能為獲利漁翁〉，台灣時報，
1981.6.19，2 版。

士寄信問候，表明他要競選縣長的決心[35]。

　　除了楊、李兩人外，在 6 月 14 日登記期限截止日前，還有多人完成登記手續；分別是黃天授、王教本、楊正雄、陳清田、涂萬壽、周振章、蘇俊雄、黃正雄[36]。

　　在國民黨開始受理 1981 年底第九屆縣長及第七屆省議員選舉的提名登記同時，亦公佈了新的彈性登記及提名方式，所謂彈性登記及提名方式就是：一、黨員不限登記一種，之前曾限定只能登記提名一項，但本屆恢復為沒有限定。二、沒有截止登記日期，在 6 月 14 日黨內登記截止後仍可再補辦，只要能在候選人登記截止前完成提名登記，都還是有被提名的可能。三、分批公佈提名名單，將針對各地選情單純或複雜情形，先後公佈提名名單。至於考量提名人的條件原則，與之前有比較不同的是：特別注重候選人的社會基礎、行政經驗及領導能力[37]。國民黨這屆選

---

[35]　〈楊寶發一馬當先，昨辦妥縣長登記〉，聯合報，1981.6.3，7 版。〈楊寶發李雅樵互別苗頭〉，聯合報，1981.6.3，7 版。

[36]　黃天授，下營鄉人，雲林縣政府主任祕書，其岳父是前縣議員、新化鎮長王教本，黃氏上屆亦曾登記但未獲提名，本屆捲土重來。楊正雄時任台北市立婦幼醫院祕書，同時亦在台北市登記市議員之提名。陳清田，麻豆人，省立法商學院社會行政系畢業，曾任國中教員、縣議員、鎮長，當時為麻豆鎮長。涂萬壽，新營人，台大法律系畢業，曾任國小教員、軍法官、律師、1973 年 3 月當選第八屆縣議員。周振章，西港人，時任苗栗縣政府主任祕書。蘇俊雄，六甲鄉人，留德法學博士、1977 年時任第六屆省議員。黃正雄，七股人，時任彰化縣黨部主委，兼任台南縣體育會理事長，和體育界有深厚淵源（台南縣選舉委員會編印，1989a：38、41；台南縣選舉委員會編印，1989b：17）。〈台南縣選戰中，「二黃」實力不弱〉，聯合報，1981.6.13，7 版。〈…國民黨籍候選人提名大勢分析—台南縣〉，台灣時報，1981.6.15，3 版。〈今年底地方公職人員選舉黨內登記名單〉，台灣時報，1981.6.15，3 版。

[37]　〈國民黨不再亮底牌，採取彈性提名…〉，聯合報，1981.6.8，6 版。〈執

舉會有這些新的提名措施，主要是因應 1977 年 11 月上一屆的縣
市長、省議員選舉失利的教訓而來。

在這樣的規則下，陳清田、涂萬壽、蘇俊雄和楊正雄四人都
登記了兩項，而兩項都登記的人當中以蘇俊雄、楊正雄比較特
殊；因為當時任職於台北市立婦幼醫院的楊氏，其登記的另一項
是台北市議員，此才是他的主要目標。至於當時任省議員的蘇氏
原本只想登記縣長一項，但是國民黨省黨部主委宋時選要他連省
議員也登記，並在徵召民政廳長高育仁回鄉再選省議員前，還通
知蘇氏要準備連任。後來蘇氏於縣長和省議員都沒被提名，9 月
中旬提名揭曉後，蘇氏曾向省黨部聲請重新提名台南縣長候選
人，並提出三項理由要求重新提名他出馬選縣長，經宋時選協調
後，才公開表示不介入縣長選舉。蘇氏到後來會只當一屆省議
員，就淡出縣內政壇原因，可能是他在省議員任內「不把政治藝
術化，而將政治科學化」的結果，因為他以學者從政，凡事不苟
且，以致行政當局常要不斷的與他解釋「議案不合理的原由」，
並請他體諒「當局的處境」，久之就會被列為「問題人物」所致。
蘇氏後來擔任過省府委員、司法院大法官[38]。

另外單登記縣長一項的只有楊寶發、李雅樵、黃天授、周振

政黨對選舉提名的原則〉，中國時報，1981.6.15，2 版。〈國民黨中央審
核小組昨集會…〉，中國時報，1981.7.29，1 版。

[38] 張昆山，〈蘇俊雄動向受到關注〉，聯合報，1981.7.15，7 版。〈蘇俊雄未
被提名，政壇人士感意外〉，聯合報，1981.9.10，7 版。〈蘇俊雄落榜將
往台大教書〉，台灣時報，1981.9.20，3 版。張昆山，〈蘇俊雄今表明態
度〉，聯合報，1981.9.20，7 版。〈蘇俊雄將不會競選出處已有安排〉，聯
合報，1981.9.21，7 版。〈省議員蘇俊雄動向，將聽候執政黨安排…〉，
中國時報，1981.9.21，7 版。台南縣政府網站
http://news.tnhg.gov.tw/travel/index.php?act=show&sid=46&tab=08
（2002.12.20 查詢）

章、黃正雄；再從國民黨當時考量提名人個人的條件中強調，需有一定「社會基礎」來看，就只剩下楊寶發和李雅樵具有全縣性的實力。

提名登記結束後，緊接而來的是從 6 月 25 日開始，為期五天的黨員反應和幹部評鑑。李雅樵於是針對全縣的村里鄰長發出一封強調要競選縣長、為家鄉服務的自荐信函。楊寶發陣營當時也不甘示弱，於 6 月 22 日向縣內各界發出一封首度公開表明要競選連任的公開信，結束以往楊氏陣營「只做不說」的階段；在這封公開信之前，楊氏本人對於連任的態度，都十分謹慎低調；在李氏公開宣示且積極佈署的壓力下，楊氏陣營才有所謂的「紮根計劃」—勤走婚喪喜慶，及與縣內村里長「爐邊座談」的實際行動；而楊氏為了因應黨員反映及幹部評鑑的那封公開信，也是首次正式向外界公開表明要連任的意願。和以往歷次縣長選舉不同的是，很少有欲尋求連任的現任縣長，即使辦妥提名登記後還「只做不說」，而一直等到快要黨員反映和幹部評鑑的時候，才公開宣示要競選連任的例子[39]。

這一次選舉的黨員反應最大的特色是：一、縣府各單位內所屬小組的反映票以「祕密圈選」方式進行。二、各區級黨部彙整所屬各小組的推薦會議結果後，不拆封也不送縣黨部，而直接以限時掛號送交省黨部統計，原依規定在辦理黨員反應時，應填寫姓名以示負責，但因角逐提名最激烈的楊、李兩人，在縣府各科局都有相當的影響力，再加上為了避免日後出現因支持對象非當選人的困擾（因有業務直接隸屬的關係），故縣府所屬的各小組

---

[39]　〈楊寶發夫人下鄉忙拜訪〉，聯合報，1981.6.21，7 版。〈楊寶發李雅樵打信函戰〉，聯合報，1981.6.23，7 版。

才改為祕密投票[40]；至於統計反映結果的過程，跳過區、縣黨部直接由省黨部來主導，則有以下意義：

一、省黨部取代縣黨部主導提名作業。省黨部的提名建議名單，要再送中央提名審核七人小組及中常會通過，所以省黨部的意見對縣和中央都有舉足輕重的份量；亦即形塑基層黨員意見的單位向上集中於省黨部。

二、縣黨部減少困擾。縣黨部不假手黨員反映過程，可以減少地方黨部與縣內各政治勢力產生對立或被施壓的機會。

三、縣黨部的影響力降低。提名意見舉足輕重的角色轉移到省黨部後，雖然縣黨部可被型塑成中立的角色，但是從另一角度來看，縣黨部的功能被省黨部架空的結果，縣黨部在地方的份量相形削弱，這對日後國民黨內各地方勢力對縣黨部的配合度，埋下負面的因子。

正值黨員反應和幹部評鑑的工作進入成績統計階段時，楊、李雙方陣營的活動並未稍歇，反進一步演變成相互批評的態勢。縣黨部主委林豐正[41]見此亦曾向外界表示：「…楊、李兩人都是中央候補委員，在黨裡有著相同的重要地位，相信中央方面會有最適當的安排…」[42]企圖和緩雙方激化的對峙局面。

---

[40] 〈縣長省議員選舉爭取提名，南縣昨…〉，聯合報，1981.6.26，7版。

[41] 林豐正1940年生，台北縣人，中興大學法律系畢業，曾任救國團花蓮縣、桃園縣團委會總幹事、台北縣政府民政局長、社會科長。時任國民黨台南縣黨部第十一任主任委員（1980年5月27日～1981年8月7日），後來獲國民黨提名競選台北縣第九屆（1981年）縣長而離職並順利當選。見表四，中國國民黨台南縣黨部歷任主委姓名及任期。〈縣市長選舉首批提名人選國民黨中常會昨核定公布〉，中國時報，1981.8.6，1版。

[42] 〈縣長選戰出現批評攻勢〉，聯合報，1981.7.1，7版。〈李雅樵有班底，壁壘分明〉，聯合報，1981.7.14，7版。

　　7 月中旬省黨部完成初步統計作業，楊寶發以極微小差距領先李雅樵，排名第一[43]。在 7 月 28 日省黨部主委宋時選對中央提名審核小組，針對提名人選提出建議名單報告時，台南縣與東、花、嘉、澎共五縣，同被列為「現任縣長尚可連任…故優先考慮提名競選連任…」的第一批建議名單[44]。因應提名情勢的發展，李氏陣營同時向縣內再度發出為數萬封，強調「決不會辜負全縣民眾對他的厚望」的信函；李氏本人也於當天下午接受媒體訪問時表示，為了決心競選台南縣長到底，已向自立晚報提出辭呈[45]。在彈性公佈提名名單的政策下，楊寶發被列為 8 月 5 日首批公佈的提名名單中。李氏提名再次失利後，向關心他動向的記者表示：「對家鄉的熱愛，實非言辭所能形容，只有行動才能表達…」、「有機會將取決於基層選民…」等談話[46]。

　　提名人選確定是楊寶發後，支持李氏的陣營有更激化的現

---

[43] 〈楊寶發李雅樵均非弱者〉，聯合報，1981.7.19，7 版。〈執政黨縣市長提名，台省完成初步作業〉，台灣時報，1981.7.21，3 版。〈台灣省下屆各縣市長，國民黨候選人人選，省黨部已大致決定〉，聯合報，1981.7.28，1 版。

[44] 中央審核小組全名為「中國國民黨中央提名審核小組」，當時小組召集人是中常委嚴家淦，成員有謝東閔、孫運璿、馬紀壯、邱創煥、林洋港、李登輝。〈國民黨中央審核小組昨集會，就縣市長提名原則聽取報告交換意見〉，同上。〈縣市長選舉提名原則確定，現任競選連任者將繼續予以提名〉，台灣時報，1981.7.29，1 版。

[45] 李氏在接受媒體訪問時提到，他已當面向吳三連提出辭呈，並向吳氏表示無論如何都要離開報社，以避免帶給吳氏為難的困境；而吳氏並未對李雅樵辭職立即表示意見。〈李雅樵發出保證函，辭職以示競選決心〉，聯合報，1981.7.29，7 版。

[46] 〈縣市長選舉首批提名人選，國民黨中常會昨核定公佈〉，中國時報，1981.8.6，1 版。〈服務地方熱忱不變，有無機會取決選民〉，聯合報，1981.8.6，7 版。

象;在提名人選揭曉的隔天凌晨,新營、麻豆、下營、佳里、學甲等鄉鎮街頭出現了支持李雅樵的標語;標語內容主要有:「楊寶發不要高興!有戲好看啦」、「李雅樵站起來」、「大頭李雅樵太可憐了」、「認真出來就贏了,李雅樵」、「歡迎李雅樵還鄉競選縣長」、「李雅樵你無種」、「李雅樵有種就出來競選縣長」…;至於標語上的署名則有:「一群憤慨的縣民」、「鹽水鎮民」、「李雅樵死力軍」等…。因為這批標語有些甚至是貼在國民黨民眾服務分社門口前的電桿上,故令黨務人員十分重視;在逐級向縣、省黨部回報,並獲指示後才處理掉這些標語[47]。

由於縣黨部主委林豐正,在同時也被國民黨提名競選台北縣縣長;故於 8 月 8 日起改由張麗堂接任;負起提名後輔選楊寶發的相關工作,當時接任縣黨部主委的熱門人選,還有彰化縣黨部主委黃正雄;由於彰化縣當時的縣長選情,被國民黨列為較不單純的地區亦即不在首批便可公布提名名單的縣市內,故不宜更換縣黨部主委;再加上黃正雄與台南縣內海派的淵源較深(其弟為無黨籍屬海派的黃正安,曾在 1977 年傳出可能出馬與楊寶發選台南縣長,後來在 1980 年 12 月當選增額立委);故在輔選楊寶發之外,還需要負有「疏導」李雅樵的任務考量下,才排除黃正雄由張麗堂出線[48]。

---

[47] 〈新營麻豆下營佳里等鄉鎮,出現支持李雅樵標語…〉,聯合報,1981.8.7,7 版。〈黨內提名落幕,各方反應不一…〉,台灣時報,1981.8.7,3 版。〈支持李雅樵海報,學甲鎮到處可見〉,台灣時報,1981.8.8,3 版。

[48] 張氏當時四十六歲,台南市人(原籍台南縣鹽水人),中興大學法律系畢業,曾任律師、台南市長,1977 年欲連任台南市長時敗給蘇南成,為當時的行政院研考會副主任委員。〈國民黨台灣省黨部發佈命令,邱益三任宜蘭縣主委、張麗堂任台南縣主委〉,台灣時報,1981.8.7,1 版。〈台南縣黨部新主委內定張麗堂接任〉,聯合報,1981.8.7,7 版。〈張麗堂任縣

在新舊任縣黨部主委交接前後，發生這種對提名結果不滿的狀況，對張麗堂而言可謂一大挑戰。張氏上任後第一件事，就是偕楊寶發北上訪吳三連和李雅樵。但是並沒有重大的突破；因為李氏辭自立晚報社長一事於 8 月 10 日正式獲得吳氏批准；當李氏被問到辭社長是不是表示要競選到底時，他則回答：「我的決心仍然未變！」。同日晚上，人在下營鄉的李妻王庚珠，則指出李氏可能出馬競選縣長[49]。同時在無黨籍人士方面，謝三升則著手辦理一些縣長候選人資格檢覈所需用的資料；並表示如果李雅樵不出馬選縣長，則他一定放棄省議員，改競選縣長[50]。

張麗堂則持續拜訪支持李氏的人士，並向他們說明如果李氏退出選局，定會獲得安排出路；而楊寶發亦展開拜訪活動，首途便鎖定北門區的六鄉鎮[51]。李雅樵則在提名公佈後首度返回南縣，感謝競逐提名過程中支持他的人士；並於 8 月 11 日，在新營與新聞界會面，所作的表示有以下幾個要點：

一、為家鄉服務的決心和意願不變。並表示地方選舉有競選，並不代表就一定會破壞地方團結與和諧；有競選反而可讓有志服務地方者有所警惕，不要以為一旦獲得某種支助，就可一帆風順，而忽視了自己所肩負的職責。

二、證實楊寶發和張麗堂曾和他在台北見過面。指出楊氏希

黨部主委，多少對李氏會發生「勸阻」作用〉，聯合報，1981.8.8，7 版。
[49] 〈楊寶發張麗堂日前北上拜訪吳三連李雅樵懇談〉，聯合報，1981.8.11，7 版。〈李雅樵辭社長動向受矚目…〉，聯合報，1981.8.11，7 版。〈南縣選情最為民眾矚目，有關縣長選戰風雨滿城〉，台灣時報，1981.8.11，3 版。
[50] 〈李雅樵如果不能出來，老謝下決心披掛上陣〉，台灣時報，1981.8.11，3 版。
[51] 〈張麗堂拍胸保證會有好安排，南縣選情奇峰突起…〉，台灣時報，1981.8.12，3 版。

望李氏能像四年前一樣支持他，但李氏則回應說，原本
希望楊氏能高昇；而今如此若有競選則請見諒；至於對
張氏的勸退則以已瞭解張氏的立場和任務相回應，並對
張氏指出若有競選，只有請他主持公道公平一事相求。

三、說明吳三連態度。他說吳氏一向不希望台南縣長選情陷
入混亂，但此次已得到吳氏的理解。

四、否認已獲安排職務。對於若宣布退選則國民黨上級定有
安排出路一事，表示從沒聽到過[52]。

　　在李氏返回南縣停留的幾天中，南縣出身客居高雄市的無黨
籍人士洪照男曾到下營鄉拜訪李氏，並表示如果李、謝兩人都不
出來選縣長，那就由他出馬來挑戰楊寶發，洪氏在拜訪李雅樵前
已將戶籍遷回北門鄉永華村原籍；之前曾傳出要回鄉選縣長，楊
寶發因此曾兩度南下高雄市禮貌性拜會過他[53]。此外，省教育廳
長施金池，於 13 日亦南來欲見李氏，但因李氏於同日返回台北
故未會面，施廳長則表示將再上台北找李氏談談[54]。李氏北上後，

---

[52] 張昆山，〈進退兩難中李雅樵展開拜訪，談及競選事希望能體諒苦衷…〉，
聯合報，1981.8.12，7 版。

[53] 洪照男 1939 年生，北門鄉人。東吳大學比較法學系畢業、美國卡尼福聯
大學博士，為無黨籍人士。曾任高雄市議員、世界人權聯盟副主席。曾
在 1977 年 11 月參選過第八屆高雄市長敗給王玉雲（林玲玲，1994：622
～623）。〈高雄市選情激盪，王玉雲力挫洪照男〉，聯合報，1977.11.20，
2 版。〈選舉未登場先演好戲，提名不滿意且出歪招，洪照男再淌渾水〉，
台灣時報，1981.8.13，3 版。〈洪照男回拜楊寶發未遇，赴李雅樵宅邸受
到歡迎〉，聯合報，1981.8.13，7 版。

[54] 李氏從政前當過教員、督學，若有競選教育系統將是支持力量之一，國
民黨派出省教育廳長施金池南來勸退，不難看出是針對李氏的支持網絡
而來。〈李雅樵態度堅決逐鹿百里候，施金池悄然南下…〉，台灣時報，
1981.8.14，3 版。〈教育廳長權充說客…〉，台灣時報，1981.8.15，3 版。

無黨籍人士謝三升亦曾北上再次與李氏會晤，希望李氏對於是否競選縣長能明確決定，以免票源衝突；李氏則希望謝氏好好準備競選省議員來回應；謝氏在 1977 年 11 月的第六屆省議員，和 1980 年 12 月的增額立委選舉中（得 48,787 票）都高票落選。此次縣市長和省議員選舉捲土重來，對於參與那項選舉尚在等待情勢明朗；如果縣長選舉有人選出馬與楊寶發競逐的話，對於他選省議員所要面對國民黨輔選的壓力就相對可以減輕。若李氏退出而由他出馬選縣長的話，則需支持李氏的力量配合才有勝算，故謝氏才會急於要李氏表態[55]。

　　原本預計在 8 月 14、15 日完成報社社長交接後，就會對動向有更明確宣示的李氏；卻一直滯留在台北沒有回台南縣，到了 8 月 20 日記者針對他是否已同意接受安排出任省府委員，而放棄競選縣長一事加以求證時，李氏則以「這是很痛苦的決定…」、「…也就是說我是不得不委曲求全，盼望地方父老能夠諒解我！」婉轉證實不出馬挑戰楊寶發，李氏接受省府委員安排並宣佈退選之後，有些支持他的地方人士並不諒解，李氏則以「黨員有義務遵守黨紀」、「對職務安排並不主動需索…要爭（職務），十年前就可以爭了，無須等到今天。」來平撫支持者的情緒[56]。

　　為何李氏從一開始志在必得非選不可的氣勢，到後來作了「痛苦的決定」，表明不競選到底；可從以下幾個面向來理解：

---

[55]　董翔飛，1984a：770。〈李雅樵動向父老矚目…〉，台灣時報，1981.8.18，3 版。

[56]　張昆山，〈李雅樵若出任省府委員，楊寶發競選縣長將輕鬆〉，聯合報，1981.8.20，7 版。〈傳將出任「省府委員」，李雅樵說「痛苦決定」〉，聯合報，1981.8.21，7 版。〈李雅樵蘇俊雄出路傳已安排，兩人均將退出選舉…〉，台灣時報，1981.8.21，3 版。〈李雅樵新職消息造成困擾〉，台灣時報，1981.9.3，3 版。

一、楊寶發連任態度不積極。楊氏在 1977 年當選第八屆台
南縣縣長後，對於是否連任一事皆不表明態度，即使到
了國民黨開始辦理黨內提名前一天，在縣議會回應議員
質詢其連任意願時，仍以「有待上級指示」為答案；有
調升的傳聞時，亦不澄清與否認；無形中讓那些有志於
縣長寶座的人士，增加許多想像空間，像李氏在 1981
年元月，於新營公開表明要角逐縣長寶座後，就喊出「請
楊寶發更上層樓」，這種能使彼此互蒙其利的口號。

二、調升無望態度轉變。隨著選舉時間逼近，楊氏在可能調
升的機會一一落空[57]、且被上級告知需尋求連任的情形
下，對連任態度才轉趨重視；為了因應李氏陣營頻頻的
佈署動作，楊氏遂有勤走基層的「紮根計劃」，但是口
風依然謹慎；直到 6 月 22 日辦理提名登記結束，將進
行黨員反應與幹部評鑑時，才公開宣示連任的決心，這
對於還可連任的現任縣長來說，是少見的不尋常現象。
這樣的轉變使得佈署已久的李氏已勢如騎虎。

三、上級政策的影響。國民黨高層因應 1977 年縣市長及省
議員選舉失利的教訓，在提名考量上有了許多改變；例
如重視提名對象的社會基礎、領導能力等，都會讓李氏
解讀成有利於己的政策轉變；楊氏在 1977 年選縣長

---

[57] 促成楊氏回鄉選縣長的李煥，後來因 1977 年 11 月中壢事件及 1979 年
12 月美麗島事件陸續發生，而暫時轉任中山大學校長（1979～84 年）。
因為李煥暫時失勢，連帶使楊氏調昇機會大為減少。另外在 1981 年共有
十一位兩屆任滿的縣市長需安插職務，在僧多粥少的情況，還可連任一
次的楊氏勢必要尋求連任了。〈…楊寶發改變初衷決心衛晃〉，同上。李
煥的經歷詳見行政院網站 http://www.ey.gov.tw/member/mp078.htm
（2002.12.31 查詢）。

時，給人覺得「空降」沒有社會基礎的印象鮮明，尤其當時選舉公報上的住址仍是台北市，再加上缺少魄力的領導風格，都增強了李氏問鼎縣長寶座的信心，但是後來國民黨提名楊氏所持的理由卻是「尚可連任且無重大過失者，優先考慮提名」，此舉令李氏頗不以為然。

四、協調得當，成功勸退。負起勸退李氏任務的新任縣黨部主委張麗堂，在拜訪吳三連和李雅樵後，便從軟化支持李氏的地方人士著手；省教育廳長施金池則針對李氏另一支持力量—縣內教育界，進行釜底抽薪的預防工作；至於李氏本人在提名人選揭曉後，對自己的行程一直透過傳播媒體「明示」，這也是不尋常的現象，有向國民黨相關人士傳遞「可協調」的跡象；接著國民黨高層再配合以省府委員職務的安排釋出善意，在這樣軟硬兼施的策略下；李氏在利益考量後認為可以接受，終於「痛苦的決定」不參選到底。

楊寶發在李雅樵退出選局後，並沒有鬆懈與基層的接觸，原因是之前曾有無黨籍人士表明，如果李氏不選縣長，將出馬挑戰楊氏[58]；除了之前所提到的謝三升和洪照男之外，8 月底則傳出在 1980 年 12 月初增額中央民意代表選舉中，連任國大代表失利的吳豐山，要出馬選縣長，但吳氏本人馬上否認[59]。至於吳氏為何不介入縣長選舉的原因可由以下兩個理由來理解：

一、連任國民大會代表失敗，元氣未復。1972 年，李雅樵因受劉博文的「六甲農地重劃弊案」影響，無緣角逐縣

---

[58]　〈楊寶發部署・毫不鬆懈〉，聯合報，1981.8.30，7 版。

[59]　〈吳豐山出馬，楊寶發忙碌，南縣選情複雜〉，台灣時報，1981.8.30，3版。〈吳豐山昨鄭重表示絕不介入下屆選舉〉，聯合報，1981.9.2，7 版。

長寶座，也婉拒徵召競選國民大會代表；參與立法委員
選舉提名又敗給張文獻後，轉任自立晚報社長。因為這
個機緣吳豐山得以出馬，參與 1972 年 12 月的國大代表
選舉，順利當選。1980 年 12 月吳氏欲尋求連任時以
53,943 票落選；當選的是無黨籍的林丙丁（76,553 票）
和國民黨提名的葉棟樑（82,374 票）、王鼎勳（69,116
票）。吳氏甫高票落選故無財力再選縣長[60]。

二、和楊寶發夫婦的互動良好。吳氏擔任國大代表期間，楊
寶發對吳氏的「人事建議」常給予「支持」，吳氏亦曾
公開坦承和楊家私誼不錯；吳氏與李雅樵雖同為海派人
士，但是有時並無同進退共識，例如，李雅樵還未宣布
棄選時，就傳出吳氏欲藉出國為由來婉拒為李氏助選；
只因吳氏與楊氏夫婦有私誼之故[61]。

貳、九三水災引發民怨

正值無黨籍人士意向未明、楊寶發也加緊佈署的同時，縣內
發生了災情規模罕見的「九三水災」，水災的起因是「艾妮絲」
颱風從台灣旁邊掠過時，所帶來的豪雨成災，台南縣內的曾文、
烏山頭、白河水庫同時緊急洩洪；豪雨加上洩洪造成急水溪和曾
文溪的堤防多處潰決，全縣各鄉鎮皆傳出災情；尤以新營和大內
兩鄉鎮最為嚴重，積水深度超過兩公尺，其中新營地區積水最嚴

---

[60] 葉棟樑 1932 年生，新營人，日本早稻田大學碩士，曾任花蓮師專（花蓮
師院前身）副教授兼訓導主任、苗栗縣教育局長、教育廳督學（董翔飛，
1989a：447～448；台灣省選舉委員會編印，1981：204～205）。周威，〈南
縣選舉總檢討〉，中華日報，1972.12.25，6 版。
[61] 張昆山，〈選聞拾穗〉，聯合報，1981.9.3，7 版。

重的是急水溪濱的鐵線里、五興里，市區的民治路、三民路、復興路、中山路、延平路和火車站一帶，大內鄉石仔瀨村則積水高至屋頂[62]。省議員蘇俊雄和立法委員洪玉欽於 9 月 4 日，分別向省府和行政院提出撥款救災的緊急要求[63]。隔天水勢稍退了之後，省主席林洋港南下勘災，縣府並沒有引導省主席到災情最嚴重的五興、鐵線兩里視查災情，此舉引起當地災民強烈反彈。9 月 9 日晚間，楊寶發偕新營鎮長周金澤和地方民意代表前往五興、鐵線兩里慰問災民時，遭到災民的包圍責罵，表示受水圍困的兩天中不見乾糧與救援；所幸鐵線派出所據報派員維持秩序，及楊縣長一再解釋與致歉才稍息眾怒並得以解圍[64]。

由於災情頗重監察委員施鐘響等，於 9 月 21 日起巡視南縣六天；期間在楊縣長作完縣政及災情簡報後，直接指出「…縣府的災情報告不夠詳細、災後措施也不能令人滿意、把水災完全歸因於天然因素，則是不太負責的行為…」；並表示要針對九三水災中，有災民在水深五、六公尺的情況下受困近兩天，而都未接到任何接濟的情形，深入的了解有無官員失職[65]。

當部份災民對縣府救災不力尚懷有不滿情緒時，楊寶發和參

---

[62] 〈中南部豪雨造成重大災害，農田漁塭流失房屋倒塌…〉，台灣時報，1981.9.4，3 版。〈南縣空前水災至少損失十億…〉，聯合報，1981.9.4，6 版。〈受害嚴重程度超過八七水災…〉，台灣時報，1981.9.5，3 版。〈新營水患損失多少，災情慘重難以估計…〉，中國時報，1981.9.7，7 版。

[63] 〈有關單位關懷中南部災情…〉，台灣時報，1981.9.5，3 版。

[64] 災民的情緒反應，可以看出縣府在災變發生時應變能力之缺乏。〈楊寶發昨巡視災區，災黎蜂擁交相指摘…〉，中國時報，1981.9.9，7 版。

[65] 〈監委施鐘響與曾積明起巡察南縣六天〉，聯合報，1981.9.22，6 版。〈把水災全部歸咎天公，施鐘響認為太不負責〉，聯合報，1981.9.22，6 版。張昆山，〈追查官員未盡救災責任，施鐘響可能要費番功夫〉，聯合報，1981.9.22，7 版。

選省議員的高育仁在立委洪玉欽、蘇火燈及縣議會正副議長戴再生、陳三元等人的陪同下，於 10 月 3 日一起前往縣選舉委員會辦妥了候選人的登記手續，並提出十五項尋求連任的政見[66]。在無黨籍人士部份；謝三升則同時領取了縣長和省議員兩項候選人登記表件，直到 10 月 7 日晚，謝氏在學甲鎮中正路上的競選辦事處成立時，面對數千支持群眾，依然沒有宣布要參選那項公職[67]；那時離候選人登記截止的 10 月 12 日只剩五天（董翔飛，1989b：489；台南縣選舉委員會編印，1989a：9）。

災民不滿縣府救災不力的輿情，隨著選舉熱度漸增而持續漫延；在楊氏辦妥縣長候選登記，且無黨籍人士動向尚未完全明朗的這段時間；對楊氏來說其實已有了競選「對手」，那就是九三水災所帶來的民怨。楊氏為了化解災民對他的不滿，便利用拜訪基層的機會四處解釋以尋求諒解；認為楊縣長救災不力的民眾尤以新營地區為甚，在被水圍困近兩天中，起碼的緊急充飢食物還是由縣議員顏胡秀英以私人力量最先送達並分送受困災民，楊縣長在災區「指揮搶救」時也是以此果腹，這也難怪災民要「誤會」楊縣長救災不力了；楊氏則常為「被誤會」大發牢騷說：「大家

---

[66] 楊寶發所公布的助選員名單如下：立委梁許春菊、蘇火燈，縣副議長陳三元，縣議員江錦法、蔡慶源、葉崑崇、蔡熊雄、陳錦燦、陳漢王、許俊梧、王維道、周清文，農會總幹事有鹽水鎮的陳行昌、北門鄉的洪清枋、永康鄉的陳政雄，其他還有商人周大國、郭萬來、蘇俊傑。〈競選下屆縣長及省議員，楊寶發高育仁辦妥登記〉，中華日報，1981.10.4，8 版。表八，1981 年第九屆縣長選舉候選人政見。

[67] 謝三升成立競選辦事處時，立委康寧祥、黃天福、許榮淑等知名無黨籍人士，皆出席茶會並發表演說。〈謝三升領兩表競選何職迄未決〉，聯合報，1981.10.6，7 版。王清治，〈謝三升不亮底牌南縣選局陷迷離，角逐縣長或省議員莫測高深…〉，中國時報，1981.10.9，7 版。〈謝三升成立競選辦事處〉，中華日報，1981.10.8，8 版。

都說我兼新營鎮長，直接辦理救災復建工作！」[68]。

號次	姓　名	政　見
		（表八）1981 年第九屆縣長選舉候選人政見
1	蔡四結	待查
2	楊寶發	一、激勵全縣公教人員崇法務實，吸收現代化知識，充分發揮廉潔肯定負責與高效率的服務功能。 二、聘請各業專家學者為縣政顧問，以現代化企業經營的精神，促進縣政建設邁入新境界。 三、加速辦理農地重劃，拓修農路，開闢產業道路，推行農業機械化，促訂農產品運銷計劃，提高農業收益。 四、爭取北門商業漁港開闢，開發海埔新生地，興修漁業養殖有關公共工程設施，改善鹽漁民生活。 五、徹底整治急水溪、曾文溪及各主要河川，加速辦理區域排水工程，以杜絕水患。 六、興修橋樑，開闢二等一號道路，興建國宅，改善社區環境。 七、開發都市計劃內公共設施，擴大辦理市地重劃，開發工業區。 八、運用山、海、湖、泉天然資源、規劃觀光網，發展觀光事業。 九、強化九年國教，充實文化中心普設鄉鎮圖書館，整修中小學教育環境，興建綜合體育場。 十、爭取設立農業技術學院，完成職業訓練中心之設立。 十一、輔導青年就業創業，加強老人婦幼及勞工福利，充實醫療、救災、警備設施、維護治安。 十二、加強軍眷服務，積極輔建公教住宅。 十三、輔助新營鎮改市後之實質建設，並協助各鄉鎮均衡發展。 十四、加強工商、建築管理、地政、稅務等各項便民措施。 十五、積極尋求自治財源，爭取上級輔助，加速地方建設。

資料來源：〈競選下屆縣長及省議員，楊寶發高育仁辦妥登記〉，中華日報，1981.10.4，8 版。

　　在此同時縣議會也扮演了替楊氏解釋的「助選」角色，議會除了在災情訪視建議案中強調楊氏奔波災區的辛勞外，更將引導

---

[68] 縣長對轄內各鄉鎮都應負有督導之責，何況九三水災是全縣性的災害，如何指揮調度以應變救災更是考驗一個地方首長的領導能力；楊氏把救災不力責任推給鄉鎮長是不恰當的。〈水災帶來嚴重損失縣長被指漠不關心，楊寶發有苦難言向議會訴苦…〉，聯合報，1981.10.11，7 版。

91

省主席林洋港至災情較輕地區視察一事，歸咎新營鎮公所的引導人員行程「安排不當」所造成，也因此使民眾對楊氏產生「誤解」和怨言。更有蔡慶源議員（後壁鄉選出，當時名列楊氏的助選員名單）指出：「楊縣長在水災發生後，不眠不休工作，而且爭取國軍官兵前來支援，但仍有民眾誤會他，實在是不白之冤…」；最後議會更決議，轉請省府表揚因救災有功的楊氏和縣警局長黃其昆兩人[69]。

　　謝三升在 10 月 11 日下午打破沈默，由他的競選總幹事無黨籍的國大代表林丙丁陪同下，辦妥省議員候選人登記，並隨即禮貌性的拜會楊寶發[70]。在候選登記截止前一天，謝氏此舉對楊氏陣營而言，可說向同額競選目標又向前跨進了一大步。但在登記截止的 10 月 12 日下午，出乎所有人意料之外的事情突然發生；具有國民黨籍甫從軍中退役，在縣內沒沒無聞的蔡四結，在候選人登記截止的前一刻辦妥手續[71]。

---

[69] 〈縣長致力救災竟遭民眾指摘議會認為有欠公道〉，中華日報，1981.10.9，8 版。〈楊寶發黃其昆救災努力，議會決請省府表揚〉，聯合報，1981.10.9，7 版。

[70] 林丙丁 1953 年生，麻豆鎮人。中央大學外文系畢業，曾任新營國中、長榮中學教師，出身貧寒，寡母在麻豆中央市場擺菜攤維生，林氏於 1980 年 12 月以 76,553 票當選國大代表。屬無黨籍海派人士（台灣省選舉委員會編印，1981：102～103）。〈以叫窮贏得同情因助選頗受注目…〉，聯合報，1981.10.8，7 版。〈林丙丁新居落成十七日喬遷宴客〉，中華日報，1981.10.8，8 版。〈謝三升投下一顆石子，省議員選局激起漣漪…〉，中國時報，1981.10.12，7 版。〈謝三升登記競選省議員…〉，聯合報，1981.10.12，7 版。

[71] 蔡氏十六歲喪父，因家貧失學。1964 年元月入伍服義務役，參加隨營補習教育完成中學學業後考升士官，後再進入政工幹校、1972 年進政治作戰學校正規班，1974 年起歷任警備總部、台南縣團管區、台南師管區監察官；於 1980 年 8 月以中校首席監察官的階職退伍。見附錄一，蔡四結

　　蔡氏在退役後，曾參與 1980 年 12 月的監察委員候選人登記，但後來被勸退而撤消登記[72]。在 1981 年 11 月的這次地方選舉中蔡氏原本領表準備選省議員，但又再次被勸退而打消念頭；不料在登記截止的前一刻，出現在縣選舉委員會的候選人登記處；當時楊寶發在蔡氏辦手續前，還和他「懇談」了一個多小時，當時楊寶發為了勸退對方，「關心」的問蔡氏：「是不是有什麼困難，可否幫得上忙？…」但還是改變不了蔡氏的決心[73]。無法勸阻蔡氏辦理候選人登記的楊氏陣營，則把目標再往後移，放在 10 月 23 日候選人抽籤前，若能勸動蔡氏去遷出戶籍而喪失選舉權，亦可達到勸退目的，是故說客四出；楊氏陣營的助選大將，縣議員蔡熊雄在 10 月 13 日晚上先和蔡四結長談後，14 日早上再請出服務於鹽水國小的蔡四結乾媽前往白河蔡宅動之以情；但是下午蔡氏則把國民黨黨証寄回其所屬的黃復興黨部作為對勸退的回應[74]；同一天蔡四結在白河鎮中正路上尚未張貼海報和搭設看板的競選辦事處亦宣布成立，成立當天謝三升、林丙丁等無黨籍人

　　手稿，〈我為什麼要競選縣長〉。資料來源：台北：吳三連台灣史料中心，資料編號：070—004—006。〈蔡四結突然登記〉，聯合報，1981.10.13，3 版。〈朱陸泉謝三升互為消長，蔡四結登記…〉，中華日報，1981.10.13，8 版。〈南縣態勢強弱分明，楊寶發競選連任…〉，中國時報，1981.10.13，3 版。

[72] 1980 年 12 月由台灣省議會投票選出的十二位監察委員中，台南縣籍的是張文獻和謝崑山（董翔飛，1984a：878～881）。

[73] 〈獨腳戲的局面打破了，動之以情楊寶發擋駕多人…〉，聯合報，1981.10.13，6 版。〈突破人情包圍投入選戰，蔡四結說決心堅持到底，…〉，聯合報，1981.10.14，6 版。

[74] 王清治，〈蔡四結突然投入選戰，南縣縣長選情很微妙，有人出面疏導退出…〉，中國時報，1981.10.15，7 版。〈蔡四結退選黨證表決心競選到底〉，聯合報，1981.10.15，6 版。

士都曾前往加油打氣[75]。由於勸退蔡氏的工作並沒有隨著時間流逝而有進展，於是楊氏陣營在 10 月 21 日，請出了蔡氏服役時的一位常姓中將，作最後的努力，但還是無法收效[76]。

楊氏陣營眼見勸退無功勢必一戰，於是針對影響選情最大的九三水災持續進行化解民怨的行動；10 月 23 日晚上，楊寶發在縣長公館邀集新營鎮全體鎮民代表、里長和里民舉行懇談會，藉以向不滿縣府救災措施的鎮民，說明災後四十八小時內，縣長行蹤和縣府應變的經過[77]。

由於蔡四結在此之前和地方政壇幾乎沒有淵源，加上倉促參選；所以剛開始時楊氏陣營對蔡氏威脅性的評估結果十分樂觀，認為楊氏要當選並不成問題，但求得票比率理想而已[78]。10 月下旬，蔡四結在白河的競選辦事處逐漸佈置完備，各鄉鎮據點也相繼成立，隨之蔡氏也四出拜訪，使得選情熱度直線上升；蔡氏位

---

[75] 〈蔡四結辦事處昨天正式成立〉，聯合報，1981.10.15，7 版。

[76] 蔡氏面對勸退時除了口頭婉拒外，還會以自己寫的對聯或是漫畫來表示決心；在他的競選辦事處前除了貼了許多支持者來函外，也曾貼出「不論勝敗、奮鬥到底」的毛筆對聯；在漫畫部份則有一隻大公雞和小企鵝的對話：「老弟，有話好說！」「對不起，我姓蔡不姓李！」。常中將「勸導」蔡氏在競選活動時要「恪遵國家法令，態度要光明磊落，千萬不可意氣用事，傷害地方團結和諧。」蔡氏則除了對常姓中將的「關懷」表示感謝外，並以「絕對不會妨礙社會安寧」來回應。〈蔡四結決競選縣長，好像是不肯回頭〉，聯合報，1981.10.17，7 版。〈蔡四結貼漫畫民眾會心一笑〉，聯合報，1981.10.20，7 版。〈疏導蔡四結退出選局，軍中老長官頻頻出馬…〉，中國時報，1981.10.21，7 版。〈縣長候選人蔡四結堅決表示競選到底〉，中華日報，1981.10.22，8 版。

[77] 〈縣長難為！楊寶發邀集縣民舉行懇談會，就九三水患民眾疑點，說明縣府措施及困難〉，中華日報，1981.10.24，8 版。

[78] 〈南縣強弱分明，楊寶發可蟬聯〉，中華日報，1981.10.24，3 版。〈實力雖懸殊，不敢掉以輕心〉，中華日報，1981.10.25，8 版。

於白河鎮的競選辦事處，由三樓垂下一雙以「四結」為首的標語：
「四方八面雷雨交加—不低頭」、「結合民意廣納能賢—為家
鄉」，位於下營鄉的辦事處也接到不少祝賀的花環。蔡氏為一平
凡的退役軍官，且和縣內政壇幾乎沒有淵源，在財力和群眾基礎
俱缺的情況下，突然介入選戰，還能在全縣多處設立競選服務
處，背後必有特定人士支持[79]。11 月 1 日蔡氏請了道士在急水溪
畔做法事以超渡九三水災罹難者的亡魂，並在散發的祭文中指出
水災咎在主事者；楊氏則以召開記者會方式和在縣內商人節集會
時，藉機再次公開向外界說明九三水災後縣府所做的努力，及表
達內心因受「流言」攻擊的「委曲」[80]。

　　「黨外推薦團」於 11 月 2 日公佈支持名單；但在所公佈的
推薦或是重點支持名單中，台南縣除了省議員推薦謝三升外，並
沒有蔡四結的名字[81]。蔡四結不在推薦與重點支持名單之列，這

---

[79] 〈選舉采微〉，中華日報，1981.10.25，8 版。〈蔡四結已成氣候台南縣長選
　　情熱烈，雖無龐大組織已經佔有據點…〉，中國時報，1981.10.29，7 版。

[80] 當時對楊氏本人及縣府的「流言」和「質疑」可歸納為以下幾點：一、
　　水庫洩洪係縣長下令的。二、十一億救災補助款，未分發給災民，下落
　　不明。三、省主席林洋港巡視災情的行程安排，楊縣長故意避重就輕。
　　四、楊縣長災害當天未到七股勘災。五、災後即辦理新營—台北金山的
　　村鄰長自強活動，時機不當。〈利用九三水災製造流言，楊寶發受惡意中
　　傷，激動道出內心委曲〉，中華日報，1981.10.31，8 版。〈縣長競選新花
　　招，超渡水災亡魂，藉鬼攻擊對方〉，聯合報，1981.11.2，7 版。

[81] 所謂「黨外推薦團」是 1981 年 9 月 9 日，無黨籍人士前往屏東參加蘇貞
　　昌執業律師十週年慶祝茶會後，決定以立法院黨外立委為主幹，輔以監
　　委、國代如尤清、周清玉、林應專等人組成。針對 1981 年 11 月的地方
　　公職選舉，向選民推薦經過篩選的黨外人士，當時推薦的四原則是：一、
　　對選情單純地區聯合推薦以集中力量。二、對選情複雜地區保持超然，
　　不公開推薦，只側面重點支持。三、尊重當地協調與安排。四、依現階
　　段之實力，來決定推薦人數之多少（李筱峰，1987：172～175）。〈無黨

凸顯了蔡氏在黨外推薦團成員心目中的地位，尚未被劃歸為「無黨籍人士」之列；但這並不代表蔡氏不會獲得無黨籍的黨外人士奧援；理由是只要能幫助、鼓勵蔡氏競選到底，就能使國民黨地方黨部的輔選作業難度增加，產生牽制的作用，進而使謝三升當選省議員的機會大增，這也是促成謝氏和蔡氏兩人合作的最大動力所在。

法定競選日期開始後，蔡四結的宣傳單以「今日看我『闖關』明天由您『做主』」為主題，提出「拆四結」及「四大結合」等訴求；所謂「拆四結」就是一、拆開南縣十八年來縣長無競選的結。二、拆開南縣十八年來縣政黨包辦的結。三、拆開做縣長是有錢有勢獨佔的結。四、拆開貧寒子弟有出頭天有出脫的結。至於「四大結合」則是：一、結合本縣人才，同心協力，建設地方。二、結束地域派系、不分黨內外、全縣心連心。三、結成全面革新、消除代溝、恐懼。「四結」永為民眾利益、願望來打拼。並推出兩支分別套用「西北雨直直落」及「兩隻老虎」歌譜的競選歌曲隨宣傳車到處播放[82]。

國民黨縣黨部因應楊氏遭到九三水災所衝擊的選情，特別於11月4日上午要求實力較佳的黨籍省議員候選人，利用政見發表機會針對九三水災議題，幫楊氏辯護；但是除了楊氏助選員極力為本身辯解及澄清外，卻無國民黨籍的省議員候選人在接到指示後馬上行動[83]。蔡氏除了針對水災議題加以發揮外，還對楊氏的

籍人士昨提出，推薦競選輔選名單〉，中國時報，1981.11.3，3版。

[82] 蔡四結的競選文宣及歌曲見附錄二。資料來源：台北：吳三連台灣史料中心，資料編號：070─004─006。

[83] 當時省議員選情亦十分激烈，都不願因「冒然」替楊實發說話，而得罪選民，失去選票。王清治，〈九三水災衝擊選情，製造耳語推波助瀾〉，

施政加以批評；其中以人事任用浮濫、縣府各級員工考績標準不公、都市計劃中心樁測定錯誤、行政效率低落和杜絕貪污不力…等著力最多[84]。楊氏陣營則以宣揚政績為主；解釋九三水災善後措施為副，作為回應；對於蔡氏的批評則以被動解釋或是書面答辯的方式帶過[85]。

由於蔡四結的聲勢日漸上升，使得楊氏陣營不得不採取主動的批評攻勢，其中對蔡氏參選動機、退役原因、及黨派屬性等個人私德方面批判的最為直接；在參選動機部份，楊氏陣營指出蔡氏退役後因謀不到適當的職業，所以請當時的縣黨部主委林豐正代為協助安排，而林氏亦曾將蔡氏推薦給台南縣政府，後來林氏因獲台北縣長提名而離開縣黨部主委一職，無暇再過問此事；縣府也「因故忽略」此事，以致蔡氏工作一直沒有著落。後來蔡氏領了省議員候選登記表，但是縣黨部和楊氏卻集中注意力在領了縣長候選登記表格的謝三升和王慶瑞（任職於交通部，後由副議長陳三元勸退）兩人身上。蔡氏在領了省議員的表格後還寫信給

中國時報，1981.11.4，7版。王清治，〈水災餘波盪漾壓力日增，止冤白謗流言止於智者…〉，中國時報，1981.11.5，7版。

[84] 當時楊氏被批評的焦點主要有：下營鄉某議員家屬四口進入縣府工作，人事任用過程令人質疑。都市計劃中心樁測定錯誤百出。新營三民路實懋市場興建弊案縣府建設局七人被判重刑。建設局多人被判刑，但局長考績卻名列茅。永康、仁德和南市交接的道路，都成葫蘆形表示建設魄力不足。〈楊寶發為水災辨冤，決更努力建設地方〉，中華日報，1981.11.5，8版。〈蔡四結向楊寶發挑戰，要求政見會辯論縣政〉，聯合報，1981.11.6，7版。〈楊寶發為民服務政見會暢談政績，蔡四結曾予指摘隻字不提建設…〉，中國時報，1981.11.6，7版。〈蔡四結批評楊寶發建設不如南市，道路成葫蘆形〉，聯合報，1981.11.9，7版。

[85] 〈蔡四結發出戰書，邀楊寶發辯長短，於法不合書面答辯〉，中華日報，1981.11.7，8版。〈楊寶發信用可靠，自稱無退票紀錄，蔡四結強調打開縣政府大門…〉，中華日報，1981.11.7，8版。

縣黨部，表示尚未替他解決就業問題，但未獲答覆；蔡氏憤而投入選戰[86]。正當選情由剛開始的「強弱分明」演變成後來「相互指控」的纏鬥局面時，11月9日凌晨在永康鄉發生楊氏的宣傳海報和布條被大量拆除的情形[87]。在縣內，國民黨所提名的縣長候選人被「如此待遇」尚屬首見。

參、讓楊寶發捏把冷汗的投票結果

最後，選舉於11月14日投票，楊寶發得215,662票，得票率為51.22%；蔡四結得189,172票，得票率為44.93%（見表三）。兩人相差26,490票，楊寶發驚險連任成功。蔡四結選後被國民黨列為第一波開除黨籍的名單[88]；但他表示四年後將再捲土重來[89]。

四年前楊寶發以同額競選的優勢，輕鬆得到386,000餘票，且得票率達93.46%的高支持率；但四年後，卻為何會贏得如此辛苦，可從以下幾個方向探討原因：

---

[86] 蔡氏當時只領了省議員的表，後來卻參加縣長候選登記，所用為何人所領表格？值得釐清。〈蔡四結聲勢漸增，楊寶發嚴陣以待〉，中華日報，1981.11.7，8版。王清治，〈李雅樵退出選局幕後協調成功，蔡四結半路殺出攪縐一池春水，退役返鄉只想謀個差事未獲安排…〉，中國時報，1981.11.7，7版。〈楊寶發發威，昨嚴詞反擊…〉，中國時報，1981.11.10，7版。〈蔡四結退役有問題，楊寶發藉題作文章…〉，中華日報，1981.11.10，8版。〈蔡四結自稱無黨無派，楊寶發駁斥…〉，中華日報，1981.11.11，8版。

[87] 〈競選海報一夜被拆，楊寶發在永康栽了…〉，中國時報，1981.11.10，7版。〈無名傳單指走私，蔡四結罵惡意中傷…〉，聯合報，1981.11.13，7版。

[88] 〈謝介銘、楊國平、陳榮宗、蔡四結、蕭立彥、吳漢奇，違犯黨紀競選，開除國民黨籍〉，聯合報，1981.11.15，2版。

[89] 蔡氏後來以無黨籍身份，參加1982年1月第十屆縣議員選舉，順利當選（台南縣選舉委員會編印，1989b：77）。〈蔡四結銘謝賜票表示在四年後，將再捲土重來〉，聯合報，1981.11.16，7版。

一、楊氏連任的心理準備不足。以台北市民政局長資歷,在
國民黨派系替代政策下,於 1977 年回鄉參選台南縣長
的楊寶發,原本認為只要當一任就可「高升」。不料高
層人事的更迭以致調升無望,使得原本沒有連任心裡準
備的楊氏,不得不對競選連任一事轉趨認真;在這樣的
背景下,楊氏在決心連任前對縣政的表現也就顯得較被
動與消極。

二、民主運動大環境的啟發。國民黨從 1972 年第七屆縣長
選舉,開始施行的派系替代政策,於 1977 年 11 月的地
方選舉就引起各縣市地方勢力極大的反彈,國民黨除了
失去四席縣市長及廿一席省議員外,還發生了流血的
「中壢事件」,此後黨外的民主運動更是蓬勃發展,到
了 1979 年 12 月更發生了高雄美麗島事件(齊光裕,
1996:495〜504)。在這樣大環境的政治氣氛影響下,
再受到 1977 年縣市長及省議員選舉結果的鼓舞,1981
年 11 月這次的地方選舉更掀起國民黨內少見的脫黨參
選風潮[90]。

　　在台南縣內,國民黨籍的李雅樵最後雖然沒有違紀
競選,但是從提名結果揭曉後,各地所出現反楊寶發支
持李雅樵的標語,就可了解當時部份地方勢力人士的情
緒。在無黨籍人士部份,由於 1980 年 12 月黃正安、林

---

[90] 顏文閂,〈黨員宣佈脫黨競選案件增加,國民黨黨紀面臨挑戰〉,聯合報,
1981.10.6,2 版。社論,〈「違紀」競選與政黨政治發展的問題〉,聯合報,
1981.10.16,2 版。唐光華,〈調整參與角色充實競爭能力─國民黨基層
黨務巡迴採訪之一〉,中國時報,1981.10.16,2 版。王健壯,〈國民黨提
名及輔選作業的檢討〉,中國時報,1981.11.16,2 版。

丙丁分別當選立委和國代的鼓舞，使得謝三升在 1977
年省議員及 1980 年立委選舉失利後再次捲土重來；再
加上蔡四結的適時出現，幫謝氏把國民黨的輔選作業牽
制在縣長選舉，無力兼顧省議員選情；另外當時無黨籍
立委康寧祥等人所組成的黨外推薦團對謝氏的助選，一
時聲勢提升不少，開票結果謝氏得票更勝過當時素有國
民黨黨友之稱的無黨籍海派人士─蔡江淋[91]。此一現象
說明了縣內有另一股反國民黨勢力正在醞釀發展中。

三、國民黨同額競選政策的後遺症。國民黨從 1968 年 4 月第
六屆劉博文連任縣長選舉開始，經過 1972 年 12 月第七
屆的高育仁、1977 年 11 月第八屆的楊寶發共三屆，在縣
內都是促成「同額競選」的方式來處理縣長選舉（見表
三）。從另一個方向來看，同額競選的選舉，縣民沒有其
他可供比較選擇的對象；投票只是形式，縣長無異是由
國民黨官派。久之除了部份地方政治勢力反彈外，在有
其他人選出馬情況下，選民亦會藉機透過選票表達心聲。

國民黨在辦理此次黨內提名時，除了有所謂的彈性
原則外，更指出在考量提名對象的條件時，將包括「社
會基礎」和「領導能力」，這些訊息對有意問鼎縣長寶
座的李雅樵，多少產生了增強作用；於是更傾全力佈署
以求能獲得國民黨的提名，在爭取提名的過程中，李氏
的地方支持系統便行凝聚。不料國民黨以尚可連任為由
提名楊寶發，而李氏在最後關頭也接受職務安排而被勸

---

[91] 1981 年第七屆省議員選舉謝三升得 46,799 票，蔡江淋得 46,759 票（台
南縣選舉委員會，1981：14）。

退，那股原本支持李氏的力量便在蔡四結出馬後，移情轉而支持蔡氏；這股移情的效應從蔡四結在下營鄉贏了楊寶發四千多票即可獲得印証[92]。

四、施政績效優劣引議論。楊氏在1977年12月20日至1981年12月20日的第八屆縣長任內，在籌建工業區防範農村人口外流頗有成效外，於辦理社區發展亦曾被列為省一等縣，另外在主辦台灣區農漁林牧綜合展覽後亦普獲各界人士好評。但是引起議論的部份亦不少；在新營監理站遷建問題出爾反爾，有違民意且拿不定主意引起民怨；新營三民路實懋市場興建時發生官商勾結弊案，縣府官員七人被判重刑，嚴重影響縣府聲譽；建設局與地政科人事調動時，因受縣議長干預，其軟弱作風引起批評；至於新營急水溪上游紙廠廢水污染，毒斃下游北門沿海養殖漁塭一事，縣府沒有徹底解決的魄力，引起民眾對公權力的懷疑；在拆除尚未逾齡的新營中山堂另建縣文化中心，更引來只顧表現而浪費公帑的異議…[93]。都使楊氏的聲望大受影響，進而衝擊選情。

---

[92] 詳細開票結果見表九，第九屆縣長選舉候選人各鄉鎮得票數一覽表。

[93] 〈縣市長施政總驗收（二）—楊寶發科班出身、想禪聯必須力求突破〉，民眾日報，1981.5.22，2版。

編號	鄉鎮區別		候選人 楊寶發	蔡四結	備 考
	總 計		**218,662**	**189,172**	資料來源:
1	新營區	新營鎮	11,195	15,944	台南縣選舉委員會,
2		鹽水鎮	6,760	5,841	1981：3。
3		白河鎮	3,637	14,463	
4		柳營鄉	4,520	6,062	
5		後壁鄉	6,009	8,219	
6		東山鄉	4,180	7,772	
7	曾文區	麻豆鎮	11,196	9,467	
8		下營鄉	4,603	8,696	
9		六甲鄉	5,799	4,758	
10		官田鄉	6,743	4,252	
11		大內鄉	5,244	1,304	
12	北門區	佳里鎮	12,517	8,234	
13		學甲鎮	6,778	6,537	
14		西港鄉	4,593	5,051	
15		七股鄉	7,919	4,110	
16		將軍鄉	7,033	3,955	
17		北門鄉	3,933	2,338	
18	新化區	新化鎮	15,481	1,856	
19		善化鎮	9,730	8,628	
20		新市鄉	6,607	3,558	
21		安定鄉	5,716	6,980	
22		山上鄉	2,920	1,070	
23		玉井鄉	6,154	2,566	
24		楠西鄉	4,128	1,668	
25		南化鄉	3,636	954	
26		左鎮鄉	3,231	573	
27	新豐區	仁德鄉	10,031	11,991	
28		歸仁鄉	8,745	9,152	
29		關廟鄉	9,490	7,026	
30		龍崎鄉	1,876	987	
31		永康鄉	18,258	15,160	

（表九）第九屆縣長選舉候選人各鄉鎮得票數一覽表

五、九三水災應變不當。由於水災災情嚴重並且發生時機敏感。在災變過程中，楊氏的縣府團隊應變能力顯得十分無措，後來甚至把民怨歸於有人「惡意中傷」或是民眾對縣長本人的「誤解」；楊氏甚至向議會申冤，後來還演變成議會替其提案辯解的怪現象。更有甚者，還把引起民怨的責任推給安排上級巡視路線的新營鎮公所引導人員。此舉被對手於競選時大加批評，而對本身得票造成負面影響，光在新營鎮的得票數就少蔡氏約五千票[94]；另外楊氏於選後到新營謝票時，沿途沒有熱烈場面也無人放鞭炮祝賀連任，場面十分冷清與尷尬[95]，這和水災的衝擊有直接的關係。

六、輔選策略進退失據。原國民黨縣黨部主委林豐正，於8月上旬因被提名競選台北縣長而離職，改由張麗堂接任，選前縣黨部主委換人對選情多少都會產生負面的影響。張氏雖在勸退李雅樵部份有所表現，但是後來在縣長及省議員的輔選部份就表現的不夠理想。原本國民黨縣黨部的策略是要促成縣長同額競選，好集中全力在省議員輔選上[96]。不料縣長部份出現了意料之外的蔡四結；省議員方面則有十八人要爭逐五個名額，甚至還發生已獲國民黨提名省議員的林耿清，宣佈退出選舉的激

---

[94] 1981 年 11 月第九屆縣長選舉，新營鎮開票結果：楊寶發得 11,195 票，蔡四結得 15,944 票。詳見表九，第九屆縣長選舉候選人各鄉鎮得票數一覽表。

[95] 〈縣長鳴謝賜票怎料場面冷落…〉，聯合報，1981.11.22，7 版。

[96] 王清治，〈台南縣縣長選局關連省議員選情，蔡四結心中結明鬥楊寶發，暗助謝三升希望他能上榜〉，中國時報，1981.10.17，7 版。

烈、混亂情形[97]，這也是楊寶發受九三水災影響選情
時，國民黨縣黨部要「實力較佳」的同黨籍省議員候選
人，在政見會上幫楊氏說話，但無人有回應動作的原因
之一。最後兩項選舉輔選作業呈現首尾不能相救的情
形，開票結果省議員五席中有二席分別被無黨籍的蔡江
淋和謝三升所囊括，高育仁當選票數只有 67,000 多票，
對於將被安排接任省議會議長而把得票數定在十萬票
的目標來說，成績不盡理想[98]。而縣長選舉部份，結果
則是贏得十分驚險。

七、與地方勢力相結合引起對立。楊寶發是繼高育仁之後，
國民黨高層刻意安排「空降」地方的縣長人選；高育仁
未滿一任就調升內政部常務次長，後來則自立門戶自成
一地方政治勢力—高系。但是楊氏則不相同，就任後除
了沒有自己的地方支持勢力，更沒有像高育仁那樣有位
強勢的縣黨部陳燮主委相佐。為了使縣政能順利推展，
只好與自己較有淵源的山派相結合；楊寶發和地方勢力
合流的現象，充分在 1981 年第九屆縣長選舉呈現出
來；早在國民黨辦理黨內提名時為了和海派的李雅樵爭
逐被提名機會，當時監察委員張文獻等山派人士和縣議

---

[97] 張昆山，〈二十名俊彥角逐五個名額，南縣省議員選舉戰況空前…〉，聯
合報，1981.10.13，7 版。王清治，〈林耿清鳴金收兵選民感到太意外，
黨方評選提名角逐省議員…〉，中國時報，1981.10.14，7 版。〈突然撤銷
登記引起震撼，林耿清否認與事業有關，預估有四萬五千票…〉，聯合報，
1981.10.14，7 版。
[98] 張昆山，〈南縣執政黨想獲全勝卻出意外，高育仁得票數未達理想，謝三
升幸回劣勢當選…〉，聯合報，1981.11.16，7 版。

長戴再生就扮演了重要的推手角色[99]；而從楊氏的助選員名單中更可清楚看出絕大多數是山派人士，由此可得到進一步的理解。與山派合流後的楊氏在選戰中，便不可避免的要面對其他地方政治勢力的衝擊了。

八、其他因素。以個人的人格特質來說，楊氏個性較文弱忠厚，處事也較優柔寡斷，九三水災就清楚映襯出他的人格特質。災難應變講求魄力果決，一經天災考驗楊氏行事風格顯露無遺，當時巡察縣府應變有無過失的監委施鐘響，就曾公開評論過楊氏的個性，施氏指出「…楊寶發縣長是老實人，凡事畏首畏尾，一切悉聽上級辦事，在縣政上未能有突破創新方做法，這是比較令人擔心的…」[100]，而競選時蔡四結在 11 月 10 日的公辦政見會上，也曾向選民提到：「…有人感覺楊寶發做人太忠厚，因此凡事魄力不夠，被部屬牽著鼻子走…[101]」這樣的人格特質直接反映在整體施政表現上，而後來與地方勢力合流亦與此有直接的關係。

從以上可以理解 1981 年 11 月的這次縣長選舉，透露了一些訊息：首先是國民黨對縣內地方勢力（尤其是海派）的控制，有了衰退的現象。從為了促成同額競選而以省府委員為酬庸，才勸退李雅樵的過程來看，國民黨對黨內地方勢力的控制能力和態度已有所轉變。而黨內的地方政治勢力對國民黨來說，也不再是完全聽命的角色，而是有基層動員實力為憑藉，能和國民黨討價還

---

[99] 〈…李雅樵促選標語情治單位已瞭解〉，聯合報，1981.8.14，7 版。

[100] 〈…過猶不及中庸為尚，監委施鐘響提出評語〉，中國時報，1981.9.22，7 版。

[101] 〈競選進入白熱化候選人舌戰不休…〉，中國時報，1981.11.11，7 版。

價的一股力量[102]。

再來就是縣內的黨外反對勢力興起。所謂的「黨外」在台南縣內大致可將之歸為以下幾類。一是黨禁解除前假藉青年黨和民社黨名義者，例如在 1954 年 4 月與高文瑞競選第二屆縣長的黃千里就是屬於這一類。二是有國民黨地方政治勢力在背後支持的無黨籍人士，例如吳豐山、林丙丁、黃正安等人。三是國民黨違紀參選，後來被開除黨籍者，例如蔡四結，這類人士在參選時大都自稱是無黨籍人士。四是無黨籍但為國民黨的「黨友」，例如蔡江淋，這類和第二類一樣有地方政治勢力支持，但是和第二類比起來最大的不同是和國民黨互動較好而有國民黨「黨友」之

---

[102] 本章節對台南縣海派的觀察發現，常被地方派系研究者所引用，作為國民黨與其所屬地方政治勢力互動模式解釋依據的恩侍主義（clientelism）在此屆縣長選舉，已不太適合用來作為解釋國民黨和地方政治勢力互動模式的依據；理由是持恩侍主義論點者，除了對地方政治勢力的自主與獨立性有所忽略外，並有過度強調國民黨對其所屬地方政治勢力操控能力的傾向。若能在時間上有所限制，對現狀的解釋可能會較有說服力。趙永茂曾提到「…由於台灣新兩黨政治在部分地區出現…因此地方派系與國民黨的關係亦逐漸由依附互惠的關係步入自主互惠的階段…」（2001.6：157），亦即認為地方派系與國民黨的關係在 1986 年民進黨成立後才步入自主互惠階段；陳陽德亦提到「…1986 年民進黨成立之後…政黨與派系間產生的互動關係，由過去的侍從關係逐漸形成大小伙伴關係的趨勢…」（1996.7：179），但是從本章節對台南縣的觀察，其實最慢在 1981 年第九屆縣長選舉時，海派與國民黨的互動即逐漸出現自主互惠的跡象，也就是國民黨員違紀參選縣長及反對國民黨勢力的興起，就使得地方派系與國民黨的互動模式開始朝自主互惠階段（或是陳氏所言大小伙伴關係）方向變化，而不必等到 1986 年民進黨成立後才開始。丁仁方對屏東縣個案的觀察結果亦得到「…也就是說，在 1981 年後…派系與國民黨的關係則變成一種依賴互惠伴隨對抗…的現象…」，丁氏則沿用 Jonathan Fox 所稱的「半侍從結構」來稱呼這種依賴互惠伴隨對抗的互動模式（1999.6：68～69、72）。

稱。五是無黨籍且參與全國性民主運動起家的人士，例如謝三升
及後來的陳水扁，像謝氏就是當時高雄美麗島雜誌的編輯及該雜
誌社台南縣服務處的負責人[103]。而這裡所指的主要是第三類違紀
脫黨參選者，和第五類參與全國性民主運動人士，因為已有人
「敢」開違反國民黨黨紀先例出來選縣長，且對謝三升當選省議
員提供正面的助力。而謝三升這類黨外勢力能順利當選公職，代
表台南縣內的政治勢力變遷又進入另一新階段。

　　最後則是縣長個人的施政能力成為選民支持與否的考量。之
前國民黨的提名人選往往都能在黨務系統強力動員下，以不錯的
得票率順利當選；而個人的施政表現和領導能力等個人條件並不
易在選戰中被凸顯出來。但是這次選舉則透露出一個訊息就是，
選民對國民黨的提名人選，已不再和之前一樣完全「照單全收」，
選民的意識已覺醒到能用選票對國民黨所提名的人選，表達「不
滿意」的程度。

第三節　無黨籍人士陳水扁掀起旋風

　　屬於國民黨的縣內政治勢力：海派、山派和高系，為了參與
1985 年 11 月的第十屆縣長選舉，在爭取提名的過程中，無不傾
全力為己爭取最大的優勢；所以競爭過程互不相讓。最後國民黨
為了達到勝選的目的，迫於黨內各勢力對立的現狀只好放棄提
名，開放自由競選。而無黨籍的黨外人士則首次在縣內正式推薦
人選出馬，問鼎縣長寶座。選舉的結果顯示，已有一股可與國民
黨內各地方政治勢力相抗衡的縣級政治反對勢力形成。

---

[103] 李筱峰，1987：144。張昆山，〈南縣執政黨想獲全勝卻出意外，高育仁
得票數未達理想，謝三升幸回劣勢當選⋯〉，同上。

壹、國民黨無法平息提名紛爭

為了推舉這屆縣長選舉的候選人，國民黨於 5 月 1 至 7 日在
縣黨部的第一組辦理提名登記，5 月 25 日至 6 月 7 日則進行黨員
反映；至於幹部評鑑則定於 6 月 8 至 10 日進行[104]。這屆縣長選
舉由於楊寶發已兩屆任滿不能再連任，所以為了爭取提名，縣內
國民黨的主要政治勢力—海派、山派和高系無不全力推出人選參
與；由於有意角逐提名者眾多，國民黨縣黨部為了貫徹上級所交
待要使選情單純的決策，特別針對被提名希望不高的角逐者進行
疏導，當時曾被勸退的對象有縣府主任祕書黃俊雄、國大代表葉
棟樑、佳里鎮長莊三立、省府委員蘇俊雄、立法院副祕書長郭俊
次等人；一部份勸他們放棄參加縣長的提名登記，有的則是鼓勵
他們轉考慮省議員一項[105]，但是疏導的成效依然有限。

在還沒正式辦理登記前，眾多有意參與提名登記者中，受地
方勢力重點推舉且本身亦有意參選者，以謝崑山、胡雅雄和黃正
雄三人為主，在正式的提名作業開始前，國民黨縣黨部曾對縣內
從政的鄉鎮市長，及區分部的常委等各級黨務人員，針對有意參
與提名角逐者，進行一項非正式的幹部意願調查結果顯示，時任
監察委員的謝崑山成績排名第一，高雄市建設局長黃正雄和台南
縣衛生局長胡雅雄二人則緊追在後。這項原本被國民黨縣黨部列
為不對外公開的非正式調查結果，在外洩後引起縣黨部主委張晉

---

[104] 〈提名縣長省議員候選人，國民黨將辦理黨內意見反映〉，聯合報，
1985.4.23，6 版。

[105] 黃俊雄 1942 年生，後壁鄉人，台灣大學畢業，曾任後壁高中教師、台北
市政府社會局科員、專門委員，時任縣府主任祕書。莊三立 1938 年生，
佳里鎮人，台南師範畢業，曾任國小教員、主任、公所祕書（台南縣選
舉委員會編印，1989a：41、44）。〈下屆縣長提名情勢國民黨決力求單
純…〉，聯合報，1985.4.28，6 版。

相的震驚，張氏在消息外洩的同一天，即在國民黨縣黨部所召開的擴大工作會報中提案檢討此項調查結果何以會外洩[106]。

　　黃正雄在省議長高育仁及其機要人員陪伴下，於 4 月 25 日下午向國民黨台南縣黨部領取了縣長提名登記表件，5 月 1 日開始辦理提名登記的第一天，黃氏在縣議會正副議長陳三元、吳維樵[107]等人的陪同下，前往國民黨縣黨部辦妥手續；由黃氏領表和辦理登記時陪他前往的人士背景，可以理解部份海派人士和高系在這屆縣長選舉中，原本共同的支持對象是黃正雄[108]。山派的胡

---

[106] 謝崑山 1935 年生，西港鄉三樂村人，台南師範畢業，曾任國小教員、縣議員、省議員、監察委員，具國民黨海派背景且與高育仁互動良好，亦被視為高系一員。胡雅雄 1938 年生，善化鎮胡厝寮人，中國醫藥學院醫學系畢業，曾任私人醫院院長，時任台南縣衛生局局長，是前縣長胡龍寶的兒子，是主要的國民黨山派人物。黃正雄 1939 年生，七股鄉龍山村人。中興大學法律系畢業，曾任司法行政部科長、國民黨彰化縣黨部主委，時任高雄市建設局長，是當時縣內無黨籍海派立委黃正安（1980 年 12 月當選，並於 1983 年 12 月連任成功）的胞兄，屬國民黨海派人士且與高育仁互動良好。黃氏日後還擔任過省府委員、立法委員、唐榮公司總經理，及李登輝主政時代的總統府副秘書長（台南縣選舉委員會編印，1989b：15、65）。〈角逐下屆縣長群雄並起，國民黨內意願調查…〉，聯合報，1985.4.23，6 版。〈為辦理縣長省議員候選人提名，意願調查內容外洩…〉，聯合報，1985.4.26，6 版。台南縣政府網站網址 http://news.tnhg.gov.tw/travel/index.php?act=show&sid=64&tab=08（2003.1.17 查詢）。

[107] 陳三元 1934 年生，柳營鄉太康村人。私立南英高商畢業，曾任嘉南水利會代表、柳營鄉代會主席、私立南榮工商董事長、縣議員，時任縣議會議長，屬國民黨海派且與高育仁互動良好。吳維樵 1935 年生，將軍鄉將貴村人。北門中學畢業，曾任國校教員、鄉民代表、縣議員，時任縣議會副議長，屬國民黨海派且有海派師爺之稱（台南縣選舉委員會編印，1989b：56、61、64、68、69、72、73、77、78）。

[108] 〈下屆縣長省議員選舉未展開序幕，政壇有心人已各在進行拜會活動…〉，聯合報，1985.4.26，6 版。〈黃正雄一馬當先辦妥國民黨縣長提名登記〉，聯合報，1985.5.2，6 版。

雅雄則和時任嘉南農田水利會會長的蘇金賀,在 5 月 3 日同一天完成登記,胡雅雄是山派在本屆縣長選舉所推舉的競逐人選;同屬山派的水利會會長蘇金賀,在同日和胡氏辦妥提名登記的用意,是在協助胡氏牽制競爭對手以達掩護目的[109]。至於被列為三強之一的謝崑山,則因與其私交甚篤的立委洪玉欽加入角逐行列,聲勢受到影響;洪玉欽在 1983 年 12 月尋求連任立委時,謝崑山就是他的競選總幹事,兩人彼此私誼甚篤;在縣內謝、洪兩人因與高育仁互動良好,被視為高系的旗下大將。針對洪氏突如其來的舉動,謝氏曾透過高育仁的管道和洪氏取得協商,但洪氏則為自己登記提名一事解釋說,是為了要牽制另一縣籍立委李宗仁(山派)而來[110]。雖然洪玉欽強調他是為了牽制山派的李宗仁,但是若從辦妥提名登記的順序,是洪氏早於李氏來看,洪氏的動機顯然和他自己的說法有所出入。

在此同時,在官場和商場上正值低潮的李雅樵也返鄉,對地

---

[109] 蘇金賀 1934 年生,六甲鄉人,農學院(現今中興大學)農經科畢業,曾任省農林廳技佐、縣議員、縣農會總幹事,時任嘉南農田水利會會長。是國民黨山派人士。蘇氏不久即在 1985 年 7 月因肝病去世(台南縣選舉委員會編印,1989b:64。)。〈縣長黨內提名登記胡雅雄蘇金賀辦妥…〉,聯合報,1985.5.4,6 版。〈蘇金賀遽遘逝世,三站長官運幻滅〉,中國時報,1985.7.21,6 版。

[110] 洪玉欽 1942 年生,下營鄉人,中國文化大學三民主義研究所博士,曾任中國文化大學教授兼法律系主任,1980 年 12 月以 62,904 票當選立委。李宗仁 1933 年生,麻豆鎮人,政治大學行政管理研究班結業,曾任台北市政府法規委員、台北市台南縣同鄉會常務理事,1980 年 12 月以 53,506票當選立委(台灣省選舉委員會編印,1981:204~205)。〈立委洪玉欽若投入縣長選戰,對三強鼎立情勢具深遠影響…〉,聯合報,1985.5.2,6版。〈縣長提名謝崑山已經被削弱,情勢轉變黃正雄胡雅雄對峙…〉,聯合報,1985.5.8,6 版。〈下屆縣長選舉黨內提名,已轉變成兩雄對峙局面…〉,聯合報,1985.7.20,6 版。〈傳立委洪玉欽曾赴省黨部,表示支持謝崑山競選縣長〉,聯合報,1985.6.29,6 版。

方人士為支持他參選縣長所發起的簽名募款活動表示感謝，但對是否參與提名登記則不表任何意見；李氏在 1981 年原本和楊寶發競逐國民黨的縣長提名，後來接受安排出任省府委員而退出選局，這也是自 1972 年 1977 年以來第三次欲參選縣長不成。不久他所主持的立人纖維公司也因經營不善負債逾億元，連他在台北內湖的住宅也被法院拍賣；時過境遷，1984 年 5 月底省府改組時邱創煥任省主席，省府委員職務又被除名，當時只剩「台北市台南縣同鄉會理事長」及國民黨台灣省黨部委員兩個沒有支薪的職位。就在李氏最低潮的時候，支持他的縣內地方人士，為了勸進他出馬選縣長，而發起每個簽字者就捐三萬元充當競選經費的募款活動（後來改為自由樂捐）。當時李氏除了表示感謝外，並沒有表明是否要問鼎縣長寶座的意向，但也沒有阻止募款活動的進行[111]。直到 5 月 7 日提名登記截止，先後共有黃正雄、蘇金賀、胡雅雄、關世真、黃俊雄、葉棟樑、陳清田、謝崑山、洪玉欽、李宗仁等十人辦妥提名登記[112]。

在完成提名登記作業後，縣黨部主委張晉相隨即邀約所有參與者，召開座談會且簽署活動公約。會中張氏強調「…黨員反映和幹部評鑑的結果，將作為提名的重要參考依據，所以務必重視…」辦理反應評鑑時「…整個過程縣黨部只是辦理其中的『事務性工作』，黨員反映的資料將當場密封，寄給省黨部三組以電

---

[111] 中央日報編輯部，1986：220。〈李雅樵返鄉未來動向受矚目，桑梓熱心支持是否參選難定論〉，聯合報，1985.4.24，6 版。〈對敦促參選縣長之議，李雅樵尚無反對態度〉，聯合報，1985.4.25，6 版。

[112] 〈縣府主祕黃俊雄昨辦妥下屆縣長黨內提名登記〉，聯合報，1985.5.7，6 版。〈省議員縣長選舉黨內提名登記，高育仁等十二人昨辦妥〉，聯合報，1985.5.8，6 版。

腦統計，所以最後的提名人選還是由省及中央決定…」。會後並
共同簽署彼此不互相攻訐，且服從組織決定的活動公約[113]。

為了爭取好的反映成績，提名候選人無不積極赴各地拜會、
寄發名片及傳單；財力較佳的人選則以連續的大型餐會造勢[114]。
經過十餘天的拜訪和拉票，5 月 25 日正式進入黨員反映階段。這
次的黨員反映是以「聯誼會」的名義進行，每位提名候選人只有
五分鐘的時間，上台自我介紹和發表參選抱負。全縣一連三十三
場下來（永康鄉三場外，其他鄉鎮各一場），國民黨的基層黨員
出席還算踴躍，但由於沒有規定投反映票，必須聽完提名候選人
發言後才能開始，以致有些未聽就投票了[115]。在過程中除了未聽
候選人發表抱負就投反映票，而使這種「聯誼」性質的黨員反映
座談會流於形式外；財力較佳的提名候選人一連串大場面的餐
宴、佔職務之便者則以行政系統為己宣傳等；都是國民黨辦理這

---

[113] 當時國民黨省黨部主委關中亦曾強調，黨員反映和幹部評鑑不是「黨內
初選」，也不是「假投票」；但將是考量是否提名的重要依據。〈參加縣長
省議員黨內提名登記者，昨座談會簽活動公約，張主委籲請重視黨員反
映〉，聯合報，1985.5.9，6 版。〈黨員反映幹部評鑑成績，爭取提名人士
全力以赴…〉，聯合報，1985.5.25，6 版。

[114] 以洪玉欽為例，洪氏為了角逐縣長提名，於 5 月 11 日以「地方建設座談
會」名義，在下營國小辦了一個席開數十桌的餐會；除了洪玉欽本人外，
省議長高育仁也應邀出席，但受邀約的李雅樵則沒有出現。〈爭取縣長省
議員黨內提名登記，黨員已積極展開行動…〉，聯合報，1985.5.12，6 版。
〈爭取台南縣長提名，立委洪玉欽昨返鄉，親友以卅桌席歡迎〉，聯合報，
1985.5.13，6 版。

[115] 〈下屆縣長省議員提名黨員反映，昨以聯誼會方式舉辦情況熱烈…〉，聯
合報，1985.5.26，6 版。〈潔淨選舉〉，聯合報，1985.5.26，6 版。〈縣長
省議員提名黨員反映昨辦三場聯誼會…〉，聯合報，1985.5.28，6 版。〈北
門區黨員意見反映會，參與同志…〉，中華日報，1985.6.3，6 版。〈執政
黨員爭取提名大談政治理想抱負，反映聯誼會昨分在將軍七股舉行…〉，
中華日報，1985.6.4，7 版。

屆縣長提名過程中疏於規範，而被非議的地方。至於被定位為非「黨內初選」，亦非「假投票」的「聯誼性」黨員反映和幹部評鑑，其實就是一種初選，只是為了防範地方政治勢力因爭取提名而分裂對立的宣傳罷了。

正當辦理黨員反映同時，沒有參與提名登記的李雅樵，以國民黨台灣省黨部委員的身份，列席了 5 月 31 日在新市鄉的會場；因為地方上支持他出來選縣長的簽字捐款活動還在進行；再加上對國民黨已安排他出任行政院顧問一職表示「暫不能到任」的態度。所以李氏出現在黨員反映會會場的舉動，引起在場人士的注意；李氏會拒絕行政院顧問安排的主因，是 1984 年 5 月底省府改組時，原省府委員的職務被除名後，國民黨並沒有馬上安排適當職務給他，直到查覺李氏可能對 1985 年年底的選舉有所影響後，才又想安插個職務給他，而使李氏有不受尊重的感覺。此時在地方上已進行多日的簽字捐款活動，已約有八百多人連署；再加上他所負責的立人纖維公司負債逾億元案，檢察官只對總經理（李氏的連襟）追訴刑責，李氏本人除了須面對財務問題外，且未被起訴。所以李氏的動向深受各方重視[116]。

緊接在黨員反映後的是 6 月 8 至 10 日共三天六場（新營、麻豆、佳里、新市、歸仁、玉井各一場）的幹部評鑑，過程平順；此時縣長提名候選人之一的蘇金賀，因為患急性肝炎病重住院；

---

[116] 國民黨省黨部主委關中，於 5 月 25 日曾向媒體證實李氏已獲行政院顧問的安排，同一天省議長高育仁也表示，國民黨有關方面一直很重視李氏的出處安排；但幾天後李氏則對外表示，行政院顧問一職將「暫不能到任」。〈李雅樵已獲聘為行政院顧問，下屆縣長選戰情勢深受影響…〉，聯合報，1985.5.26，6 版。〈李雅樵昨出現在黨員反映會上，其用意何在很受政壇人士矚目…〉，聯合報，1985.6.1，6 版。

可說已提前出局；所以山派立委李宗仁掩護胡雅雄上壘的擔子相
對加重。縣黨部把三天來經密封的投票結果，寄給省黨部後對外
表示，近日幹部評鑑和之前已逐日上寄的各場次黨員反映票，將
統一於省黨部拆封並以電腦統計；詳細結果並不對外公佈，但將
作為提名的重要依據[117]。被國民黨省黨部主委關中[118]認為不是
「黨內初選」也非「假投票」的「聯誼性」黨員反映和幹部評鑑，
從其作業的過程看來，因為最後的計票結果在省黨部進行，且結
果並不對外公開，但又要作為提名的重要依據；這樣的作業原則
除了徒讓縣內各地方政治勢力提早且公開對決、亦使有意角逐者
多一次「競選」和開銷外，實在看不出和以前有什麼不同，因為
票選和評鑑的結果不公開、只供提名參考，人選最後還是由中央
「多方考量」後才決定。這種只站在國民黨省黨部或是黨中央立
場考量，沒有完全透明且依基層黨員意見決定人選的提名方式，
雖可對提名決策多了一份具體的參考資訊，但是花費高昂的選風
及加深地方政治勢力對立的負面代價，則對縣內往後的政治變遷
種下隱憂。

　　省黨部不用以往的排名方式，改採分級形式於6月底揭撓統
計結果，名列第一級是胡雅雄、謝崑山、黃正雄，第二級有洪玉

---

[117] 〈黨內提名幹部評鑑首場在新營舉行，登記候選人員大談抱負，並聯名
致函慰問蘇金賀〉，聯合報，1985.6.9，7版。〈黨內提名登記評鑑會，昨
天在佳里國小舉行…〉，中華日報，1985.6.10，6版。〈登記黨員發表抱
負，幹部評鑑場面熱烈永康等五鄉鎮…〉，中華日報，1985.6.11，7版。
〈縣長及省議員黨內提名幹部評鑑表件縣黨部昨寄省〉，聯合報，
1985.6.12，6版。

[118] 關中1940年生，安東鳳城人。政大外交系畢業，佛萊奇國際關係研究院
哲學博士，曾任政大國關中心研究員，台大、政大副教授，國民黨青工
會副主任、中央政策會副祕書長、台北市黨部主委、台灣省黨部主委。〈宋
楚瑜、鄭水枝、關中簡歷〉，台灣新生報，1989.6.1，2版。

欽、李宗仁、葉棟樑、黃俊雄、陳清田；蘇金賀與關世真則被列為第三級，由於列名第一級的三人成績十分接近，省黨部將台南縣列為「不明朗」地區，所以結果並不以排名而以分級的方式對參與者加以分類；當成績寄交縣黨部時，是由主委張晉相親自簽收，且以「對內有限傳閱」的方式間接對外公布，以避免不必要的困擾[119]。縣黨部在收到結果後，於 7 月初應上級的要求，往上提報了一份加倍的建議提名名單，名列其中的是胡雅雄、謝崑山和黃正雄三人[120]。

因為反映評鑑的結果對國民黨決策單位而言，是重要且具體的參考資訊，但結果呈現拉距的態勢，使國民黨省黨部不得不盤算再三。另外，上級要縣黨部建議三人，其原因可由以下來理解：

一、原本規劃的人選在成績上沒有領先。海派的黃正雄雖然曾被傳聞說是「規劃人選」，也得到高育仁支持並由其機要人員陪同領取登記表件，但是在縣內的反映評鑑卻未能有較突出的表現，以致使縣、省黨部採取更審慎的態度。

二、競爭者彼此間差距微小。胡雅雄在反映評鑑中能獲得佳績，主要還是其父親胡龍寶、妹婿張文獻及立委李宗仁

---

[119] 張昆山，〈縣長選舉提名尚未明朗，兩雄一山仍然暫被看好⋯〉，聯合報，1985.6.19，6 版。〈縣長省議員選舉黨內提名反映及評鑑，據傳南縣情況屬不明朗地區⋯〉，聯合報，1985.6.22，6 版。〈各公職選舉提名原則，注重學經歷群眾基礎⋯〉，中華日報，1985.6.22，7 版。〈省議員及縣長提名黨員反映幹部評鑑，結果省黨部已電腦處理完竣⋯〉，聯合報，1985.6.28，6 版。張昆山，〈黨員反映幹部評鑑雖無決定性，但結果無可否認關係提名甚鉅⋯〉，聯合報，1985.6.28，6 版。

[120] 〈縣長黨內提名初步情勢已明，今後將是兩雄一山拼鬥階段⋯〉，聯合報，1985.7.2，6 版。〈縣黨部已提出縣長提名方案，胡雅雄黃正雄謝崑山三人擇一⋯〉，聯合報，1985.7.2，6 版。

等山派人士在農民、黨務和基層積極動員得到效果，但
是和競爭者之間並沒有拉大差距。

三、從參與者中覓一適當人選備位。有海派色彩且和高育仁
互動良好的監委謝崑山，在洪玉欽的「干擾」下，還能
進入三強可見有一定的實力，但從另一角度來看，謝氏
可能只扮演一個備位的角色，一旦在胡、黃兩人間難以
取捨時，謝氏亦有出線的機會。

至此，爭取國民黨提名的人士，經過第一波基層黨員和幹部
的反映評鑑篩選後，剩下三人入圍供省黨部挑選，以提報中央提
名審核小組。

就在提名作業進入另一階段時，海派人士李雅樵繼回絕行政
院顧問職務後，再次婉拒代理嘉南農田水利會會長（原會長蘇金
賀因肝病猝逝）的職務安排，且持續頻繁的返鄉走動。李氏當時
的個人處境及對提名作業的影響可從以下幾個方向來理解：

一、雖值低潮，但不宜接受安排。李氏在 1981 年和楊寶發
爭取第九屆縣長提名時，因接受國民黨安排省府委員一
職而沒有堅持到底，此舉在當時引來「政治勒索」和「要
糖吃」的譏諷；所以正值提名作業敏感時刻，地方人士
又有支持他出馬的具體動作下，自認「再壞也只有如此」
的李氏概以「官可以不做，人不能不做」對安排新職一
事加以婉拒；其實李氏未具水利會會員身份，約一年的
代理期任滿後亦無法競選會長以求真除，亦是拒絕的原
因之一[121]。

---

[121] 〈嘉南農田水利會會長，傳將由李雅樵代理〉，中華日報，1985.7.21，7
版。〈水利會成選戰焦點，派代會長然費籌謀…〉，中國時報，1985.7.23，

二、敏感時刻走動頻繁，出馬意願仍在。雖然李氏沒有參與
提名登記，但值提名作業期間在地方上走動頻繁，對於
地方人士的勸進又未加以拒阻；並且一再婉拒國民黨對
他的職務安排，多少可以感受到他出馬的意願未盡全
失。

三、適時的動作可產生牽制作用。若論政治輩份、基層號召
力，李氏都是當時縣內海派人士中，數一數二的實力人
物；不只在提名過程中對參與的海派人士提供掩護作用
（不提名海派人士就可能出馬）外，要是提名確定後，
令李氏認為「有必要」出馬競選縣長的話，屆時對國民
黨的提名人選亦會造成威脅。

由於當時國民黨有中央民意代表原則上不提名的考量，所以
具有監察委員身份的謝氏則在省黨部這一關被除名，而被提報給
中央提名審核小組的胡雅雄和黃正雄兩人中，因為胡氏在基層反
映評鑑的表現，較受省黨部主委關中的青睞，所以在名單中排在
黃正雄之前[122]。不料此舉引來黃正雄、謝崑山、洪玉欽、黃俊雄
四人聯合反彈，而連袂到國民黨中央黨部「陳書」反對胡氏；並
表示若提名他們四人其中之一，則三人將全力相互支持的意願，
藉以抵制胡雅雄[123]。情勢發展到此，因國民黨中央無法排解縣內

6 版。〈婉拒出任嘉南水利會代會長，李雅樵動向受政壇人士矚目〉，聯
合報，1985.7.23，6 版。

[122] 〈地方公職選舉提名人選，執政黨將提中常會核定〉，中國時報，
1985.7.25，2 版。〈縣長提名雙雄之爭，黨方斟酌迄未落定〉，聯合報，
1985.7.26，6 版。〈縣長提名競爭激烈，何人上榜撲朔迷離〉，中華日報，
1985.7.26，7 版。

[123] 〈下屆縣長黨內提名雙雄相爭勢均力敵…〉，聯合報，1985.7.28，6 版。
〈下屆縣長選舉中央擬議開放自由競選…〉，聯合報，1985.7.30，6 版。

各政治勢力相持不下的僵局，只好於 7 月 31 日決定開放自由競
選[124]。

提名情勢演變至此所顯示意義可由以下幾點來理解：

一、海派、高系聯合抵制山派。因為海派的黃正雄和素與高
氏互動良好的謝、洪兩人，聯名聲明互相支持以抵制山
派的胡雅雄，故提名競爭演變至此，已可以確定是海派
與高系聯合抵制山派的態勢。山派面對變局亦不甘未
弱；胡氏的妹婿監委張文獻，除了晉見國民黨祕書長馬
樹禮力荐胡氏外，亦曾電邀高育仁出面協調以化解對
立；但是高氏則推說先前並不知道有人要北上中央黨部
聯名陳書，以圖靜觀其變[125]。由此多少可以看出山派所
受的壓力和互不相讓的僵局；也再次顯示高氏在幕後有
一定的影響力。

二、高育仁立場微妙。高氏之前因故與張文獻關係不諧，所
以縣長提名過程中支持胡雅雄的可能性極低；高氏自己
為了尋求連任省議長，亦有參與這次的地方選舉，所以
在介入縣長提名紛爭時，立場就顯得微妙許多；他除了
在背後支持謝、洪兩人外，也盡量對海派的黃正雄表示

---

[124] 〈本屆縣市長選舉情勢初探—台南縣開放選情生變〉，中國時報，
1985.8.1，2 版。〈彰化花蓮南縣自由參選〉，中華日報，1985.8.1，2 版。
〈彰化開放自由競選，執政黨似有意禮讓，南縣花縣競爭激烈難以取
捨〉，聯合報，1985.8.1，3 版。

[125] 當時媒體對於反胡人士北上聯名陳書一事，都以背後「有『高』人指點」
來描述。至於張文獻和高育仁接觸一事，是由張氏主動向外透露，表示
是高氏先找他，但後來為高氏所否認；雙方因而引發是誰先打電話給誰
的不愉快爭論。〈台南縣長提名競爭頗烈，張文獻促請高育仁協調〉，中
國時報，1985.7.29，6 版。

善意；因若再和海派人士於縣長提名過程中發生不快，勢必影響自身在省議員的選情。這或許亦可對高系為何會和海派合作提供另一解釋。

三、沒有依反映評鑑結果提名，以致帶來負面困擾。國民黨省黨部主委關中，一再強調這次縣長選舉提名作業的黨員反映和幹部評鑑，不是「黨內初選」也非「假投票」，但結果將作為提名的重要參考依據，並一再呼籲參與角逐者要重視。其實這樣的談話多少已透露反映評鑑的結果，在特殊的情況下是會被忽視的。不幸的是，特殊的狀況發生了；因為在參與者重視且認真投入反映評鑑後，表現較受省黨部青睞的山派胡雅雄，卻被其他參與人士聯名反對，如此發展迫使國民黨無法依照反映評鑑的成績來決定提名人選；沒有貫徹反映評鑑成績所呈現的意義，除了立下「只要聯名反對就可改變反映評鑑結果」的惡例外，亦徒增競選浪費與激化各政治勢力對立的後遺症。

貳、李雅樵投入選局

國民黨不提名的宣布，對山派來說雖然有差臨門一腳的遺憾，但由於所推出的人選十分明確，沒有整合的問題，所以胡雅雄也隨即宣布競選到底。反倒是之前聯名反胡的陣營中，產生到底要安排誰出馬的困擾；在此同時沒有參與提名登記的李雅樵亦對開放競選表示：「這是給他一個為地方服務的大好機會」，李氏此舉對未來選情再添變數，在獲知開放競選後，山派先前規劃的胡雅雄馬上表示競選到底的決心不變，但是與他競逐提名的對手黃正雄則表示「有待權衡地方的需要和反應，若地方需要他返鄉

服務，絕對義不容辭，反之也不必太過勉強。」謝崑山則表示
「原則上願意為黃正雄抬轎子，若黃氏不參選再重新考慮」至於
洪玉欽和黃俊雄則不再對外表示看法[126]。

　　回顧聯合反胡的四人，從開放競選前的積極爭取，到自由競
選後改採保留態度的轉變原因，可由以下幾點來理解：

一、開放自由競選個人負擔加重。以往要是被國民黨提名
　　後，因為有各種黨務系統的資源挹注，幾乎可說提名就
　　是當選（從 1981 年第九屆楊寶發開始，情況才有所鬆
　　動），但是開放自由競選後則大不相同，當選名額只有
　　一人的縣長選舉，勢必競爭激烈，想要當選沒有相當的
　　財力和群眾基礎是不可能成功的，所以之前有意角逐提
　　名者難免較謹慎發言。

二、反胡陣營由誰出馬尚無共識。黃正雄、謝崑山、洪玉欽
　　和黃俊雄等人，在開放競選前最後的共識是，只要四人
　　其一被提名，另外三人則共同支持；如今不提名了，由
　　誰出馬、甚至彼此還會不會繼續合作，都是需要再取得
　　共識的「新問題」，所以難免要小心發言了。

三、李雅樵的意向舉足輕重。李氏雖然在私人財務上發生問
　　題，但是已有人聯署幫他籌募競選經費；在對抗胡雅雄
　　的人士中，論政治輩份、聲望和基層實力等綜合條件，

---

[126] 〈前省府委員李雅樵昨返鄉，表示決爭取縣長參選機會…〉，聯合報，
　　1985.7.31，6 版。〈衛局長胡雅雄表示決競選縣長到底，李雅樵表示投身
　　選戰已無可避免，黃正雄說有待慎重考慮…〉，聯合報，1985.8.1，6 版。
　　〈下屆縣長選舉開放自由競選，山派海派對決歷史勢將重演…〉，聯合
　　報，1985.8.1，6 版。張國雄，〈縣長開放競選情勢複雜，群雄並起局面
　　發展難測〉，中華日報，1985.8.1，3 版。〈縣長開放自由競選，各界反映
　　得失參差…〉，中華日報，1985.8.1，7 版。

李氏還是十分受到矚目。只是之前沒有參與提名登記，能否順利參選尚需解決外；要是李氏堅持出馬，勢必牽動反胡雅雄人士的進退。

國民黨縣黨部主委張晉相，在黨中央宣布縣長開放自由競選後，也隨即公開發表談話指出：「…黨部將盡一切能力進行協調、疏導，以避免黨員多人參選」、「…如果協調成功，只有一人參選，則視同提名。如果多人參選，則視實際情形，再決定輔選策略。」[127]對於事先沒有參與黨內縣長提名登記者，是否亦可參選一事，張氏則表示：「既然未參加黨內提名登記，其動向不明，自不宜參選，如果決定報准參選，則應由上級權責單位來決定」[128]。

由張晉相的談話可以了解，國民黨是把之前的反映評鑑結果歸零，重新再從協調、疏導開始；但有幾個原則：一是最好只有一人出馬。不放棄協調，沒有單一人選的話也要避免太多人參選，這樣除了可減少競選成本外，更可避免因臂多力分造成輔選的難度增高，而給無黨籍人士有可趁之機；此原則為後來 8 月 7 日台北國賓飯店的聚會，提供了召開的基礎。

二是輔選策略依選情演變再加以決定。在當選名額只有一個的縣長選舉裡，這樣的談話多少透露是要在正式競選活動開始後，考量各候選人的表現，在投票前一刻再決定最後輔選策略；而非放任不管。

三、李雅樵是否能參選由上級決定。李氏的動向對選情的影響程度是不容錯估的，所以國民黨以須要「報准」為由，增加本身對李氏控制的籌碼。

---

[127] 〈縣長雖未提名仍將進行協調，如僅一人參選則予視同提名…〉，中華日報，1985.8.1，7 版。

[128] 同上。

　　由於胡雅雄明快的表示參選到底，提名時聯名反胡人士為了
不讓他拉大差距，所以加緊協調的工作，首先在 8 月 4 日晚上，
謝崑山、葉棟樑、陳清田和黃俊雄等人在佳里鎮黃正雄家中會
商，初步達成支持黃正雄出馬的共識[129]，但是黃氏本人則乃持保
留態度，黃氏陷入沈思的原因除了表示對李氏的尊重外，也在於
考量自身進退的利弊，以及部份海派人士不支持黃氏所致[130]；黃
正雄會遲疑的原因可從以下了解：

　　一、尊重李雅樵。李氏的佈署動作，並沒有因為反胡人士的
　　　　缺乏共識而有所鬆懈，但礙於尚未「報准」參選，李氏
　　　　亦只好採取只作不說的低姿態；在縣內政壇若論資排
　　　　輩，李氏比黃氏資深，在李氏是否能順利報准參選尚未
　　　　完全明朗前，黃氏多少會因尊重前輩的因素，而遲疑不
　　　　決。

　　二、自身考量。除了自身財力是否足以應付選舉開銷的因素
　　　　外，黃氏是現任高雄市的建設局長，職務十分難得，是
　　　　否一定要放手一搏需要考慮清楚。

　　三、有助力但亦有阻力。從高、謝、洪等人都支持黃氏的態
　　　　勢看來，高系的意向十分明顯；但是阻力則主要來自支

---

[129] 當時洪玉欽人在國外考察，但交待由謝崑山全權處理；至於高育仁亦傾
　　向支持黃正雄。〈推舉何人角逐縣長，北門派將集會密商…〉，中華日報，
　　1985.8.4，7 版。〈傳謝崑山葉棟樑黃俊雄等會商，原則決推黃正雄競選
　　下屆縣長，黃正雄未表明態度，吳維樵等不盡贊同〉，聯合報，1985.8.6，
　　6 版。

[130] 〈地方支持人士昨包車北上，促請李雅樵返鄉競選縣長…〉，聯合報，
　　1985.8.2，6 版。〈投身下屆縣長選戰李雅樵正積極準備…〉，聯合報，
　　1985.8.3，6 版。〈胡雅雄競選下一屆縣長決心已定，李雅樵黃正雄權衡
　　利弊…〉，聯合報，1985.8.2，6 版。〈縣長選舉誰將出馬，衡量實力三雄
　　相近…〉，中華日報，1985.8.3，7 版。

持李雅樵的人士，他們反對黃氏的表面理由有二，首先
是指黃氏曾表示，只要開放自由競選就會退出選局，當
初李氏就是因為這句話才會涉入，如今若黃氏反悔而欲
參選到底實為不妥；再來就是若論資排輩，黃氏都要禮
讓李氏先選才對。

　　由於仍有歧見所以反胡人士8月5日再次集會，這次地點選
在台北，討論焦點在於分析李、黃二人若個別出馬時的利弊得
失，但由誰出線還是沒有做出最後的決定。支持李氏的人士主要
有：前縣府機要張德、當時縣議會副議長吳維樵、縣府民政局專
員謝博文、縣府祕書陳木來、議會祕書林泗河、下營鄉長姜瑞興、
下營鄉代會主席陳賜…等人，他們會站出來反對黃氏真正的原
因，還是為了整體海派的將來著想；黃氏雖為海派一員但資歷及
群眾基礎還是不及李氏，高系就是看上這點才認為「值得」支持
黃氏；因為對高系而言，支持黃氏比支持李氏當選縣長後，較易
左右縣政；更何況高育仁也已獲國民黨提名參與省議員選舉，為
了尋求省議長的連任，勢須衝高得票數（1981年高氏在省議員選
舉的得票數離目標有段差距），為此對李氏打出「黃正雄牌」更
可為自己增加談判籌碼；也就是要高系不支持黃氏轉支持李氏可
以，但海派要在省議員選舉上助高育仁一臂之力以衝高得票數。
但就海派立場考量，由李氏出馬不但符合政治倫理，更重要的是
將來要是李氏當選了，本身也較有自主性，不易受高系左右，若
依照當時海派和高系的基層實力來說，也應是高系配合海派所推
出的人選才算合理[131]。以上可以理解當時支持李氏的海派人士就

---

[131] 張昆山，〈投身縣長選戰究竟由誰出馬，李雅樵黃正雄略呈微妙對立…〉，
　　聯合報，1985.8.6，6版。〈李雅樵黃正雄誰將出馬，雙方主腦人物意見

是為了整個海派的未來，及看透高育仁用意才會堅持反對黃氏出馬，而使得協調陷於僵局。當時縣府民政局專員謝博文，甚至還說出「若李氏經協調退出選局，該老班底的力量，不可能支持協調後推派的人選，反將支持胡雅雄」的重話[132]，而引來議論；此舉就可證明海派和高系間各有盤算。

雖然海派和高系人士尚未敲定最後人選，但從黃正雄一再的保持低調不表示積極意見，及 8 月 6 日國民黨鬆口表示：「若李雅樵投入選戰，黨部將會遷就現實以較通融的處理方式，並不會因李氏事先沒有參與提名登記，而將其參選的決定視為『違紀行為』」，這兩個現象看來；李、黃二人應已取得默契─假如李氏獲得「報准」參選則黃氏便禮讓；反之李氏若不能參選，則由黃氏投入選戰。所以李、黃二人由誰出馬的問題，已聚焦在「李雅樵能不能報准參選」上[133]。縣內人士為了化解整體選情僵局，特由自立晚報社長吳豐山出面，邀約李雅樵、高育仁、張文獻三人於 8 月 7 日晚上集聚台北國賓飯店，就如何單純化選情坐下來談，當時在場還有縣籍監委黃光平；會中得到不反對李雅樵爭取國民黨准許參選的共識；會後一致承認的共識是前半段「不反對李雅樵經報准後參選」，但是後來引起爭議的是後半段「若李雅樵報准後，將由各自勸退黃正雄和胡雅雄兩人…」。而後半段是高育

分歧…〉，中華日報，1985.8.6，7 版。張國雄，〈協調提名各懷心機，利益之爭見解互異〉，中華日報，1985.8.8，7 版。〈博奕理論〉，聯合報，1985.8.7，6 版。

[132] 〈李雅樵或黃正雄角逐縣長，北門派人士今將有所決定，謝博文對外發表談話引起指摘〉，中華日報，1985.8.7，7 版。

[133] 〈李雅樵如果投身下屆縣長選戰，黨方將遷就事實不以違紀論處…〉，聯合報，1985.8.7，6 版。〈黃正雄可能角逐縣長，避免困擾目前不公開…〉，中華日報，1985.8.9，7 版。

仁在會後向媒體透露的；高氏指出當天他因有事遲到，在入座後吳豐山即向他轉述之前已在座人士的結論—若李氏報准後將各自勸退黃正雄及胡雅雄；高氏又說吳氏轉述時，張文獻亦在場，且對轉述內容沒有表示任何反對意見。但是張氏則極力否認高氏的談話，張氏表示在會中只同意「不反對李氏經報准後參選」；且只允諾「若李氏報准參選後，願返鄉與胡雅雄『溝通』」，而否認如高氏所指，有負責勸退的承諾。高氏披露張氏在會中的言行後，隨即以書面聲明本身從未鼓勵或是勸阻任人士參與縣長選舉。高、張二人的不諧除了之前由張氏先引發的「是誰先主動打電話給誰」的爭執外，這次高氏則回應以「有無承諾負責勸退」的爭議，一來一往互有攻守[134]。

　　會後李氏在返回南縣前，先去拜會了國民黨組工會主任宋時選，表達將參選的決心；並與省黨部副主委陳炯松就參選事宜交換竟見。返鄉後，李氏向縣黨部主委張晉相陳述了所有協調結論後，隨即提出正式書面申請，要求國民黨准許他競選縣長，縣黨部則以專案方式呈報，交由上級決定[135]。不論張氏有無承諾要負責勸退胡雅雄，但在李氏報准參選後，張氏願找胡氏「溝通」是肯定有的（張氏自己承認）。所以台北國賓飯店的聚會，使李雅

---

[134] 〈李雅樵如獲准參選，將負責勸退胡雅雄，高育仁張文獻說法不同〉，中華日報，1985.8.10，6 版。〈張文獻能否左右胡雅雄，關係重大政壇熱門話題…〉，聯合報，1985.8.10，6 版。〈要負責叫胡雅雄不競選，高育仁證實張文獻的話…〉，聯合報，1985.8.10，6 版。〈張文獻否認勸退胡雅雄，李雅樵昨結束拜訪…〉，中華日報，1985.8.11，7 版。

[135] 〈前省府委員李雅樵昨提出申請，盼獲執政黨准許競選下屆縣長…〉，聯合報，1985.8.9，6 版。〈李雅樵已向縣黨部報備，請求同意參加縣長競選〉，中華日報，1985.8.10，6 版。〈縣長選局續有變化未來情勢尚難逆料〉，中華日報，1985.8.10，6 版。

樵是否獲准參選的意義從「決定海派出馬人選」，提高到「有可能成為國民黨唯一的候選人」。面對這樣的發展，胡雅雄對外表示「以目前情勢要他退選實在困難重重，並且堅信張文獻不會在徵得他同意前，做出讓選的決定；但倘若是國民黨上級出面協議，他將會接受黨部的意見…」[136]。

隨著李氏對選舉採取更積極明確的行動，山派的胡雅雄則強調他部署競選縣長已三年多，不會輕言退出選局；與李氏同為海派且獲高系支持的黃正雄，則對外表示：目前局勢相當混亂，又為尊重政界前輩李雅樵，因此，在非必要時他不願表明參選的意願；至於謝崑山的動向部分，謝氏在縣長開放自由競選後，參選態度轉趨保守，但是原本受高系支持的黃氏因不獲部份海派人士支持的緣故，遲遲不表態，所以高系便轉而敦促謝氏出馬，使謝氏亦感到無所適從[137]。8 月 7 日晚上的台北國賓飯店協商，具關鍵且會後各方皆承認的結論是「不反對李雅樵以報准方式參選」。要是站在張、高二人的立場來看，是可以理解為何會有這樣的共識；因為張、高二人所要強調的其實是「若李氏違紀參選，山派和高系將不支持的態度」；假若李氏違紀參選，對胡雅雄和黃正雄而言都是很大的威脅，能排除當然最好；再加上之前國民黨曾聲明「非參加提名登記黨員不能參選」所以張、高二人認為李氏如果不違紀，要經報准出馬的可能性不高，才會做出那樣的

---

[136] 〈衡量目前選情如退出，胡雅雄昨表示有困難〉，中華日報，1985.8.10，6 版。

[137] 〈李雅樵申請參選下屆台南縣長，執政黨審慎考慮初步決定同意…〉，聯合報，1985.8.13，6 版。〈縣長選局依然混沌未明…〉，中華日報，1985.8.13，7 版。〈謝崑山進退兩難，陳三元痛苦之旅…〉，中華日報，1985.8.14，7 版。〈李雅樵選縣長，派系勾心鬥角，巨頭進行協商…〉，聯合報，1985.8.16，6 版。

承諾。但是事情的發展並沒有如高、張二人所料；國民黨基於化解提名競爭的僵局、李氏積極佈署且有違紀參選的潛在性、加上需考量無黨籍人士的動向等因素下，對於是否准許李氏參選的態度，逐漸轉採通融態度。這才又導致高、張二人急欲否認或是撇清，在國賓飯店協商時的共識或責任，甚至重新敦促人選出馬。

就在李氏靜候國民黨上級是否准許他參選的同時，本身的競選佈署亦積極進行著，除了在各鄉鎮與支持人士聚餐外，也已於新營覓妥了競選總部。至於黃正雄和謝崑山二人意向部分；黃氏表示本身尚未放棄參選準備工作，但參選與否，將視李雅樵的態度而定。謝氏亦和李氏的重要支持人士下營鄉長姜瑞興聚會，可見黃、謝二人的參選態度明顯轉為保留；至於山派胡雅雄，則始終明確表示要參選到底。另外如葉棟樑、黃俊雄雖有個人拜訪行程[138]，但因短暫且無影響力故在此略過。

李氏報准參選的過程因省黨部主委關中的反對，並沒有如預期的順利；在台北國賓飯店協商後，國民黨原先對李氏報准參選案是持「原則同意」的態度，但隨著高、張二人直接或間接的只承認部份協商共識，再加上山派積極運作下，原本屬意提名胡雅雄的省黨部主委關中，對李氏的參選亦持不贊同的態度；以致李氏的申請參選案轉為懸而未決的情況。李氏方面則以積極佈署為己創造有利的籌碼，在這樣的壓力下，使縣黨部主委張晉相亦不

---

[138] 〈胡雅雄昨堅決表示，絕不退出縣長選舉…〉，中華日報，1985.8.17，7版。〈是否參與縣長選舉，黃正雄意向尚未定，謝崑山姜瑞興聚晤引起猜測〉，中華日報，1985.8.20，7版。〈李雅樵參選縣長競選總部已覓妥，將俟奉執政黨核准後展開部署活動…〉，聯合報，1985.8.20，6版。〈競選腳步已經踏出，李雅樵相信報備會獲准〉，中華日報，1985.8.22，7版。

得不出面，請國民黨上級速作決定[139]。

　　8月下旬李氏已開始在各地相繼成立服務處，但是申請參選的結果如何依舊沒有下文；由於李氏成立服務處的時候，尚未得到國民黨准予參選通知，故以較低調的方式進行（李氏請記者當天不要問問題，因為他不回答問題）；由於連服務處都成立了，故在向國民黨上級爭取獲准同意參選時相對的亦較有籌碼。8月30日黃正雄、謝崑山兩人陪同李雅樵到國民黨中央黨部，關切申請案的發展；在面見副祕書長邵恩新、組工會副主任王述親時；由黃、謝兩人向邵、王表示李氏的獲准參選與否，對選情影響極鉅，請速作決定以避免出現「難以圓滿處理」（意指違紀參選）的情況，同時亦表示若李氏獲准參選後，兩人將會退選並支持李氏的意向。情勢演變至此，李氏已獲黃、謝兩人公開支持，且參選之勢已箭在弦上。至於胡雅雄對於黃、謝二人的表態，則以沒有意見為回應，並表示一切以組織的意見為意見，不過亦強調他的競選部署已經就緒了[140]。

　　由於報准案一直沒有下文，9月2日李雅樵再次親訪國民黨

---

[139] 〈李雅樵昨召集地方幹部研商，決定展開參選縣長部署作業…〉，聯合報，1985.8.22，6版。張昆山，〈請執政黨核准參選縣長，李雅樵確遭遇相當阻力…〉，聯合報，1985.8.22，6版。〈李雅樵請參選縣長，張晉相將盡力促成〉，聯合報，1985.8.23，6版。〈李雅樵報備競選縣長，傳執政黨將不會同意…〉，中華日報，1985.8.25，7版。張昆山，〈李雅樵參選縣長似決心已定，若不獲准咸料仍將背水一戰〉，聯合報，1985.8.25，6版。

[140] 〈李雅樵服務處決定廿七日成立，支持者展開部署籌募經費行動…〉，聯合報，1985.8.25，6版。〈李雅樵表明競選下屆縣長決心，昨邀新聞界地方人事餐聚彼此心照不宣〉，聯合報，1985.8.27，6版。〈是否准許李雅樵參選下屆縣長，謝崑山黃正雄昨促黨部速決定…〉，聯合報，1985.8.31，6版。〈李雅樵若報備獲准，謝崑山黃正雄願放棄參選〉，中華日報，1985.8.31，7版。

縣黨部主委張晉相，請張氏代促國民黨中央早日定案；隔天，在省黨部已擱置近一個月的李氏申請報准參選案，在省黨部附帶若干建議內容後，以專案方式報請國民黨中央核定[141]，由於國民黨省黨部主委關中，不支持李氏報准參選而使申請案擱置多時，關氏所持的理由主要可歸納為以下：

一、嚴守提名規則。關中認為，國民黨中央在辦理此次省議員及縣市長選舉，黨內提名登記及提名名單公佈時已經明確規定，凡是不提名而開放自由競選或是不足額提名地區，均可申請報准參選，但先決條件是要以有辦妥提名登記者為限；也就是說，之前要有參與提名登記才有資格申請報准參選，但准不准與否須視選情而定。因為李雅樵沒有參與國民黨的黨內提名登記，而與先前規定不符，故不支持李氏的報准申請案，以嚴守所公佈的提名規則。

二、維持提名佈局的穩定。關氏另一個反對理由是，若准許李氏的申請，則可能會引發其他縣市亦出現相同的要求；如此一來，除了提名制度將受到質疑和挑戰外，更有可能會影響既有提名佈局；除了縣長選舉外，以台南縣省議員選舉提名為例，若當時參與提名落敗的周詩揚、顏胡秀英亦要求比照李雅樵情形，申請報准參選，國民黨將更沒有理由勸退或是不同意他們兩人參選，如此一來因同黨籍參選人數過多（國民黨對省議員選舉的

---

[141] 〈李雅樵昨訪張晉相，為報備事促早定案〉，中華日報，1985.9.3，7版。〈是否准許李雅樵參選縣長，執政黨意見尚未一致…〉，聯合報，1985.9.4，6版。〈李雅樵報備競選，省黨部轉報中央處理〉，中華日報，1985.9.4，7版。

佈局是在應選五席中提名四人，而保留一席給無黨籍人
士），對省議員選情亦將造成負面的衝擊。

三、屬意提名胡雅雄。由於胡氏在黨員反應和幹部評鑑的成
績表現不錯，再加上胡氏妹婿張文獻的多方努力，關中
原本較屬意提名胡氏，但因海派及高系的聯合反彈下，
才由國民黨中央改決定為開放競選，在維護提名規則及
避免破壞既有提名佈局的公開說法下，關氏亦有為其屬
意人選護航的態勢。

參、黨外後援會推薦陳水扁參選

由無黨人士所組成的「1985 年黨外選舉後援會」（以下簡稱
黨外後援會），則在 9 月 5 日至 12 日辦理推薦登記，於期限內蔡
四結和陳水扁二人先後在 9 日及 12 日，向黨外後援會辦妥台南
縣縣長選舉的推薦登記；時任台北市議員的陳水扁原本在 8 月 12
日公開表示，因為他所涉及的誹謗案（因蓬萊島雜誌指東海大學
哲學系主任馮滬祥「以翻譯代替著作」）被判刑在身，即將入獄
服刑，所以無法參選；再加上有其他優秀的無黨籍人士欲出馬，
所以他的太太吳淑珍亦不會涉入這屆台南縣縣長選舉[142]。但後來
無黨籍人士 8 月中旬在台北集會，討論結果初步認為陳氏的誹謗
官司，應有機會可以突破，故主張由陳氏出馬選縣長，後來陳氏
才改變主意[143]。到了 8 月底，陳水扁決定回鄉參選縣長的消息傳

---

[142] 陳水扁 1952 年生，官田鄉人，台灣大學法律系畢業，曾任律師、台北市
市議員、立法委員、台北市市長，2000 年當選第十任總統。〈下屆縣長
選舉已近，陳水扁昨強調，夫婦絕不介入〉，中華日報，1985.8.13，7 版。
台南縣政府網站 http://travel.tnhg.gov.tw/index.html（2003.2.18 查詢）。

[143] 〈無黨籍人士初步決定，陳水扁謝三升湯金全搭配競選縣長省議員〉，聯

出後，蔡四結亦隨之宣佈要投入選戰[144]，且在 9 日搶先辦妥推薦登記，陳氏則一直到了登記期限最後一天，12 日下午才完成登記手續[145]。至於先前不贊成李雅樵報准參選的關中，在親自到台南縣了解政情後，其原本反對的態度亦漸有轉變[146]，而這與楊寶發施政表現及縣內無黨籍人士表明要出馬參選兩者有關。

首先是楊寶發的施政表現部份；楊氏連任後有許多施政表現引起地方的議論與不滿，其中縣議會還曾特地變更議程決議於 1985 年 8 月 14、15 日兩天，針對施政七大缺失以專案加以檢討；楊氏在得知議會臨時變更議程，要檢討縣政缺失後旋以最速件向議會請假，以避議會的責難，此舉更引起部份議員不滿[147]，這引起民怨及輿論撻伐的七大施政缺失分別是永康三等一號道路中心樁偏誤[148]、縣立綜合體育場弊案[149]、七股曾文溪新生地開發範

合報，1985.8.15，8 版。

[144] 〈蔡四結宣佈決競選縣長〉，中華日報，1985.8.31，7 版。張昆山，〈謝三升仍將競選省議員，無黨籍人士步調不一致…〉，聯合報，1985.9.3，6 版。〈下屆縣長選局依然混沌未清…〉，中華日報，1985.9.9，6 版。

[145] 〈蔡四結議員昨表示，爭取參選下屆縣長〉，聯合報，1985.9.10，6 版。〈無黨人士後援會，昨辦妥推薦登記〉，中國時報，1985.9.13，6 版。〈陳水扁蔡四結等人有意參加年底選舉〉，中華日報，1985.9.13，7 版。

[146] 〈李雅樵報備參選下屆南縣長，執政黨研討後逐漸趨向同意…〉，聯合報，1985.9.12，6 版。

[147] 〈議會昨天通過提案，同意變更臨會議程，將專案檢討三年來縣政缺失〉，聯合報，1985.8.11，7 版。〈對事不對人〉，聯合報，1985.8.13，6 版。〈議會突然決議檢討縣政缺失，肇因議員壓抑已久不滿情緒…〉，聯合報，1985.8.13，6 版。〈縣議會昨繼續檢討縣政缺失，在野派護航派攻防場面火爆…〉，聯合報，1985.8.16，6 版。

[148] 〈永康三等一號道路拓寬紛擾多年，中心樁問題關係民眾權益…〉，聯合報，1985.6.18，6 版。〈永康三等一號道路拓寬拆民房，民眾請照修屋縣府遲遲不核准…〉，聯合報，1985.6.18，6 版。

[149] 〈縣綜合體育場工程進度遲延，經舞弊案衝擊步調應能加快…〉，聯合

圍被濫墾、新營過境道路未能全線通車、仁德鄉都市計劃多年未
能定案、大灣市地重劃工程弊案[150]、特殊優良教師選拔不公[151]
等。除了七大缺失外，多次破格調升機要人員（約有四人）亦受
到議論[152]。另外省選委會在同年 8 月 13 日，通過將台南縣縣議
員選舉區，從明年的第十一屆（於 1986 年 2 月 1 日投票）選舉
起選舉區由五個改劃分為十個[153]，此舉因會打亂議員在原選區的
佈署和經營，故引發極大的反彈，認為楊寶發在向省選委會提建
議案時並沒有讓議會知悉，因而引發共十一位縣議員聯合發起罷
免楊寶發的連署行動[154]，當時同為山派人士且在胡龍寶當縣長

報，1985.4.18，6 版。〈縣議會昨繼續檢討縣政缺失，在野派護航派攻防
場面火爆…〉，同上。

[150] 〈大灣市地重劃永康三等一號道路拓寬，民眾不滿縣府紛提陳情資料，
監委昨往巡察險些招架不住〉，聯合報，1985.9.22，6 版。〈大灣市地重
劃工程又告停擺，部份居民醞釀訴請縣府賠償〉，聯合報，1985.9.24，6
版。〈辦事不敢負責影響民眾權益，縣府行政效率議員提出指責…〉，聯
合報，1985.5.10，6 版。

[151] 〈推薦中小學特殊優良教師，據傳有到省府抽換名單情事…〉，聯合報，
1985.6.12，6 版。〈推薦殊優教師引發議論，未能依序遞補最受批評…〉，
聯合報，1985.6.15，6 版。〈特優教師選拔出現瑕疵，縣府公開聲明欲蓋
彌彰…〉，聯合報，1985.8.7，6 版。

[152] 〈不次拔擢照顧機要人員，楊寶發縣長表現最「突出」〉，聯合報，
1985.5.1，6 版。張昆山，〈縣府人事運作缺乏原則…〉，聯合報，1985.5.11，
6 版。〈兵役科長黃德備身兼數職，員工出勤情形未嚴格管理…〉，聯合
報，1985.5.11，6 版。〈縣長強調人事公平公正的原則，但實際情況卻大
有出入…〉，聯合報，1985.8.8，6 版。

[153] 〈選區由大變小形成短兵相接，不論新人舊人均受嚴厲衝擊…〉，聯合
報，1985.8.14，6 版。〈縣議會昨決議建議省選舉委員會，撤銷或另研議
縣議員選區劃分案〉，聯合報，1985.8.18，6 版。

[154] 〈胡炳烜表示罷免縣長簽署行動，俟林碧華議員返國後再作決定〉，聯合
報，1985.8.24，6 版。〈胡炳烜昨強調林碧華等議員，一致支持罷免縣長
案〉，聯合報，1985.8.25，6 版。〈罷免縣長簽署行動，林碧華正計畫展

時，曾出任縣府庶務股長的胡炳烜（縣議員林碧華夫婿），就因不滿此事而當著縣黨部主委張晉相的面數落楊氏「是否故意整人，大家心裡有數！」「上台容易，不要搞得下台難！」[155]而罷免縣長的連署行動最後在國民黨各方出面調解下才落幕；這些情事明顯可感覺到楊氏的施政已引起地方上不滿的情緒，而這股不滿可能連帶轉移到楊氏所屬的國民黨及山派身上，相信是可以理解的。

再來是縣內無黨籍人士的挑戰。在 1981 年 11 月的第九屆縣長選舉中，違紀參選的蔡四結，將尋求連任的楊寶發逼得險象環生的選舉結果，給國民黨傳達了許多警訊；其中海派可能違紀參選的情勢醞釀，在這屆縣長選舉過程中到目前為止，比起上屆情形可謂有過之而無不及；而楊氏縣政表現依然未獲滿意，就連高育仁亦曾在公開場合，幾次指稱台南縣的發展步調「已嫌太慢了」、「似在停頓甚至衰退狀態」[156]；另外讓國民黨輔選單位更感棘手的，則是無黨籍人士在政治反對運動上的發展，無黨籍人士所組成的選舉後援會在 1981 年，於縣內只推薦謝三升選省議員，並沒有正式推薦人選出來選縣長，但是 1985 年這屆直到推薦登記期限截止，已有蔡四結、陳水扁兩人辦妥手續，故勢必會推出人選來和國民黨籍的候選人一較高下；在無黨籍人士會出馬挑戰

開…〉，聯合報，1985.8.28，6 版。〈部分議員醞釀罷免縣長，籌備工作接近行動階段…〉，中華日報，1985.8.29，7 版。

[155] 〈選區重劃祕密進行，縣選委被蒙在鼓裡…〉，中華日報，1985.8.29，7 版。〈縣長任期將屆選區劃分惹事，居然被提罷免處境實在尷尬…〉，聯合報，1985.8.31，6 版。

[156] 〈高育仁在鎮政會報指出，南縣發展步調嫌慢…〉，聯合報，1985.4.8，6 版。〈省議長高育仁呼籲全縣民眾，努力迎頭趕上莫使進步停滯…〉，聯合報，1985.6.5，6 版。

的情勢下，如何預防縣內的政治勢力因不滿提名結果，而倒戈支
持無黨籍候選人；及如何降低縣內選民因不滿縣府施政表現，轉
而投票給無黨籍候選人，相信是考驗國民黨各級輔選及決策單位
的難題[157]。

　　就在陳水扁前往黨外後援會辦理推薦登記的同一天，國民黨中
央黨部副祕書長郭哲電召李雅樵北上；隔天（13 日）組工會主任
宋時選則親自打電話給李氏，對其報准參選案表示了「贊成性的關
切」；李雅樵是在 12 日上午被國民黨中央電召北上（陳水扁是在同
日下午才辦妥推薦手續）；會後李氏向媒體透露，郭哲向他表示「國
民黨中央黨部十分重視台南縣的政情發展，對於其報准參選案，將
會慎重考慮，並要他不必心浮氣燥…」。李氏同時也表示自己對是
否會獲准十分樂觀，並繼續拜訪地方人士。到了隔天（13 日）上
午，李氏在接完宋時選的電話後即對外表示，宋氏告訴他「國民黨
並不反對他參選，只是報備參選的核准，事關全國各地通盤原則，
無法明確通知他已獲核准…」[158]。這也就是說國民黨為了避免引起

---

[157] 蔡明惠、張茂桂針對鄉鎮級的地方政治勢力觀察的結果，曾得到「…民
進黨的出現似乎祇是使得派系相對國民黨的自主性提高，使地方派系政
治生態更複雜、更不穩定，但是似乎尚未能改變派系政治的基本模型…」
（蔡明惠、張茂桂，1994.春：144）的結論；若從台南縣縣級地方政治
勢力的例子來看，在民進黨成立前的本屆縣長選舉，由於反對國民黨人
士直接參選，故國民黨所屬的政治勢力在選舉時的支持動向，對國民黨
能否贏得選舉有直接影響，所以即出現縣內國民黨所屬的縣級政治勢
力，與國民黨互動時的自主性與以往相較，有相對提高的情形，而非等
到民進黨成立後才如此；另外，由於反對國民黨勢力的成長，以及地方
政治勢力的自主性提高，除了逐漸牽動既有的政治勢力的變遷外，亦對
縣長選舉的競爭本質，從國民黨所屬勢力間的競爭，過度為反對勢力與
國民黨之間的競爭，有著直接的影響，以上兩點與蔡、張二人對鄉鎮級
的個案觀察結果有明顯出入。

[158] 〈李雅樵昨突奉召到中央黨部，參選縣長事傳有樂觀性發展…〉，聯合

其他縣市，亦發生要求比照辦理的連鎖反應，而暫時先以不正式核准但卻默許的方式來處理李氏的報准參選案。

　　黨外後援會成員康寧祥、費希平、尤清、游錫堃等人，於9月14日利用出席推薦登記參選省議員的謝三升服務處成立茶會致詞時，一起公開表示支持陳水扁競選縣長；陳氏則在演說時指出「…台南縣的前途，應由百萬縣民決定，不能像九屆縣長都由山、海派人士決定，所以他主張不能再由這些人『包山包海』…」為了因應選情變化，9月16日縣黨部主委張晉相對外表示，必要時重點支持會是國民黨的輔選策略之一；張氏是在善化的一項地方金融單位集會中，回應與會人士對國民黨這次縣長選舉的輔選策略關切時表示：「下屆台南縣長選舉，執政黨已決定開放自由競選，本應由黨籍候選人自由競選，黨方不予干預，但若出現無黨籍候選人有可能壓倒所有黨籍候選人的情況，黨方自應研究重點支持等對策」。同一天，李雅樵則有別於以往的低調，在五、六十位支持者的陪同下，前往新營拜會縣府、縣議會及稅捐處等單位，並再次對外提及他已被「默許」參選[159]。

　　9月下旬，蔡四結利用出席參選省議員的無黨籍人士湯金全服務處成立茶會時表示「…黨外後援會將在9月28日決定推薦

報，1985.9.13，6版。〈中央黨部昨召見李雅樵，據傳報備競選可能獲准…〉，中華日報，1985.9.13，7版。張昆山，〈下屆台南縣長選戰情勢，可能出現三強鼎立局面…〉，聯合報，1985.9.13，6版。〈李雅樵報備參選下屆縣長，執政黨雖未核准但已默許…〉，聯合報，1985.9.14，6版。
[159] 張氏的公開談話內容，透露了這屆縣長選舉國民黨推出的候選人可能不只一人，及重點支持可能是輔選策略的訊息。〈黨外人士陳水扁躍躍欲試，執政黨勢將採取圍堵策略…〉，聯合報，1985.9.14，6版。〈謝三升服務處成立，昨晚舉辦茶會…〉，聯合報，1985.9.15，6版。〈下屆縣長選舉採取重點輔選，張晉相認為有可能性…〉，聯合報，1985.9.17，6版。

陳水扁或是他出馬選縣長，若在決定前陳氏的呼聲較高，他將自動退出⋯但亦已向黨外後援會建議縣長選局應仿效國民黨予以開放⋯」[160]。蔡四結於 1981 年 11 月和楊寶發競選第九屆縣長時，謝三升和他以「三升四結」為搭配競選口號，後來謝氏順利當選省議員，而蔡氏則以十八萬九千餘高票落選。蔡氏隨即參加 1982 年 1 月的第十屆縣議員選舉並順利當選，並於 1983 年 12 月參選增額立委；當時謝三升、湯金全等人因表態支持獲 1983 年黨外後援會推薦的高李麗珍（美麗島事件高俊明牧師妻子，高李後來以十七票之差落選），而和蔡氏漸漸疏遠。後來 1985 年 5 月謝三升辭省議員的說明茶會上，更沒有邀請蔡四結參加[161]，這樣的變化多少可以理解蔡氏在第九屆縣長選後，和縣內的無黨籍人士有漸行漸遠的跡象；黨外後援會公布推薦名單的前二天（26 日），蔡氏受邀出席李雅樵白河服務處成立茶會時，更公開發表「陳水扁讓我來對付，應最具威力⋯」的對陳氏不友善談話[162]。

　　黨外後援會後來於 28 日正式宣布，推薦陳水扁競選台南縣的第十屆縣長、謝三升選省議員，至於蔡四結、湯金全兩人則榜上無名[163]。

---

[160] 〈湯金全新營服務處成立，昨晚茶會場面熱鬧，蔡四結表明將競選縣長〉，聯合報，1985.9.22，6 版。

[161] 李筱峰，1987：191、195。〈四年前縣長選戰曾掀起旋風，蔡四結否捲土重來受矚目⋯〉，聯合報，1985.9.17，6 版。

[162] 〈⋯在李雅樵白河服務處成立茶會中，蔡四結對陳水扁表示不友善態度〉，聯合報，1985.9.27，6 版。

[163] 後來蔡、湯兩人都先後宣布投入縣長及省議員選舉，形成無黨籍人士彼此對立的局面（李筱峰，1987：215）。〈黨外後援會昨公布，年底參選推薦名單⋯〉，中國時報，1985.9.29，2 版。〈黨外後援會提名陳水扁謝三升參選，對鞏固票源相當有利⋯〉，聯合報，1985.9.29，6 版。〈地方公論—投入選舉〉，聯合報，1985.10.1，6 版。〈陳水扁被推薦競選縣長，

　　隨著陳水扁的投入選戰，使得延宕近兩個月的李雅樵報備參選案，有了較明顯的變化；10月2日國民黨中央組工會主任宋時選、省黨部主委關中等人，為了實地瞭解選情，再次南下並夜宿台糖新營總廠招待所，於隔天邀約李雅樵共進早餐；向李氏傳達「關於報准參選案核准與否，其宣布的時間、方式，待進一步研究後將在近兩天內明朗」的訊息[164]。李氏的報准案除了直接影響縣長選情外，對省議員選舉亦有牽連，所以國民黨在處理時十分慎重。原因是國民黨在這次省議員選舉中提名四人，但顏胡秀英、周詩揚兩人未獲提名後，一直堅持競選到底，國民黨要是輕易准許李氏參選縣長，顏胡與周兩人便會以有前例可循而力爭參選，況且李氏當初連參與提名登記都沒有；如此一來國民黨就更沒有立場勸退兩人，進而影響到省議員的選情。所以在正式行文通知李氏獲准參選前，國民黨縣黨部在9月26日，即利用召開黨政工作研討會時，通過「促請周詩揚、顏胡秀英勿違紀競選省議員」的臨時動議；並在正式通知李氏已獲准參選的同一天，由縣黨部主委張晉相以「告全縣黨員書」的公開信方式，針對省議員選舉部份要求不要違紀競助選；至於縣長選情部份，張氏則強調「支持黨員同志當選，是黨員的任務…」[165]。10月8日李雅樵透過縣黨部，終於收到國民黨中央正式核准的公文[166]。

蔡四結昨提出抨擊…〉，聯合報，1985.10.4，6版。

[164] 〈執政黨組工會主任宋時選昨表示，李雅樵報備參選案即將明朗化…〉，聯合報，1985.10.4，6版。

[165] 〈縣黨部決請周詩揚顏胡秀英，勿違紀競助選省議員以維形象…〉，聯合報，1985.9.27，6版。〈李雅樵已報備參選，迄未定案選民關切…〉，中華日報，1985.10.3，7版。〈張晉相昨書告黨員，要求支持組織，勿違紀競助選〉，中華日報，1985.10.9，7版。

[166] 〈地方公論—核准參選〉，聯合報，1985.10.9，6版。

　　李氏於 8 月 9 日即向國民黨提出報准參選的申請，過了月餘依然沒有正式的回應，8 月中旬傳出陳水扁可能參選、9 月底陳氏投入選舉確定，10 月 2 日國民黨組工會主任宋時選、省黨部主委關中等人南下了解地方選情後，作出同意的決定。依據情事的演變，本文無意就此認定國民黨於這次選舉在一開始，就已有動員李雅樵和胡雅雄兩人來壓縮陳氏得票空間的選舉策略；也就是說情勢會演變成所謂的「山海夾殺」，並不是國民黨主動策劃所致，而是被動的受制於各地方政治勢力間相持不下的結果，理由可從以下幾點來理解：

一、爭取提名互不相讓，才開放自由競選。就開放競選的原因來說，原本被看好的黃正雄在黨員反應和幹部評鑑時被胡雅雄所領先，並在山派人士張文獻等人的運作下，省黨部主委關中屬意提名胡氏；不料引起高系和海派的反彈，而有黃正雄、謝崑山、洪玉欽、黃俊雄等四人到國民黨中央黨部聯名陳情反胡一事發生，國民黨在各地方政治勢力相持不下的情勢中，便在 7 月 31 日決定開放自由競選；所以國民黨是因無法平息黨內各地方政治勢力的紛爭才開放競選，而非一開始就針對某對象設下夾殺的策略。

二、宣布開放競選的時間，早於陳水扁表態參選。就時間點來說，國民黨是在 7 月 31 日宣布這屆縣長選舉台南縣開放競選；因此才有李雅樵在 8 月 9 日提出報准參選的申請，至於陳氏決心參選態勢在 8 月下旬才逐漸明朗（8 月 12 日尚表示不介入的意向），9 月 12 日辦妥黨外後援會的推薦登記，並於 9 月 28 日正式獲得推薦參選。所以國民黨開放自由競選的主要目的並不是衝著陳水

扁投入選舉而來。

三、李雅樵報准參選案延宕多時，佈署積極難以回頭。就現
　　實局勢來說，因為國民黨決定開放競選，才有後來李雅
　　樵的報准參選案，但直到 8 月 27 日李氏各地服務處陸
　　續成立時，國民黨仍未對其報准案有任何正式的回應；
　　因李氏的積極佈署，連各地服務處都已陸續成立，已使
　　參選之勢益加無法挽回。一旦國民黨堅持不准李氏參
　　選，李氏違紀參選或是其原支持勢力，轉而暗助非國民
　　黨所規劃對象的可能性都大大的提高。所以為了防止李
　　氏做出不利於國民黨的決定，連國民黨副祕書長郭哲、
　　組工會主任宋時選都曾出面安撫過李氏，所以國民黨會
　　准李氏參選的理由，應以防止其違紀參選及預防其原支
　　持勢力轉向才是考量主因，也就是說國民黨是迫於有倒
　　戈可能的現實考量，才被動的准李氏投入選局，並不是
　　一開始就需要李氏出馬和胡氏一起來夾擊陳水扁。

四、單一選區准兩人參選不尋常。從選舉策略來看，縣長選
　　舉是應選一人的選局，在無黨籍人士陳水扁介入的情況
　　下，國民黨除了山派的胡雅雄外，再准李雅樵投入是十
　　分不尋常的決定，因為這樣一來會使己方實力因有二人
　　參選而被一分為二，徒增陳氏漁翁之利；而國民黨會走
　　這步險棋，可以明顯看出是因無法平息黨內各地方政治
　　勢力間，因提名所引起的紛爭所致，否則大可只提名一
　　人出馬，而不必冒較大風險與較高昂的選舉花費，去尋
　　求所謂的夾殺方式來對付無黨籍參選者，而這也可以看
　　出國民黨與其地方政治勢力的相對地位，已由過去掌控
　　者的立場，退而成為協商者的角色。

五、國民黨對李氏報准案遲疑不決，與陳水扁趁勢介入。從
　情勢演變過程來說，國民黨內各地方政治勢力早從 4
　月初，就開始為爭取提名而相互較勁，最後因互不相讓
　而無法產生單一的提名人選，才在 7 月底宣布開放競
　選。李氏則在 8 月上旬向國民黨提出報准參選申請，並
　遲至 10 月上旬才被正式核准參選。因陳氏可能介入縣
　長選局的消息最早是在 8 月 12 日傳出，但當時陳水扁
　和吳淑珍夫婦是以誹謗官司未結，並無意介入選局，但
　一定有無黨籍人士參選等語，對外表示意向；到了 8
　月底陳氏改變初衷，決定參選的態勢漸趨明朗，陳水扁
　就是在國民黨前有各地方政治勢力較勁，後有對李氏報
　准案遲疑未決的情況下，趁勢介入選局。而非陳氏一開
　始參選就聲勢浩大，逼使國民黨非得動用二位參選者才
　能牽制住他。

六、所謂的夾殺策略其實只是重點支持罷了。從國民黨立場
　而言，當時若只讓胡雅雄一個人參選，所要面對的輔選
　難題主要有以下，首先是即將二屆任滿的楊寶發因與胡
　氏同屬山派，但因施政表現一直爭議不斷，這樣的情勢
　定會造成胡氏在競選時的負擔，對國民黨而言輔選起來
　也較吃力。再來就是高系和海派於提名競爭時即聯合起
　來對抗山派，再加上李雅樵非選不可的態勢，都使得國
　民黨若只輔選胡氏一人時潛在的風險大增。後來在無黨
　籍人士介入後，更可明顯看出國民黨對於胡氏能否單獨
　應付得了陳水扁產生了疑慮（否則讓胡、陳二人對決就
　好了），這從當時國民黨縣黨部主委張晉相，於 9 月 16
　日（李氏尚未被核准）向外表示，若無黨籍人士有壓倒

國民黨候選人的情形發生時，將會重點支持的談話中，
了解國民黨當時的構想；亦即國民黨對於李氏報准案一
再延宕的理由之一，不無是要等看看無黨籍人士是否有
人出馬，若有的話經評估其實力後，再來決定要不要核
准李氏參選及後續的輔選策略。在 10 月 8 日核准李氏
參選後，即可斷定重點支持才是最後的關鍵策略；因為
在外有陳水扁的挑戰，內有地方政治勢力逼迫下准兩人
參選的處境裡，若無最後的重點支持，被山海夾殺的可
能是國民黨自己。

　　歸納以上所述，在這次縣長選舉中，國民黨對其黨內地方政
治勢力退讓的事實與意義，是不應被後來所宣傳的「山海夾殺」
策略所掩蓋，才算實質呈現整個選舉過程。

　　10 月 17 日開始受理縣長選舉候選人登記，陳水扁、蔡四結
於當天即辦妥手續，胡雅雄、李雅樵亦隨後在 19 日先後完成候
選登記；截至 21 日期限為止共有以上四人完成縣長候選登記。
獲准參選後的李雅樵，曾於 10 月 12 日應邀出席一場以支持高育
仁競選連任省議員的佳里鎮建設座談會（胡雅雄並未受邀），會
中明確表示支持高氏參選連任[167]，從之前高育仁及張文獻二人互
動不良，及現在李氏受邀於高氏的情形來看，應可了解高系在這
屆縣長選舉中，是較傾向支持海派。在國民黨縣黨部方面，李雅
樵核准參選後，協調李、胡一人出馬的工作仍在進行，但胡雅雄
以宣布成立服務處，來澄清會被勸退的傳聞，而胡氏的父親，前
縣長胡龍寶亦返鄉親自為胡氏助選，以展示競選到底的決心；至
於之前有參與提名登記的黃正雄，則在 10 月 16 日正式宣布不參

---

[167] 〈佳里昨建設座談…〉，中華日報，1985.10.12，7 版。

加本屆縣長選舉[168]。在陳水扁方面，陳氏在獲黨外後援會推薦後，除了之前的誹謗官司尚在上訴外，他個人文宣（「長工兒子阿扁選縣長」）中的「選」字是否違反選罷法期前活動的規定、辦理候選登記時，被質疑是否得再聲請返回本籍行使選舉權才符登記規定、以及他個人的文選集「黨外之路」被查扣等事情接連發生，但最後都未造成辦理候選登記的阻礙[169]。在蔡四結部份，蔡氏於黨外後援會公布推薦名單後，於 10 月 3 日自辦的茶話會中，公開抨擊黨外後援會在辦理推薦的過程中不公正，亦批評陳水扁是「空降部隊」不適合返鄉競選，最後並宣布投入縣長選戰[170]，創下台南縣實施地方自治以來最多人參選的一次縣長選舉。

肆、「移山倒海」與「山海夾殺」

為了提高知名度，無黨籍的參選者陳水扁，首先打出「長工的兒子阿扁選縣長」的文宣攻勢，而國民黨亦加強在文宣部份的反擊，因此引發 10 月 23 日發生在將軍鄉馬沙溝的誹謗傳單風波，當時一位林姓民眾，從國民黨的將軍鄉民眾服務分社，取得一疊以台灣省民眾服務社信封包裝，內容是攻擊陳水扁和謝三升的傳單，在馬沙溝的村落中發放，為謝三升的支持者發現，謝氏獲報後親自前往將林姓民眾及傳單帶往警局；後來陳氏和謝氏對

---

[168] 〈胡雅雄決參加競選，服務處定 19 日成立〉，中華日報，1985.10.14，6 版。〈黃正雄昨天宣布，不參加縣長選舉⋯〉，中華日報，1985.10.17，7 版。

[169] 陳水扁的參選明顯被找麻煩。〈「黨外之路」被查扣，陳水扁昨未提控告〉，聯合報，1985.10.17，6 版。〈「阿扁選縣長」字樣是否違法，李劍潮認為尚待研議，陳水扁辦縣長候選登記疑義已澄清〉，聯合報，1985.10.18，6 版。

[170] 〈陳水扁被推薦競選縣長，蔡四結昨提出抨擊⋯〉，同上。

國民黨台灣省民眾服務社理事長關中（省黨部主委）、將軍鄉民眾服務分社主任鄭泰昌及散發傳單的林姓民眾提出誹謗告訴[171]。由此可知國民黨對文宣的態度已由以往的被動轉向主動，這一轉變多少是受當時無黨籍人士的宣傳壓力所致。而陳水扁當時針對基層民眾所設計的口語化文宣，引起民眾對縣政的關心亦有催化的作用。

　　國民黨除了加強文宣反擊外，對於從政幹部的支持對象亦進行實地訪問，要求在胡、李二人中表態擇一支持，以做為決定輔選策略時的參考依據；國民黨原本是要對縣內的從政幹部，如中央民意代表、省議長、縣長、縣議長、縣議員、鄉鎮市長、代表會主席、農會總幹事，及各級黨務幹部如縣黨部委員、評議委員、鄉鎮市區黨部常委等等，進行一項徹底的支持意向調查；也就是要縣內的各級黨籍意見領袖，在李、胡二人中表態支持一人；並在統計後做為將來決定輔選策略的依據[172]。但是要求表態的計畫在 10 月 24 日的聚會，因遇地方阻力而未被徹底執行；當天是由省黨部副主委陳炯松及縣黨部主委張晉相邀集縣籍的中央民意代表、省議長、縣長、縣議長等人聚會，原本是要受邀者表態所

---

[171] 陳氏當時文宣請參閱附錄三。資料來源：台北：吳三連台灣史料中心，資料編號：074—004—007。〈重視文宣〉，聯合報，1985.10.18，6 版。〈受無黨籍人士文宣影響，縣黨部決主動積極展開…〉，聯合報，1985.10.17，6 版。〈以「山盟海誓」對抗「移山倒海」縣黨部正加強文宣…〉，聯合報，1985.10.23，6 版。〈陳水扁謝三升指被傳單破壞形象，控告關中等人誹謗…〉，聯合報，1985.10.24，7 版。〈南縣選戰前指控誹謗糾紛，鄭泰昌否認設計傳單…〉，聯合報，1985.10.25，6 版。張昆山，〈無黨籍候選人文宣攻勢凌厲，執政黨找弱點予反擊收效宏…〉，聯合報，1985.11.2，6 版。

[172] 〈從政幹部支持胡雅雄李雅樵情形，縣黨部昨派員瞭解，檢討結果反映上級〉，聯合報，1985.10.19，6 版。

支持的對象，但因與會人員提出是否在最後關頭再進行重點支持的問題，才使國民黨原欲要求受邀出席人員表態的計畫中止。但是對於較基層且持觀望態度尚不表態的從政幹部；像鄉鎮市長、農會總幹事等，國民黨則依個人背景及人際關係傾向，硬性指定支持李、胡一人[173]，除了硬性規定支持對象外，國民黨更將卅一鄉鎮分為二個責任區，把新豐、新化區及新營區的鹽水鎮共十五個鄉鎮市劃為支持胡雅雄的責任區，北門、曾文區及新營區（鹽水鎮除外）內共十六鄉鎮市劃歸輔選李雅樵的責任區，以求徹底掌握尚持觀望態度的黨籍意見領袖[174]。

國民黨要求地方各級意見領袖選邊站的舉措，雖是要做為決定輔選策略的依據，但是對於加深地方對立則有不容忽視的嚴重後果；而且到此時國民黨又再次要地方意見領袖表態，無異是對它自己先前所辦的黨員反映和幹部評鑑的結果自我否定，令人產生辦黨員反映和幹部評鑑意義何在的質疑，而且對於持觀望態度的意見領袖，硬性指定支持對象的實質效果有多大也令人質疑。另外縣議長、縣長、省議長、中央民意代表等人的抗拒表態，亦對國民黨能否完全宰制從政黨員的支持意向劃下問號。

由於自 11 月 6 日起，為期十天的法定競選活動即將到來，各參選人無不邀集縣內政壇知名人士為其助選。在山派部份，除了前縣長胡龍寶親自返鄉為胡雅雄助選外，輔選人士如立委李宗仁、蘇火燈，監委張文獻及國代王鼎勳等人都是山派的重要成員

---

[173] 〈縣籍中央民代等人支持李雅樵胡雅雄，黨方未依計畫要求表明態度，對地方幹部則將予硬性指定〉，聯合報，1985.10.26，6 版。
[174] 〈執政黨根據選舉實際需要…卅一鄉鎮市將劃為兩個責任區〉，聯合報，1985.11.1，6 版。

[175]，所以山派在整個競選過程中較沒有產生整合的問題。

在海派部份，被視為「精神領袖」時任國策顧問的吳三連，在10月25日李雅樵鹽水服務處成立時親自前往祝賀，而李氏的主要支持者有縣正副議長陳三元、吳維樵、前國代吳豐山及律師林憲同；其中監委謝崑山出任李氏的競選總幹事，更有反胡雅雄陣營整合的意義；謝氏在11月1日對外表示將出任李氏競選總幹事時，亦進一步透露是因和立委洪玉欽、縣府主祕黃俊雄協商後的共識[176]。因為謝崑山、洪玉欽、黃俊雄及後來亦公開表示支持李雅樵的黃正雄，是7月底到國民黨中央黨部聯名陳情反胡的要角，原本登記為高育仁助選員的謝氏，如今改轉而出任李氏的競選總幹事，代表高系在這次縣長選舉中是和海派站在同一邊，除了之前李氏受邀出席支持高育仁的聚會外（胡氏未被受邀），11月2日在候選人抽籤的場合中，分別為省議員及縣長候選人的高、李二人，恰巧都抽中二號後彼此親切的互動（高氏主動向李氏道賀並互祝勝利，當時胡氏亦在場）[177]，更說明了海派和高系在這次選舉中相互合作的態勢。

無黨籍的陳水扁部份，陳氏因受到黨外後援會的正式推薦，所以在10月25日成立競選服務處（設於其岳父吳昆池在麻豆鎮

---

[175] 〈胡李雙方實力相若，最後衝刺決定勝負〉，中華日報，1985.11.2，7版。
〈李雅樵競選總幹事今由謝崑山出任，蘇火燈李宗仁兩人將共掌胡雅雄兵符〉，中華日報，1985.11.2，7版。

[176] 〈李雅樵陳水扁黃秀孟三人，今分在鹽水麻豆設服務處…〉，聯合報，1985.10.25，7版。〈監委謝崑山若同意跨刀相助，對壯大李雅樵聲勢大有神益…〉，聯合報，1985.10.29，6版。〈監委謝崑山昨就任李雅樵競選總幹事…〉，聯合報，1985.11.3，6版。〈黃正雄決定不出國，願支持李雅樵競選…〉，聯合報，1985.11.6，6版。

[177] 〈下屆省議員暨縣長選舉，候選人昨完成抽籤作業〉，中華日報，1985.11.3，7版。

興中路所開設的診所）的演講會上，有康寧祥、蘇貞昌、游錫堃、
謝長廷、尤清等二十餘位無黨籍人士為其站台，協助他拉抬聲
勢，陳氏的助選員中則以林丙丁較具知名度與選戰經驗[178]。

　　參選的四人同時亦提出各自的政見，以爭取選民的認同；其
中登記第一號的蔡四結是以提高土地單位面積產量、老人兒童勞
工的照顧及觀光為訴求的重心；二號李雅樵以奉行三民主義為政
見前言，內容則以建全地方財源、推展文教、兼顧農漁工業、發
展觀光、落實社會福利、環保和治安為主軸；三號胡雅雄的第一
條政見是「實踐三民主義。恪遵蔣公遺訓……」，並以廉能政風
及農漁民、勞工照顧、青年就業、榮民眷屬、公教福利、衛生醫
療環保為重點；四號陳水扁的前五項政見訴求焦點，較屬於整體
性的憲政範疇，如縣政應由縣民共同決定、廢止臨時條款、地方
自治法治化、解除戒嚴、政治犯的人權問題等，而第六條以下才
和縣政有較直接的相關，如不收紅包、反特權、農勞漁民的生活
照顧、教育工作、保護消費者、環保等；陳氏的第一條政見，原
本前面還有一句是「台灣的前途，應由台灣全體住民共同決定」，
這是受黨外後援會所推薦的候選人共同的政見。但是當時內政部
長吳伯雄強調，因「『自決』易與台獨主張混淆，有煽惑變更國
憲、破壞國體之嫌，所以不得登記為政見」才被刪除。另外在陳
氏的政見前言中，以「移山倒海」為其競選主軸，更加凸顯地方
政治勢力的合作、對立，是這次縣長選舉的焦點[179]。

---

[178] 〈好友遠道返鄉助陣，方醫良感振奮，陳水扁 25 日辦演講會〉，聯合報，
　　　1985.10.22，6 版。〈競選活動即將正式展開，各候選人爭取選票，紛紛
　　　擺出最佳陣容〉，中華日報，1985.11.4，6 版。
[179] 四人政見內容見表十，1985 年第十屆縣長選舉候選人政見。〈今年地方
　　　選舉候選人，不得以自決作為政見〉，聯合報，1985.10.25，2 版。

　　十天的法定競選活動分為兩階段，前五天是自辦政見發表會
（11 月 6 至 10 日）後五天則是公辦政見會（11 月 11 至 15 日），
在前五天中陳水扁以李、胡兩人為主要的批評對象；至於李雅樵
和胡雅雄的文宣矛頭，除了指向縣政缺失及反擊陳水扁外，彼此
的助選員亦相互影射對方不適合當縣長；陳水扁在善化的首場自
辦政見會上，延續先前文宣傳單，以「台南縣政不是某一個家族
可以父子相傳」、「更不是用來解決某一個人的經濟危機」批擊
胡、李兩人。而胡、李亦對陳水扁加以反擊；李氏陣營以「乞丐
也能走大路」、「經營公司有經濟問題為商業常態」及「八年忍辱
千行淚」的低姿態對陳氏的攻擊予以回應；胡氏陣營則以「有人
台北中山北路幾條通很清楚，可是卻不知道關子嶺要從那裡去」
及「有些候選人在台北很搖擺，一旦台北混不下去了，就回到台
南喊阿叔、大嬸…」加以反擊[180]。除此之外，李、胡兩人的文宣
矛頭則不約而同指向楊寶發的縣政缺失，欲與楊氏劃清界線，避
免為其不佳縣政表現所累而影響選情的意圖明顯；例如李氏的文
宣就以「縣政建設千百孔，阿樵要來補破網」及「李雅樵繪好藍
圖，要替縣政補破網」直接指出永康三等一號道、縣立體育場…
等多項縣政缺失。胡氏陣營亦以「台南縣政落後八年」及「農產
品產銷制度不健全，公共工程老出紕漏、公害污染日趨嚴重…」
指出楊氏縣政的不是，並直指「執政黨組織應負道義責任」[181]。

[180] 王清治，〈文宣戰看姿態，陳水扁李雅樵各有高低態，胡雅雄言辭平穩不
理攻訐〉，中國時報，1985.11.6，7 版。〈縣長候選人政見又出現批評言
詞，無黨籍候選人罵得比較兇〉，聯合報，1985.11.8，6 版。〈對胡雅雄
李雅樵，陳水扁昨予抨擊…〉，聯合報，1985.11.7，6 版。〈陳水扁永遠
第一？昨有傳單反駁！〉，聯合報，1985.11.9，6版。
[181] 〈文宣傳單列舉縣政建設缺失，縣長候選人各出奇招受矚目…〉，聯合
報，1985.11.5，6 版。〈縣政遭受批評事屬必然，涉及人身攻擊勢所難免，

除了批評縣政外，李、胡兩邊陣營的助選員在自辦政見會上，亦相互影射攻擊對方；以李氏陣營為例，李氏的助選員在助講時曾指出「許縣溪、急水溪的污染未能改善，衛生局長也該負一份責任」及以父子相傳論調批評胡氏。胡氏助選員亦以「聽說一個候選人倒過債，怎能選縣長？」加以回應李氏陣營[182]。就在彼此相互攻擊之時，胡氏突被麻豆郭姓鎮民控告，指其詐借四百多萬元不還，使得胡龍寶亦不得不出面幫他兒子澄清[183]。總體而言，陳水扁陣營是以李、胡兩人為攻擊對象；而李雅樵的文宣是以批評縣政缺失及攻擊胡氏為首要，對於陳氏攻勢則以引人同情的低姿態回應；至於胡氏陣營則除了反駁來自陳、李的攻勢外，對於楊氏縣政亦多所批評，只是立場較站不住腳；理由是胡氏本人身為縣衛生局長，對縣府施政表現批評時，也是批到自己；例如前文曾提到，胡氏在文宣中批楊氏縣政缺失時「公害污染日趨嚴重」就是一例，因為在當時那是衛生局的業務；再加上和楊寶發同屬山派，立場更是矛盾[184]。

縣長表示有雅量接受對縣政建設批評〉，聯合報，1985.11.6，6 版。〈李雅樵要讓永康趕上台南市，胡雅雄強調學識健康和經驗，要在當選後盡全力協助安定鄉的建設〉，聯合報，1985.11.8，6 版。〈列舉縣政八大缺失，李雅樵數落縣政府…〉，聯合報，1985.11.10，6 版。

[182] 〈縣長候選人自辦政見會，互相批評言論相當尖銳…〉，聯合報，1985.11.7，6 版。〈對地下工廠污染取締不力，衛局長難辭其咎…〉，聯合報，1985.11.10，6 版。

[183] 〈被指欠債不還，胡雅雄昨否認〉，聯合報，1985.11.8，6 版。〈胡雅雄被指背書賴債…〉，中華日報，1985.11.9，7 版。〈否認傳單所指欠債不還事，胡雅雄競選總部昨發表書面聲明〉，聯合報，1985.11.9，6 版。〈被指借四百多萬不還，胡雅雄一家六人挨告，胡龍寶指選舉期間被人中傷…〉，聯合報，1985.11.10，7 版。

[184] 張昆山，〈南縣紙彈漫天飛舞，四人參選三足鼎立〉，聯合報，1985.11.7，3 版。〈出身醫師重視民眾健康，胡雅雄請選民支持…〉，中華日報，

號　　次	姓　　名	政　　　　　見
\multicolumn{3}{c}{（表十）1985 年第十屆縣長選舉候選人政見}

號　次	姓　名	政　　見
1	蔡四結	一、提高預算委託農試所和大專院校研究分析各鄉鎮土壤，平均氣溫，平均雨量各別培植高價值農產品，提高同面積土地的收益，創造各鄉鎮特色。 二、各鄉、鎮、市興建老人館，發揚敬老尊賢國粹。 三、在山區建動物園、北門區建水族館，普遍建設公園、勞工休憩中心及兒童遊樂區。 四、設立獎助學金，由小學起即培訓優異兒童，使台南縣成為出人才的溫床。 五、舉行各種文化、康樂、競技活動及邀請賽，俾台南縣充滿朝氣、活潑、進取的精神。 六、加強各觀光之宣傳及徹底解決民間共業土地糾紛，實現地盡其用，繁榮民生。
2	李雅樵	奉行三民主義，貫徹中央決策，公平、合理釐定台南縣整體綜合發展計劃，以現代化企業精神，高效率服務功能，加速推展南縣建設，並促進地方和諧團結，帶動縣政建設邁入新境界。茲提出下列努力目標： 一、廣闢地方財源，充實鄉鎮市自治機能，結合中央、省級民意代表共同有效推動地方建設。 二、辦好國民教育，加速文化建設，推展全民體育。 三、調整農業生產結構，發展精緻農業，擴建漁港發展漁業，切實辦好農地重劃，拓修農路、產業道路，健全農產品產銷制度，提高農村生活品質。 四、健全都市發展，積極開發公共設施，加速辦理市地重劃，促進農村都市化建設。 五、掌握工業發展方向，重新檢討工業區開發，積極鼓勵旅外鄉親回縣投資設廠，並以工業穩定農業生產，加速經濟成長。 六、加速觀光發展規劃與開發、建立完整的觀光旅遊系統及各觀光地區的獨特風格，提供良好觀光旅遊環境，增進地方利益。 七、提高道路品質，建立便捷、安全之運輸系統，繁榮地方。 八、加速區域排水系統之改善，整治河川及排水路，以杜絕水患。 九、平衡社區發展，重視老人、婦幼及勞工等福利措施。 十、加強防治公害美化環境，以淨化、美化、保全縣民生活環境。 十一、加強醫療設施，促進全民健康。 十二、充實警備，維護治安，建立安和樂利的社會。
3	胡雅雄	雅雄生於台南縣，長於台南縣，自學醫有成以來，即本著救人救世之博愛精神，為同胞、為社會奉獻心力，民國七十年六月

1985.11.8，7 版。〈台南縣的全部建設藍圖，胡雅雄表示已準備好了…〉，聯合報，1985.11.9，6 版。

		雅雄返鄉擔任衛生行政工作，以維護縣民健康生命為己任，辦理基層衛生醫療保健工作，改善生活環境，提昇生活品質，頗獲績效，雅雄以「服務桑梓當仁不讓」「造福鄉親義無反顧」決心為我台南縣百萬同胞締造一個整潔、舒適、和諧、安定的家園。 一、實踐三民主義。恪遵蔣公遺訓，建設安和樂利的台南縣。 二、革新政風，提高行政效率，樹立廉能政治。 三、加速農村建設，促進農業現代化，辦好農民健康保險，改善農民生活。 四、重視勞工福利，更新漁業經營，整建老舊市場，解決攤販問題。 五、加速工商建設，創造青年就業機會。 六、妥善照顧榮民及征屬生活，推展後備軍人輔導工作。 七、提昇公教人員服務品質，改善公教人員福利。 八、積極充實文化建設，推展全民體育，強健縣民身心體魄。 九、全力防洪治水措施，徹底解決水患問題；嚴密治安功能保障縣民生命財產安全。 十、推展衛生醫療服務，加強防治公害，維護縣民健康。 十一、照顧老幼殘障，籌建老人活動中心，辦好社會福利工作。
4	陳水扁	過去三十多年的台南縣長，無論山派海派，都是國民黨一黨在「包山包海」，將咱的山吃得光光光，將咱的海吸的乾乾乾，使咱台南縣有一流的縣民，卻有尾流的縣政。我阿扁仔飲水思源，有能力、敢擔當、肯犧牲，這回從台北回來台南落土生根，決心以過去「正義第一」的表現，跟咱第一流的台南鄉親，共同來「移山倒海」，消除派系恩怨，建設台南為第一流的民主縣。為此，誠懇呼籲台南鄉親共同達成以下的心願： 一、台南縣的縣政也應由台南縣全體縣民共同決定。 二、徹底實行憲政，廢止臨時條款。 三、立即制訂省縣自治通則及直轄市自治法。 四、解除戒嚴，停止政治迫害，釋放所有政治犯。 五、嚴禁非法逮捕、拘禁及刑求，嚴懲濫權之情治人員。 六、開創一個不收紅包的縣政，建立一個縣民至上的社會。 七、嚴守黨政分際，打倒任何特權。 八、建立正確農業政策，保護農民利益。 九、保障勞工權益，確實執行勞動法令。 十、照顧漁民生活，保障漁民海上作業安全。 十一、教育工作是百年大業，硬體、軟體建設都不可或缺。 十二、保護消費者權益，防治公害，維護優良生活環境。 　　總之，如何「恢復台南縣民的信心」，「重建台南縣民的尊嚴」，更是台南父老兄姊的共同心願。請賜阿扁仔機會，來創造台南的光榮。

資料來源：台灣省台南縣選舉委員會，1985，〈台灣省第八屆省議員暨台南縣第十屆縣長選舉選舉公報〉。

　　另一位候選人蔡四結則一反過去的立場，以批評陳氏為主軸[185]；1985 年 5 月中旬，蔡四結在縣議會公開讚揚楊寶發後，就引起媒體推測，是不是蔡氏和楊寶發及楊氏支持者吳木桐等幾位議員，「過從甚密」有關[186]；直到黨外後援會正式推薦陳水扁選台南縣長後，蔡氏則又將矛頭指向黨外後援會和陳氏，如前文就曾提到，9 月下旬蔡氏受邀在李雅樵白河服務處成立茶會上講話時，就曾公開表示「陳水扁讓我來對付，應最具威力…」，到了 11 月 6 日他自辦的首場政見會上則直接批擊黨外後援會，不應推薦長年旅居他鄉又有官司纏身的人，並稱陳氏為「空降部隊」不適合當縣長。蔡氏同時亦為他向楊寶發示好一事辯解，宣稱只是為了要藉機瞭解楊氏的支持者究竟是誰，好為這次參選縣長鋪路，並且替自己澄清說，參選並不是受國民黨策動來分散陳的選票，更沒有拿國民黨三百萬元的「贈款」[187]。因為蔡氏的立場前後並不一致，且自圓其說的理由太牽強，所以 1981 年第九屆縣長選舉時的「蔡四結旋風」，在這次選舉中並未再現。

　　繼詐借風波後，為流言所苦的胡雅雄 11 月 10 日在白河鎮的自辦政見發表會上表示，傳聞他將出任省衛生處副處長而將棄選

---

[185] 〈蔡四結批評陳水扁，不該拿車禍作比喻〉，聯合報，1985.11.10，7 版。
〈蔡四結談政見，箭頭指向陳水扁〉，聯合報，1985.11.10，6 版。

[186] 〈兵役科長地政科長人事任用，縣長答議員質詢認並無不當，蔡四結議員稱讚縣長勤政愛民有理想〉，聯合報，1985.5.15，6 版。〈蔡四結質詢作風大轉變，縣長處事態度被動轉為主動…〉，聯合報，1985.5.15，6 版。

[187] 〈蔡四結接近楊寶發，自稱為選縣長鋪路，希望東山再起否認接受贈款〉，聯合報，1985.11.7，7 版。〈蔡四結圖東山再起，第一次政見會在東山鄉舉行〉，中華日報，1985.11.7，7 版。〈蔡四結首場政見會猛抨擊黨外後援會，責其推薦非人…〉，中國時報，1985.11.7，7 版。〈新營區如未獲高票，蔡四結決辭議員職，同時鄭重否認曾獲好處〉，中華日報，1985.11.10，7 版。

一事決非事實，並重申會參選到底，也隨即要求國民黨縣黨部澄
清是否已決定重點支持李雅樵，國民黨縣黨部主委張晉相則重申
等距輔選的原則仍未改變[188]。在五天的自辦政見會競選活動期
間，胡雅雄所面對的阻力，除了先有支票詐借案外，也被傳言已
獲安排省府職務並將棄選；後來甚至傳出國民黨將重點支持李雅
樵，而引發胡氏陣營的反彈，並要國民黨縣黨部出面解釋清楚。
相對的，到目前為止李氏則較不受類似阻力所困擾；不論那些不
利胡氏的傳聞，其來源及真實性，若只就選舉策略而言，此階段
胡氏陣營似乎較對手來得被動[189]，這多少對胡氏的選情產生不利
的影響。而張晉相在當時出面澄清等距輔選原則不變，是可以預
期的，因為就時機來說，即使李、胡兩人已經強弱分明，但競選
活動尚有五天，為了避免一方失去信心，而發生棄選甚至是倒戈
的不利情勢發生，縣黨部當然不會對輔選策略是否轉變有所鬆
口。所以對於只求勝選的國民黨而言，現階段最佳的立場只能對
李、胡兩陣營保持等距，以避免一方產生不滿，並促使雙方參選
到底。

　　進入公辦政見會階段後，因為距投票日更近，且四位候選人
又同台發表政見，故彼此的言論攻防更加激烈，突發狀況也在此
時發生。陳水扁在公辦政見會上，針對國民黨的兩位候選人繼續
提出批評。其中對李雅樵的經商失敗再加以發揮，指出李氏的「政

---

[188] 〈胡雅雄昨強調競選到底，要再創南縣新機運…〉，聯合報，1985.11.11，
　　　7版。〈外傳縣長選舉，已有重點支持，張晉相主委昨闢謠〉，中華日報，
　　　1985.11.11，7版。〈挑夫扛水兩桶等重，胡雅雄李雅樵等距輔選無厚薄，
　　　執政黨緊急重申原則化解流言〉，中國時報，1985.11.11，3版。
[189] 〈五縣市自辦政見會後，看各候選人實力的消長—台南縣〉，聯合報，
　　　1985.11.11，7版。

治支票一張一張的開，但其商業支票早已退票，如政治支票要兌現，應先償還商業支票…」、「要是李氏當選縣長則債權人將會到縣長室索討債務…」；對胡雅雄則以縣內公害嚴重，指胡氏是「不識字兼不衛生」、「不衛生的衛生局長」。對蔡四結則是指蔡氏「拿人錢財，在替人消災」。因為陳氏的攻訐連連，所以李、胡、蔡三人亦加以反擊；李氏反駁陳氏「做生意不是賺就是虧…當律師同樣也有輸贏的時分，何必對已拍賣住宅及財產償債者咄咄逼人…」及指陳氏一直罵人「沒大沒小」。胡氏則指陳氏「像噴射機返縣巡了一趟就要參選，不談政見，還以煽動言論，如講故事打拳賣膏藥…」蔡氏對陳氏的攻訐就更直接了，蔡氏稱陳氏為「矮仔扁」、「鬼頭鬼腦」[190]。第一場公辦政見會是在 11 月 11 日上午，於鹽水鎮鹽水國小舉行，但陳水扁是在散會後，才被支持者以擔架抬至會場，並指稱是被國民黨特務下毒，經送台南市民權路韓內科診治，才會無法趕上政見發表會；當天下午在白河發表政見時，則由支持者在後抱著，而丈母娘吳玉霞在旁扶護才完成，而晚上在新營市南新國中政見會上則自己站著發表，並說他一連注射了五支點滴，才沒被國民黨害死[191]。陳氏此舉隨即引來國民黨縣黨

[190] 〈縣長候選人公辦政見會昨舉行…〉，聯合報，1985.11.12，7 版。〈認為陳水扁欺人太甚，李雅樵胡雅雄等提出反擊…〉，中華日報，1985.11.13，7 版。〈競逐百里侯，選情白熱化，發表政見不忘批評…〉，中華日報，1985.11.14，3 版。〈被指拿人錢財替人消災，列舉原因預測對手落選〉，聯合報，1985.11.16，7 版。

[191] 〈自稱被人下毒，抱病登台演講，南縣黨部聲明，指係競選花招〉，中國時報，1985.11.12，3 版。〈別把陳水扁看扁了，躺在擔架上進場，不斷注射點滴，以臥姿發表政見…〉，中國時報，1985.11.12，3 版。〈陳水扁引發議論的「談政見三部曲」〉，聯合報，1985.11.13，7 版。〈麻豆人疼女婿〉，聯合報，1985.11.15，6 版。〈提著水壺談政見，成為註冊商標〉，聯合報，1985.11.16，6 版。

部出面聲明,並斥其為選舉花招;蔡四結則直接消遣陳氏「凡事
標榜第一的阿扁仔,今天又贏得一個第一,即四位候選人中第一
位倒在擔架上」;胡氏則強調要有健康的身體才能勝任縣長一職;
李氏則低調的祝他早日康復[192]。在陳氏宣稱被下毒後,蔡四結的
文宣傳單隨以號外的方式,指陳氏在台大唸書時就曾二度加入國
民黨,並在政見會上指陳氏是「超級國民黨員」目的是要扯在地
黨外(蔡氏自稱)的後腿。巧的是國民黨縣黨部主委張晉相,隔
天即發表「所指經察屬實」的聲明,宣稱已證實蔡氏的說法無誤
[193]。從以上兩件突發事件來看,國民黨縣黨部主要是負責對陳水
扁的文宣攻防,且令人懷疑是否和蔡四結有一定的「默契」;至於
李、胡兩人對陳氏的文宣攻勢則持續採低調、被動的策略回應。

　　總而言之,在公辦政見會上彼此的言論較直接,每場都吸引
眾多縣民前往聆聽。候選人雖常相互攻訐及反駁對手,但亦有提
到個人較細部的政見,而這些政見大致以批評楊寶發的施政為出
發點;像李氏就曾指出人事升遷、工程品質等多項革新保證。胡
氏則以落實都市計劃、防治公害及推展衛生醫療為訴求[194]。相較

---

[192] 〈…陳水扁誣稱被人下毒,縣黨部斥為栽贓花招〉,中華日報,
1985.11.12,3版。

[193] 〈黨籍問題添一樁,蔡四結指陳水扁是國民黨員,入黨申請書為證…〉,
中國時報,1985.11.13,7版。〈蔡四結指陳水扁兩度加入國民黨〉,聯合
報,1985.11.13,3版。〈蔡四結號外傳單指出,陳水扁曾是國民黨員…〉,
中華日報,1985.11.13,7版。〈「黨外提名」內幕大公開,蔡四結希望選
民認清真面目〉,中華日報,1985.11.14,3版。〈陳水扁二度入黨,張晉
相查證屬實〉,中華日報,1985.11.14,3版。

[194] 〈胡雅雄要開藥方使南縣更健康…陳水扁未發表政見,會後才被抬到會
場〉,聯合報,1985.11.12,6版。〈胡雅雄決以智仁勇推動縣政…陳水扁
遭下毒謠言不攻自破〉,中華日報,1985.11.13,7版。〈四縣長候選人針
鋒相對大拼鬥,仁德政見會上唇槍舌劍有看頭…〉,聯合報,1985.11.14,

而言,李、胡兩人在公辦政見會上對陳氏較偏採守勢,也就是對陳氏的攻訐採被動的反駁策略,將重心盡量置於政見的陳述,本人則按奈住不在公辦政見會上攻擊對方(後來還是在傳單上相互攻訐);文宣打擊的角色則主由國民黨縣黨部扮演。積極打擊陳氏的除了國民黨縣黨部外,還有蔡四結;蔡氏以「在地黨外」自居,一路以陳氏及黨外後援會為主要對象加以糾纏,後來更公開對李雅樵加以推崇[195],令人對其立場與動機再增疑問。

　　前文提到李、胡兩人在公辦政見發表會上,是盡力克制不親自相互攻訐,但是後來還是按奈不住,在文宣傳單上又鬥了起來。11 月 15 日也就投票的前一天,中午在鹽水出現指胡氏將退選的傳單,且以李氏總部名義,打電話到國民黨的各地民眾服務站,指胡氏已獲安排職務而退選;下午則又出現一份「黨政單位決定全力支持胡雅雄」的傳單[196]。

　　國民黨縣黨部眼見李、胡兩陣營針鋒相對;張晉相再次出面澄清尚無重點支持對象,且在當天下午邀集李、胡兩人到縣黨部,舉行聯合記者會,宣示彼此參選到底的決心不變;但到了晚上還是出現「看破胡雅雄、陳水扁的最後一招」的傳單,指胡氏自抬身價而陳氏則是亂放謠言。國民黨省黨部亦在當天晚間表

---

　　6 版。〈縣長選舉緊張激烈,針鋒相對…〉,中華日報,1985.11.14,7 版。
　　〈李雅樵昨在六甲再度檢討縣政…〉,聯合報,1985.11.15,6 版。

[195] 張昆山,〈山線海線壁壘分明?有黨無黨都得批評!南縣選情複雜…〉,
　　　聯合報,1985.11.14,7 版。〈行政經驗誰最豐富?蔡四結推崇李雅樵!〉,
　　　聯合報,1985.11.15,6 版。

[196] 〈退出選局傳言,可謂兵不厭詐,旨在削弱對手…〉,聯合報,1985.11.16,
　　　6 版。〈台南縣驚傳「號外」,二雅堅稱競選到底…〉,聯合報,1985.11.16,
　　　3 版。

示，在台南縣「等距輔選」的政策決不改變[197]。從 15 日當天的
幾份文宣內容，及國民黨縣黨部緊急召集李、胡二人的情況來
看，對於是否有重點支持的選舉策略，李、胡兩邊陣營都十分敏
感，否則國民黨省黨部就不必在縣黨部召開記者會後，再重申一
次輔選原則。至於陳氏在公辦政見會最後一天的幾場中，更直接
對國民黨的輔選策略大作文章，指國民黨已用七千萬「搓掉」某
位黨籍候選人，意圖鬆動國民黨的輔選佈局[198]。

伍、無黨籍勢力奠基

選舉在 11 月 16 日投票，當天開票結果蔡四結 10,017 票、李
雅樵 173,743 票、胡雅雄 133,452 票、陳水扁 157,513 票。由李雅
樵當選第十屆台南縣縣長[199]。

若就縣內地方政治勢力變遷的角度來檢視這場選舉，可有以
下幾點意義：

一、國民黨對其黨內的地方政治勢力讓步。國民黨在提名過
程中受到縣內地方政治勢力的壓力，使得原本屬意的人
選—黃正雄及黨員反映與幹部評鑑後的胡雅雄，都無法
順利成為國民黨的唯一候選人，只好宣布開放競選。除
了黨內政治勢力相持不下，所造成的開放競選外，即將
卸任的楊寶發其兩屆縣長任內的施政表現，在縣內多少

---

[197] 〈南縣情況緊急微妙，李雅樵胡雅雄鬧謠、陳水扁觀望，黨部強調公平
競爭…〉，中國時報，1985.11.16，3 版。〈省黨部重申等距輔選〉，中國
時報，1985.11.16，3 版。
[198] 〈選戰最後關頭，各施全力攻防…被影射搓圓仔湯，兩名候選人鬧謠〉，
聯合報，1985.11.16，7 版。
[199] 〈縣長及省議員候選人得票統計表〉，中華日報，1985.11.17，7 版。各
候選人得票數見表十一，第十屆縣長選舉候選人各鄉鎮得票數一覽表。

編號	鄉鎮區別 候選人		蔡四結	李雅樵	胡雅雄	陳水扁	備　考
總　計			10,017	173,743	133,452	157,513	資料來源：
1	新營區	新營市	585	11,082	6,638	13,125	台南縣選舉委
2		鹽水鎮	243	6,170	3,485	3,871	員會，1985a：
3		白河鎮	1,833	5,908	7,101	4,463	2。
4		柳營鄉	251	4,818	2,802	4,010	
5		後壁鄉	426	6,867	3,832	4,699	
6		東山鄉	389	5,270	4,394	2,848	
7	曾文區	麻豆鎮	176	4,600	3,392	15,870	
8		下營鄉	93	12,627	968	2,043	
9		六甲鄉	148	4,138	1,250	6,160	
10		官田鄉	142	2,942	1,312	8,282	
11		大內鄉	177	2,508	2,362	1,939	
12	北門區	佳里鎮	228	15,342	2,661	6,709	
13		學甲鎮	138	9,492	1,386	4,139	
14		西港鄉	200	4,630	2,511	3,989	
15		七股鄉	214	8,492	3,256	2,204	
16		將軍鄉	117	9,107	2,221	1,321	
17		北門鄉	111	4,204	1,893	867	
18	新化區	新化鎮	480	5,321	9,021	4,930	
19		善化鎮	285	2,446	11,550	6,464	
20		新市鄉	170	4,265	3,819	4,258	
21		安定鄉	327	4,457	5,827	3,687	
22		山上鄉	76	1,822	1,542	807	
23		玉井鄉	250	3,295	3,839	1,804	
24		楠西鄉	154	2,371	2,459	1,360	
25		南化鄉	129	1,974	2,512	763	
26		左鎮鄉	94	1,784	1,638	471	
27	新豐區	仁德鄉	630	6,312	9,513	9,192	
28		歸仁鄉	341	4,118	8,186	10,268	
29		關廟鄉	334	4,071	5,414	9,340	
30		龍崎鄉	124	948	1,605	694	
31		永康鄉	1,152	12,362	15,063	16,936	

（表十一）第十屆縣長選舉候選人各鄉鎮得票數一覽表

亦對選民支持意向產生影響；再加上無黨籍人士又推出
人選競逐的內外受迫情勢下，以勝選為唯一考量的國民
黨，為了防範其黨內的地方政治勢力做出對勝選不利的
決定，才任由各自動員對決；這對有計劃的要將地方政
治勢力消除，並納入黨務系統控制下的國民黨而言，無
異是一種挫敗與讓步。

二、海派受到鼓舞。海派自 1972 年 7 月，縣長劉博文因案
去職後，接棒的李雅樵就多次參與角逐國民黨內的縣長
提名未果；而繼劉博文出任縣長的高育仁則自成一新地
方政治勢力—高系；楊寶發則因與山派合流成為其中一
員，以致海派人士睽闊縣長一職前後達十二年之久。此
次選舉李雅樵在事先並沒有參與國民黨黨內提名，於途
中勉強才獲准參選，但到最後卻成為當選人；能在此一
的曲折的考驗下重掌縣政，對海派從六甲重劃弊案以來
的頹勢，有了實質的鼓舞。

三、山派在縣長選舉的表現呈逐漸下坡的走向。此次選舉代
表山派的胡雅雄問鼎縣長寶座失利，使得山派在縣政的
接續上受到挫敗。若再仔細比較前幾屆的得票情形，從
1977 年楊寶發當選第八屆縣長的 386,738 票、得票率
93.46％，到 1981 年第九屆連任時的 215,662 票、得票
率 51.22％，再到這次胡雅雄的 133,452 票、得票率 27.43
％（見表三），約略可看出有山派背景的人士在縣長選
舉中的表現有走下坡的傾向，這對山派的未來而言可謂
是一種警訊。

四、高系與海派合作。省議長高育仁、監委謝崑山及立委洪
玉欽等人在提名過程中即站在反胡雅雄的一邊，直到李

雅樵獲准參選後，原本登記為高氏助選連任省議員的謝崑山，更改登記為李雅樵的競選總幹事；高系與海派合作的結果直接對山派的選情造成負面的影響。

五、無黨籍勢力與國民黨內各地方政治勢力分庭抗禮。在國民黨全力動員及蔡四結的干擾下，獲黨外後援會正式推薦的陳水扁，仍能獲得 157,513 張選票，高出國民黨山派的胡雅雄約二萬四千餘票，只比與高系合作及獲國民黨重點支持的海派李雅樵少一萬六千兩百多票，這樣的結果對無黨籍人士在台南縣的實力作了一次最好的詮釋，亦可說為無黨籍人士未來在台南縣參選縣長打下根基。

六、「山海夾殺」的說法須再澄清。11 月 17 日張晉相前去慰問落選的胡雅雄時，胡氏即當面向張氏抗議「…等距輔選並沒有堅持到最後…從一些事例可以證明黨方最後是重點支持李雅樵…」並認為這是造成他落選的主要關鍵，且挽拒所謂配合夾殺策略而安排的任何職務[200]。這樣的後續發展再加上競選活動到最後李、胡兩陣營彼此按奈不住而互發傳單攻擊的情形看來，這場選戰國民黨的輔選策略應以「重點支持」較具實質意義，而「夾殺策略」致勝的說法則偏重在宣傳勝選的意義較大。

七、地方政治勢力的基層動員能力獲肯定。從國民黨宣傳此次選舉是採用所謂「夾殺策略」的背後還代表的一個意義；就是承認它內部的地方政治勢力在選舉時的重要性

---

[200] 〈胡雅雄夾擊陳水扁有功，執政黨方面昨表示，將安排他適當職務〉，聯合報，1985.11.18，7 版。〈縣長選舉已經落幕，胡雅雄今後何處去…〉，中華日報，1985.11.19，7 版。

及影響力不容忽視；否則國民黨大可只以其各級黨務組織的名義為動員主體就好，不必以地方政治勢力為動員的號召；這一事實亦代表地方政治勢力在選舉時，徹底動員基層的實力，不比國民黨地方黨部各級組織來的遜色；地方政治勢力的抬頭，使其在未來選舉中的角色更不容被忽視。

八、地方政治勢力彼此間的對立、猜忌加深。選舉過程中，各級意見領袖紛紛表態支持所屬意的人選，持觀望者亦被硬性規劃支持的對象，使得各地方政治勢力間的對立更加明顯；選舉結果落選者更對國民黨產生不信任的猜忌，像山派即認為國民黨沒有等距輔選到底而提出抗議，彼此對立及不信任的結果，對於國民黨以後能否指揮的了所屬的地方政治派系，來對抗選舉中的挑戰者，埋下負面的伏筆。

第三章　政黨競爭的時代來臨

　　由於民進黨於 1986 年 9 月成立，再加上 1987 年 7 月戒嚴解除開放組黨，使往後的縣長選舉正式進入政黨競爭的時代；本章所要論述的範圍即以首次真正的政黨競爭—1987 年 12 月的第十一屆縣長選舉為開始，再述及民進黨中止國民黨籍人士從 1951 年 4 月第一屆縣長選舉起連續十一屆在台南縣主持縣政的第十二屆（1993 年 11 月）縣長選舉，及民進黨籍縣長連任成功的 1997 年 11 月第十三屆。試著從介紹這三屆縣長選舉過程來理解政黨競爭情形，並歸結出民進黨為何能中止國民黨在台南縣主持縣政並順利連任的原因。

第一節　新營事件[1]的發生經過

　　第十一屆縣長選舉，是 1987 年 7 月解嚴以來的首次地方選舉。由於已開放組黨，故有意角逐縣長寶座的各政黨，先後提名代表人士參與競選。當時台南縣由於受整個台灣政治民主化潮流的影響，再加上首次的政黨競爭，使得影響選舉結果的因素比以往更多元。

　　選舉在最後的開計票階段，由於統計緩慢召來選民疑慮，而引發縣選舉委員會計票中心被搗毀的「新營事件」。這次縣長選舉的過程與結果也為各政黨在台南縣內的勢力消長，有了新的詮釋。

---

[1]　指第十一屆縣長選舉，在 1989 年 12 月 2 日投開票時，因作業延遲所引起群眾打砸縣選委會計票中心、包圍縣府大樓、阻斷中山高速公路交通，並擴及台南市地檢處的一連串抗議事件，由於主要發生在縣府所在地新營市，故以「新營事件」稱之以方便敘述。

壹、已內定的國民黨內初選

在國民黨部份，為了順利產生這屆縣長選舉提名人選，首次以舉行「黨內初選」來決定提名對象，這屆縣長選舉中，是國民黨首度正式以「黨內初選」來稱呼以往「黨員反映、幹部評鑑」的提名制度。這次的初選制度和以往最大的不同是，國民黨欲將黨員投票的結果，馬上開票統計對外公布[2]。而有意角逐 1989 年第十一屆縣長提名的人士，有尋求連任的李雅樵，和曾參與 1985 年第十屆縣長選舉黨內提名，但於國民黨中央宣布開放競選後，退出選舉的黃正雄，黃氏退出 1985 年第十屆選舉後，經安排出任高雄市政府副祕書長，之後國民黨提名他在高雄市參選 1986 年 12 月的增額立法委員，以 62,159 票順利當選[3]。

黃氏在 5 月中旬時即宣布退出 1989 年底的增額立委選舉（當時縣市長、省議員及立委選舉同時舉行），不打算尋求連任立委，並把戶籍由高雄市遷回台南縣佳里鎮，準備角逐第十一屆台南縣長。至於原先表明要參與縣長選舉，但不參加黨內初選的胡雅雄，亦轉而支持黃氏。在 1985 年競選縣長失利，這次表明不參加初選但要「參與」縣長選舉的胡氏，則透露出他對國民黨提名制度不滿的訊息；胡氏的不滿起因於 1985 年第十屆縣長選舉時，他曾依規定參與黨內提名競爭，且所公布的反映評鑑成績是名列第一級的首位，但因其他地方政治勢力聯合反彈，國民黨最後決定開放競選而沒有獲得提名；競選過程中堅持參選到底，也全力

---

[2]　〈辦理黨內初選決端正選風⋯〉，中央日報，1989.5.8，3 版。社論，〈對國民黨與民進黨初選制度的評價〉，聯合報，1989.6.16，2 版。社論，〈黨內初選是民主政治必經之道〉，中國時報，1989.6.18，3 版。

[3]　中央選舉委員會，1990：105。〈問鼎百里侯，黃正雄摩拳擦掌⋯〉，民眾日報，1989.5.15，14 版。

配合縣黨部的選舉策略，但是到後來國民黨所重點支持而順利當選的對象，竟是連黨內提名都沒參加的李雅樵。在這樣的遭遇下，胡氏對國民黨的提名制度產生不信任感，也因此揚言要「參與」縣長選舉但拒絕黨內初選；胡氏主要目的是抵制李氏連任，就其所言，方式包括找尋有意參選的對象加以支持，要是無人出馬挑戰李氏時，那他將親自上陣；胡氏在 1985 年競選縣長失利後，獲任省立新營醫院院長；1989 年 2 月在國民黨縣黨部主委顏文一的刻意安排下，兼任縣黨部副主委一職。胡氏當時曾對外表示之所以會下此決定（不參加初選但要參選）「主要是針對國民黨」，會不會參加 1989 年的第十一屆縣長選舉「則視國民黨提名人選而定，如果是提名李雅樵，則一定陪到底…」，至於黨內初選則表示不會參加。由此可以理解胡氏不參加初選是對國民黨表示不滿，而原本要親自參選或是後來轉而支持黃氏的目的，則在抵制李雅樵連任[4]。

當時並不止身為縣黨部副主委的胡雅雄對初選制度沒信心，其實連中央及省級的民意代表亦多抱持觀望態度，這從國民黨台南縣黨部為了宣導初選制度，於 5 月下旬由主委顏文一親自主持，在下營鄉所舉行的黨內初選基層幹部聯誼會，受邀的縣級以上民意代表全都缺席的情形即可得到印證，雖然受邀的縣級以上民代都沒出席，顏文一仍然對「黨內初選將造成一條牛剝兩次皮的窘境」提出反駁，並保證「將做到公平、公正、公開以防不法選風…」[5]。雖然顏氏一再宣導初選制度的公平、公正，但是

[4] 〈角逐縣長胡雅雄上陣，黨內初選抱歉「不幹」〉，民眾日報，1989.5.16，13 版。〈台南縣長選舉殺出黑馬…〉，台灣新生報，1989.6.6，17 版。
[5] 〈執政黨舉行黨內初選基層幹部聯誼會，縣級以上民代缺席，顏文一撐大局…〉，民眾日報，1989.5.25，15 版。林銘忠〈黨內初選力求客觀公

國民黨組工會於 6 月 10 日對外發表「…贏得黨內初選，雖不一定獲得執政黨提名，但若在初選未能名列前矛，一定會失去提名機會…」[6]的談話中，不免又令人對初選結果的重要性存疑，因為贏了初選不一定獲得提名。

黃氏為了找尋正式宣布參選的場合，特別利用美國林肯大學頒贈榮譽學位給他的機會，將會場從美國改在他的母校佳里鎮北門高中，席開一百二十桌，當時受邀出席的重要人士有內政部長許水德、立法院祕書長郭俊次、省議長高育仁、前組工會主任宋時選及國策顧問王任遠，縣長李雅樵則禮貌性前往道賀。會中黃氏正式宣布參選縣長，當時受邀的胡雅雄則當場表示願擔任黃正雄的競選總幹事[7]。

幾天後黃氏就在胡雅雄及縣議長周清文[8]的陪同下，於 6 月初前往縣黨部領取初選相關表件，當時李雅樵則已派人早黃氏一步完成領表手續，當時前去領取國民黨初選表件的共有三人，除了李、黃兩人外尚有高系的前佳里鎮長莊三立，莊氏同時亦領了參與省議員初選的表件[9]。從黃氏領取初選表件到 6 月 15 日初選登記截止的這段期間，國民黨的勸退動作不斷，但都被黃氏所一

正，選舉心結和諧聲中排解〉，中國時報，1989.6.5，14 版。

[6] 〈執政黨組工會表示：贏得初選不一定贏得提名…〉，聯合報，1989.6.11，2 版。

[7] 〈立委黃正雄「轉向」，決定角逐台南縣長〉，民眾日報，1989.5.29，14 版。〈黃正雄不忘出身盼效力桑梓…〉，中華日報，1989.6.6，10 版。

[8] 周清文 1949 年生，善化鎮人，陽明高商畢業，當選第十一、十二屆縣議長前，曾任第九、十兩屆縣議員，在地方政治勢力中屬國民黨高系人士（台南縣議會編印，1999：14；台南縣選舉委員會編印，1989b：74、79、84。）。

[9] 〈執政黨初選提名登記，首日十六人前往領表〉，中華日報，1989.6.7，10 版。〈台南縣市廿九人領表〉，台灣新聞報，1989.6.7，19 版。

一婉拒；黃氏並表示，他已當面向省黨部主委馬鎮方及中央黨部副祕書長關中清楚表達參選的決心，不會接受任何的職務安排。6 月中旬，關中以瞭解基層辦理初選情形為由巡視國民黨台南縣黨部，當時便傳出可能是為勸退黃氏而來；雖然縣黨部主委顏文一馬上否認，但是兩天後，身為國民黨縣黨部副主委，並已表明要擔任黃氏競選總幹事的胡雅雄，通知媒體記者到自宅，直接對顏文一一再向黃氏施加壓力，以勸阻他參加初選的動作表示不滿，同時強調「黨內初選是開明民主政治的作法，縣黨部應力求公平、公正、公開…事先屬意某人，阻止其他黨員參加初選，將使初選失去意義，是開民主倒車的作法…」並要顏氏公開說明何以要黃氏退出的理由；當時顏氏除了否認有勸退外，即連續請四天病假迴避，不再對外表示任何意見，情勢發展至此國民黨縣黨部正副主委已成對立[10]；因為胡氏當時為山派的重要人士，故從另一個角度來看，一向受國民黨支配的地方政治勢力—山派，首次在縣長選舉中和國民黨縣黨部處於對立狀態。

　　除了來自縣黨部的勸退外，與黃氏熟悉且與國民黨海派有淵源的人士亦有所動作；由監委施鐘響、謝崑山，立委洪玉欽及台

---

[10] 黃正雄曾就參與初選一事於 6 月 10 日至顏文一住處長談，顏氏於交談中曾拿出寫好的辭呈給黃氏看，表明只要黃氏一登記參加初選，則要馬上辭職；會談在黃氏堅持要選、而顏氏以辭職為勸退的脅迫下不歡而散。過程雖經黃氏本人和縣議長周清文向外界證實，但顏氏卻否認有以辭縣黨部主委為要脅，勸退黃氏的動作。〈黃正雄志在角逐百里侯，各方有意延攬均被婉拒〉，中華日報，1989.6.10，10 版。〈讓選戰火力集中，協調黃正雄讓賢，顏文一為年底選局把關…〉，中華日報，1989.6.14，10 版。〈執政黨初選下屆台南縣長提名，鬧得滿城風雨…〉，聯合報，1989.6.14，13 版。〈目標規劃人選，未蒙其利先受其害〉，台灣新生報，1989.6.15，17 版。〈黨內初選內定？勸退引起不平！國民黨參選人產生怨隙…〉，聯合報，1989.6.25，9 版。

南縣旅高（高雄市）同鄉會長謝清標等四人，一起聯名邀宴北門區六鄉鎮機關首長，於七股鄉龍園餐廳開座談會，目標亦在勸退黃氏。因為這項邀宴的對象除了六鄉鎮的代表會正副主席、鄉鎮長、祕書、農會總幹事等人外，黃正雄和李雅樵亦在受邀之列；從邀請人和受邀人大都和海派有淵源的情形來看，勸退同是出身北門區的黃氏用意明顯；當天黃氏為了表示不受勸退而影響參與初選的決心，特地在赴宴前先到縣黨部，在胡雅雄的陪同下辦妥初選登記，並發表書面聲明後才到邀宴的現場，黃氏在書面聲明中再次強調，他參與初選的決心將貫徹到底，不會變更登記項目也不為任何刻意阻撓所動搖[11]。

黃氏執意要選的背後，可看出海派隱藏著可能分裂的危機，因為被海派奉為精神領袖的吳三連剛在 1988 年 12 月底去逝（達梅，1989.6：102；謝德錫，1990：150），雖然李雅樵已被視為是吳氏所栽培的接棒人，但黃氏於吳氏去逝不久的此時，即出馬與李氏競爭初選的提名權，多少隱含著爭奪海派領導人的意義；這從黃氏宣布參與初選後，於 6 月初向外表示自已「…出身於北門區，被歸為北門派，現任縣長李雅樵應為劉派…」的談話，及後來同為出身北門區的政界人士在七股龍園餐廳的聚宴，可以看出海派人士有意以勸退黃氏來避免可能的分裂，而得到理解[12]。

---

[11] 〈「四名人」邀北門鄉鎮首長座談，研判意在勸退黃正雄〉，民眾日報，1989.6.15，15 版。〈兩雄相爭兩敗俱傷，縣長選局執政黨…〉，中華日報，1989.6.15，10 版。〈首長座談會政治氣氛濃…〉，民眾日報，1989.6.16，15 版。〈黃正雄角逐百里侯成定局…〉，民眾日報，1989.6.16，15 版。〈黃正雄突破封鎖放手一搏…〉，中國時報，1989.6.16，3 版。〈黃正雄五點聲明強調參選決心…〉，台灣新生報，1989.6.16，17 版。

[12] 〈黃正雄不忘出身盼效力桑梓…〉，同上。王子嶽，〈李雅樵心事啥人知？〉，民眾日報，1989.6.24，15 版。

　　黃氏辦妥初選登記後，國民黨仍然不放棄勸退；黃氏表示 6
月中旬省黨部即有人找他，告知他的出路中央黨部已安排妥當，
希望他能撤銷登記，但黃氏以「…宣布參選前，什麼事都好商量，
但都沒人找他談…」為理由拒絕，並決意參與初選到底[13]，至此
黃氏參與初選已成定局。

　　親海派人士為了勸退黃正雄，邀約北門區六鄉鎮政壇人士在
七股鄉龍園餐廳聚會後，受胡雅雄影響醞釀支持黃氏的部份鄉鎮
市長亦以「鄉鎮市長聯誼會」的名義籌劃聚會，鄉鎮長聯誼會早
於 1982 年成立，當時並非以選舉為目的，到了 1987 年底，關廟
鄉長何宣勇、永康鄉長黃來鎰、及麻豆鎮長何慶輝等因顧及未來
兩屆任滿後的出路著想，而有所謂「選舉公司」的初步構想，但
因考量名稱易引來商業及政治上的顧忌，所以才打消選舉公司的
想法，回歸聯誼會的名稱。這屆縣長選舉，李氏陣營對此聯誼會
特別注意的原因，在於主要連繫人物是何宣勇、黃來鎰等多位已
表明支持黃氏的鄉鎮長；所以針對此聯誼會的此次聚會，李氏陣
營便有許多化解的回應措施，這使得爭取縣內三十一鄉鎮市長表
態支持，成為李、黃二人初選階段爭逐的焦點[14]。

　　面對支持黃氏的鄉鎮市長將以聯誼會的名義聚會，李雅樵方

[13] 〈國民黨初選測候有異象，關中坐鎮省黨部…〉，中國時報，1989.6.17，
　　15 版。〈南縣出現僵局，黃正雄拒絕撤銷登記〉，聯合報，1989.6.18，2
　　版。〈黃正雄不改初衷拼到底，李雅樵禍起蕭牆…〉，台灣新生報，
　　1989.6.18，17 版。〈黃正雄「打死不退」〉，中國時報，1989.6.20，13 版。
[14] 〈少數鄉鎮市長組聯合陣線，支持黃正雄威脅李雅樵…〉，民眾日報，
　　1989.6.22，10 版。〈顏繼斌捲入聯合陣線，對抗李雅樵…〉，民眾日報，
　　1989.6.21，15 版。〈鄉鎮長聯誼會廣發「武林帖」…〉，民眾日報，
　　1989.6.22，15 版。〈縣長選情已白熱化，鄉鎮市長被迫表態〉，中華日報，
　　1989.6.22，10 版。〈黃正雄廣發政治帖，鄉鎮長左右為難…〉，中華日報，
　　1989.6.23，10 版。

面亦加以回應；6月20日李氏在縣長公館宴請新營市等六位鄉鎮
市長，席間李氏拿出一份聲明書，要求在座的六位鄉鎮市長聯署
以示支持；聲明書內容有「…外傳全縣一半以上鄉鎮長支持黃正
雄競選縣長，純屬無稽之談…」及「鄉鎮市長組成的聯誼會，只
是大家私下聯誼性質，不是『選舉公司』…」的字樣。在場的鄉
鎮長有人對「無稽之談」一語表示異議，在建議改成「誤會」後
才一一簽字，並隨即傳遞全縣各鄉鎮長連署[15]。

　　從李氏所準備的聲明書內容來看，其目的是要化解鄉鎮長聯
誼會可能因支持黃氏，在初選時所帶來的負面影響；亦有意使聯
誼會的性質，淡化成與選舉無關的私誼性聚會，減低其在未來選
舉時的影響力。但從鄉鎮長們對支持黃氏一事被指為「無稽之談」
有所意見，而建議並改成「誤會」後才簽字的過程來看，有部份
鄉鎮長支持黃氏則是肯定的。

　　李氏除了以連署聲明因應鄉鎮長聯誼會外，巧的是縣府所辦
的民政講習亦定在與鄉鎮長聯誼會聚會的同一天舉行，並要求不
克出席的鄉鎮長必須要事先請假。這使原本預估會有廿一位鄉鎮
市長會出席的聯誼會，最後只有十四位參加，並且大都是兩任將
屆不能再連任的鄉鎮首長，會中亦低調迴避選舉議題，這從首任
聯誼會召集人新市鄉長鄭仁義，在會中一再強調此聚會只純屬私

---

[15] 應邀赴縣長公館的是六位鄉鎮市長是：新營市長顏繼斌、官田鄉長胡哲
男、佳里鎮長魏順益、七股鄉長王龍雄、玉井鄉長王石龍。〈李雅樵擺下
鴻門宴，支持黃正雄原是「誤會」〉，台灣新生報，1989.6.22，17版。〈黃
正雄、李雅樵短兵相接聯誼會卯上勸阻大會…〉，民眾日報，1989.6.23，
15版。〈鄉鎮長假聯誼會之名為選舉佈樁，藉職務之便…〉，中華日報，
1989.6.24，10版。〈鄉鎮長聯誼會亦步亦趨，政治派系較勁忌過火〉，民
眾日報，1989.6.24，15版。〈聚餐「華爾滋」鄉鎮長情怯…〉，民眾日報，
1989.6.25，15版。

人聯誼性質，及黃正雄、胡雅雄到場致意後，出席聯誼會的鄉鎮長們執意不由黃氏作東等情事獲得理解[16]。

參與鄉鎮長聯誼會聚餐後的黃氏向外表示，如果國民黨在提名作業上不公平而未被提名的話，將違紀競選到底；縣黨部主委顏文一則利用辦理初選候選人抽籤的機會，再次澄清絕對沒有內定或是勸退某人[17]。

隨著抽籤完畢，國民黨的初選正式進入競選活動階段，並於6月30日起開始辦理初選說明會（即政見發表會），本屆也是國民黨首次讓初選說明會在榮民之家舉行，以示黨內民主。黃氏在各場次中一再表明參選的目的，是為了讓大家在選縣長時有選擇的機會，並要考驗黨內初選是不是公正、公平，絕非是為了要脅迫上級安排職位給他[18]。

正當初選說明會開始幾天後，由於縣團管區司令趙海玉，在佳里鎮後備軍人聯誼會中公開呼籲會員支持李雅樵，因而引來黃

---

[16] 向縣府請假無法參加民政講習的有十七個鄉鎮，參加的有十四個；這和出席鄉鎮長聯誼會的數字相同，所以李、黃二人在爭取鄉鎮長支持上，各有進展。〈民政講習會富政治色彩，多名鄉鎮市長不克參加〉，民眾日報，1989.6.24，15 版。〈鄉鎮長「窩裡反」誰之過，際遇有別不滿情緒日積月累…〉，中華日報，1989.6.25，10 版。〈雙雄勢均力敵拉選票互有勝面，鄉鎮長敏感…〉，聯合報，1989.6.26，14 版。〈鄉鎮長聯誼會雲淡風輕，迴避「選舉公司」蜚言…〉，民眾日報，1989.6.26，14 版。〈雙會交鋒守口如瓶，初選局勢未明朗…〉，民眾日報，1989.6.26，14 版。

[17] 〈執政黨黨內初選完成抽籤，顏文一否認主動勸退登記…〉，民眾日報，1989.6.25，15 版。〈勸退之說純屬子虛，主委闢謠…〉，中華日報，1989.6.25，10 版。〈提名若失公平黃正雄選到底，南縣選情特殊…〉，中國時報，1989.6.26，4 版。

[18] 〈七股鄉說明會將在榮家舉行〉，中華日報，1989.7.2，10 版。〈說明會首次在榮家〉，民眾日報，1989.7.9，15 版。〈七股榮家說明會，叫好又叫座…〉，民眾日報，1989.7.10，14 版。

氏的反彈,於是在初選政見會中除了攻擊李氏以公款補助團管區
辦活動的不當外,亦要求趙姓司令提出說明,否則將在立法院對
國防部提出有關趙氏「軍人干政」的質詢;李氏陣營則以胡雅雄
身為縣黨部副主委、及關廟鄉長何宣勇等亦都公開,甚至發起鄉
鎮長聯誼會支持黃氏為例,提出「行政不中立」的反駁,並辯稱
趙氏是以黨員身份「正當發言」;面對李氏陣營的指控,胡雅雄
回應時強調「…就是拿槍脅迫我,我還是要支持黃正雄,如果縣
黨部不讓我幹副主委的話,我隨時都可以辭職…」[19]。因為佳里
鎮是黃氏的戶籍地,而且後備軍人系統又是受國民黨支配的票
源,趙姓司令的發言對黃氏初選的選情必有負面的影響,由此即
可理解黃氏抗議的原因;而這也突顯出國民黨控制著後備軍人系
統(含榮民之家)來影響選局,軍人沒有堅守中立原則;也顯示
縣內後備軍人系統、軍眷區、榮家等勢力,是不能忽視的一股政
治勢力。

　　隨著初選活動的展開,黃氏的支持者逐漸以籌組後援會的方
式表態;7月初舉辦競選誓師大會時,即是由縣議長周清文擔任
召集人;來賓有胡雅雄及縣議員、鄉鎮長多人,會中並推舉縣議
長周清文為後援會會長。從黃氏後援會成員來看,黃氏的支持力
量主要來自山派(胡雅雄)和高系(周清文)、在鄉鎮長方面則
以鄉鎮長聯誼會的部分成員為主(關廟、新化、新市、安定)[20]。

---

[19] 〈執政黨初選說明會昨登場…〉,中華日報,1989.7.1,10 版。〈黃正雄
抗議團管區司令公開支持李雅樵〉,中華日報,1989.7.2,10 版。〈公款
補助團管區辦活動,黃正雄抨擊李雅樵假公濟私〉,民眾日報,1989.7.4,
15 版。〈黨工職難比朋友情,胡雅雄堅決支持黃正雄…〉,中國時報,
1989.7.8,14 版。〈「拉票」風波沒完沒了!黃正雄未獲說明決上訴國防
部…〉,中華日報,1989.7.7,10 版。

[20] 當時出席黃氏誓師大會縣議員有楊來勇、林慶鎮、陳特清、蔡登瀛、李

　　即使李、黃二人已正式在初選活動上相互競逐，但國民黨縣黨部主委仍不放棄勸阻黃氏，7月中旬顏氏透過黨務系統，轉請省衛生處長李俊仁出面要求胡雅雄多和縣黨部配合，以免對黨造成傷害。顏氏這一舉動，使得原本對初選就已意見分歧的顏、胡二人摩擦再起。胡氏在接到省衛生處長轉達的意見後，隨即欲找顏氏理論；雖未當面遇到本人，但在電話中即有所爭執。隔兩天後胡氏再次召開記者會對外表示「…提不提名非縣黨部主委一人所能決定，顏文一自己不檢討…即指他人唱反調、不配合…實在太過分…」；顏氏則以「…胡雅雄有意見不循內部管道反映…和黨的決策唱反調…身為主委有責任維持組織紀律」回應[21]。

　　從顏、胡兩人的對立中，已透露出幾點訊息：

　　一、規劃人選影響初選公平性。從顏、胡兩人你來我往的過
　　　　程中，可以理解國民黨在本屆縣長選舉的提名人選是內

碧梅、吳木桐、王榮志等人；鄉鎮長有新化鎮長陳福生、關廟鄉長何宣勇、新市鄉長鄭仁義、安定鄉長陳岸等。〈同室操戈勝負難料，黃正雄獲高胡兩派支持…〉，中華日報，1989.7.2，10版。〈聯誼會紛紛出籠來，擁李護黃…〉，民眾日報，1989.7.3，14版。〈由初選活動看個人實力，李黃角逐縣長提名勢均力敵…〉，中華日報，1989.7.3，7版。〈宣布決心競選到底，黃正雄成立誓師會…〉，民眾日報，1989.7.5，15版。

[21] 顏、胡兩人之前就曾因顏氏一再勸阻黃正雄參與初選而對立，現在則因顏氏透過新營醫院的上級主管機關，也就是省衛生處長李俊仁向胡氏施壓，要胡氏配合決策再度引發對立。顏氏認為胡氏主張這屆縣長開放自由競選，是有違黨的決策；胡氏則認為開放競選才是民主作風，有規劃人選的初選不如不選，再加上他雖表明支持黃正雄但尚未公開助其拉票，也未攻訐李雅樵，若有犯錯應依黨規處理，而非透過行政系統砸他新營醫院院長的飯碗。〈執政黨南縣正副主委，為了黨內縣長初選，意見相左水火不容〉，聯合報，1989.7.13，13版。陳錫龍，〈南縣正副主委不和，胡雅雄公開批評顏文一〉，聯合報，1989.7.13，4版。〈黨內初選助選觀點不同，胡雅雄顏文一溝通分岔〉，中華日報，1989.7.13，10版。

定李雅樵，否則顏氏便不會一再勸阻黃氏，甚至透過省
衛生處長李俊仁要黃氏的重要支持者胡氏，不要再和黨
唱反調。這對之前國民黨一再強調初選的公平、公正是
一大諷刺；而事先已規劃人選的初選對台南縣而言，與
以往的提名方式在意義上並沒有什麼改變與進步，因為
還是由上級黨部在主導人選，而非全由黨員投票來決
定，如此一來初選的公平性還是受到質疑。

二、山派對國民黨的不滿。胡氏一再強調他不會參與黨內初
選，但若他支持的人選被勸退或是中途棄選的話，他將
循 1985 年李雅樵模式親自參選，迫使國民黨開放自由
競選；由於胡氏是山派的重要領導人之一，由他一再對
這次縣長選舉所作的表態，不難理解他對國民黨的不
滿。而這不滿主要還是和上次縣長選舉有關，當時胡氏
一路依國民黨所規定的步驟參與選戰，但最後國民黨卻
支持連提名登記都沒參與的李氏取得勝利，國民黨此舉
除了自毀立場外，連帶使胡氏成為為了勝選的犧牲對
象，故胡氏對國民黨上次縣長選舉時提名制度的不公及
李雅樵中途介入耿耿於懷。

三、選舉恩怨意義大於勢力的分合。胡氏在初選前就清楚的
表明，黨內若有人選出來和李雅樵競爭，他都將支持到
底，但若他支持的對象受到勸阻而無法參選到底的話，
他將親自出馬與李氏一較高下，這樣的表態明顯是衝著
李氏而來，故胡氏支持黃氏背後所代表的意義，還是個
人選舉恩怨大於政治勢力的分合。

初選的進度隨著說明會（即政見發表會）在三十一鄉鎮輪流
辦理後，逐漸接近投票的關鍵時刻，國民黨省黨部於 7 月 21 日

即投票前二天通知黃氏，要他在當天發表「尊重黨內初選結果」的聲明，但被黃氏所拒絕且隨後向外表示「…要發表的聲明是競選到底，而不是尊重初選結果…」當時同為初選候選人的李雅樵在回應記者提問時表示，自己並沒有像黃氏一樣收到國民黨省黨部的要求，需發表「尊重初選結果」的聲明。隔天，新化地區則傳出黨員收到內附黃正雄文宣傳單及百元現鈔的疑似賄選情事，但黃氏隨即指出是故意栽贓的打擊手法[22]。

　　從國民黨省黨部對黃氏的「通知」，及新化地區的文宣品夾帶現金情形來看，可體認到國民黨是要黃氏知所進退，即初選結果要是失利的話便可順理成章的宣布退出選局，再者是要黃氏有初選選情已不利於他的心理準備，因為同為初選候選人的李雅樵並未收到類似的要求；而這也再次間接証實國民黨在這次縣長提名過程中早已預先規劃了人選。再就新化地區文宣品夾帶百元現鈔的情事來看，事情發生的時間、地點和方式都令人質疑；首先是事情發生的時機恰巧和國民黨中央端正選風巡迴督導小組來縣視察相重疊，第二是發生在表態支持黃氏者較集中的新化地區，亦即山派及表明支持黃氏的鄉鎮長聯誼會部份成員所在地、再來是賄選方式，以未寫寄件人地址的信封，內附文宣品和現鈔的買票手法不但拙劣而且破綻太多，當事人陣營所為的可能性太小。明顯可以理解這是刻意要打擊黃氏的選舉手法，目的除了要弱化黃氏在其主要支持地區的獲票成果外，一旦選情出乎預料之外由黃氏勝出時，即可藉此打擊黃氏被提名的機會。

---

[22]　〈黃正雄決競選到底…〉，中華日報，1989.7.22，10 版。〈縣內未聞賄選事，端正選風巡迴…〉，中華日報，1989.7.22，10 版。〈候選人郵寄文宣夾帶鈔票，黃正雄認為有人故意栽贓〉，聯合報，1989.7.23，13 版。〈郵寄鈔票賄選疑案，縣黨部將專案研處…〉，中華日報，1989.7.25，10 版。

　　國民黨的初選投票於 7 月 23 日舉行，當天統計後李雅樵
26,786 票、黃正雄 15,077 票，投票率約 44.7％；由李雅樵以 11,000
餘票獲勝[23]。獲悉初選開票結果後李氏隨即感謝支持並指是一場
公平競爭，但黃氏則認為他並沒有輸，且年底將再來挑戰[24]。胡
雅雄事後分析，若李氏的得票中扣除生產、交通、後備軍人、軍
眷村、榮家等特種黨部，及行政系統（以教育最明顯）的「鐵票」，
實際獲勝的應是黃氏；而在規劃人選及配票輔選下的初選已失去
公平性[25]。

　　依據國民黨在 6 月底所公布的可投票黨員數共 94,718 人[26]，
初選投票當天有 41,000 餘張票投出，投票率約 44.7％。受國民黨
內定的李氏只贏黃氏約 11,000 餘票的情形下，可謂差距不大。再
加上李氏在反駁黃、胡二人指其是因「鐵票」才勝選時，李氏本
人亦提到約有兩萬餘張的「鐵票」，並推說大都已被國民黨移往

---

[23] 黃氏只在新化區的善化鎮、新市鄉及安定鄉三個鄉鎮共領先 670 票，其
　　 餘皆輸給李氏。〈執政黨初選順利圓滿結束，李雅樵、李勝峰、黃秀孟…〉，
　　 中華日報，1989.7.24，7 版。黃小千，〈國民黨初選各縣市投票率統計表〉，
　　 民眾日報，1989.7.25，3 版。〈國民黨縣市長初選台省投票率一覽表〉，
　　 中國時報，1989.7.25，2 版。

[24] 〈李雅樵獲勝連說公平，黃正雄落敗鞭炮照放〉，中國時報，1989.7.24，
　　 14 版。〈執政黨縣長之爭方興未艾，敗將自稱年底再來…〉，中華日報，
　　 1989.7.24，7 版。〈黃正雄懷疑配票不服輸，李雅樵依照數據…〉，中華
　　 日報，1989.7.26，10 版。

[25] 〈規劃人選？「鐵票」左右大局？國民黨初選激起反彈聲浪…〉，聯合報，
　　 1989.7.25，2 版。〈「鐵票」教人難認輸？黃正雄不服氣…〉，聯合報，
　　 1989.7.25，2 版。〈李雅樵初選奪標，胡雅雄獨鍾黃正雄，黨部副主委大
　　 唱提名反調〉，中國時報，1989.7.25，13 版。〈黨內初選落幕、不平之鳴
　　 響起〉，中國時報，1989.7.25，2 版。

[26] 〈執政黨初選投票人數全縣統計九萬餘人〉，中華日報，1989.6.30，10
　　 版。

高雄縣，台南縣所剩不多[27]，這也再次証實有「鐵票」的存在，若以投票率 44.7%計算後，可知約有一萬餘張「鐵票」影響這次初選，所以黃氏才會認為自己並沒有輸，一切只是國民黨動員運作的結果，不能代表真正民意而執意參選到底。

投票結果出來後，主導此次國民黨初選的副祕書長兼組工會主任關中，隨即發表對接下來提名原則的談話，關氏表示「…縣市長部分除非得票差距不大或特殊理由，否則將依照初選結果提名…」至於先前所公布的「…投票率未超過百分之五十的縣市，初選結果將作為提名『主要依據』或『重要參考』都只是『文字上的問題』…」[28]，國民黨原先宣布若投票率未過 50%的縣市，結果只當提名的「主要依據」或「重要參考」；後來關中又表明那只是「文字上的問題」，這又使初選對提名的意義令人起疑。初選後國民黨隨即在省及中央成立提名審核委員會，省級的審核委員會高育仁名列其中、中央提名審核委員會則是由剛上任的行政院長李煥擔任召集人[29]。

初選結果公布後，從黃氏和胡氏的反應來看，可以歸結出以下幾個問題點：

首先是規劃人選的問題。國民黨有無事先規劃人選一事，最直

---

[27] 〈不同道的父母官抓住「幽靈選票」的小辮子，余陳月瑛…〉，中國時報，1989.7.30，13 版。

[28] 〈朝野兩黨今天初選投開票，國民黨：將作為主要依據或重要參考…〉，聯合報，1989.7.23，11 版。〈即得尊重初選結果，又得兼顧實際政情，如何提名…〉，中國時報，1989.7.25，2 版。〈國民黨提名，關中提出兩項原則…〉，中國時報，1989.7.25，1 版。

[29] 〈執政黨中央提名審核委員會可能由李煥任名集人〉，聯合報，1989.7.25，2 版。〈提名審核七委員明將獲核定，預定 8 月中前提出建議名單〉，中國時報，1989.7.25，2 版。〈執政黨中常會今核定提名審核委會七委員，分別為：李煥…〉，中國時報，1989.7.26，2 版。

接的証實是關中在初選後已坦誠向外界表示「…有五個縣市的縣市長參選人經規劃後卻未能脫穎而出…」所以事先內定人選是有的，這也間接証實顏文一之前所提沒有規劃人選的說法是不實的。

　　第二是配票問題。黃氏自己及胡氏都認為沒有輸的理由是，縣內約有近 25,000 張的鐵票（李氏反駁說榮民及眷村票只有 9,400 餘張）在國民黨的配票下投給了李氏，若以此次初選的投票率 44.7％計算，約有 12,000 票（依李氏說法則有 4,100 餘張）；而黃氏只比李氏少得 11,000 餘票，是故黃、胡兩人才會認為初選並沒有輸。而這也顯示出國民黨所能支配的票源，對初選結果有著直接的影響，連帶也使黨意能否代表民意令人產生懷疑。

　　第三是地方人士與上級脈絡關係。除了之前所提到的初選爭議外，另一因素可從國民黨的省及中央提名審核委員會的成員來了解；首先是省提名小組中有高育仁，而高系的縣議長周清文則是黃氏後援會的總召集人，所以在向中央提建議提名人選時，省這一關對黃氏而言是有運作空間的；高育仁從省議員、縣長、內政部次長、國民黨中央祕書處主任、省民政廳長再到省議長，一路宦途順遂；在李煥內閣成立後省府即將改組，高氏有意循謝東閔曾由省議長轉任省主席模式，把省主席一職列為下一個目標。所以高氏在 1989 年這屆省議員選舉時，並沒有登記參選，而靜待國民黨的「安排」；從高氏以退為進及高系力鼎黃正雄參選縣長的情勢來看，高氏透過高系的周清文欲以支持黃氏參選，來牽制李雅樵以增加向國民黨「求職」的籌碼，再配合自已堅持不再連任省議長的以退為進策略，迫國民黨安排「適當」職位的動機是可以理解的[30]，而這也可以解釋為何高系會在此次縣長選舉中支持

<hr>

[30] 〈高育仁「留任」省議會議長？…〉，聯合報，1989.6.11，3 版。〈高育

黃氏的原因之一了[31]；至於中央部份則由李煥擔任召集人，李煥是在 6 月 1 日甫就任行政院院長；而當他還是國民黨省黨部主委時（後因中壢事件轉任中山大學校長），山派的張文獻就是當時省黨部三組的總幹事[32]，而楊寶發更是他屬意下安排回台南縣，在同額競選情況下於 1977 年 11 月當選第八屆縣長，所以李煥和山派的淵源可謂深厚。省有高育仁（高系），中央有李煥（與山派淵源深厚），這亦可理解為何黃、胡二人在初選落敗後，仍對最後的提名決策（爭取開放競選）欲再與李氏一較高下的原因了。

仁辭意已決，省議長選情撲朔…〉，民眾日報，1989.6.16，3 版。〈高育仁未登記，出路尚待安排〉，聯合報，1989.6.16，4 版。

[31] 趙永茂在 2000 年民進黨中央執政後，曾以高雄及彰化兩縣為例，對於地方派系的變動趨勢加以觀察，發現地方派系間有彼此橫向互動及單一勢力內出現分歧的趨勢（2001.6：162），若以本文對台南縣的觀察，在 1989 年縣長選舉進入政黨競爭階段後，即有較具體的類似情形出現，這從山派胡雅雄、高系高育仁等人支持有海派色彩的黃正雄，與同為海派的李雅樵競爭國民黨提名的過程即可理解。縣長選舉進入政黨競爭階段後，縣內國民黨所屬政治勢力間有以下現象一、派系勢力彼此間的橫向互動。雖有橫向互動但是動機仍以個人選舉恩怨及追求權力、利益為主；互動對象也有限制性，首先是單向性，限於山派與海派、高系與海派，至於山派與高系則不見明顯互動；再來是非主流性，雖然山派與高系與海派都有個自單向性的互動，但是對象只是海派的黃正雄，就黃正雄與李雅樵兩人在海派地位而言，黃氏只是非主流地位，而這也突顯下一個要描述的現象—派系勢力分歧。二、派系勢力的分歧。這點以海派為主，原因應與海派是掌握縣府行政資源的地位有直接關係，由黃正雄與李雅樵的對立即可理解到，握有分配行政資源的海派勢力有分化為李氏的主流勢力與黃氏非主流勢力的現象；有關海派勢力的分歧到了 1997 年在洪玉欽參選縣長時，亦再次出現，只是被提名的洪氏相對於當時李雅樵、黃秀孟而言，在海派勢力內應算是非主流地位。

[32] 〈李煥今就任行政院長…〉，中華日報，1989.6.1，2 版。王子嶽，〈李煥上台地方政情大地震（六）—無礙選局，政情才是未知數〉，民眾日報，1989.6.1，3 版。

　　第四個讓黃氏認為有努力空間的因素是初選的投票率只有44.7％，而依國民黨先前所宣示的若初選投票率不到50％，其結果將作為參考依據，而非決定依據；這亦使黃氏認為仍有希望可迫使國民黨改採開放競選的原因之一。

　　最後則是李氏的施政滿意度不高，李氏的施政滿意度在全國的調查結果中，被列為五個等級中的第四等級，成績雖比上次民調進步約 5.8％，但仍被列不及格的等級，這樣的結果除了成為黃氏陣營攻訐的主題外，多少亦鼓舞了黃氏參選的決心[33]。

　　7 月底，國民黨縣黨部向省黨部提報的建議提名名單中，只有李雅樵上榜，並且堅持不會開放自由競選；而省黨部在「…初選前規劃人選如獲第一高票，亦建議不管投票率高低均予提名…」的考量下，依規定送交中央審核的加倍提名建議名單中，李雅樵、黃正雄分別列名一、二[34]。在初選中落敗的黃氏陣營並未放棄任何可爭取參選的努力，8 月初以高系縣議長周清文為召

---

[33] 從 1988、1989 年兩次的施政滿意度調查成績，分別為 53.7％（第十九名）、59.5％（第十五名）來看，雖有進步但和其他縣市相較起來，成績被列為倒數的第二等。李氏得知自己的施政滿意度成績不理想後，馬上對民調的可信度提出質疑，認為所抽問的樣本太少不能代表整體的民意，但這樣的成績公布對李氏未來選情而言不無負面影響。〈地方首長民意調查，宜縣、北市、投縣…〉，聯合報，1989.7.10，1 版。〈民意調查基金會調查今年上半年，台北市、高雄市及台灣省…〉，聯合報，1989.7.10，13 版。〈地方首長施政調查：陳定南第一…〉，中國時報，1989.7.10，1 版。〈施政成績被評第四等，李雅樵認為不夠客觀〉，聯合報，1989.7.10，14 版。

[34] 〈縣黨部昨呈報提名建議名單，縣長：要求支持李雅樵尋求連任…〉，中華日報，1989.8.1，10 版。〈縣市長選舉，國民黨省黨部初擬提名名單〉，中國時報，1989.8.1，1 版。〈國民黨台灣省各縣市長提名建議名單…〉，自立早報，1989.8.2，2 版。〈執政黨選戰部署，人選呼之欲出，台省提名小組…〉，聯合報，1989.8.2，4 版。

集人的支持黃氏參選縣長後援會，在佳里國小舉辦了一場席開六十餘桌，約六百餘人參加的「團結餐會」，會中黃氏表示「不是做縣長就是做縣民」，再次表明要參選到底的決心[35]；當天胡雅雄向省黨部請辭兼任的縣黨部副主委，並在餐會上公開發言支持黃氏競選到底，並散發一份給省黨部主委的「辭兼任職報告」影本，除了說明辭職的原因外，並抨擊顏文一在舉辦初選時的不是，並表明若黃氏受「不可抗力」因素而退選的話，他將出馬參選[36]。

　　面對黃、胡兩人初選後的舉動，顏文一回應「…黨部歷年來對胡龍寶、胡雅雄父子兩代的照顧有目共賭…期望胡雅雄尊重初選結果…若因政治立場不同而堅持求去，縣黨部也不勉強…」[37]。省黨部方面除了表示慰留胡氏外，隨即邀約胡、黃、顏三人協調

---

[35] 〈黃正雄今天將表明動向〉，自立早報，1989.8.2，14 版。〈黃正雄舉辦團結餐會，表明決心角逐下屆縣長〉，聯合報，1989.8.3，13 版。〈黃正雄警言與李雅樵對決〉，民眾日報，1989.8.3，3 版。

[36] 胡氏在報告中提到要辭職的原因可歸納為以下四點：一、初選登記時力勸顏文一不可逼退黃氏登記，因與縣黨部規劃由李氏一人登記的方案相悖，使組織形象受損。二、建議年底縣長選舉開放自由競選，但顏氏表示「非提名不可」，被認為是黨內內訌。三、顏氏在初選後不但沒有消弭裂痕，反而激化黨員反感。四、辭職是為了不受黨職羈絆，辭後將可全力為黃氏助選。〈執政黨初選後遺症，台南縣黨部起內訌…〉，聯合報，1989.8.3，4 版。〈執政黨南縣黨部副主委請辭，胡雅雄抗議…〉，聯合報，1989.8.3，13 版。〈黨工辭職蔓延至台南縣，為了黃正雄事事與願違…〉，自立早報，1989.8.3，14 版。〈胡雅雄宣佈辭去黨部副主委〉，中國時報，1989.8.3，2 版。

[37] 顏氏提到國民黨對胡氏父子的照顧有目共賭的一席話，又衍生出山派人士認為顏氏對胡龍寶不敬的風波；認為顏氏不應抹煞胡家對國民黨的貢獻。顏氏隨即澄清他絕無對胡前縣長有不敬的意思。〈黨部主委顏文一表示遺憾，認一切作為均符黨的利益〉，中國時報，1989.8.3，2 版。〈胡雅雄宦海浮沈事與願違為黨效力…〉，中華日報，1989.8.3，10 版。〈一張玉照千頃波，是非恩怨想當年…〉，中國時報，1989.8.5，13 版。

以消除歧見,但胡氏仍堅持辭職[38]。

支持黃氏的陣營在初選後、提名前的期間,仍然不放棄爭取
參選機會,黃氏後援會所主導召開的「團結餐會」,黃氏公開宣
示參選到底;胡氏並當場宣布辭去副主委,以全力協助黃氏參選
等一連串動作,可以理解是要對國民黨的提名決策造成壓力。雖
然黃氏爭取提名的成功性已不大,但是爭取國民黨宣布開放自由
競選對黃氏陣營來說,則仍有值得努力的機會。「團結餐會」及
胡氏的辭職表態就是山派、高系等地方政治勢力,試圖影響國民
黨提名決策的具體行動,目的是要向國民黨傳達,若提名李氏而
不開放自由競選的話,年底選舉時將會有整合上的難題產生。

除此之外,山派和高系表態支持黃氏的背後,亦顯示出國民
黨透過提名政策來支配地方政治勢力的策略,在這屆縣長選舉中
受到質疑與不滿,除了出現以往就有的黨內勢力對立的情勢外,
地方政治勢力更直接挑戰縣黨部的決策,公開指責縣黨部主委的
不是,這都是前所未見的。從這些現象可以理解國民黨縣黨部在
縣內的影響力,自從1985年縣長選舉時對地方政治勢力讓步後,
其支配者的角色又再次受到挑戰。

國民黨中央提名審核委員會,在尊重初選結果的考量下擬定
了建議名單,並經中常會核定後,於8月中旬公佈正式提名名單;
台南縣確定提名李雅樵,不開放競選[39]。支持黃氏的人士在國民

---

[38] 〈胡雅雄辭職案,省黨部將深入了解〉,民眾日報,1989.8.3,3版。〈風
波起馬鎮方「頭痛」,求和諧勸導則擺平〉,民眾日報,1989.8.4,3版。
〈胡雅雄辭職引起關切,省黨部邀關係人協商〉,中華日報,1989.8.4,
10版。〈國民黨台南縣黨部副主任委員不好幹,胡雅雄決心掛冠〉,中國
時報,1989.8.11,13版。

[39] 〈執政黨今公布提名名單,縣市長部份…〉,中華日報,1989.8.16,1版。
〈執政黨核定縣市長提名名單…〉,中國時報,1989.8.16,1版。〈執政

黨公布提名名單的同一天中午，集聚在佳里鎮黃氏自宅，會中黃氏發表五點聲明，再次表明競選到底的決心外，胡雅雄、周清文等人亦表示支持到底，胡氏更當場表示願和黃氏一起被國民黨開除黨籍；並敬告其父親胡龍寶，不要理會國民黨的施壓，要他放棄為黃氏助選[40]。

　　除了台南縣外，嘉義市、台南市、宜蘭縣、花蓮縣、苗栗縣…等地都發生「個人違紀參選」、「集體退黨」或「燒燬黨證」的不滿情勢[41]；主導這次初選的關中，在面對地方政治勢力的反彈情勢時，除了再次肯定初選的價值外，並認為因不滿初選及提名結果，而發生的退黨風潮，正好是一次「清黨」的機會[42]；另一方

黨今核定公職提名人選…〉，聯合報，1989.8.16，1版。

[40] 黃氏所發表的五點參選到底聲明大要如下：一、不公平的開始，加上不公平的初選過程，期難有公平的結論。二、所抱回鄉服務，建設地方之熱烈願望，絕不改變。三、言出必行，實踐諾言，所以競選到底的決心也不改變。四、權衡做人與做官，最後決定寧可玉碎也不求瓦全。五、明知未來要走的路必更加坎坷，但會走到成功，走到勝利。當天參與聚會的除了胡雅雄、周清文外尚有縣議員王國雄、吳木桐、李碧梅、洪雪珠、周五六、王榮志、謝銀行、江拱南、陳特清及關廟鄉長何宣勇等人。〈初選不公平不得不出馬，黃正雄決定角逐台南縣長〉，民眾日報，1989.8.17，11版。〈黃正雄堅持不退出選局，批評黨工人員不公正〉，聯合報，1989.8.17，13版。〈台南縣長陷入閱牆之爭，李雅樵頭痛…〉，中華日報，1989.8.17，5版。〈黃正雄五點聲明，下決心競選到底…〉，中華日報，1989.8.17，10版。

[41] 〈提名揭曉前夕反彈行動日趨激烈，有人聚眾抗議…〉，中國時報，1989.8.15，2版。〈不少落選人將競選到底不罷休，對於其他獲得提名…〉，聯合報，1989.8.17，13版。〈反彈未提名有動作，縣市長未獲提名的張馥堂、黃正雄…〉，聯合報，1989.8.17，3版。

[42] 〈國民黨初選理想變惡夢，決策核心認為不必為…〉，自立早報，1989.8.15，2版。〈關中肯定初選具正面價值，退黨風潮…〉，自立早報，1989.8.16，2版。

面國民黨則成立「中央安撫處理小組」，由祕書長宋楚瑜擔任召
集人，負責勸退、整合的工作[43]。國民黨面對反彈情勢時，從關
中強勢談話到後來成立安撫處理小組，以安撫、整合等柔性方式
來因應；可以看出國民黨在處理反彈情勢時，還是有所忌憚，不
至一味以「清黨」的強勢態度來解決，因為當時民進黨已經成立
並參與選舉，國民黨要是執意強硬對待反彈者，對年底選情必有
負面影響。

國民黨具體的安撫、整合行動在 9 月初開始，當時總統李登
輝以國民黨黨主席身份南下，在宋楚瑜、關中等人陪同下於台南
市台灣糖業試驗所，分六批召見嘉南地區地方政壇人士，李雅樵
是在 9 月 1 日傍晚受到約見，隔天早上則輪到省議長高育仁、縣
議長周清文、監委張文獻及縣黨部主委顏文一等人和李登輝共進
早餐[44]，李登輝一行人北返途經中山高速公路新營休息區時，又
再次約見李雅樵[45]。至於由黨主席親自出馬，約見地方人士，以

---

[43] 〈反彈動作安撫擺平，執政黨中央處理小組已有腹案〉，民眾日報，
1989.8.16，1 版。〈整合令下達，安撫地方反彈，國民黨責成中央、省、
地方…〉，自立早報，1989.8.20，14 版。

[44] 被約見的人士中以高系的高育仁、周清文及山派的張文獻較受矚目。因
為黃正雄就是有高系和山派的支持才會有競選到底的動力。早餐會中李
登輝問及縣長選情有何整合困難時，與會者中有人以「暴風雨前的寧靜」
來形容，並指李雅樵上任後，未曾拜訪過黃、胡二人致整合發生困難。〈李
登輝週末邀宴南縣市政壇要角，共商年底選情，要求與會十二人…〉，民
眾日報，1989.9.3，3 版。〈早餐會報不是純吃飯！邀胡高兩派…〉，中華
日報，1989.9.3，10 版。〈穩定選局李主席風塵僕僕…〉，中國時報，
1989.9.3，1 版。

[45] 早於 1981 年底李雅樵被安排省府委員一職時，當時省主席就是李登輝，
所以兩人曾有共事之誼。〈關心地方建設與選情，李主席二度召見李雅
樵〉，民眾日報，1989.9.3，3 版。〈停留高速路休息站，第二度約見李雅
樵，李主席關心…〉，聯合報，1989.9.3，2 版。

排解因縣長選舉提名所引起的反彈情緒，就國民黨而言則是首創之舉。

　　繼李登輝南下約見相關人士後，國民黨省黨部方面亦後續約談了黃正雄及李雅樵兩人，但直到 9 月下旬黃氏仍舊未放棄參選的念頭，李登輝親自出馬整合後，省黨部主委馬鎮方接著約見李、黃二人，當時媒體傳出國民黨欲以高雄市政府祕書長一職或是競選連任立委的條件來勸退黃氏，但不被黃氏接受[46]；到了 9 月下旬胡雅雄、周清文等人，再次要黃氏表明絕不接受任何條件勸退的決心，黃氏則以仍要參選到底來回應[47]。

　　從過程來看，國民黨自李登輝約見地方人士後，就持續以安排職務的方式籍以達到勸退目的，只是和當事人仍未談妥罷了；至於胡氏再次確認黃氏參選決心的起因，可以理解的是因此而起。從另一角度來觀察，胡氏探尋黃氏參選決心是否仍堅定的目的，是要預先作好黃氏若被退勸後，自己將要上陣參選的準備。

　　10 月中旬宋楚瑜搭專機南下再次拜訪黃氏，在場還有胡雅雄、縣議長周清文、縣議員吳木桐、李碧梅等人，會後黃氏表示有感宋祕書長專程來訪，將一定支持組織的決策；胡氏則表示會在近日反映意見給中央黨部參考[48]。宋氏再次南下會見黃氏及其

---

[46] 〈黃正雄目前怨氣難消，不願放棄角逐台南縣長〉，聯合報，1989.9.7，13 版。〈北宜兩縣選盤異軍起，南嘉兩縣長佈局依舊擺不平，李主席都出面了…〉，中國時報，1989.9.9，13 版。

[47] 〈胡雅雄再三催促昨獲肯定表態，黃正雄決定參選到底〉，中華日報，1989.9.28，10 版。

[48] 〈參選台南縣長是否有變化，黃正雄表示將評估勝算〉，中國時報，1989.10.11，14 版。〈宋楚瑜替黃正雄「打氣」餐敘暢談甚歡傳聞與勸退有關〉，中國時報，1989.10.13，15 版。〈宋楚瑜親訪黃正雄，南縣選情雲破月出…〉，中華日報，1989.10.13，2 版。〈宋楚瑜昨造訪黃正雄，唯

支持者，雖然雙方詳談內容無法得知，但從會後黃氏表示一定支持組織決策，及胡氏欲再反映意見給中央黨部來看，之前黃氏非選不可及胡氏不循黨內管道反映意見的情形已有所轉變，亦即宋氏與黃氏陣營已有某種程度共識。會見過程顏文一並未出現，也意味整合工作已交由國民黨中央黨部的「中央安撫處理小組」進行，這亦顯示國民黨縣黨部對地方政治勢力的影響力有衰退跡象。

緊接著，高育仁亦返回南縣造訪黃氏了解選情，當時縣議長周清文、議員吳木桐、李碧梅、陳特清，新營市長顏繼斌、安定鄉長陳岸、關廟鄉長何宣勇等人在場作陪。會中吳木桐、顏繼斌提出自己看法，認為若黃氏不出馬，則約有六至十萬張原本支持黃氏的票會轉到民進黨去，所以主張國民黨應仔細衡量黃氏不出馬的利害得失[49]；由此可以理解高系人馬還是較傾向要黃氏參選到底。

前縣長胡龍寶亦在 10 月 24 日造訪黃氏關心選情；黃氏隨後召集全縣各鄉鎮支持者聚會決定動向[50]，三天後發表聲明正式宣

「勸退」則隻字未提〉，民眾日報，1989.10.13，6 版。〈為黃打氣瓦解民進黨氣勢安撫胡派，宋楚瑜南下…〉，民眾日報，1989.10.14，6 版。〈宋祕書長南下探望黃正雄，客觀衡量「整合」意味較濃〉，民眾日報，1989.10.15，6 版。

[49] 〈黃正雄動向影響選局〉，中國時報，1989.10.11，14 版。〈高育仁賢伉儷回家鄉，造訪黃正雄閒談選局〉，中華日報，1989.10.15，10 版。〈選與不選黃說這幾天會有具體結果〉，民眾日報，1989.10.21，6 版。〈黃正雄蒙上神祕面紗，參選意向仍撲朔迷離〉，中華日報，1989.10.22，10 版。〈黃正雄進退維谷間面臨產前陣痛，料將改弦易轍…〉，民眾日報，1989.10.25，6 版。

[50] 〈黃正雄面臨亮牌關鍵時刻，徹夜與地方大老密商縣長選情…〉，中華日報，1989.10.25，10 版。〈縣市長選情撲朔迷離、有人收兵有人衝鋒…〉，中國時報，1989.10.27，2 版。

布中止參選台南縣長[51]，國民黨黨主席李登輝隨即召見以示嘉勉[52]。從國民黨祕書長宋楚瑜南下造訪黃氏後，黃氏堅持參選的態度已有所轉變；另外高育仁造訪黃氏時胡雅雄並未一同出席聚會，之後前縣長胡龍寶親自探訪黃氏，胡氏亦未陪同前往，可見胡氏的意向有轉為低調情形。隨後黃氏即宣布中止參選來看，可以理解胡雅雄在宋楚瑜南下造訪後，對國民黨提名制度不滿的態度已有所轉變；至於胡前縣長親訪黃氏，應是向其表示山派願支持國民黨決策的意向。黃氏在其發表五點的中止參選聲明第二點提到「…國民黨、民進黨、中國自強黨都已推派人選參選，若自己再堅持參選恐將淪為夾殺或犧牲角色…」，第五點則提到宋楚瑜專程探視，使他深受感動…[53]即可初步理解黃氏為何棄選的原因與其態度轉變和宋氏有直接相關。

就在國民黨仍在勸退黃氏陣營時，獲國民黨提名的李雅樵於10月初決定仍由謝崑山擔任競選總幹事，副總幹事則由縣肉品公司總經理吳維樵擔任，並於10月22日成立競選總部，並於登記期限最後一天，辦妥候選人登記手續[54]。

---

51 〈黃正雄痛苦的抉擇，不選縣長…〉，民眾日報，1989.10.28，3 版。〈黃正雄中止參選聲明〉，中華日報，1989.10.28，10 版。

52 〈張馥堂黃正雄退選，李主席昨接見嘉勉〉，中華日報，1989.11.2，1 版。

53 〈黃正雄痛苦的抉擇，不選縣長…〉，同上。〈黃正雄中止參選聲明〉，同上。

54 李氏成立競選總部時出席人士有監委謝崑山、施鐘響、洪俊德，國代吳豐山、蔡天再、高宗仁，立委洪玉欽、蘇火燈，省府委員涂德錡，省議員黃秀孟、蔡江琳等人。〈李雅樵智囊團底定，決聘謝崑山掌大旗〉，中華日報，1989.10.8，10 版。〈李雅樵積極部署選戰，成立後援會…〉，中國時報，1989.10.23，14 版。〈李雅樵競選總部成立，監委謝崑山任總幹事…〉，民眾日報，1989.10.23，7 版。〈三項公職選舉昨截止登記…〉，中華日報，1989.10.31，10 版。

貳、民進黨推出李宗藩

　　1986 年 9 月成立的民進黨，於 1987 年 9 月在台南縣成立縣黨部，故第十一屆的縣長選舉，對民進黨台南縣黨部而言，是首次參與的縣長選戰。首任民進黨縣黨部主委林文定，於 1989 年 4 月底提前辭職，由許滄淵代理其剩餘任期，林文定兩年任期未滿即辭職原因，與縣內民進黨的山頭勢力崛起及縣黨部財政困難有關，其中以新豐區的勢力崛起較明顯，例如民進黨縣內最早成立的鄉鎮黨部就是歸仁鄉黨部，另外像永康農工服務中心、關廟鄉社會服務處都位於新豐區；至於財政困難部份，除了黨員的黨費收入外，財源的籌措主要是由縣黨部主委一人承擔，所以財務責任重大。林氏辭職後主委任期由許氏代理至 8 月 20 日[55]，接任後的許氏首先針對縣內民進黨勢力進行協調；其中即對永康農工中心裁撤與否和負責人謝錦川當面協調，達成農工服務中心今後行事須落實向縣黨部報備的共識，並澄清縣黨部執委會通過的是「糾正」案而非「裁撤」案，以希望能在年底選舉時集中力量輔選[56]。

---

[55] 林文定 1954 年生，新化鎮人，安南初中畢業。曾為高李麗珍（1983）、湯金全（1985）、朱高正（1986）助選，曾任民進黨第一屆全國黨代表、第一屆台南縣黨部主委，1994 年當選第十三屆縣議員，本身在新化經營房屋仲介業。許滄淵 1939 年生，新化鎮觀音里人，國校畢業，曾任新化鎮觀音里第八至十二屆里長（1968～86 年），自營魚塭、自助餐等業（台南縣選舉委員會編印，1989a：599、762）。〈政治手腕高服務成績斐然，急流勇退林文定令人激賞〉，民眾日報，1989.5.1，14 版。〈林文定辭職風波落幕，許滄淵榮任民進黨縣黨部主委〉，民眾日報，1989.5.2，15 版。〈任期中舉足輕重，許滄淵任重道遠〉，民眾日報，1989.5.2，15 版。

[56] 謝錦川 1943 年生，永康大灣人，世界新專畢業，其父謝水藍曾任第一屆永康鄉代會主席（1946 年）、台南縣參議員（1946～48 年）、台灣省參議員（1948～51 年）。石萬壽主纂，1988：822。〈減輕財務負擔避免山頭主義色彩，民進黨擬關閉農工服務中心…〉，民眾日報，1989.5.10，15 版。〈裁

　　針對年底由誰代表民進黨出馬競選縣長一事，縣內民進黨人士原本希望陳水扁，能再次返鄉挑戰國民黨候選人，但是陳氏志在參選台北市北區立委而作罷；後來找上台大法律系畢業、前新營市農會總幹事鄭天德，但鄭氏沒有把握又找上牙醫師魏耀乾，因參選縣長須有四年行政經歷的檢覈，魏氏因資格不符而改選立委；最後由民進黨中央黨部出面遊說旅居日本縣籍人士李宗藩返國參選，李氏尚未明確表示是否參選前，曾回縣內走動，除了與民進黨地方人士增進彼此認識以了解選情外，並對是否加入民進黨進行評估[57]。

　　5 月中旬民進黨縣黨部召開縣長登記溝通會，初步共識是由李宗藩代表民進黨出馬角逐縣長，但若至 5 月底前有其他黨員欲參選，則再進行溝通或以辦理黨員初選來決定；會後李氏在民進黨組織部主任林瑞圖特地南下監督，正式加入民進黨，並隨即依選罷法規定，提出縣長資格檢覈，以確定是否有參選資格，並把戶籍從日本遷回玉井鄉以示參選決心；直到初選登記截止，只有

撤風波衝著謝錦川而來，內部衝突…〉，民眾日報，1989.5.10，15 版。〈農工服務中心裁撤風波暫平息，三巨頭…〉，民眾日報，1989.5.1，14 版。

[57] 李宗藩 1937 年生於學甲鎮，後遷居玉井鄉竹圍村。縣立玉井初農、省立嘉義高農、台大森林學系畢業，高考及格。1965 年離台留學日本，後獲東京大學農業博士學位，曾任省農會東京辦事處專員，僑居當地廿四年擁有私人牧場，為台灣人公共事務協會（FAPA）日本分會會長。魏耀乾1949 年生，佳里鎮龍安里外渡頭人，高雄中學、中山醫學院牙醫學系畢業，英國艾塞克斯大學政治思想研究所研究，1992 年底當選區域立委，1997 年曾參選第十四屆縣長（台南縣選舉委員會，2002：589）。〈力邀陳水扁角逐百里侯，民進黨擬發動…〉，民眾日報，1989.5.9，15 版。〈是否加入民進黨，李宗藩將細思量〉，民眾日報，1989.5.14，15 版。〈民進黨縣長候選人將徵召李宗藩參選〉，中華日報，1989.7.19，10 版。〈李宗藩小檔案〉，中國時報，1989.12.8，3 版。

李宗藩辦理登記；所以只要資格檢覈通過，幾乎確定由李氏代表民進黨參選縣長[58]。

　　為了輔選，民進黨縣黨部決定 8 月底前，在縣內卅一鄉鎮分別成立鄉鎮市黨部或是服務處，以和國民黨的基層組織相抗衡。當時民進黨除了縣黨部外，在縣內的鄉鎮市黨部及服務處分別只有歸仁鄉黨部、關廟鄉社會服務處及永康農工服務中心，及 6 月中旬才通過要設立的永康鄉黨部及官田鄉聯絡處等五處機構[59]，其中獲縣黨部執委會通過可設立鄉黨部的永康鄉而言，當時黨員也才八十一位，尚不符兩百位黨員才可成立鄉鎮黨部的規定（預定 12 月以前要召募滿規定的黨員數）[60]，可見是為了選舉考量的匆促之舉。這顯示民進黨在此次縣長選舉的基層組織還無法和國民黨相比。

　　由於李宗藩的資格檢覈遲無下文，所以民進黨的縣長參選人一直無法底定，縣內民進黨人士仍有萬一李氏資格檢覈不符，欲

---

[58] 原本鄭天德亦有登記初選但是後來撤回，鄭氏在登記前就公開表示，若李氏的資格檢覈能通過的話，將為其助選到底，所以鄭氏的登記舉動可以理解是為了備位，隨著李氏參選逐漸明朗才退出。〈李宗藩宣誓加入民進黨〉，民眾日報，1989.5.19，15 版。〈李宗藩角逐縣長，鄭天德將跨刀相助…〉，民眾日報，1989.5.19，15 版。〈民進黨黨內初選，三項有六人登記〉，中華日報，1989.6.1，10 版。〈李宗藩落籍玉井，下決心角逐縣長〉，民眾日報，1989.6.10，15 版。〈民進黨初選登記昨截止，縣長…〉，中華日報，1989.6.11，10 版。

[59] 〈民進黨為選戰輔路，尋覓鄉鎮服務據點〉，民眾日報，1989.6.13，15 版。〈民進黨為輔選工作暖身，南縣黨部決成立卅一社服處〉，中國時報，1989.6.19，13 版。〈民進黨擬採「群體戰」策略，決議成立鄉黨部與聯絡處〉，民眾日報，1989.6.20，15 版。

[60] 〈僅八十一名黨員，擬成立鄉黨部，永康鄉…〉，民眾日報，1989.6.21，15 版。

邀請陳水扁回鄉再選一次的打算[61]。經過近兩個月的拖延，7 月中旬李宗藩的參選資格檢覈，終於得到考選部回覆通知合格；由於民進黨縣黨部事先協調已取得共識，並沒有辦理初選（民進黨其他須辦理初選的縣市與國民黨一樣選在 7 月 23 日舉行黨員投票），隨即召開記者會正式介紹候選人，至此人選確定由李宗藩代表民進黨參選縣長，並暫定由民進黨縣黨部副執行長潘輝全擔任競選活動的總指揮[62]。

　　當民進黨縣長參選人確定後，國民黨正值縣黨部副主委胡雅雄與主委顏文一意見不合提出辭呈的時候；所以民進黨縣黨部正

---

[61] 李氏除了資格檢覈遲無下文外，和縣內民進黨勢力不熟悉亦是他的弱點；一旦檢覈不通過，縣內民進黨人士仍企望陳水扁能回鄉再選一次縣長；陳氏雖志在北市選立委，但因同黨人士謝長廷有可能因案入獄改由其妻出馬，一旦謝妻游芳枝出馬的話，陳氏可能會回報當年謝氏為吳淑珍助選的人情，而不和游氏同區競爭，這也是縣內民進黨人士仍抱陳氏可能會再回鄉參選的原因之一。〈李宗藩縣長資格檢覈無下文，選前活動受限…〉，民眾日報，1989.7.1，15 版。〈陳水扁旋風捲土重來？角逐百里侯不無可能〉，中華日報，1989.7.5，10 版。〈「阿扁」旋風年底再掀起？麻豆官田選民…〉，民眾日報，1989.7.14，15 版。

[62] 由於協調獲得共識，所以南縣並沒有辦初選。代表民進黨參選縣長的是李宗藩、省議員是謝三升、立委是魏耀乾、謝錦川兩人。縣長與省議員參選人選部份較單純，但立委部份的協調則較不順利，原因是民進黨評估縣內票源實力不夠支持一位立委當選，而欲協調謝錦川退出，但因謝氏執意不肯讓步，引起主委林文定提前辭職的事端；後來民進黨在團結內部及擴展票源使得票率提高的考量下，採高額提名策略，謝氏才得以順利參選。但支持魏耀乾參選立委的林文定與謝錦川之間仍有介蒂。〈高額提名立委戰果堪虞，票源分散民進黨…〉，民眾日報，1989.6.4，15 版。〈民進黨縣黨部黨員有嫌隙，服務處破土典禮場面冷清〉，民眾日報，1989.6.27，15 版。〈李宗藩踏出「宣戰」第一步…〉，民眾日報，1989.7.15，15 版。〈民進黨內初選協調，除中市與嘉南高屏宜六縣市確定不初選外…〉，中國時報，1989.7.17，2 版。〈民進黨昨天舉行記者會，介紹縣長參選人李宗藩〉，中華日報，1989.7.20，10 版。

副執行長陳耀及潘輝全兩人，前往省立新營醫院拜訪胡雅雄，陳、潘兩人當面向胡氏表示，若國民黨提名李雅樵的話，請胡氏和黃正雄都不要違紀參選；胡氏則以「不會做出對不起黨的事情…」回應兩人[63]。

民進黨縣黨部的正副執行長，在國民黨內部因提名作業產生對立的時候，前往拜會胡雅雄的用意主要是要「勸退」胡、黃兩人；民進黨會希望胡、黃兩人不要違紀參選的原因，可由上屆縣長選舉時胡雅雄在新豐、新化兩區的十四個鄉鎮中獲票情形得到理解，當時胡氏得票總合高達 81,988 票，高於陳水扁的 70,974 票及李雅樵的 55,546 票[64]。站在民進黨的立場來看，若國民黨提名李雅樵，而胡、黃兩人都不要出馬競選的話，山派影響力較大的新豐、新化區的票源就不會被拉走，這對民進黨的李宗藩而言將有較大的運作空間，所以才會出現民進黨正副執行長出面勸阻國民黨有意違紀參選人士不要參選的情事。

民進黨縣黨部繼 5 月初許滄淵代理縣黨部主委，及 7 月下旬底定李宗藩出馬競選縣長後；8 月 13 日緊接著召開黨員大會並進行改組，會中由黨員直接投票選出縣黨部執行委員、評議委員及主任委員。民進黨召開縣黨員大會時，縣內黨員數約 750 人，改組當天由出席的四百餘位黨員直接投票，選出九位執行委員及五位評議委員後，再從剛當選執委且登記參選主委的潘、許兩人中，選出縣黨部主委；主任委員選舉結果由潘輝全以 153 票擊敗許滄淵的 130 票，當選第二任縣黨部主委[65]。

---

63 〈胡雅雄強調忠貞，民進黨乘虛遊說…〉，中華日報，1989.8.5，10 版。
64 胡雅雄、陳水扁及李雅樵三人在新豐及新化區的得票情形，參閱表十一，第十屆縣長候選人各鄉鎮得票數一覽表。
65 〈潘輝全榮登主委寶座…〉，民眾報，1989.8.14，7 版。〈南縣民進黨

民進黨縣黨部的這次改組的過程及結果有以下幾點訊息：

一、黨員直選縣黨部主委落實民主精神。民進黨首任主委是由執行委員間互選產生，但從第二屆起即改由黨員直接投票選出；過程雖有動員代繳黨費的黨員（以下稱之為人頭黨員）影響選舉結果的負面現象，但和國民黨比起來，民進黨縣黨部主委的產生方式，仍較具民意基礎及符合民主程序，再加上決策採合議制，也使民進黨的縣黨部主委不像國民黨的縣主委易因專權而引起對立。

二、黨內有不同勢力對立情形存在。首任主委林文定的提前辭職原因之一，就是和黨內不同勢力的對立有關，從潘輝全和許滄淵在競選主委時亦可理解這個現象，潘氏的主要支持者是謝三升、林文定等被視為促成縣黨部成立的主要人士及歸仁鄉黨部的勢力；而許氏則有農權會的黃太平、陳來助及永康農工服務中心的謝錦川等後來相繼成立的分支組織的後援；潘氏的當選意謂農權會、農工服務中心等新興勢力的實力尚未及謝三升、林文定等主流力量，但黨內各勢力間的競爭現象已存在[66]。

三、組織發展的瓶頸需要突破。從第一屆第二次黨員代表大會所通過「加強吸收黨員及發展組織」的決議就可以看出這個需要；以黨員數來看，當時縣內民進黨員約750人其中還包括各勢力動員而來的人頭黨員，出席黨員代

員開大會，潘輝全擊敗許滄淵…〉，聯合報，1989.8.14，14版。〈潘輝全廿三票擊敗許滄淵，當選主委…〉，中國時報，1989.8.14，14版。

[66]　〈派系之爭內部整合困難，年底大選…〉，中國時報，1989.8.14，14版。〈幹部換血輪期待好光景，銜接見斷層適應有隱憂〉，中國時報，1989.8.14，14版。〈民進黨南縣黨部，新舊主委交接起爭執…〉，中國時報，1989.8.21，14版。

表大會的將近 400 人[67]，相較國民黨在辦理初選時所統
計縣內有投票權的黨員約 94,000 餘人，初選有效票約
48,100 餘票的相差甚大；至於鄉鎮黨部方面，國民黨在
卅一鄉鎮都有民眾服務社，民進黨在這方面受限於財力
及黨員數，短期要增設各鄉鎮的黨務組織勢非易事。

　　繼縣黨部正副執行長拜訪了向國民黨辭縣黨部副主委的胡
雅雄後，民進黨籍縣長參選人李宗藩，在省議員參選人謝三升等
的陪同下，於 8 月下旬到佳里鎮造訪未獲國民黨提名，但已發表
決心參選到底聲明的黃正雄，在受黃氏款宴的席上李宗藩等人直
接向黃氏表示，企望他能放棄參選並退出國民黨加入民進黨；且
邀黃氏出任李宗藩競選總部總幹事，但都被黃氏婉拒[68]。

　　8 月底，李宗藩公布其參選聲明，強調年底的選舉是解嚴後
首次的政黨競爭，為響應民進黨「以地方包圍中央…決心一舉取
得過半數十席以上的縣市長席位，真正以地方執政，架空中央獨
裁壟斷…」的選舉策略，接受徵召回鄉參選；以「農業博士接掌
農業縣，狀元問政造福全縣民」為競選口號，「建立農業保護政
策、整治河川、防治公害、合理解決勞資糾紛、保護婦女權益、
照顧殘障、老人、兒童及社會弱勢者」為參選目標[69]。

---

[67]　〈民進黨南縣黨部昨開二屆第一次大會，討論黨務運作…〉，民眾日報，
　　　1989.8.14，7 版。

[68]　陪同李宗藩一同前往的還有農權會總幹事陳來助、民進黨縣黨部評議委員
　　　會召集人張田黨等，席間尚提到縣內環保問題嚴重及有關政治上派系對立
　　　的情形。〈黃正雄堅決參選到底，李宗藩勸退…〉，中華日報，1989.8.26，
　　　10 版。〈李宗藩拜會對手黃正雄〉，自立早報，1989.8.26，14 版。

[69]　依民進黨中央當時的構想，選戰的重心是放在縣長選舉，並以選戰聯盟
　　　的方式，提高候選人聲勢及突顯政黨的形象。〈高額提名，地方包圍中央
　　　策略，民進黨…〉，自立早報，1989.8.2，2 版。〈民進黨縣市長選將決連
　　　線作戰〉，中國時報，1989.8.23，2 版。〈「縣市長選戰聯盟」急磨刀…〉，

　　民進黨為了讓縣民認識黨籍候選人，從 9 月初開始舉行五場巡迴全縣的「公職選舉聯合推荐說明會」；除了縣內造勢活動外，李氏亦參與黨中央在台北縣舉行的「縣市長聯盟誓師大會」[70]。9月 30 日李氏在學甲鎮慈濟宮旁成立競選總部，成立前的記者會李氏除了介紹其競選幹部外，再次宣示其參選的三大抱負分別為試辦增購稻穀數額、促進全民保險及防制河川污染；競選總部成立當天黨主席黃信介及四年前參選失利的陳水扁亦都出席演說助陣；黃信介除了再次提到「地方包圍中央」的理念外，更帶來10 月底民進黨的第四屆全國黨代表大會將選在台南縣舉行，並由李宗藩擔任總召集人的訊息；至於陳水扁則解釋因其妻四前年，和他在關廟鄉謝票時被撞成殘，一生都得坐輪椅，為了照顧行動不便的妻子才留在台北選立委；至於四年前是因官司纏身沒有充分時間準備、再加上自己非北門區人在當地得票不理想，及當時民進黨尚未成立，欠缺組織等三個因素才落選，並希望民眾支持

民眾日報，1989.8.24，3 版。〈支持李宗藩南縣有希望—參選台南縣長聲明〉，自立早報，1989.8.30，15 版。〈「農業博士接掌農業縣」，李宗藩公布…〉，民眾日報，1989.9.13，6 版。

70　以民進黨縣內三項選情而言，李宗藩要分別和謝三升、魏耀乾、謝錦川搭配競選較無整合問題，而謝三升與魏氏亦採聯合競選策略，唯獨兩位立委參選人有待化解對立；理由是魏氏競選總幹事林文定和謝錦川有意見不和情形存在。另外，從歸仁鄉黨部所發表的支持人選聲明中獨漏謝錦川，就可理解民進黨人士衡量縣內票源後，仍傾向立委最好是單一人選出馬較佳；歸仁鄉黨部這個舉措亦透露在林、謝兩人矛盾中，是傾向支持林文定，相形之下謝錦川則較受孤立。〈角逐縣市長、民進黨十五候選人明誓師…〉，中國時報，1989.9.5，3 版。〈面對執政黨急起直追，選舉造勢…〉，民眾日報，1989.9.11，7 版。〈南縣立委選戰，民進黨輔選面臨兩難〉，民眾日報，1989.9.13，6 版。〈擇一輔選魏耀乾，歸仁鄉黨部排斥謝錦川？〉，民眾日報，1989.9.15，7 版。〈國民黨虎視眈眈，謝三升、魏耀乾成立聯合組織網因應〉，民眾日報，1989.9.24，6 版。

李宗藩讓他當選[71]。

　　從李宗藩所提的參選三大抱負來看，可以歸納為保障農民權益、社會保險及環境保護三個主軸。保障農民權益是針對縣內眾多農民選票為訴求；至於全民健康保險觀念的提出，則是呼應民進黨中央在此次三項選舉（縣長、立委、省議員）所規劃的共同政見，李氏說若他當選縣長，將要選擇一個鄉鎮試辦全民健康保險再次第擴及全縣，這樣社會保險制度的提出，在當時算是頗有說服力的創見；再來就是環保問題，當時縣內垃圾處理及河川污染的問題嚴重，直接引發縣民環保意識高漲[72]，受污染者因對防治公害的公權力失去信心，故常以籌組自救會方式抗爭救濟，所以提出環保政見，在當時亦頗能突顯縣政弊端[73]。

　　除了組縣市長選戰聯盟外，民進黨此次選舉造勢還利用了海外異議人士返鄉方式，吸引選民注意。此可以前桃園縣長許信良

---

[71] 李氏的競選幹部分別為競選總幹事鄭天德、副總幹事為李福成、楊敬昌、方隆盛、曾竹根、許滄淵及曾中山等六人，潘輝全及陳耀則分任執行總幹事及發言人之職。〈民進黨員李宗藩謝三升，今分別成立競選服務處〉，中華日報，1989.9.30，10 版。〈黃信介重詮三大政治目標，謝三升指李宗藩…〉，民眾日報，1989.10.2，7 版。〈「重量級」人士南下打氣，「阿扁」班底誓言回報…〉，民眾日報，1989.10.2，7 版。〈李宗藩當選就代表「阿扁」當選，陳水扁台南邀宴…〉，民眾日報，1989.10.1，6 版。〈民進黨全國代表會，月底為李宗藩造勢〉，民眾日報，1989.10.7，10 版。

[72] 〈國民黨與民進黨共同政見比較表〉，中國時報，1989.8.23，2 版。〈南縣肉品公司廢水處理老是不改善，董事長也是縣長好生為難〉，中國時報，1989.8.15，13 版。〈公害糾紛手段日趨暴力，環署研擬法規嚴防脫序〉，中華日報，1989.8.16，10 版。〈許縣溪污染下游農田，歸仁農會盼儘快改善〉，中華日報，1989.9.27，10 版。

[73] 曾有學者觀察群眾自力救濟與公權力的關係得到，「…只有公權力的管道不暢通時，自力救濟的手段才派上用場…大量自力救濟與集體行動的出現，乃意味著公權力的喪失，或民眾對國民黨政府的不再信任」（王振寰，1989.1：103）。

為例，8 月中旬許妻鍾碧霞就曾來縣探訪李宗藩關心選情，9 月底民進黨黨慶前夕，許氏偷渡失敗被捕後，李宗藩和助選幹部多人即前往探監，並帶回許氏親筆「預祝李宗藩博士，移山倒海，高票當選」字條，在參選說明會上展示宣傳。除了海外異議人士外，教授學者下鄉助講亦為民進黨候選人造勢特色之一[74]。

繼 8 月下旬初訪黃正雄勸其不要參選後，李宗藩於 10 月 17 日再次親訪黃氏勸其退選，黃氏則以「是否參選，必須由幕僚及支持人士來決定…」及「進退不會受執政黨或民進黨的影響」來表示自己的立場[75]。

李宗藩第二度造訪黃氏的時機，是在國民黨祕書長宋楚瑜專機南下（10 月 12 日），及高育仁夫婦（10 月 14 日）相繼探視黃氏之後。從時間點來觀察，民進黨人士還是唯恐黃氏參選而影響得票空間；因為宋氏是以「打氣」名義訪黃氏，再加上高氏等人亦表達希望國民黨要考量若黃氏不參選，其原支持選票流向問題。民進黨人士基於宋、高等人言行，及國民黨仍有可能在最後關頭，以報准方式讓黃氏參選的考量下，再次登門「勸退」了。

---

[74] 許信良，1977 年競選桃園縣長時引發中壢事件、因參與聲援前高雄縣長余登發的橋頭遊行被省府解去縣長職位，後來在美國發表台灣獨立言論被國民黨列為「黑名單」。許氏在 1989 年 9 月 27 日偷渡入境被捕，並在同年 10 月 4 日於獄中宣示加入民進黨。民進黨即以許氏的知名度，搭配聲援許氏的活動為選舉造勢；其他像後來當選第十二屆縣長的海外異議份子陳唐山亦在此時回國，到地方為民進黨候選人造勢。〈鍾碧霞奉夫命為李宗藩打氣…〉，民眾日報，1989.8.17，6 版。〈許信良回國對選舉利多，謝錦川魏耀乾可望…〉，民眾日報，1989.9.30，6 版。〈李宗藩討教滿載歸，獄中人指點…〉，民眾日報，1989.10.6，2 版。〈學者教授替民進黨助講助選，南縣選情日漸…〉，民眾日報，1989.10.9，6 版。〈返台後第一場記者會，陳唐山談從事民主運動的心聲〉，民眾日報，1989.10.14，6 版。

[75] 〈李宗藩拜訪黃正雄談台灣前途…〉，民眾日報，1989.10.18，6 版。〈李宗藩二度拜訪黃正雄，勸他放棄參選…〉，中華日報，1989.10.18，10 版。

　　民進黨第四屆全國黨代表大會在新營舉行的同時（10月28、
29日），李宗藩和民進黨歸仁鄉黨部在縣長輔選作業上有了不同意
見，事情起因於李宗藩和謝錦川在永康地區聯合舉辦參選說明
會，結果引起另一位立委參選人魏耀乾及其支持者的不滿；因為
歸仁鄉黨部在9月中旬就曾發表聲明，在這次三合一選舉中縣長、
立委及省議員分別支持李宗藩、魏耀乾及謝三升，排除了謝錦川；
這和支持謝錦川的農權會及永康農工服務中心，因支持對象不同
而處對立狀態，所以李宗藩和謝錦川聯合造勢的結果，引來歸仁
鄉黨部對李宗藩有些不諒解；由於歸仁鄉黨部是當時民進黨在縣
內唯一的鄉鎮黨部，又位於新豐區對李氏能否擴展此地票源有直
接影響，歸仁鄉黨部對縣長輔選有所保留訊息一傳出後，李宗藩
認為「聯合造勢是身為縣長候選人應策劃的競選策略，也正積極
尋求其他選舉的候選人加入，再加上自己是受民進黨徵召參選，
未料發生此困境…已向黨中央報告要求處理…」[76]，當時來縣內參
加第四屆全代會的黨主席黃信介知悉此事後，即交待縣黨部主委
潘輝全協調，潘氏即電請歸仁鄉黨部，請其延後原本定於10月30
日召開的記者會，並定11月初召開協調會尋求化解之道[77]。

　　經過省議員參選人謝三升、魏耀乾競選總幹事林文定、李宗
藩競選總部執行總幹事潘輝全（縣黨部主委）、鄉黨部主委李登

---

[76] 歸仁鄉黨部與李宗藩會發生輔選失和現象，另一起因是為了競費經費分
擔問題。原擬以歸仁鄉黨部為輔選主力，為李宗藩、魏耀乾、謝三升（排
除謝錦川）在仁德、歸仁及關廟三地分別成立「聯合競選服務處」，因只
有李氏尚未對競選活動經費有所表示才滋生不愉快。〈李謝聯線上檯面，
年底高潮迭起〉，民眾日報，1989.10.9，6版。〈歸仁民進黨部心存芥
蒂…〉，中華日報，1989.10.29，10版。〈李宗藩謝錦川聯合造勢，引起
諸多反彈…〉，民眾日報，1989.10.30，7版。〈李宗藩與歸仁黨部齟齬…〉，
中華日報，1989.11.2，10版。

[77] 同上註。

財及關廟鄉社會服務處主任楊瑞龍等人集聚歸仁鄉黨部協調後，取得將貫徹輔選李宗藩的黨中央決策的共識外，亦決定早日實現設立李宗藩、謝三升、魏耀乾三人（排除謝錦川）的聯合競選服務處，以示團結對外[78]。

參、競選期間抗爭不斷

至 10 月 30 日候選人登記截止，共有國民黨的李雅樵、民進黨的李宗藩及中國自強黨的蔡四結等三人完成手續成為候選人[79]。

在黃正雄宣布中止參選及胡雅雄表示消極態度後，仍有部分鄉鎮市長不表態支持李雅樵，李氏陣營於是把化解對立、爭取支持的重點轉到那些在初選時，傾向山派並支持黃氏的鄉鎮市長身上。李雅樵的競選總幹事謝崑山曾出面遊說關廟鄉長何宣勇，但並未成功[80]；後來縣長李雅樵和縣黨部主委顏文一親自出馬，兩人藉探視何氏母病機會，對其表示善意以爭取支持，後來何氏只

---

[78] 協調後李、魏、謝三升的聯合競選服務處開銷，將由三人平均分擔。〈歸仁鄉黨部主委李登財肯定表示須貫徹黨的決策…〉，民眾日報，1989.11.2，6 版。〈民進黨參選人達成協議，聯合服務處定 10 日成立〉，中華日報，1989.11.3，10 版。〈歸仁鄉黨部決定 10 日為三候選人設立聯合競選服務處…〉，民眾日報，1989.11.3，6 版。

[79] 蔡四結當時是中國自強黨副總裁，總裁是陳信夫。蔡至此所參與的選舉共有 1981 年 11 月第十屆縣長、1982 年 1 月第十屆縣議員、1983 年 12 月立委、1985 年 11 月第十一屆縣長及這次的第十一屆縣長等選舉。除了當選過縣議員外，餘皆落選；由於參與各種選舉及問政的立場前後不太一致，招來選民質疑，故聲勢已大不如前。〈三項公職選舉昨截止登記…〉，中華日報，1989.10.31，10 版。〈縣長選舉三雄鼎立…〉，中華日報，1989.10.31，10 版。〈六十九人登記，角逐廿一席縣市長〉，中國時報，1989.10.31，4 版。

[80] 〈遊說何宣勇謝崑山挑重責…〉，中華日報，1989.10.8，10 版。〈謝崑山蹚入選舉渾水…〉，民眾日報，1989.10.8，6 版。

稍鬆口表示「對縣長爭取連任，不支持也不反對…」[81]，雖未獲明確表示支持，但對國民黨李氏而言算是有所進展。

另外如新化鎮長陳福生在李雅樵的新化競選服務處成立時，表示有條件的支持國民黨候選人[82]、新市鄉長鄭仁義亦藉娶媳婦的機會，請李縣長當主婚人來表示善意；就連永康鄉鄉長黃來鎰，亦在李雅樵永康競選服務處成立時擔任介紹來賓工作，並公開呼籲支持其連任[83]。

不支持李雅樵的鄉鎮市長主要是以新豐區為主，大都是初選時與胡雅雄接近，且支持黃正雄的「鄉鎮長聯誼會」成員；其反李的動機不一，有的像永康鄉長黃來鎰是為了兩任屆滿準備轉跑道參選其他公職[84]、有的是原本就和李氏不同派系但為了連任，欲藉此和國民黨有討價還價籌碼；有的只是個人私怨，如關廟鄉長因農會總幹事選舉與李氏對立[85]，所以經國民黨縣黨部及李雅樵親自出面示好及協調後，態度多少都有轉變或軟化的情形。這些鄉鎮長的個人態度轉變對國民黨李氏陣營來說雖有減少阻力意義，但並不代表國民黨的整合已完全成功，畢竟有些只是表示不反對的消極態度而已。

---

81 〈縣長主委「聯手出擊」何宣勇面臨抉擇〉，中國時報，1989.10.11，14版。〈李雅樵來軟的何宣勇想硬也難…〉，中華日報，1989.10.15，10版。

82 〈支持李雅樵陳福生表態…〉，中華日報，1989.11.5，10版。〈李雅樵新化服務處成立，鎮長聲稱「有條件」助選〉，聯合報，1989.11.5，15版。

83 〈新市鄉長娶媳婦，廣邀年底參選人〉，中華日報，1989.11.7，10版。〈李雅樵永康服務處昨成立，鄉長呼籲支持受矚目〉，聯合報，1989.11.14，15版。〈李雅樵成立永康競選服務處，黃來鎰致詞化敵為友〉，民眾日報，1989.11.14，14版。

84 〈李雅樵成立永康競選服務處，黃來鎰致詞化敵為友〉，同上註。

85 〈縣長主委「聯手出擊」何宣勇面臨抉擇〉，同上。〈李雅樵來軟的何宣勇想硬也難…〉，同上。

　　國民黨李氏陣營一連串取爭鄉鎮長表態的努力，在新營市和民進黨有了直接對立，國民黨縣黨部主委在新營市民眾服務分社的安排下，與無黨籍的市長顏繼斌接觸，達成在明年（1990）初的鄉鎮市長選舉，國民黨不提名人選以利顏氏連任，而顏氏須表態支持李雅樵的共識；顏氏表態後民進黨縣黨部隨即聲明一定在明年初的鄉鎮市長選舉中，推出人選和顏氏一較高下[86]。

　　競選過程中另一個爭論焦點，是發生在 9 月中旬的「九一三水災」，因為莎拉颱風過境，造成八掌溪堤防潰決使鹽水、學甲、北門等鄉鎮傳出災情，其中以鹽水鎮災情最嚴重[87]，由於災後復原工作遲緩造成災民不滿，原定 11 月初針對災後處理工作進行說明的「災民心聲群眾大會」，李氏因公北上缺席，說明會則在民進黨人士干擾下草草結束，後來民進黨人士更帶領部分災民到國民黨縣黨部抗議，指其未盡督促從政黨員責任才造成水災善後工作延遲，國民黨為了避免對選情造成影響，縣府除了極力說明救災經過及爭取補助成績外[88]；11 月中旬祕書長宋楚瑜南下關心

---

[86] 顏氏為無黨籍，1986 年 2 月，擊敗國民黨候選人沈瑞慶當選第三屆新營市長。國民黨以 1990 年 1 月不提名候選人為條件爭取顏氏支持李雅樵。民進黨黨主席黃信介得知顏氏配合國民黨後，隨即捐出二百萬元作為競選經費，並積極物色人選以對抗顏氏連任。〈期望高票連任，開出「回饋」支票，李雅樵爭取新營市長協助〉，聯合報，1989.11.3，15 版。〈面對兩黨積極積示好，盱衡選情考量得失，顏繼斌表態決支持李雅樵…〉，中華日報，1989.11.4，10 版。〈新營市長顏繼斌支持李雅樵競選，黃信介出兩百萬要阻擾他連任〉，聯合報，1989.11.17，13 版。〈假如湯金全受制於戶籍遷移，將徵召三強棒之一與顏過招〉，民眾日報，1989.11.19，13 版。

[87] 〈農作損失不貲，低窪民宅泡水〉，中華日報，1989.9.13，10 版。〈浩劫後影像傳真，南縣災情歷歷在目…〉，民眾日報，1989.9.15，7 版。〈莎拉逞威失蹤傷亡約 15 人〉，民眾日報，1989.9.15，7 版。

[88] 〈鹽水鎮遭水災索賠未遂歸罪縣府，李縣長受不利「耳語」困擾…〉，台灣新聞報，1989.11.3，6 版。〈李雅樵獲中央電召北上洽公，未克參加鹽

選情時，亦強調縣長李雅樵及國民黨縣黨部對於災後復建需求及
救災進度，都有透過管道向上反映，企圖減輕李雅樵救災不力的
輿論壓力[89]。

　　由於水災發生後已過了二個多月，補償金發放一直沒有下
文，災民除了預定要在 11 月 27 日北上行政院陳情外，亦在李雅
樵的鹽水自辦政見發表會中持白布條抗議。面對持續的抗議，國
民黨考量到鹽水一地的選票可能流失，所以縣政府即決定對受災
戶儘速發放慰問金來因應；李宗藩陣營除了對縣府的災後補償作
業比不上嘉義縣提出批評外，亦對國民黨在選舉關鍵時刻發放
「慰問金」的動機表示強烈質疑[90]。

　　由於李雅樵出身教育界又是現任縣長，所以競選過程中教育
界的舉動受到注意；在國民黨辦理初選時，縣內教育界就已發生
小學校長因受不了縣府教育局督學，一再要求要積極支持李雅
樵，而向縣府反應的情事；在關廟鄉則有學校行政人員因替李雅
樵散發初選的文宣傳單，被支持黃正雄的鄉長何宣勇，警告要多

　　水災民群眾大會…〉，台灣新聞報，1989.11.4，6 版。〈爭取補助成績單，
　　民代說端詳，鹽水災民心聲大會不歡而散〉，中華日報，1989.11.5，10
　　版。〈九一三水災復建工作一直努力進行，執政黨縣黨部面對抗議提八項
　　答覆〉，聯合報，1989.11.15，15 版。

89　〈宋楚瑜關心災情選情，昨訪南縣黨候選人時強調，不能硬將鹽水災情
　　和選舉扯在一起〉，民眾日報，1989.11.11，13 版。〈實質協助九一三災
　　區，宋楚瑜盼勿將救災政治化〉，聯合報，1989.11.11，15 版。

90　〈「九一三水災」求償，鹽水民眾訂期陳情〉，聯合報，1989.11.22，15
　　版。〈鞏固鹽水票源，擬撥「慰問金」執政黨評估「異議」〉，聯合報，
　　1989.11.22，15 版。〈鹽水災民將發給慰問金，每戶可得兩千至三千元〉，
　　中華日報，1989.11.22，10 版。〈李雅樵鹽水辦政見會，又見鎮民持白布
　　條抗議〉，民眾日報，1989.11.25，15 版。〈為九一三水災災民叫屈，李
　　宗藩抨擊發放補償費缺效率〉，聯合報，1989.11.27，15 版。

節制；更有甚者還曾動員教育局職員、學校師生在縣立文化中心為李雅樵整理、寄送文宣資料[91]。

到了接近正式競選活動時，教育界更公然在學校發放李雅樵的文宣品給學生，民進黨李宗藩陣營得知後，親自兩次到教育局抗議，才得到教育局長允諾，收回文宣並要求所屬學校在選舉期間要保持中立[92]。

類似教育單位這種在選舉期間行政不中立的表現，還可從白河榮民之家拒絕民進黨進入發放選舉文宣再次證實。設有兩個投開票所的白河榮家，其主管以榮家是老榮民修身養性的清修地為由，拒絕民進黨助選員進入張貼海報發放文宣品。李宗藩等民進黨候選人得知後十分不滿，認為既是清靜地為何還設投開票所，隨後前往抗議[93]。其實白河榮民之家主管所持拒絕理由，只是針對民進黨的推託之辭，因為早在 7 月上旬國民黨辦理黨內初選時，就曾經把說明會移到七股榮家中舉行，當時甚稱創舉；但那也只是對國民黨而言，只有國民黨籍候選人才有機會進入榮家發

91　〈南縣初選飛象進瞽宮，夫子只好縣衙打報告…〉，中國時報，1989.7.9，13 版。〈校長替縣長抬轎，鄉長不服氣〉，中國時報，1989.7.11，13 版。〈南縣教局介入黨內初選，教師承受壓力起反彈…〉，中國時報，1989.7.17，14 版。

92　〈小學發放「大頭仔司機」漫畫文宣，…〉，聯合報，1989.11.9，15 版。〈要求教育機關保持中立立場，李宗藩今赴教育局抗議〉，聯合報，1989.11.11，15 版。〈隆田等學校代發李雅樵文宣資料…〉，台灣新聞報，1989.11.11，6 版。〈「大頭仔司機」漫畫文宣灑滿校園…〉，民眾日報，1989.11.12，13 版。〈李宗藩公開指責李雅樵係「政客」…〉，台灣新聞報，1989.11.15，6 版。

93　〈民進黨抗議未獲准進入榮家發傳單，縣選委會認白河榮家沒有錯〉，聯合報，1989.11.20，15 版。〈白河榮家狹心症？拒人千里…〉，民眾日報，1989.11.21，15 版。〈既是清靜地何置投票所，李宗藩等將至榮家抗議〉，民眾日報，1989.11.22，15 版。

表政見及發放文宣品，其他政黨在競選時亦不得其門而入。

　　另一個影響競選活動的焦點則是環保問題，其中以河川污染衝擊最直接，因為受污染的溪水除了影響農民的灌溉水源外，流經下游進入沿海時更使鄰海鄉鎮的養殖漁業無法生存，直接對農漁民生計造成損害[94]。而縣府公權力對污染源取締不力則是污染持續無法改善的原因，這可從自力救濟團體成立及縣府主管業務者失職遭移送法辦等情勢得到理解。

　　在公權力取締不力部份，就曾發生主管全縣水污染防治業務的縣府衛生局官員，因降低罰款標準，涉嫌圖利違規廠商而被查辦的事件[95]；另外，為了因應日益頻繁的環保抗爭，由國民黨縣黨部主委顏文一主導成立的民間環保團體「台南縣公害防治協會」，亦因無法發揮應有功能而更積累民怨，探究顏文一所主導成立的公害防治協會無法對公害防治有所著力的原因，主要還是政治對立因素造成；當胡、顏兩人為初選一事鬧的不愉快時，顏氏就曾指出會刻意安排胡雅雄出任公害防治協會理事長（及縣黨部副主委）的目的，是要讓胡氏有繼續發揮的舞台[96]，但後來從胡氏辭副主委及公害防治協會沒有發揮功能來看，顯然胡氏並不領情；站在胡氏的立場出發，公害防治的工作理應由縣府衛生局來負責，一旦胡氏越俎代庖站上第一線，防治工作進行有績效等

94　〈公信力式微，環保局成箭靶…〉，民眾日報，1989.5.5，15 版。〈環保
　　意識抬頭，抗議行動蓄勢待發…〉，民眾日報，1989.5.5，15 版。

95　〈南縣出了這種環保業務主管，難怪水污染公害糾紛不斷〉，聯合報，
　　1989.6.27，13 版。〈靠水吃水包庇污染，官員放水冰山一角〉，中國時報，
　　1989.6.28，14 版。

96　〈政治組合意義大於推動環保目的，公害防治協會不見作為…〉，中華日
　　報，1989.8.12，10 版。〈四條河川污染嚴重，生態破壞魚蝦絕跡〉，中華
　　日報，1989.8.20，10 版。

於幫了李雅樵的忙，做不好胡氏自己名譽也受損，所以顏文一的刻意安排自有其無法克服的矛盾存在，也因如此由國民黨縣黨部幕後主導的「台南縣公害防治協會」形同虛設，再加上衛生局官員的失職使得公害污染問題無法有效控制，尤其是河川被污染的結果農、漁民皆受害，民怨因而四起抗爭不斷。

在為環保自力救濟而成立的抗議組織，以「台南縣漁民權益促進會」[97]（以下簡稱漁權會）的投入最積極，除了自力救濟圍堵污染工廠及養豬戶要求改善污水排放情形外，亦主導「五二六為台南縣公權力送終遊行」向縣府抗議執法不力，遊行活動並受到民進黨外圍組織「農權會」的大力支持；選舉期間更宣示要展開密集的抗議行動，迫使縣府對解決將軍溪污染問題有具體行動[98]。

漁權會的抗爭後來與「反奇美自救委員會」合作，於 11 月 17 日發動千餘人到縣府陳情要求改善河川污染、賠償農漁民損失及勒令奇美石化公司在茄萣設廠案停工，當時民進黨籍參選者李宗藩等人亦到場演講聲援，由於李雅樵於 14 日起即已請假從事競選工作，抗議民眾無法見到縣長遂轉向縣議會陳情，並決定到

---

[97] 漁權會於 1989 年 1 月組成，主委委員為陳仙勇、總幹事陳秀賢，會員主要以沿海養殖業者約三百八十戶。組成後即積極對造成污染將軍溪的工廠、養豬業者及縣府進行環保抗爭；同年 10 月向縣府登記、11 月 5 日舉行正式成立儀式，宣示以將軍溪的污染為環保抗爭主軸。〈整治將軍溪漁權會惹來一身腥…〉，民眾日報，1989.6.2，15 版。〈漁民權益促進會明成立，將為養殖業者爭取…〉，中華日報，1989.11.4，10 版。〈漁權會明誕生選舉期間展開密集訴求〉，聯合報，1989.11.4，15 版。〈賀漁權會〉，聯合報，1989.11.5，15 版。

[98] 〈將軍溪汙染何時休…〉，聯合報，1989.11.3，15 版。〈漁權會醞釀抗議引弓拉箭，演變反對行動指向李雅樵〉，聯合報，1989.11.9，15 版。〈農委會、省黨部要和漁權會溝通〉，聯合報，1989.11.10，15 版。

李雅樵的政見會中抗議[99]。

　　至此，李雅樵在山上、新化、大內、善化等鄉鎮的自辦政見
會上，連續被反奇美設廠人士及漁權會成員，持白布條抗議並阻
擾李氏發表政見；以廿三日李雅樵在山上鄉南靈宮舉行首場私辦
政見會為例，反奇美設廠人士即持白布條前往抗議以阻擾發言，
並發生抗議人士在拉扯中受傷；李雅樵提出解釋，指奇美公司購
地是直接和地主接洽，縣府及本人無權經手及干涉外，設廠的許
可權亦在經濟部而非縣府，至於奇美公司要設廠的決定亦是在他
請假競選後才宣布，事先他亦不知情，可是抗議民眾並不理會。
會後李氏要離去時其座車亦被包圍，在警方保護及臨時換乘後才
得以順利離開[100]；除了反奇美設廠自救委員會及漁權會的糾纏
外，「九一三水災」的鹽水災民亦輪番在李雅樵的自辦政見會抗
議干擾李氏發表政見[101]。

　　由於政見發表會持續被干擾，李雅樵陣營一度考慮取消自辦
政見會；後來在縣議會緊急通過決議，要奇美石化公司在善化茄

---

[99] 「反奇美自救委員會」的成立，主要是善化鎮茄菝地區居民（嘉南、嘉
北里為主）擔心奇美公司在當地設廠後，會對地方造成污染，所組成的
自力救濟組織，主任委員為黃次洋、總幹事為朱錂津。〈漁權會抗議行動
明出發，計畫聯合反「奇美」人士…〉，聯合報，1989.11.15，15 版。〈抗
議污染行動正式登場…〉，民眾日報，1989.11.18，15 版。〈奇美設廠案
茄菝大反彈，漁權會與反奇美自救會聯合至縣府抗議…〉，中華日報，
1989.11.18，10 版。

[100] 〈抗議奇美設廠選民鬧場，李雅樵學甲政見會傳出憾事…〉，中華日報，
1989.11.23，10 版。〈反奇美咬住李雅樵，南縣長選戰添變數〉，中國時
報，1989.11.23，16 版。〈李雅樵入山上，「反奇美」人員手持抗議…〉，
民眾日報，1989.11.23，15 版。

[101] 〈鹽水「災民」昨晚又攪局…〉，中華日報，1989.11.24，10 版。〈李雅
樵「鹽水」辦政見會，又見鎮民持白…〉，民眾日報，1989.11.25，15 版。

菝的設廠工地馬上停工，且與抗議人士溝通後達成共識，反奇美
自救委員會才應允不再干擾李氏政見會[102]。雖然暫時化解了反奇
美人士對政見會的干擾，但是漁權會與「九一三水災」災民仍未
罷手，漁權會在 11 月 28 日前往台南地檢處新營檢查官辦公室，
按鈴控告李雅樵廢弛職務造成將軍溪污染，使下游漁民受害；另
外「九一三水災」部份鹽水災民除了到縣府抗議賑災不力，並同
樣按鈴控告縣長，亦再度在鹽水公辦政見會上抗議並阻擋李雅樵
離去[103]。

　　正當李雅樵忙於應付反奇美自救委員會、漁權會及「九一三
水災」災民的糾纏時，李宗藩在其自辦政見會上以農業、環保為
訴求，主張先扶植農業並整治環境污染，發展觀光、充實社會福
利…等等，並聲援抗議李雅樵的團體，對李雅樵在救災過程、環
保施政等方面提出批評，再配合海外異議人士返鄉為其站台助講
逐漸拉近與李雅樵的差距[104]；原本在國民黨的選情評估中台南縣

---

[102] 李雅樵後來派其子李立宙，向 11 月 23 日在山上鄉因與助選員拉扯受傷
的抗議人士致歉後，自救會主委黃次洋當場允諾不再干擾李氏政見會，
但仍反對奇美公司在茄菝設廠。〈如果鬧場持續嚴重干擾，李雅樵將取消
政見發表〉，中華日報，1989.11.24，10 版。〈議員緊急提案籲請阻止奇
美設廠案…〉，民眾日報，1989.11.25，15 版。〈奇美設廠案暫時停工，
縣議會決議…〉，中華日報，1989.11.25，10 版。〈茄菝自救委會寄語李
雅樵，派助選員道歉過節可勾消〉，中國時報，1989.11.26，15 版。〈李
立宙道歉平息紛爭，反奇美自救會應允不再干擾政見會〉，民眾日報，
1989.11.27，3 版。

[103] 〈…漁權會告縣長廢弛職務…〉，中華日報，1989.11.28，10 版。〈…漁
權會按鈴申告李雅樵涉嫌瀆職〉，台灣新聞報，1989.11.29，6 版。〈…水
災居民控台南縣長瀆職…〉，聯合報，1989.12.1，4 版。〈政見會有人抗
議，婦人昏倒起糾葛…〉，聯合報，1989.12.2，7 版。〈李雅樵鹽水抒政
見，一災民鬧場又擋路〉，中華日報，1989.12.2，10 版。

[104] 〈李宗藩伉儷在北門區亮相，希望鄉親…〉，台灣新聞報，1989.11.24，6

是屬於一般戰區，但正式競選活動幾天下來，情勢已與國民黨原先評估有所出入，更傳出國民黨縣黨部向省黨部及中央告急，請求協助疏導山派、高系等人士能更積極表態支持李雅樵，以化解危機的訊息[105]。

　　除了李雅樵與李宗藩兩人的競爭外，另一位中國自強黨的參選人蔡四結，一反 1985 年參選時主要攻訐當時尚是無黨籍人士陳水扁的立場，此次選舉蔡氏在政見會上的攻訐矛頭轉集中在國民黨的李雅樵身上，由於立場再次反覆不一，且發言多以詼諧消遣為主，另兩位候選人並未將其列為競爭對象[106]。

肆、被質疑的開計票過程

　　選舉在 12 月 2 日投票，縣選委會原本預定當天晚上十一點卅分前要完成的開、計票作業，但因故延誤導致支持民進黨群眾

　　版。〈謝聰敏在新營亮相，替李宗藩造勢助講〉，中國時報，1989.11.24，16 版。〈李宗藩提出農業弊病…〉，民眾日報，1989.11.25，15 版。〈防範台獨份子郭倍宏露臉，來縣為民進黨李宗藩造勢…〉，台灣新聞報，1989.11.26，6 版。〈李宗藩問政方式傾向理性，先扶植農業整治環境污染…〉，台灣新聞報，1989.11.26，6 版。

[105] 國民黨主席李登輝曾於 11 月 29 日透過中常會，要中常委高育仁南下積極疏通相關人士，全力支持李雅樵以化解危機。〈縣長選情戲劇轉變，三大選區一夜昇級…〉，中國時報，1989.11.29，3 版。〈兩李角逐百里侯得票差距拉近，李雅樵亮出紅燈拉起警報…〉，台灣新聞報，1989.11.28，6 版。〈台南縣長選情急遽升高，執政黨地方黨部求援〉，中國時報，1989.11.30，4 版。〈派系立場左右南縣選情，民進黨李宗藩頻造勢已拉近與李雅樵差距〉，中國時報，1989.12.2，6 版。〈李雅樵贏得艱辛驚險…〉，民眾日報，1989.12.3，5 版。

[106] 〈…蔡四結一味調侃不談理想抱負〉，中華日報，1989.12.1，10 版。〈候選人互相攻訐炒熱氣氛，縣長政見會熱鬧落幕…〉，中華日報，1989.12.2，10 版。〈…蔡四結以詼諧言辭博得民眾會心一笑〉，民眾日報，1989.12.1，15 版。

包圍並搗毀位於縣府二樓簡報室的計票中心。

　　縣選委會計票中心作業到當天晚上約九點多時，已陸續收到了二十三個鄉鎮的開票結果，但是還有新營、白河、東山、後壁、佳里、新市、仁德、永康等八個鄉鎮市尚未完成統計；由於已開出的二十三個鄉鎮的票數是李宗藩暫時領先李雅樵 3,790 票，但是剩餘八個鄉鎮市開票結果卻遲未送達縣選委會計票中心匯整。民進黨人士看到李宗藩處於領先，但後續計票作業突然沒有進展，直覺有異，於是先集結四、五十人前往縣府中正堂查看選票統計公布情形，因只有一個鄉鎮完成統計並公布，於是**轉**往位於縣府二樓計票中心欲了解計票情形，一度被守衛在縣府大樓門口的**警**方人員攔阻，雙方僵持不下[107]。

　　由於集結群眾快速增加且警力不足，再加上晚上十點左右傳來李雅樵的競選總部已放鞭炮宣布當選，但眼前計票中心的計票板上尚有許多空白更刺激集結的群眾。縣選委會代理主任委員黃俊雄及總幹事鄭春福相繼被帶上宣傳車，要求說明計票經過並宣布李宗藩當選或次此縣長選舉無效。由於黃、鄭兩人解釋計票尚未完成無法宣布由誰當選，且縣選委會無權宣布選舉無效，於是群眾持續鼓譟[108]。

[107] 〈南縣民進黨包圍選委會…〉，中華日報，1989.12.3，11 版。〈南縣李雅樵險勝，民進黨支持者不相信…〉，中國時報，1989.12.3，7 版。〈南縣開票衝突深夜仍在僵持…〉，中國時報，1989.12.4，1 版。〈台南縣最長的一畫夜…〉，中國時報，1989.12.4，3 版。
[108] 〈縣府門窗全砸，主祕遭到挾持…〉，民眾日報，1989.12.3，4 版。〈鄭春福曾遭群眾修理…〉，民眾日報，1989.12.4，6 版。〈強留李宗藩宣傳車上，也被迫說是吃屎的，鄭春福…〉，中華日報，1989.12.4，5 版。〈宣傳車上遭「禁足」廿小時，鄭春福淡然表示多談無益〉，中華日報，1989.12.5，10 版。

在李宗藩的宣傳車高喊「一、二、三」之下，三日凌晨一時
許，群眾衝進縣府大樓，砸毀二樓計票中心，並恣意破壞縣府辦
公室設備。聲援民進黨的上千群眾陸續從台南、高雄、嘉義等地
搭遊覽車到達加入抗議行列；省警務處副處長陳學濂亦南下指揮
從各地調集而來的上千鎮暴警察以防範更大事端發生[109]。

群眾與鎮暴警察對峙同時，省選舉委員會透過電話及傳真，
直接和縣選委會計票中心被砸毀前，不及送統計結果的八個鄉鎮
取得連繫，由省選委會接替縣選委會於三日晨凌完成全部計票工
作。結果李雅樵在這八個鄉鎮裡贏了李宗藩 13,319 票，扣除前廿
三鄉鎮由李宗藩領先的 3,790 票，總得票數反而贏了李宗藩 9,529
票。最後統計是蔡四結 16,954 票、李宗藩 234,237 票、李雅樵
243,766 票（台南縣選舉委員會，1990a：14、45）；由李雅樵當
選[110]。

民進黨祕書長張俊宏等人亦南下，在縣府旁中正堂內召開記
者會，對此次台南縣長選舉發表「五大疑點、三項聲明、一個結
果」[111]，五個疑點是：

---

[109] 〈台南縣計票中心被砸毀…〉，聯合報，1989.12.3，1 版。〈南縣選委會
被包圍…〉，民眾日報，1989.12.4，6 版。〈省警務處調兵遣將…〉，民眾
日報，1989.12.4，6 版。

[110] 本次縣市長選舉國民黨在廿一縣市中，共輸了七席（含嘉義市一席無黨
籍），是首屆開辦以來輸最多的一次。〈執政黨七縣市失利，四十年來最
大挫敗…〉，聯合報，1989.12.3，3 版。〈南縣計票中心遭破壞延遲開票
時間，許水德下令徹查失職人員〉，台灣新生報，1989.12.4，11 版。〈八
鄉鎮選票的問題〉，中國時報，1989.12.4，3 版。

[111] 〈包圍台南縣府僵持已一晝夜，民進黨提五項疑點…〉，中華日報，
1989.12.4，5 版。〈五大疑點、一個結果、三項聲明，民進黨質疑…〉，
中國時報，1989.12.4，3 版。〈台南縣長選舉糾紛仍對峙中…〉，民眾日
報，1989.12.4，1 版。

一、 開票到尚剩八個鄉鎮時，民進黨候選人李宗藩還一路領
　　 先，卻突然停止計票，資料不輸入電腦，原因何在？

二、 新營、白河、東山、後壁、佳里、新市、仁德、永康等
　　 八鄉鎮應在二日晚上十一時前將統計結果前達，為何遲
　　 未送到，是否送往何處作票令人存疑？

三、 新營市長顏繼斌在三日早上曾表示，新營的得票統計資
　　 料早在二日晚上十時廿分即已送達縣選委會，為何未輸
　　 入電腦，進行計票？

四、 永康鄉只有七十七個票櫃，為何直到凌晨兩點卅分才將
　　 得票統計結果送選委會？開票作業長達九個半小時，殊
　　 不合情理，白河、後壁等鄉鎮開票更慢，原因何在？

五、 開票結果至三日凌晨尚未揭曉，為何二日夜，中興新村
　　 即已傳出李雅樵當選？

三項聲明分別是：

一、 台南縣縣長選舉出現弊端，應為無效選舉。

二、 李雅樵如再上任，已不足以取信縣民，應重新選舉，以
　　 昭公信。

三、 中央選委會主任委員許水德應為此弊端負責，引咎辭職。

至於一個結果就是宣布由李宗藩當選。

　　因為選罷法明文規定，選舉有無效要由法院依選舉訴訟結果
才得以宣告，各級選委會並沒有權力來宣布選舉無效，所以李宗
藩於四日凌晨一時許前往地檢處新營檢察官辦公室按鈴申告縣
選委會選舉不公，並要求重驗將開票結果延遲傳送到縣選委會的
八鄉鎮市選票[112]。由二日晚間約九點三十分開始的群眾包圍縣選

---

[112] 〈懷疑「作票」李宗藩按鈴控告選委會…〉，民眾日報，1989.12.5，3 版。

委會事件，在警方和民進黨人士取得不流血共識下，持續到四日
凌晨約二時十分在警方第三次舉牌警告並準備驅離前，暫時散
去，縣府也在滿目瘡痍下準備恢復辦公，李雅樵本人則繼續請假
六天暫時迴避[113]。

　　第一波包圍縣府的群眾雖在李宗藩按鈴申告，要求重驗延遲
完成計票的八鄉鎮市選票，及警方準備驅離的情況下，暫時散
去；但是接著民進黨黨主席黃信介在 5 日早上約十點時，親自抵
達台南縣政府，協調重新驗票事宜，在民進黨動員號召下，集結
了比第一波還要多的聲援群眾，再次包圍縣政府[114]。

　　黃信介在立委當選人魏耀乾、縣黨部主委潘輝全及李宗藩等
人陪同下，進入縣府與選委會代理主委黃俊雄、總幹事鄭春福協
調重驗八個鄉鎮市選票事宜，原本達成要在縣府重新驗票的共
識，但是在黃俊雄請示檢察官與省選委會後，因不符法定程序被
阻止；經鄭春福轉告黃信介等人後，包圍縣府的群眾譁然，陸續
發生多起警民流血衝突，縣府除了選務人員及一級主管留守外亦
緊急撤離員工[115]。

　　〈當選是否有效各級選委會無權決定…〉，民眾日報，1989.12.5，3 版。
　　〈李宗藩按鈴申告二件事…〉，聯合報，1989.12.5，3 版。

[113] 新當選立委的魏耀乾和縣警局長成必展，事先達成以和平手段解散群眾
的共識；在警方三度舉牌警告時，民進黨宣傳車同時亦廣播黨主席黃信
介「台灣人不打台灣人」的電話指示，並要求大家離去，群眾才漸散去。
　　〈警方堅持不讓步，群眾逐漸星散…〉，台灣新生報，1989.12.5，3 版。
　　〈南縣府前驅散溝通齊下，群眾分批撤離…〉，聯合報，1989.12.5，3 版。
　　〈卅小時僵持後、南縣抗議風波平息…〉，中國時報，1989.12.5，3 版。
　　〈私人事務繁忙縣長續假一週〉，中華日報，1989.12.5，10 版。

[114] 〈警方強制驅離抗爭第二波今登場…〉，民眾日報，1989.12.5，3 版。〈黃
信介專程南下坐鎮指揮，李宗藩發出緊急通知…〉，民眾日報，1989.12.5，
3 版。〈路邊海報放風聲，黃信介南下新營〉，聯合報，1989.12.5，3 版。

[115] 黃俊雄與鄭春福原先答應要在縣府驗票一事，充分顯示黃、鄭兩人不諳

後來在省選委會總幹事張麗堂、省警務處長于春艷、及多名台南地檢處檢察官陸續趕到並加入協調後，才又取得改於晚上七點在台南市的台南地檢處驗票的共識；隨後黃信介、李宗藩等代表民進黨見証驗票的一行二十餘人，隨即前往位台南市的地檢處，等候警方將八個鄉鎮市的選票集中運抵以利驗票，此時由於黃信介等人並未對縣府前聲援群眾告知計票地點，故群眾仍聚集在縣府前與鎮暴警察對峙[116]。

運送過程中基於保護選票安全，警方荷槍實彈出動大小車輛近三十部沿途保護，民進黨亦派立委魏耀乾為代表參與運送，過程途經八個鄉鎮市並需逐站點收，所以到了先前約定的晚上七點，選票尚未抵達台南地檢處。黃信介、李宗藩等人因久候選票不至，而與主任檢察官洪三發生拉扯。

到了晚上九點多，黃信介表示不願再等先行離去。消息傳回台南縣政府廣場，聚集群眾部分南下到台南市位於府前路的台南地檢處聲援；部分則在謝錦川宣傳車的帶領下或徒步或驅車，繞

法令。後來得知縣選委會無權驗票後，不敢採取行動，於是群情激動。〈民眾突破封鎖線，兵臨縣府前廣場…〉，民眾日報，1989.12.6，3 版。〈暴民持木棍及磚頭攻擊，鎮暴警察七人受傷…〉，台灣新生報，1989.12.6，3 版。〈邱主席指示警務處保護南縣選票安全，非經選舉訴訟程序任何人無權開箱驗票〉，台灣新生報，1989.12.6，3 版。〈縣府撤離員工…〉，聯合報，1989.12.6，3 版。

[116] 為了完成法定驗票程序，並化解群眾暴力問題，黃信介和張麗堂及多位在場檢察官於 5 日下午四點多，終於達成變通的協議，就是由李宗藩當場寫一份刑事聲請狀控告縣選委會，由在場的主任檢察官施海出受理，並隨即具文向縣選委會查扣八鄉鎮選票，並帶往位於台南市的地檢處查驗，但民進黨須承諾不得把群眾帶往台南市，否則驗票將立即停止。〈南縣開票風波再起，八鄉鎮選票重驗…〉，中國時報，1989.12.6，1 版。〈黃信介與檢察官協商決定，南縣八鄉鎮…〉，民眾日報，1989.12.6，1 版。〈黃信介折衝尊俎，眾官與會…〉，民眾日報，1989.12.6，3 版。

經新營市區走上中山高速公路新營交流道，癱瘓南北交通約一個小時，到了 6 日凌晨才返回縣政府前繼續抗議[117]。

到了 6 日凌晨一時許，運送八鄉鎮市選票的龐大車隊，在警方層層戒護下，終於抵達台南地檢處，但是八鄉鎮市共二百七十三個投開票所的主任管理員及主任監察員，尚未到齊以相驗騎縫章是否正確，於是在場人士繼續等待，驗票工作遲未展開。

就在等待所有投開票所的主任管理員及主任監察員到齊的同時，趕來台南市聲援的群眾與鎮暴警察已在地檢處前對峙；由於不耐久候，6 日凌晨二時許開始打砸位於地檢處斜對面的府前派出所門窗、攻擊警察造成多人受傷，並以汽油彈在地檢處正對面的市立體育館縱火。所幸警方及時關閉派出所和滅火，並在李宗藩出面安撫下，群眾才又恢復冷靜繼續對峙[118]。

直到 12 月 6 日早上五點許，先前封存選票的各投開票所主任管理員，及主任監察員到齊會同拆封後，驗票工作正式展開。在驗票過程中由於民進黨人士發現永康鄉第七十一投開票所，所查驗的票數與永康鄉公所報給縣選委會的數目不同，及第十八與第卅八投開票所的騎縫章有不吻合的地方[119]。李宗藩等民進黨人

---

[117] 〈運票速度太慢、群眾不耐煩…〉，中國時報，1989.12.6，3 版。〈群眾阻斷高速公路…〉，中國時報，1989.12.7，3 版。〈藉著散步化解鬱悶，群眾步上高速公路…〉，民眾日報，1989.12.7，3 版。

[118] 〈南縣市午夜動盪，群眾縱火砸警…〉，中國時報，1989.12.7，3 版。〈體育館被灑汽油縱火〉，民眾日報，1989.12.7，3 版。〈李宗藩支持者昨續向警方攻擊…〉，台灣新生報，1989.12.7，3 版。

[119] 後來經查証，永康鄉第七十一投開票所會有票數誤差，是見証驗票者把第七看成第七十一投開票所所致。至於外包裝騎縫章雖不吻合，但是內裝有效票、無效票、選舉人名冊等小包紙袋的騎縫章無誤，檢察官認為並不影響正確性的情況下，繼續驗票。〈永康鄉第七十一號投開票所計票有爭議…〉，中國時報，1989.12.7，3 版。〈永康兩處票袋騎縫章不合…〉，中國

士，為了避免替有瑕疵的選舉過程背書，於是宣布退出見証驗票，並改決定到台南縣政府前的廣場靜坐絕食兩天，以表示對選舉不公的抗議。由於李宗藩撒出民進黨見証驗票的代表，台南地檢處隨即找來台南地區名律師及地方公正人士協助見証，繼續進行驗票工作[120]。

當李宗藩在縣府前廣場絕食抗議時，台南地檢處及台南縣政府前的聲援群眾亦漸散去；而地檢處連續近六十小時的作業，在12月8日下午一時許，將八個鄉鎮市的273個投開票所，共約廿七萬六千九百餘張選票重驗完畢。結果與省選委會所公布各候選人得票情形只有略微出入，李宗藩比實際多報了三票，所以要減三票、李雅樵則少報了三票，蔡四結則也少報了一票，由於誤差小並不影響選舉結果，確定由李雅樵當選[121]。

選票複驗完畢後，警方隨即以妨害公務、妨害秩序、毀損及違反選罷法、集會遊行法等罪嫌，將李宗藩等八人函送台南地檢處，李宗藩亦於12月10日下午四時四十分結束絕食抗議，並表示不會離開台灣，要為接下來的縣議員及鄉鎮市長選舉中的民進

時報，1989.12.7，3版。〈待永康鄉選票驗收後，該方代表全部撤退…〉，民眾日報，1989.12.7，3版。〈李宗藩撤回驗票人員…〉，聯合報，1989.12.7，3版。〈請人監驗，地檢處首席費周章〉，聯合報，1989.12.8，13版。〈李宗藩雖然退出，改邀公正人士參與…〉，中國時報，1989.12.8，3版。

[120] 〈宣告停驗，李宗藩明絕食抗議…〉，聯合報，1989.12.7，3版。〈南縣第三波，今在縣府前廣場絕食…〉，民眾日報，1989.12.8，4版。〈一計不成又生一計，李宗藩要絕食抗議…〉，台灣新生報，1989.12.8，3版。

[121] 〈群眾情緒趨穩，部分警力撤離〉，中國時報，1989.12.8，3版。〈台南縣八鄉鎮選票驗畢，證實無舞弊…〉，中國時報，1989.12.9，1版。〈南縣八鄉鎮縣長選票複驗完畢…〉，民眾日報，1989.12.9，1版。〈南縣選票驗畢，未見違法舞弊情事…〉，聯合報，1989.12.9，1版。

黨參選人助選[122]。

　　回顧這屆縣長選舉，原本被國民黨輔選單位評為選情單純，李雅樵可望順利當選連任的台南縣，到後來國民黨縣黨部不但向上告急求援，最後只贏民進黨的李宗藩 9,500 餘票，原因可從以下幾個面向來理解：

一、初選不公造成黨內的地方政治勢力失去向心力。國民黨在 7 月份所舉行的初選，原本是為了要落實黨內民主，制度本身立意甚佳，但是辦理期間事先已規劃的「目標人選」、縣黨部主委一再施壓勸退有意參選者及投票時軍眷、榮家等「鐵票」流向的一連串問題與現象，使胡雅雄、黃正雄等人產生不滿，終致引發山派胡雅雄辭縣黨部副主委，並與主委顏文一公然對立。僵局最後在黨主席李登輝約見地方人士餐敘，及祕書長宋楚瑜多次南下造訪後，黃氏才宣布中止參選縣長。整個初選演變過程，可以理解國民黨初選制度的公平性並不能得到黨內各勢力的信任；對初選制度的失望與不滿，最直接反應就表現在對縣黨部缺乏向心力上面，而山派胡雅雄與顏文一的對立，就是直接証明。

二、派系整合不理想。李宗藩在選舉投票前幾天（11 月 27日起）開始在政見會上宣稱，山派及高系的重要領導人已承諾要支持他，雖然被點名者在國民黨授意出面澄清後皆連忙否認；但緊接著又傳出國民黨縣黨部向省黨部

---

[122] 〈首謀李宗藩等八人，移送…〉，聯合報，1989.12.9，1 版。〈翻案未成功，換來罪嫌五大項…〉，民眾日報，1989.12.10，1 版。〈南縣滋擾事件、主嫌李宗藩限制出境…〉，中國時報，1989.12.10，3 版。〈絕食結束發表聲明…〉，聯合報，1989.12.11，3 版。

及中央告急選情請求協助，黨主席李登輝在 11 月 29 日
透過中常會，要中常委高育仁南下協助輔選。再加上選
舉結束後國民黨縣黨部所舉行的輔選工作檢討會，做成
結論呈報給省黨部的檢討內容中提到，李雅樵與李宗藩
得票結果會差距如此小，與山派、高系部份樁腳轉向支
持李宗藩有密切關係，以上一連串情勢的演變可以了
解，國民黨在派系整合上的確出了問題[123]。

三、施政成效有待加強。李雅樵 1988 年及 1989 年兩次的施
　　政滿意度，經民意調查結果，和全省二十一縣市相比
　　較，成績都是倒數幾名。縣民對施政成效的不滿亦可從
　　環保抗爭獲得訊息；除了主管檢測全縣污水排放的衛生
　　局官員因圖利廠商被法辦外，民間針對環保問題自組抗
　　爭團體（如漁權會）包圍污染工廠及畜牧場，並到縣府
　　抗議執法不力使污染問題無法解決；這都是縣府公權力
　　不彰，縣民對施政成效不滿的具體見証；而這多少對李
　　雅樵的選情帶來負面的影響。

---

[123] 被李宗藩指為支持他的人有高育仁、楊寶發、李宗仁、胡雅雄、黃正雄、
縣議長周清文、縣議員謝銀行、江拱南、吳木桐、鄉鎮長有何宣勇等人。
高育仁被點名後雖即出面否認，且在投票前二天（11 月 30 日）表示已
要求自己支持者，動員號召支持國民黨籍候選人。高氏的舉動雖有清澄
自己並沒有支持李宗藩，但投票前兩天才發動支持者「助選」，其不積極
支持李雅樵的態度即可以清楚明白。〈被指支持李宗藩，李宗仁否認〉，
中華日報，1989.11.29，10 版。〈李宗藩猛放空響炮，高育仁等忙著撇清〉，
中國時報，1989.12.1，4 版。〈僅贏對手九千多票，李雅樵走過驚濤駭浪〉，
中華日報，1989.12.3，5 版。〈李雅樵贏得艱辛驚險…〉，民眾日報，
1989.12.3，5 版。〈縣長選舉輔選工作總檢討…〉，中華日報，1989.12.8，
10 版。〈執政黨黨部檢討選務，指李雅樵未獲全力支持〉，中華日報，
1989.12.13，10 版。

四、自救團體選舉期間的抗爭。李雅樵的競選活動包括自
辦、公辦政見會都一直受擾於漁權會、「九一三水災」
鹽水災民及反奇美設廠自救會。這幾個抗議團體持續的
或輪流或聯合到政見會場針對李雅樵抗議，並兩度到新
營檢察官辦公室按鈴申告他，李雅樵陣營甚至一度考慮
若持續被嚴重鬧場，將考慮取消政見會。這幾個團體的
糾纏抗議使李雅樵聲勢大受影響；以投票結果為証，李
雅樵光在善化鎮一地就輸了 9,700 餘票，這背後原因除
了善化鎮是山派胡家發源地外，奇美石化公司欲在善化
鎮茄菝地區設廠案，亦是造成李雅樵在此鄉鎮得票失利
原因。

至於開票過程為何會遲緩，而為何只拖了幾個小時就引發群
眾包圍縣府，且演變成打砸縣府辦公設備的流血衝突，其原因可
歸納以下幾點來理解：

一、三項選舉同時舉行，票箱種類繁多。1989 年 12 月 2 日
同一時間投票的選舉共有縣市長、省議員和立委三種。
而只立委一項尚再分為區域、漁、農、商、教育團體、
山地山胞、平地山胞[124]…等多種，所以票箱約有十個，
每個票箱又需一一統計各候選人得票數及投票率等，各
鄉鎮市完成三項選舉所有統計後，才統一報給縣選委會
再做匯整，故過程耗時。

二、計票設備落伍，選務人員缺乏經驗。在硬體設備部份，
鄉鎮市公所在統計各項選舉候選人的得票數、得票率、
投票率等數據皆以人工進行外，填好報表後因為沒有添

---

[124] 當時尚未改稱原住民。

購傳真機，只好以電話向縣選委會計票中心一一報票，過程不但緩慢且易生差錯；縣選委會雖然首次以電腦和省、中央選委會連線作業（不包括和下轄的鄉鎮市連線），但因是首次以電腦連線作業故選務人員對電腦操作生疏，因怕出錯所以輸入電腦前還再以人工先核算一遍，效率遲緩可見一般。李宗藩後來向媒體提到，當 12 月 2 日九點多縣選委會主委黃俊雄，引導他參觀縣選委會開票統計情形時，發現「現場並沒有傳真機，而以人工抄錄、算盤統計，且因沒有事先集中租用電話，竟分散在縣府大樓內十三個房間從事報票統計工作…」[125]，就可以理解當時選務工作之因陋就簡。

在選務人員經驗部份；就縣選委會而言，縣選委會主任委員原本是縣長出任，因李雅樵是候選人所以暫由縣府主祕黃俊雄代理；至於縣選委會總幹事鄭春福，其原職是縣府法制室副主任，因為原民政局長黃德旺於 4 月下旬調昇省府民政廳，遺缺由鄭氏暫代；在縣市政府民政局長兼任縣選舉委員會總幹事的規定下，之前從未主辦過選務工作的鄭春福只好臨時接下重任；在遭遇到群眾包圍縣府的混亂局面時，黃、鄭兩人處理方式可說亂了步調[126]。就基層的投開票所選務人員而言，以永康

---

[125] 〈國民黨組織力量真勇，李宗藩認為…〉，聯合報，1989.12.8，15 版。

[126] 縣府主祕黃俊雄是 1982 年 5 月山派楊寶發任縣長時，從台北市政府延攬回縣府服務的，所以和李雅樵不同派系；李氏當選縣長後雖沒馬上換掉黃氏，但兩人合作起來多少有心結在。至於黃氏對選務工作的心態，可從 12 月 3 日凌晨第一波抗議中他被群眾「請」上宣傳車，說明計票過程時的發言得到理解，黃氏表示自己「…有夠衰，只是負責行政業務推動而已，實際情況鄭春福總幹事最清楚…」，並透過宣傳車的擴音器向人在

鄉為例，它是延遲呈報的八鄉鎮市中公民數最多的鄉
鎮，由於人口劇增，投開票所從四年前的五十二處，增
加到七十七處，一千一百餘位選務人員中，大都是沒有
經驗的國中小學教師，所以開票作業因而遲緩[127]。

三、選舉競爭激烈、選民對選務機關不信任。從選舉活動到
後來國民黨縣黨部向省及中央告急求援，可以理解民進
黨的李宗藩已經對李雅樵形成威脅；在開票過程中，已
先開出的廿三鄉鎮總得票數是李宗藩暫時領先李雅樵
3,700 餘票，在競爭激烈的選情下，雙方陣營都緊繃心
情等待結果。巧的是開票進度就在此時慢了下來，從開
票稍慢就造成民眾如此大規模而持久的抗爭，決非少數
人臨時煽動就能造成，可以理解的是選民對以國民黨黨
員為主體的縣選委會的不信任心態，因為長久以來民眾
對國民黨即存有會在選舉中買票、作票的印象，如今在
民進黨候選人得票領先的情況下，開票速度慢了下來，

縣府大樓計票中心的鄭氏高喊「鄭總幹事下來！」；至於鄭氏被扣留在宣
傳車上近廿小時中，雖被毆打和羞辱（被迫說自己是吃屎的）但堅持自
己無權宣布選舉無效則是值得肯定；不料黃、鄭二人在 12 月 5 日早上第
二波抗議中，答應黃信介等民進黨人士在縣驗票，則是不諳相關法令
的錯誤承諾。主祕黃俊雄選後不久，在 12 月下旬，即調省府社會處任專
門委員，離開南縣政壇。〈計票硬體設備落後，選務人員促速改善〉，中
華日報，1989.12.6，10 版。〈開票作業緩慢釀憾事，佳里鎮所則充實…〉，
聯合報，1989.12.6，15 版。〈國民黨組織力量「真勇」，李宗藩認為…〉，
聯合報，1989.12.8，15 版。〈鄭春福自喻小主人擺大菜〉，台灣新生報，
1989.6.12，17 版。

[127] 〈台南縣政府強調開票作業公正辦理〉，中國時報，1989.12.4，3 版。〈永
康開票遲緩事出有因…〉，民眾日報，1989.12.5，3 版。〈八鄉鎮市開票
統計緩慢，民眾懷疑導致…〉，台灣新生報，1989.12.5，3 版。

當然引來李宗藩支持者「又在作票」的反應；競爭激烈的選情，加上不信任選務機關公正性的潛在意識，當然會在票開不出來時爆發抗爭事件。

本屆縣長選舉在群眾兩度包圍縣府，抗議火爆場面延及台南市，最後在近六十小時馬拉松式的重驗 276,000 餘張選票後，抗議聲浪逐漸歸於平靜，回顧選舉過程及結果可歸納出以下幾個特殊意義：

一、兩黨競爭態勢形成，國民黨優勢不再。本屆縣長選舉共有中國自強黨、民進黨及國民黨等三個政黨推派候選人參選，是政府宣布解除戒嚴以來首次的政黨競爭；從各政黨的得票率來看中國自強黨為 2.55％、民進黨是 35.30％、國民黨為 36.73％（詳見表三），明顯可以看出民進黨的得票率只差國民黨 1.43％，兩黨競爭態勢形成；要是敗選的中國自強黨及民進黨的得票率相加則勝過國民黨 1.12％，也就是投給非國民黨縣長候選人的選民已超過支持國民黨者，這個結果代表國民黨在本屆縣長選舉中已失去以往的優勢。

二、民進黨拓展基層有所憑藉。民進黨 10 月底在新營市舉辦全國黨代表大會時，台南縣的黨員只有 700 餘人，鄉鎮市級的基層黨部若含連絡處、服務處也算進去，亦僅有五處，民進黨縣黨部一直以吸收黨員及拓展各鄉鎮基層黨部為努力目標；這次選舉結果揭曉李宗藩總得票數達 234,237 票只輸李雅樵 9,500 餘票，若再深一層從各鄉鎮市勝負情形來分析，民進黨的李宗藩在十六個鄉鎮市領先國民黨的李雅樵（詳見表十二），已超過全縣卅一鄉鎮市的半數；再經過新營事件中各地支持者的聲援

激化,使得民進黨往後在台南縣的拓展,除了有支持者以選票肯定的實質憑據外亦多了號召的聲勢。

三、地方政治勢力影響政黨競爭結果。在國民黨方面,其所屬的地方政治勢力長久以來的對立並沒有因黨內初選的舉行而化解,相反的因為初選制度的不公,除了更加深各勢力的對立外,連國民黨縣黨部亦和地方政治派系(山派)發生摩擦,這樣的情勢使得縣黨部在輔選時受到阻力,結果當然使選情直接受到影響。在民進黨方面亦有類似的情形發生,早在4月底首任縣黨部主委林文定任期未滿,即提早辭職就透露出對立的訊息;再加上魏耀乾、謝錦川兩人互不相讓要選立委,以致縣長候選人李宗藩在和謝錦川聯合造勢時,招來支持魏氏人士的不滿,並以助選經費應平均分擔為由消極抵制;由於李宗藩是民進黨縣內各勢力無適合人選的情況下,由黨主席黃信介徵召反鄉參選,所以要整合並獲支持較無困難;經由謝三升、潘輝全及林文定等人親自到歸仁鄉黨部化解心結後,即獲得團結對外的共識,這比起無法落實黨內整合的國民黨而言可算一大優勢。從本屆縣長選舉過程不難理解國民黨和民進黨都有黨內勢力對立的情形,而黨內各勢力的分合在政黨競爭形態確立後,對政黨競爭的結果仍有直接的影響。

四、選民權利意識覺醒,對縣府威信失去信心。因公權力不彰,早在選舉前就接連發生抗議團體以自力救濟方式,四處包圍污染廠家或是到縣府遊行的情形,抗爭手段一直延續到新營事件,這所顯示的意義是縣民對自己權利意識的覺醒,當行政部門的公權力無法落實,而造成縣

民權益受損時，經漁權會、農權會、反奇美自救會、災
民自救會等抗議團體的帶領啟發下，縣民保障自我權利
的意識逐漸覺醒，平時除了自力救濟及抗議外，選舉時
則以候選人為陳情抗爭對象，並以投票的政治參與途徑
表示對縣政的不滿。

　　從另一角度觀察，選務工作是將選民投票結果呈現出來的過
程，所以公正、透明化是眾所關注焦點，在選民權利意識抬頭同
時，選務透明化程度無法配合滿足需求的結果，導致新營事件的
發生，而打砸縣府更表示選民對已被國民黨統治四十餘年的縣政
威信失去信心，這也是縣民對國民黨所提示要求改革的重要警訊。

第二節　博士與歐巴桑之爭

　　1993 年 11 月的第十二屆縣市長選舉，是解嚴後的第二次縣
長改選，在縣內兩大主要政黨國民黨和民進黨，皆推出候選人參
選，兩黨在提名人選的產生過程中皆出現黨內不同勢力間的對
立；經過協調的努力，民進黨較早取得整合成功的優勢，國民黨
在黨中央的積極介入下整合作業亦有具體進展。

　　由於候選人本身條件、地方政治勢力的整合情形、政黨形象
及國民黨籍縣長李雅樵的施政表現…等諸多條件的影響下，使選
舉結果讓主持縣政 40 餘年的國民黨首次在縣內淪為在野黨。本
節將對兩黨候選人產生經過及競選情形加以回顧，再對影響此次
縣長選舉結果的因素，做初步的歸納與討論，以呈現本屆縣長選
舉在政黨競爭過程中所代表的意義。

（表十二）第十一屆縣長選舉候選人各鄉鎮得票數一覽表

編號	鄉鎮區別		蔡四結	李宗藩	李雅樵	備　考
	總　　　計		**16,954**	**234,237**	**243,766**	資料來源：
1	新營區	新營市	903	16,123	15,578	台南縣選舉委
2		鹽水鎮	479	6,308	6,928	員會，1989c：
3		白河鎮	1,194	8,285	9,469	11。
4		柳營鄉	394	6,001	5,685	
5		後壁鄉	520	7,919	6,982	
6		東山鄉	609	4,925	7,115	
7	曾文區	麻豆鎮	572	14,034	10,278	
8		下營鄉	263	4,095	11,039	
9		六甲鄉	630	7,395	4,269	
10		官田鄉	445	6,289	5,828	
11		大內鄉	231	3,862	2,731	
12	北門區	佳里鎮	604	11,610	13,685	
13		學甲鎮	262	8,712	6,260	
14		西港鄉	371	5,694	5,586	
15		七股鄉	433	4,115	10,350	
16		將軍鄉	346	5,308	7,396	
17		北門鄉	227	2,395	4,623	
18	新化區	新化鎮	707	8,862	10,868	
19		善化鎮	866	14,293	5,553	
20		新市鄉	540	7,483	5,355	
21		安定鄉	743	7,444	6,158	
22		山上鄉	110	2,226	2,017	
23		玉井鄉	241	4,925	3,866	
24		楠西鄉	161	2,823	3,230	
25		南化鄉	184	2,413	2,687	
26		左鎮鄉	121	1,433	2,209	
27	新豐區	仁德鄉	1,092	11,240	15,573	
28		歸仁鄉	1,042	12,716	11,385	
29		關廟鄉	724	10,611	8,311	
30		龍崎鄉	132	990	1,887	
31		永康鄉	1,808	23,718	30,865	

壹、國民黨提名被聯合抵制的黃秀孟

一、黃秀孟遭抵制

隨著第十二屆縣長選舉的日子接近，國民黨省黨部於 1993年 4 月底完成選情初步評估，主委凃德錡對外表示「…魅力大、衝力強及意願高」、「…要有充分的爆發力，能應付外來的挑戰」[128]將是提名人選的基本條件；凃氏同時亦要求各縣市黨部進行第二波縮小範圍的評估，以掌握有意角逐提名的人士。剛接任台南縣黨部主委月餘的謝金池[129]，在被問到提名對象的考量條件時，回應指出「…除了省黨部凃主委所提的條件外，將配合縣內的地方特性考量『個人形象、從政績效、地域及派系平衡』等因素，其中『個人形象』將是最重要的考慮因素」[130]。

5 月上旬國民黨祕書長許水德，約見各縣市黨部主委聽取選情評估時，二十一縣市主委一致表達反對以辦理黨員投票的黨內初選來決定提名人選[131]，並希望中央儘快進行提名作業，最好能趕在 8 月初的第十四屆全國黨代表大會（以下簡稱十四全代會）召開前決定人選，以便早日展開輔選部署，並配合十四全代會替

---

[128] 〈國民黨省黨部完成縣市長選情初估…〉，自立早報，1993.5.1，10 版。

[129] 謝金池 1944 年生，嘉義縣人，輔仁大學中文系畢業。曾任民雄高中、東方高中教師，雲林縣團委會社工組長，南投縣、彰化縣、高雄市團委會總幹事，台東縣、南投縣黨部主任委員，台灣省黨部第一、第三組總幹事。〈謝金池接任執政黨縣黨部主委…〉，中華日報，1993.4.2，25 版。〈國民黨台南縣市黨部主委交接〉，民眾日報，1993.4.2，13 版。

[130] 〈謝金池：…個人形象將是提名最重要因素〉，中華日報，1993.5.4，25 版。

[131] 許水德聽取縣市長選情報告…〉，自立早報，1993.5.8，3 版。〈許水德分批約見縣市黨部主委…〉，民眾日報，1993.5.8，2 版。

提名人造勢[132]。

　　縣黨部主委謝金池在說明反對辦理初選的理由時指出，是因為在徵詢三十一鄉鎮市的黨務幹部後，多數黨工認為十四全代會將在 8 月召開，而 6 月時就必須辦理黨代表選舉，若又要進行縣長黨內初選，時間上太接近，將造成黨工人員太大工作負擔[133]；另一反對理由是，初選並不是決定提名人選的唯一辦法，並建議上級黨部改採協調、民意調查或是擴大幹部評鑑等彈性方式，來做為決定提名人選的依據[134]。

　　從國民黨二十一個縣市黨部主委，都一致反對循辦理初選方式產生提名人選的情形來看，表面上的理由都說是為了避免黨內的地方勢力，因初選產生對立影響後續選情；但這樣的理由是無法令人接受的，以 1989 年第十一屆縣長選舉時的提名過程為例，上級預先內定人選及初選投票時動員特種黨部配票的情形，是地方勢力反彈的主要原因之一，所以要檢討的是如何讓提名制度公平、公開，而不是以地方勢力反彈來全盤否定初選制度，國民黨各縣市黨部反對以黨員投票的初選方式為提名依據的背後，應該還是有控制地方勢力的考量，理由是一旦徹底實施公開、公平的黨員投票初選制度來決定提名人選，則縣黨部透過提名權力控制地方勢力的機制將會消失；而失去掌控地方勢力的籌碼，這對於不是由縣內黨員投票選出、沒有黨員民意基礎的國民黨縣黨部主

[132] 〈執政黨擬在 14 全前確定提名作業〉，中國時報，1993.5.8，2 版。〈執政黨縣市黨部主委期望黨中央…〉，台灣新聞報，1993.5.9，2 版。

[133] 〈執政黨縣黨部重申不辦初選…〉，中國時報，1993.5.9，14 版。〈執政黨南縣黨部強調縣長提名不辦初選…〉，中國時報，1993.5.24，14 版。

[134] 〈執政黨基層黨部多反對縣市長選舉辦理初選…〉，中國時報，1993.5.6，4 版。〈謝金池反對黨內初選…〉，台灣新聞報，1993.5.9，12 版。

委,其地位亦將會受到直接衝擊,這一矛盾應該才是國民黨各縣市黨部反對初選的理由,而這一切亦牽涉到國民黨黨內民主化的進程,從本屆縣長選舉各縣市黨部對於初選提名制度持否定態度的情形來判斷,國民黨似乎還不打算從落實公開、公正的提名制度來實現黨內民主。

至於台南縣黨部主委謝金池所提到的反對初選理由,其一指稱若辦理縣長提名人初選將和十四全代會的黨代表選舉日期太接近,會對黨工造成工作量太大的困擾,這很可能是推託之辭,因為只要把十四全黨代表和縣長提名人初選兩項選舉合併舉行,即可節省人力、物力,又能符合在十四全代會前產生縣市長提名人選,以配合輔選造勢的計劃。另一理由是指初選並不是唯一產生提名人選的方式,建議尋求其他彈性方法來決定提名者;此一反對理由亦沒有真正檢討到重點,因為不管採用那種方式產生提名人選,都會有未被提名的落榜者,所以不應以地方勢力會不會反彈來考量要不要辦理初選,要考量的應該是如何讓初選制度盡可能達到公平、公開,讓參與提名角逐者即使落榜後,亦能心服口服尊重提名結果;並且讓黨意能代表民意才是問題焦點,而此一方向亦是促進黨內民主的重要關鍵。

國民黨祕書長許水德在約見二十一縣市黨部主委聽取選情評估前,即明確指出年底的縣市長選舉將以「『適才適所』為最高考量,希望不要再過分依賴派系…」[135],在許氏約見各縣市黨部主委獲得各地不支持辦理初選的反映後,省黨部主委涂德錡亦隨即指出:「此次縣市長提名作業,比以往更具彈性,提名產生

---

[135] 〈…許水德:黨內整合及拔擢人才最重要〉,自立早報,1993.5.3,3 版。〈國民黨瀰漫悲觀氣氛…〉,中國時報,1993.5.9,2 版。〈突破傳統重視派系觀念…〉,聯合報,1993.5.9,2 版。

方式將尊重縣市黨部的決定…」[136]，在不要過分依賴地方勢力、採彈性方式產生提名人選及尊重縣市黨部三個原則下[137]，國民黨中常會在 5 月下旬通過「中國國民黨輔導黨員參加縣市長選舉提名辦法」[138]，辦法中即明定縣市長的提名考量，將依黨員意見反映、民意調查、幹部評鑑與黨員投票四種結果作為依據，其中黨員意見反映及民意調查是必須辦理事項，至於幹部評鑑與黨員投票，則由地方黨部視地方選情需要決定辦理與否；這樣的規定配合之前各縣市黨部主委反對黨員投票的態度，使得提名是以不辦黨員投票（初選）為原則，而以必須辦理的黨員意見反映及民意調查為主，至於辦不辦幹部評鑑則交由各縣市黨部自行決定[139]。

　　由於國民黨所通過的提名辦法第二十五條[140]明定，民意調查部分是由中央委託專業機構統籌辦理，所以一旦中央所做的民意調查和地方的黨員意見反映結果不一致時，如何取捨將是一大問題，而這也印證前文所討論到的，國民黨這樣的提名方式，最終還是想要透過主導提名結果來達到控制地方勢力的目的，而非以落實公正、公開的提名制度為首要考量[141]。

---

[136] 〈國民黨首批提名名單 7 月公佈…〉，聯合報，1993.5.9，2 版。

[137] 〈…國民黨可能採彈性初選方式〉，民眾日報，1993.5.9，2 版。〈執政黨省黨部擬另訂提名辦法…〉，中國時報，1993.5.13，14 版。

[138] 〈執政黨中常會通過縣市長選舉提名辦法…〉，中華日報，1993.5.27，2 版。

[139] 〈縣市長提名國民黨決以不辦初選…〉，自立早報，1993.5.27，3 版。〈縣市長提名國民黨原則不辦初選…〉，聯合報，1993.5.27，2 版。

[140] 第二十五條：中央為深入瞭解地方政情、選情、登記同志受選民支持之程度、現任縣市長同志任內政績表現，以作為建議提名之參考，應委託專業機構，統籌辦理民意調查。詳見〈執政黨縣市長選舉提名辦法〉，中華日報，1993.5.27，2 版。

[141] 吳重禮即指出國民黨的提名過程不在於制度設計出問題，而是「…若干長久浸淫於黨務體系的成員，為了繼續確定既有權威的優勢地位，而拒

　　由於國民黨中央同意台南縣不辦理黨員投票的建議，這次縣長提名作業到現在為此只剩民意調查、黨員意見反映及幹部評鑑三種管道來決定人選[142]，不久謝金池亦直接表示，除了以民意調查為依歸外，縣黨部並沒有提名決定權[143]；以試圖化解外界對縣黨部是否有預先規劃特定人選的疑慮。

　　觀察國民黨提名制度的定調過程，從國民黨祕書長許水德揭示不要過分依賴派系，到不辦理初選為原則的彈性提名方式出爐，再到謝金池所說的依中央所統一辦理的民意調查結果為依歸，縣黨部並沒有決定權的演變來看，國民黨中央並沒有把提名過程更加透明化，也沒有把提名決定權真正下放給縣內的黨員的具體措施；因為謝金池所指要引為依歸的民意調查是由黨中央委託專業機構所辦理，且中常會通過的「中國國民黨輔導黨員參加縣市長選舉提名辦法」，亦沒明確規定必須要把民意調查結果公開，所以這次縣長選舉的提名作業，實質上仍是由上而下的決策模式，最後仍是由黨中央來決定一切。就提名制度來說，和以往比起來，國民黨在這方面並沒有具體的改革措施，反倒是謝金池親口說出對於提名，縣黨部沒有決定權一事，直接點明縣黨部權力早被上級架空的事實。

　　提名的決定權由中央主導，縣黨部權力被架空，再加上縣黨

絕將候選人的提名權交與基層黨員…這也是為什麼國民黨在近幾年來始終堅持『欽點』、『協調』、『徵召』、『幹部評鑑』、『民意調查』的策略，而一直對黨員初選有所疑慮」，並認為「…國民黨初選問題的癥結並不在制度之缺漏，而是黨務菁英不願遵守自己所制訂的遊戲規則罷了…」（1999.7：149）。

[142] 〈年底縣長選舉應否辦黨內初選…〉，中華日報，1993.5.15，25版。〈執政黨南縣黨部強調縣長提名不辦初選…〉，中國時報，1993.5.24，14版。
[143] 〈執政黨台南縣長提名以民意為依歸…〉，台灣新聞報，1993.5.28，13版。

部主委是由上級指派,在縣內未經黨員的民意考驗,一旦提名結果引起地方政治勢力的反彈,要由剛在 4 月初上任、與地方各政治勢力沒太大淵源的縣黨部主委來整合以求勝選,似乎不是件容易辦到的事。

　　隨著提名制度的逐漸明朗,國民黨亦在 6 月 7 日至 11 日辦理黨內提名登記,直到登記時間截止,依序共有省議員謝鈞惠、省議會主任祕書施瑞和、檢察官蔡明熙、省議員方醫良、縣農會總幹事蔡勝佳、省議員黃秀孟及檢察官黃丁全[144]等七人辦妥手

---

[144] 黃秀孟 1944 年生,原籍七股鄉。國立台灣師範大學社教系畢業,高雄師範大學教育學研究所結業。1976 年公務人員考試及格,曾任佳里國中教師、台北縣教育局督學、高雄市教育局股長,1981、85、89 年分別當選第七、八、九屆省議員,1995、98 年分別當選第三、四屆立法委員,為國民黨海派人士。謝鈞惠 1939 年生,永康鄉大灣村人,南英高商畢業,曾任永康鄉農會理事長、第七、八、九、十屆省議員,在國民黨中派系色彩不明顯,2001 年 12 月以親民黨籍當選第五屆立法委員,2002 年 10 月 13 日因腦膜炎病逝。方醫良 1937 年生,安定鄉海寮村人。南英高商畢業,曾任縣議員、安定鄉農會理事長、第八、九、十屆省議員,1998 年 12 月當選第四屆立法委員,屬國民黨山派人士。黃丁全 1948 年生,佳里鎮頂廍里人。台灣大學法律研究所畢業,曾任大專講師, 1991 年 12 月於高雄市當選第二屆國民大會代表,為台南高分院檢察署的檢察官。蔡勝佳 1944 年生,新化鎮人。美國甘迺迪大學管理學碩士,時任縣農會總幹事,為國民黨山派人士。施瑞和 1936 年生,東山鄉人。乙等特考及格,曾任村幹事、省政府股長、台南縣政府祕書、省民政廳科長、省府印刷廠長,是高育仁當縣長時的祕書,登記提名時擔任省議會主任祕書,屬國民黨高系人士。蔡明熙 1948 年生,柳營鄉人,時任板橋地檢署主任檢察官(紀俊臣、陳陽德,2001b:321、323〜4;台南縣選舉委員會,1989b:19、21;台南縣選舉委員會,1994a:210)。〈國民黨籍七人競逐出線…〉,自立早報,1993.6.12,11 版。〈黃丁全辦妥提名登記…〉,中華日報,1993.6.12,25 版。〈…施瑞和拜會六鄉鎮爭取支持〉,台灣新聞報,1993.5.19,12 版。〈…施瑞和三大理念爭取支持〉,台灣新聞報,1993.5.21,13 版。〈政壇長青樹謝鈞惠病逝…〉,中華日報,2002.10.14,23 版。

續。其中黃秀孟出身海派，有三屆十二年的省議員資歷，黃氏於
1989 年是以 96,343 票的第一高票當選省議員，足見基層實力不
弱；再加上她的夫婿王宮田是當時的省教育廳副廳長，也曾是楊
寶發擔任台南縣長時的教育局長，所以黃氏對縣內教育界來說不
但有深厚淵源，其夫婿王氏亦有直接的行政優勢[145]。蔡勝佳由於
受到山派胡龍寶的提攜，於 1982 年從新化鎮農會，一躍成為縣
農會總幹事[146]，此次角逐提名受到縣內農會系統的支持；5 月下
旬，縣農會就曾發動各鄉鎮市的農會總幹事或幹部，到縣黨部向
謝金池表示希望提名蔡氏，並且發表聯合聲明指出，若蔡氏未獲
得國民黨提名參選縣長則「…全縣的農會組織，在各項公職人員
選舉上將『獨善其身』，不再全力配合執政黨…」[147]，蔡氏是山
派推出角逐本屆縣長選舉提名的主要人選；至於與蔡氏同屬山派
的方醫良，當時有二屆省議員的資歷，此次參與縣長提名登記動
機，應是要藉同為省議員身份來牽制黃秀孟，以達掩護同派系的
蔡勝佳上壘為主，連帶為即將在 1994 年底到來的省議員選舉，
自己的提名連任鋪路。

　　屬於高系的施瑞和曾任職於台南縣政府、省政府，與高育仁
熟識，高氏出任省議長時被延攬為省議會主任祕書，施氏為了此

---

[145] 台南縣選舉委員會，1990a：18。〈黃秀孟積極熱身…〉，中華日報，
　　　1993.5.8，25 版。〈老公服務教育界…〉，民眾日報，1993.6.14，14 版。
[146] 〈問鼎百里侯群雄並起〉，民眾日報，1993.5.5，16 版。〈蔡勝佳爭取執
　　　政黨…〉，台灣新聞報，1993.5.11，12 版。〈海、山、高三派皆推出…〉，
　　　自立早報，1993.6.18，11 版。
[147] 〈南縣基層農會主要幹部…〉，民眾日報，1993.5.22，14 版。〈…促執政
　　　黨提名蔡勝佳…〉，台灣新聞報，1993.5.22，12 版。〈…蔡勝佳動員 31
　　　市鄉鎮農會…〉，中華日報，1993.5.22，25 版。

次選舉辦理提前退休參與提名競爭[148]，施氏的參與縣長提名登記
與高系的支持及高氏本身有意角逐國民黨中常委的動向應有所
關聯。有「赤腳議員」之稱的謝鈞惠，與黃秀孟同樣已有三屆省
議員的資歷，具備穩固的支持群，尤其出身縣內人口最多的永康
市[149]，基層實力與派系色彩在縣內皆自成一格[150]。本身是檢察官
的黃丁全，於 1991 年 12 月曾在高雄市第一選區（北區）受國民
黨提名，並以 35,155 票當選第二屆國民大會代表（林玲玲，1994：
135），形象清新，拜訪地方爭取提名的動作十分積極；至於蔡明
熙亦具檢察官身份，只是沒有選舉經驗，與地方較無淵源，這兩
人在縣內的派系色彩都不明顯[151]。

　　登記截止隔天，縣黨部隨即收到一份主題為「台南縣長若提
名女性，執政黨輸了誰來負責」，內容以攻擊海派及黃秀孟為主
的黑函，當中提到屬於海派的李雅樵八年來政績乏善可陳，故不
應再提名同為海派人士且氣質平平、相貌庸俗的黃秀孟；如果提
名黃氏則如何對同為省議員的謝鈞惠、方醫良兩人交待…等[152]。

---

[148] 〈為縣長選舉熱身…〉，中華日報，1993.5.9，25 版。〈…施瑞和馬不停
　　蹄走訪六鄉鎮〉，台灣新聞報，1993.5.15，13 版。〈施瑞和申請退休…〉，
　　中華日報，1993.5.18，25 版。

[149] 永康鄉於 1993 年 5 月 1 日升格為縣轄市，首任市長為周鴻儒。〈永康鄉
　　正式升格…〉，自立早報，1993.5.2，9 版。

[150] 〈縣長熱門人選…〉，台灣新聞報，1993.5.2，12 版。〈…謝鈞惠積極走
　　訪基層〉，中國時報，1993.5.10，14 版。〈…謝鈞惠四鄉鎮造勢…〉，台
　　灣新聞報，1993.5.15，13 版。

[151] 〈…國代黃丁全宣布參選台南縣長〉，台灣新聞報，1993.5.16，12 版。〈執
　　政黨與民進黨群雄並起…〉，中華日報，1993.6.12，25 版。

[152] 〈台南縣出現首張選舉攻擊文宣…〉，自立早報，1993.6.13，9 版。〈黑
　　函攻擊抹煞…〉，民眾日報，1993.6.13，14 版。〈黑函二度攻擊黃秀孟…〉，
　　中華日報，1993.6.18，25 版。

　　從參與提名登記的人數高達七人，且這些人士的派系背景含括國民黨縣內海派、山派及高系，再加上黑函在登記截止後隨之而來；這些情形都顯示出國民黨先期的協調作業並沒有收到成效，且長久以來黨內各勢力間的對立情形依然延續，才會造成登記提名人數眾多，隨著縣長提名競爭的展開，彼此對立情勢再次浮上檯面。

　　先前由於黨中央所通過的提名辦法中，把辦不辦幹部評鑑交由各縣市依地方情形自行決定，而縣黨部為了避免被質疑立場不公，所以在 6 月中旬召開的縣黨部委員會議中作成決議，本屆縣長選舉的提名評估將不辦理幹部評鑑[153]；經過縣黨部委員會議這項決議之後，決定提名人選的依據，至此只剩中央主導的民意調查及縣黨部配合辦理的黨員意見反映兩項，可是這兩項評估依據最後都不對外公布結果[154]。

　　6 月下旬，縣黨部舉辦縣長選舉黨內登記同志座談會，會中預定要抽籤決定登記同志介紹說明會的號次，並且簽署提名登記參選公約，以利之後進行黨員意見反映，可是會中只有黃秀孟出席並簽字；公約內容要點有[155]：一、不以期約、邀宴、餽贈、賄賂等方法爭取黨員支持。二、不利用職權爭取黨員支持。三、不以暴力、脅迫等不正當方法爭取黨員支持。四、不以聚眾示威、抗議方式影響提名作業。五、在登記同志介紹說明會上，不惡意

[153] 〈執政黨縣黨部決不辦幹部評鑑…〉，中華日報，1993.6.15，25 版。〈…雲嘉南五縣市分別決議全都不辦初選…〉，民眾日報，1993.6.15，14 版。
[154] 〈…國民黨南縣黨部決定廣徵…〉，民眾日報，1993.6.3，14 版。〈…國民黨南縣黨部主委表示縣長提名人選條件〉，民眾日報，1993.6.3，14 版。
[155] 〈…黨內登記同志號次抽籤…〉，中華日報，1993.6.21，23 版。〈…提名座談六選將缺席〉，民眾日報，1993.6.21，13 版。〈…拒簽參選公約…〉，自立早報，1993.6.22，11 版。

攻訐本黨，醜化執政黨或對其他登記同志作人身攻擊。六、中央
提名公佈後，決服從中央決定，全力支持提名同志，團結一致，
鞏固執政黨政權。七、以上諸項，如有違反，願受黨紀處分。

　　集體缺席的謝鈞惠等六人，向媒體發表一份質疑縣黨部提名
作業偏袒黃秀孟的共同聲明，內容主要有[156]：一、…如何推選提
名人選，原應由黨部根據黨員意見，公平推舉，但縣及各區黨部
未能廓然大公，在尚未進行黨員意見反映時，即擅自決定所謂目
標人選，無視民意反應…。二、黨員登記連署書，應於6月4日
開始領表時，隨同登記表附送，黃秀孟卻在領表前早將連署書分
送各級學校，縣黨部私自提前交給黃秀孟連署書，公平性何在。
三、黨員說明會日程表，黃秀孟在縣黨部未公告前就搶先說出排
定的日程，如果不是縣黨部先行通知黃秀孟，為何黃秀孟會先知
道，黨部公平性何在。四、黃秀孟為了營造聲勢，利用各鄉鎮黨
部負責連繫黨員聚餐，黨工人員亦配合之，甚至參與餐會，有失
黨的中立立場。五、省教育廳副廳長王宮田利用職權，配合各鄉
鎮市區黨部，召集各校校長及老師開會，指令支持黃秀孟，並要
求學校老師動員拜訪黨員…。六、省教育廳編列縣內各級學校補
助款，王宮田早已知悉補助對象，卻向地方人士指稱，補助款係
由黃秀孟親自爭取得來…。

　　面對謝鈞惠等人的聯合反彈，縣黨部發出聲明表示，在辦理
登記前是有評估出「適任人選」多位[157]，且已報請省黨部及黨中

---

[156] 〈…各媒體接獲謝鈞惠等6人…〉，中華日報，1993.6.21，23版。〈…國
　　民黨南縣長參選人連署聲明〉，民眾日報，1993.6.21，13版。

[157] 經謝金池所透露，縣黨部所作的實力評估結果以黃秀孟、謝鈞惠、蔡勝
　　佳分居前三名。〈國民黨地方陸續提報初選名單…〉，民眾日報，1993.5.9，
　　2版。〈…優先考慮人選〉，台灣新聞報，1993.5.28，13版。〈縣黨部所作

央參考,唯這些相關作業都是依上級所頒布的規定辦理,並沒有偏袒特定對象[158];至於被聯名發表聲明抵制的黃秀孟除了一笑置之外,亦表示可辦理黨員投票的初選決定勝負以示公平[159]。謝金池除了試圖與謝鈞惠等六人取得連繫外,亦派人將尚未簽署的提名登記參選公約分送至六人手中,雖然對謝主委的聯繫有多人仍刻意迴避,且拒簽黨工送交的參選公約,但最後還是取得共識,決定於6月24日下午再辦理一次座談會進行溝通[160]。

　　為了因應第二次的座談,謝鈞惠等六人於前一天晚上即先行餐聚討論因應對策;座談會當天下午謝鈞惠先至縣黨部簽署提名參選公約,經通知後,亦趕往蔡勝佳在縣農會的辦公室與其他五人會合,經過商談後達成「…團結一致共同行動,全力支持六人當中任何一位被提名人參選縣長,若有二心願遭天譴…」[161]的共識;六人並在媒體見證下,先到新營市王公廟下跪立誓,以表示絕對遵守約定後,再進入縣黨部參與座談;這才使原定下午三點半在縣黨部就要召開的座談會,讓謝金池等了三個多小時後才開始[162]。會中六人再次向謝金池表達對提名過程公平性的質疑,而

的二波…〉,中華日報,1993.5.28,25 版。

[158] 〈「提名作業絕未假公濟私」…〉,民眾日報,1993.6.21,13 版。〈…縣黨部緊急聲明…〉,中華日報,1993.6.21,23 版。〈國民黨南縣黨部:規劃人選…〉,自立早報,1993.6.23,11 版。

[159] 〈爭奪縣長寶座…〉,民眾日報,1993.6.22,16 版。〈黃秀孟發表聲明…〉,中華日報,1993.6.22,25 版。

[160] 〈參選公約是中央及省黨部擬定…〉,民眾日報,1993.6.23,14 版。〈謝金池奔走連絡…〉,民眾日報,1993.6.24,14 版。〈南縣蔡勝佳等擬組…〉,自立早報,1993.6.24,11 版。

[161] 〈六參選者起重誓…〉,自立早報,1993.6.25,11 版。〈…6人在神前立約團結行動〉,民眾日報,1993.6.25,4 版。

[162] 同上。

謝主委則在會談結束時總結表示「…想當縣長的參選人應和黨部
合作，不是提一大堆問題來製造困擾…」[163]，結束座談後當晚六
人隨即集會，並發表聲明；主要內容有[164]：一、…一致認為縣黨
部（含各鄉鎮市黨部）辦理提名作業，顯有偏失，因此決定六人
均不簽立參選公約，並自始不參加該說明會。二、因登記同志謝
鈞惠與某特定參選同志基本理念…頗有差距，故決定與『她』周
旋到底，才破例簽署公約，並參與說明會，餘等五人均可理解。

　　從 6 月 25 日起至 7 月 3 日止共九天，縣黨部開始巡迴三十
一鄉鎮市辦理提名登記介紹說明會並進行黨員意見反映；第一天
說明會在永康市台南高農及歸仁鄉的新豐高中舉行，卻只有黃秀
孟及謝鈞惠出席並發表政見[165]，蔡佳勝等五人則集聚會場斜對面
的永康市農會故意不進入會場，隨後並連袂拜訪永康、新化、歸
仁、關廟、龍崎等地的機關團體尋求支持[166]。

　　謝金池除了向省黨部反映蔡勝佳等五人，拒簽參選公約及杯
葛說明會的情形外，亦表示已獲上級補助一百萬元經費，將由縣
黨部委託民間機關以預先錄好的語音電話，對為數約五萬名留有
電話號碼的黨員進行民意調查，謝氏強調為證明縣黨部立場公
正，這項黨員的電話民意調查完全沒有黨工人員參與和經手，且

---

[163] 〈南縣縣長參選人座談會…〉，自立早報，1993.6.25，11 版。〈…5 人拒
　　簽情事報請省黨部處理〉，民眾日報，1993.6.25，4 版。
[164] 〈台南縣六名候選人發表聲明…〉，民眾日報，1993.6.25，4 版。〈決定
　　不簽署參選公約…〉，自立早報，1993.6.25，11 版。
[165] 〈…首場有怪現象…〉，民眾日報，1993.6.26，14 版。〈…國民黨南縣內鬥
　　檯面化〉，同前。〈縣長選舉參選同志…〉，中華日報，1993.6.26，25 版。
[166] 〈…僅黃秀孟與謝鈞惠出席…〉，自立早報，1993.6.26，11 版。〈南縣五準
　　將相招拜票…〉，民眾日報，1993.6.26，14 版。〈集體下鄉拜訪…〉，中
　　華日報，1993.6.26，25 版。

調查的結果將和黨員意見反映一樣不予公布，在縣黨部不附加任何意見的情況下，提報中央做為提名參考[167]。

　　縣黨部由於受到反彈的壓力，決定要辦理黨員語音電話調查並作為提名考量的依據，此舉將會產生以下的問題：

一、隨意改變提名考量依據。依據 5 月下旬中常會通過的「中國國民黨輔導黨員參加縣市長選舉提名辦法」，及 6 月中旬台南縣黨部委員會議的決議，這兩者已確定台南縣長提名考量的依據，只有黨員意見反映和民意調查兩項，且民意調查一項依規定是中央統一辦理的業務，縣黨部自行加上黨員的電話民意調查，其合法的依據何在，不免令人質疑。

二、黨工地位蕩然無存。反彈者一再指稱是因為有內定人選及動員特種黨部黨員，參與意見反映等不公平之處，所以要改革的焦點是如何讓提名過程更透明公平，讓參與者都心服口服的接受結果，可是縣黨部卻不在此改進，而是以求取公平為理由，把黨工排除在黨員電話民調的作業之外，試想沒有黨工參與的民調作業才顯公平，那黨工未來在黨員心目中的地位何在，將來黨工如何推動黨務，甚至是從事整合輔選的工作。

三、語音電話調查仍有公平性問題待解決。在進行電話民意調查時，對那些沒有留下電話號碼的二萬餘名黨員，如何確保他們反映意見的權益；另外，如何克服沒接到電

---

[167] 〈斥資百萬託民間辦電話訪問…〉，中華日報，1993.6.27，25 版。〈國民黨南縣黨部作黨員電話意調〉，自立早報，1993.7.1，11 版。〈黨員意見反映結果不予公開…〉，中華日報，1993.6.30，25 版。〈…謝金池：黨員意見反映不可能對外公布〉，自立早報，1993.6.30，11 版。

話或是非本人接聽的情形；還有若被惡意干擾，例如有
心人也假借電話民調名義，來打擊縣黨部的威信時，如
何因應。這些都是要仔細考量的因素。最後，若過程真
的作到公平公正，為何結果仍不對外公布，令人不解。

說明會暨黨員意見反映到了第三天下午，輪到在安定鄉舉
行，鄉內原有二千多名黨員但參與的卻只有百餘人，登記的七人
中仍然只有黃秀孟和謝鈞惠兩人出席[168]，說明會在鄉圖書館進行
同時，蔡勝佳等五人則動員三百餘輛車，近千人在安定鄉各村落
遊行，之後齊聚在方醫良住處發表四點聲明，說明拒絕出席的理
由，內容主要有[169]：一、黨部…作業不公偏袒黃姓女參選人，…
前來黨員意見反映的同志都屬特種黨部，且還沒開始說明會就已
經完成投票動作。二、…要有抗議黨部作業不合理的擔當及勇
氣，藉以喚醒決策當局的重視，並求合理之回應…。三、…黨意
已經不能完全代表民意，希望…提名作業不要再有偏袒的意念。
四、縣黨部及各地方黨部若是一意孤行…，鄉親將會以選票來向
國民黨說明真正的民意在那裡。

說明會的第四天，早上首場在七股鄉七股國小舉行，由於謝
金池在致詞時說出「…國民黨已經沒有分裂的本錢…，既然有抱
負、有理念就應該站出來講給黨員同志聽，不要『躲』在農會裡
面…算什麼作法…」等針對五位登記人的話語，那時正集聚在七
股鄉農會的蔡勝佳等五人，得知謝金池刺激性談話後，隨即相偕
前往當天第二場正在佳里國小進行的會場，並由黃丁全代表五人

---

[168] 〈南縣遊行抗議黨部作業不公…〉，民眾日報，1993.6.28，3 版。〈…方
醫良支持者車遊安定熱滾滾〉，同前，13 版。〈善化安定新市三地…〉，
中華日報，1993.6.28，23 版。

[169] 同上。

上台發言，除了反擊謝金池不應在公開場合批評他們，而影響黨員反映的公平性外，亦解釋拒絕參加說明會的三項理由[170]，主要內容有：一、…縣黨部在說明會前即進行黨員反映作業，有違初衷，使說明會失去意義。二、…拒絕參加說明會並非針對某一個人，而是縣黨部作業不公…。三、…參加說明會的黨員同志只有二成左右，其他的人…意見值得考慮…。

由於蔡勝佳等五人持續杯葛說明會，和縣黨部的對立亦有升高的趨勢，中央為了避免對後續選情造成負面影響，於是派省黨部副主委彭文正在 6 月 30 日南下，在縣黨部主委謝金池及執行長蘇德州的陪同下，約蔡勝佳等五人餐敘，經溝通後五人才簽署了參選公約，且允諾從 7 月 2 日起出席最後的五場說明會[171]。

首次正式參與說明會的五人，在新營市縣黨部內所舉辦的那個場次，上台皆不約而同提到，是因為受到縣黨部不公平的待遇才會杯葛說明會，縣黨部成為特定候選人、派系的超級助選員[172]；同時亦批評前幾場說明會在進行黨員意見反映時，有某位參選人動員多部遊覽車接送黨員，並在載抵會場尚未聽參選人發表政見，即勾選完意見反映單的違法及不合理情形[173]。國民黨的提

[170] 〈…唯黃丁全上台發言〉，自立早報，1993.6.29，11 版。〈五虎將首度露臉…〉，民眾日報，1993.6.29，14 版。〈…佳里說明會場面熱烈…〉，民眾日報，1993.6.29，16 版。〈充分徵詢黨員意見…〉，中華日報，1993.6.29，25 版。

[171] 蔡勝佳等人亦表示：「…至於後續是否還會出『狀況』將視黨部的輔選是否還有偏愛情結而定。」〈…彭文正與五虎將溝通〉，民眾日報，1993.7.1，14 版。〈…簽下參選公約〉，民眾日報，1993.7.2，14 版。〈五虎將回心轉意…〉，中華日報，1993.7.2，25 版。

[172] 〈七戰將首次會合…〉，中華日報，1993.7.3，25 版。

[173] 〈五男連線…炮口瞄準黨部…〉，民眾日報，1993.7.3，14 版。〈…全員到齊…〉，自立早報，1993.7.3，11 版。

名說明會就在批評縣黨部聲中落幕[174]。

　　國民黨在結束與提名相關的意見徵詢活動後，紛爭不但沒有降溫，情勢反而更複雜；1992 年 10 月時因贊成彈性課徵證券交易稅，而被國民黨停止黨權一年，並撤銷同年底第二屆立委選舉提名資格，但乃違紀參選到底並當選的山派人士蘇火燈[175]，則在此時表明要參選縣長的意願[176]。繼蘇氏表態後，謝鈞惠等六人再次聯袂行動，在 7 月 8 日相偕拜訪縣黨部時表示「…要求黨部在提名時能考慮他們六人中一人，倘未獲提名，六人將團結一致推出一人參選到底…」[177]。隔天，謝鈞惠等六人再到省黨部提出五點意見[178]，內容大要如下：一、黨員意見反映率僅達 12％，有五

---

[174] 〈七參選人…劃下完美休止符…〉，中華日報，1993.7.4，25 版。〈五男連線出席最後的…〉，民眾日報，1993.7.4，14 版。

[175] 被撤銷提名資格後蘇氏違紀參選，國民黨為了不讓蘇氏當選，補提名同為山派的胡雅雄，兩人競選時相互攻擊，造成山派分裂，結果蘇氏順利當選，胡雅雄落選。蘇火燈 1937 年生，善化鎮人。明達中學畢業，曾任里幹事、六、七、八、九屆縣議員、善化鎮農會理長、省農會理事、台灣農林公司董事長。包含前四屆屬於團民團體選出，蘇氏共有五屆立委資歷，1989 年的立委選舉，是蘇氏參與農民團體競選的最後一次，共得30,139 票，這比當時全國第二高票，高雄縣戴振耀的 6,763 票高出許多，於此可以理解蘇氏在農民團體具有堅強的實力（台南縣選舉委員會，1990a：16）。〈蘇火燈小檔案〉，民眾日報，1993.7.5，15 版。

[176] 〈蘇火燈表態…〉，中華日報，1993.7.4，25 版。〈…蘇火燈表態參選縣長〉，民眾日報，1993.7.4，15 版。〈蘇火燈舉動選壇震撼…〉，同前。〈蘇火燈攪亂一池水…〉，中華日報，1993.7.8，25 版。

[177] 〈蔡勝佳六人重新誓師…〉，自立早報，1993.7.9，11 版。〈…6 人連線重申參選決心〉，民眾日報，1993.7.9，14 版。〈六戰將連袂拜訪…〉，中華日報，1993.7.9，25 版。

[178] 〈蔡勝佳等六男性…〉，自立早報，1993.7.10，11 版。〈…聯袂赴省黨部表達意見〉，中華日報，1993.7.10，25 版。〈…6 人連線陳情提五建議〉，民眾日報，1993.7.10，14 版。

名候選人未參與，已失去參考意義。二、…如果提名黃秀孟，五人將共推一人參選。三、…考慮提名阻力最小的人選出馬競選縣長。四、建議開放競選。五、建議將台南縣長提名列為最後一批，不要急著提名。

觀察蘇火燈在此時表態及謝鈞惠等六人的再次行動，不禁令人回想起 1985 年的提名過程，當時李雅樵亦是未參與提名登記，但在國民黨辦完初選後卻執意參選，黨中央不得已只好放棄提名初選成績第一名的胡雅雄，最後並做出開放競選的決定。而謝鈞惠等六人對黃秀孟的抵制，似乎是當時黃正雄、謝崑山、洪玉欽、黃俊雄等四人聯合反對胡雅雄的情勢重演。於是蘇火燈及謝鈞惠等人一連串舉措的目的，可有以下幾點理解：

一、掌握時機持續施壓。就時間點而言，縣黨部剛辦完意見徵詢相關活動，此時正在彙整相關資料，準備向上呈報建議提名人選，所以欲影響提名結果的意圖明顯；而這些人的一連串動作，亦間接顯示黃秀孟被內定為提名人選的可能性極高。

二、迫使國民黨接受開放競選。先前沒有參與提名登記的蘇氏，此時表態參選的目的，在於使提名決策者理解，不管提不提名，都會有黨內的競爭者出馬，故開放競選將是需要納入考量的方案。

三、與平衡派系勢力有關。謝鈞惠等六人再次明確表達反對提名黃秀孟的態度，應與平衡派系勢力的考量有關，由於海派的李雅樵已二屆任滿，若再提名同派系的黃氏，則將會改變縣內派系勢力的平衡；尤其對 1992 年因第二屆立法委員選舉產生內訌的山派來說，將十分不利未來勢力的保持與發展。

　　省黨部於 7 月 13 日通過建議中央提名的名單中，只有黃秀
孟、謝鈞惠、方醫良三人名列其中，山派的蔡勝佳並未被納入推
薦名單[179]；謝鈞惠等六人在省黨部公布建議名單二天後，再次聯
合發表聲明，表明將公推一人與黃秀孟舉行辯論，在辯論前省黨
部應撤回建議名單，否則亦應刪除陪榜的謝、方二人，因為此二
人不願當陪襯自取其辱，最後又再次強調若黨中央真的提名黃秀
孟，則六人必定會推出一人參選[180]，面對抵制者的辯論邀約，黃
秀孟以只會遵照黨的提名遊戲規則，不宜多說話為由加以婉拒
[181]。7 月下旬，黨中央繼 7 月初公布首波三縣市的提名名單後，
再次通過第二波九縣市提名名單，但仍不包括台南縣[182]。

　　從地方的聯合反彈再加上黨中央遲遲無法決定提名人選的
情勢來看，國民黨的台南縣長提名作業到現在為止，明顯透露尚
有未克服的問題存在。由於提名進度此時進入膠著狀態，於是採
徵召方式的可能性亦被提出，但是馬上因縣黨部及地方勢力的反
對而作罷，當時被傳聞的對象包括考試委員郭俊次、立法委員洪
玉欽及農委會主委孫明賢等人[183]。

　　面對蘇火燈宣布要參選縣長的舉動，謝金池是以「為了有利

---

[179]　〈南縣：蔡勝佳質疑黨提名人選…〉，自立早報，1993.7.14，11 版。〈蔡
　　　勝佳未如預期列提報名單…〉，民眾日報，1993.7.15，14 版。

[180]　〈只要黨部提名黃秀孟…〉，民眾日報，1993.7.16，14 版。〈…六戰將又
　　　發表聲明〉，中華日報，1993.7.16，25 版。

[181]　〈黨部偏愛黃秀孟…〉，民眾日報，1993.7.17，16 版。〈…黃秀孟決保沈
　　　默原則〉，民眾日報，1993.7.20，16 版。

[182]　〈執政黨今公布首批…〉，中華日報，1993.7.7，3 版。〈國民黨第二波提
　　　名…〉，民眾日報，1993.7.20，1 版。

[183]　〈「徵召中央級民首長…」〉，中華日報，1993.7.20，25 版。〈中央有意徵
　　　召郭俊次…〉，自立早報，1993.7.13，11 版。〈…不擋人官路〉，民眾日
　　　報，1993.7.13，14 版。

輔選」為由，建議黨中央考紀會恢復蘇氏的黨權，作為牽制蘇氏的籌碼[184]；國民黨考紀會主委，於 7 月 24 日正式宣布蘇氏的黨權提早恢復，但是不為蘇氏所接受，認為這是國民黨一廂情願的作法，考紀會宣布恢復黨權時，蘇氏人在中國，由其夫人胡雪娥在台灣代其宣布參選縣長決心不變[185]。

觀察國民黨選擇在此時提早恢復蘇氏黨權的最大目的，應是想藉此以黨紀來控制蘇氏。至於宣布恢復其黨權的考紀會主委，則是 1992 年立委選舉時和蘇氏有過競爭但落選，同是山派人士的李宗仁。

由當時的副總統李元簇、行政院長連戰、總統府祕書長蔣彥士、司法院長林洋港、國民黨祕書長許水德、內政部長吳伯雄及台灣省主席宋楚瑜等七人所組成的國民黨中央提名審查委員會，於 7 月 25 日決議向中常會建議台南縣提名黃秀孟[186]，消息一傳出，謝鈞惠等人再次集會研商因應對策，並再次確認必將推出一人參選的共識[187]，其中方醫良面對外界關心其動向時，除了表示不會違紀參選外，亦證實李登輝主席曾於 7 月 23 日，在台中省政資料館與他會面，談及徵召洪玉欽或郭俊次的可能性[188]。由於方氏證實李主席曾就縣長提名一事約見過他，這顯示國民黨

[184] 〈蘇火燈恢復黨權…〉，民眾日報，1993.7.25，5 版。〈考紀會決議減輕處分…〉，中華日報，1993.7.25，25 版。

[185] 同上。

[186] 〈國民黨提審委員會…〉，民眾日報，1993.6.12，4 版。〈國民黨中央提名審委會…〉，自立早報，1993.7.26，1 版。〈黃秀孟出線…〉，中華日報，1993.7.26，3 版。

[187] 〈…決推 1 人參選〉，自立早報，1993.7.28，11 版。〈…國民黨年底選戰埋隱憂〉，民眾日報，1993.7.28，4 版。

[188] 〈…方醫良等六男緊急研商…〉，民眾日報，1993.7.27，14 版。〈黃秀孟盼中央協助…〉，中華日報，1993.7.27，25 版。

中央已著手化解提名作業所遇到的困難。7 月 28 日中常會正式通過並宣布，黃秀孟成為第一位國民黨女性縣長候選人[189]。

二、提名揭曉後的競選準備

提名確定後，黃秀孟及謝金池陸續拜訪未被提名的六位登記者尋求支持，蔡勝佳、施瑞和及蔡明熙等人先後表示不致違紀參選或是不再活動拜會[190]；至於謝鈞惠、方醫良兩人由於距離 1994年底的省議員選舉將屆，在考量未來仍需國民黨提名尋求連任下，態度亦轉而低調，表示會尊重提名結果[191]，六人中只剩黃丁全的參選意願較堅決，這點從國民黨公布提名名單後，黃丁全的佳里服務處仍然正常運作，並且前往拜會山派的胡雅雄、蔡勝佳等人尋求支持的後續作為得到理解[192]。之前宣布要參選的立委蘇火燈，人雖仍在中國但透過服務處表達參選態度仍未改變，即使因此被開除黨籍亦無所謂，並將在 8 月初回國後拜訪地方尋求支持，謝金池接到蘇氏的訊息後表示，將會等他回國後親自前往拜訪勸其打消參選念頭[193]。

首場提名人介紹會，由省黨部主委塗德錡主持，於 8 月 1 日在新營登場，輔選單位於會中以國民黨「有愛真好」的統一文宣主題，意圖塑造黃秀孟「有能力、愛國家、真實在、好將來」及

---

[189] 〈李主席在常會通過第三批…〉，中華日報，1993.7.29，1 版。

[190] 雖然施瑞和後來又曾表示有意參選到底，但未有實際行動，故在此不提。

[191] 〈謝金池積極推銷黃秀孟…〉，民眾日報，1993.7.29，14 版。〈…國民黨進行整合〉，自立早報，1993.7.29，11 版。

[192] 〈…僅黃丁全意願較堅決〉，中華日報，1993.7.31，25 版。〈…參選縣長信心十足〉，民眾日報，1993.7.31，16 版。

[193] 〈蘇火燈決硬闖…〉，民眾日報，1993.7.29，16 版。〈蘇火燈參選決定…〉，中華日報，1993.7.31，25 版。〈…謝金池：待其返國後將勸退〉，自立早報，1993.7.31，11 版。

「有民意、愛鄉土、真善美、好媳婦」的形象，受邀出席者有千餘人，主要來賓有縣長李雅樵、總統府參議黃崑虎、統一企業負責人高清愿、監察委員謝崑山、國大代表黃來鎰、顏耀星、宋煦光、翁興旺等人，但是山派及高系主要人士，如前監察委員張文獻、省立新營醫院院長胡雅雄、縣議會議長周清文等人都未出席[194]。

在另一邊，乃未放棄參選的黃丁全得知蘇火燈返國後隨即前往拜會，蘇氏向其表示「…六人連線成員已向神明發誓要公推一人參選，所以最好不要公開支持他，若認為他是理想人選只要暗中支持即可，以免得罪人而受影響…」[195]，除此之外蘇氏亦前往拜訪蔡勝佳、周清文等山派及高系人士，表明要參選縣長並尋求支持[196]。由於蘇火燈的參選意願堅決，再加上六人間仍未產生共識，原本預定要在 8 月 5 日宣布由誰代表六人出馬參選的行程，不得不宣布順延[197]。

雖然之前有意參選但未被提名的國民黨員，尚未形成由誰出馬的共識，但黃丁全在佳里鎮的服務處已改名為「參選縣長連絡處」，展現十分積極的態度[198]，蘇火燈在得知黃丁全已準備好要

[194] 〈黃秀孟首場介紹會…〉，中華日報，1993.8.2，23 版。〈黃秀孟介紹會山派高系缺席…〉，中國時報，1993.8.2，14 版。

[195] 〈黃丁全拜會蘇火燈…〉，民眾日報，1993.8.2，13 版。〈蘇火燈執意參選到底…〉，中華日報，1993.8.2，23 版。〈蘇火燈昨返國聲明參選到底…〉，中國時報，1993.8.2，14 版。

[196] 〈蘇火燈拜訪蔡勝佳、周清文…〉，自立早報，1993.8.3，11 版。〈蘇火燈參選縣長態度明顯…〉，中華日報，1993.8.5，28 版。

[197] 〈南縣「六人連線」預定今推出人選…〉，自立早報，1993.8.5，11 版。〈誰出馬角逐縣長意見不同…〉，民眾日報，1993.8.6，14 版。〈南縣 6 人小組上演出線爭奪戰…〉，自立早報，1993.8.7，11 版。

[198] 〈黃丁全近日宣布參選到底〉，自立早報，1993.8.12，11 版。〈黃丁全服

宣布參選縣長的消息後，態度即有所轉變表示，如果黃丁全真要
參選那將會分散他的票源，所以將不會加入選局，但若只有黃秀
孟和民進黨籍的候選人兩個人參選的話，他則另有打算[199]。

　　為了取得共識，蔡勝佳原本有意再約集之前六人協商，但因
謝鈞惠、方醫良等人，北上參加十四全代會而作罷，黃丁全在 8
月 17 日正式宣布參選到底[200]。黃氏宣布參選後，蘇火燈與自己
的支持者討論後，認為已無可開拓的票源空間，而正式宣布不會
加入選局，同時亦指出由於以往他的參選並未受到海派人士的協
助，所以他並不會支持黃秀孟，但也尚未決定要支持誰[201]。

　　國民黨的第十四屆全國黨代表大會在 8 月 15 至 23 日召開，
會議期間黃秀孟親自拜會內政部政務次長楊寶發，並獲楊氏允諾
支持[202]。屬於山派的前縣長楊寶發，在連戰出任行政院長時受延
攬出任內政部政務次長，本屆全國黨代表大會召開前即被規劃回
縣參選黨代表，並以 2,751 票，高居第二選區（溪南）黨代表榜
首[203]，由於楊氏參與黨代表選舉本身需要獲得支持，所以雖和黃

　　務處招牌更新⋯〉，民眾日報，1993.8.13，11 版。〈⋯黃丁全出馬參選意
　　願大〉，民眾日報，1993.8.12，14 版。
[199]〈蘇火燈指黃丁全若參選⋯〉，中華日報，1993.8.13，25 版。〈黃丁全蘇
　　火燈一進一退⋯〉，中華日報，1993.8.14，25 版。〈蘇火燈參選態度軟
　　化⋯〉，中華日報，1993.8.15，25 版。
[200]〈⋯6 人小組近日開會表態〉，自立早報，1993.8.14，11 版。〈黃丁全正
　　式宣布投入縣長選戰⋯〉，中華日報，1993.8.18，25 版。〈⋯黃丁全有耐
　　力和毅力接受考驗〉，民眾日報，1993.8.18，14 版。
[201]〈⋯李金祈指蘇火燈決退選〉，中華日報，1993.9.15，25 版。〈選縣長已
　　經選不下去⋯〉，中華日報，1993.9.27，23 版。
[202]〈黃秀孟 14 全一行收獲多⋯〉，中華日報，1993.8.21，11 版。
[203]〈楊寶發回鄉選黨代表〉，中華日報，1993.6.22，25 版。〈執政黨 14 全
　　黨代表選舉揭曉⋯〉，中華日報，1993.7.11，25 版。

秀孟不同派系但是十分配合國民黨的規劃，在黃秀孟獲得提名後即明確表示支持外，亦一再主動澄清和黃秀孟、王宮田夫婦兩人不合的傳言[204]。

　　楊寶發和黃秀孟心結來自 1981 年的選舉，那時縣長與省議員兩項選舉同時舉行，楊氏除了尋求連任外，亦支持同屬山派的顏胡秀英參選省議員，那時黃秀孟夫婿王宮田是縣府教育局長，於是楊氏要王氏勸退黃秀孟，而王氏除了拒絕勸退黃氏外，還動用教育界全力輔選，最後順利擊敗顏胡；之外楊氏亦認為王氏在縣長選舉方面出力不多，於是王氏遂調往高雄市。楊寶發與王宮田夫婦不合傳言，在 1987 年 10 月下旬再次被搬上檯面，那時是因為楊氏剛出任省府委員兼經動會主委，首次在省議會接受質詢時，黃秀孟即以省議員身份在言辭上毫不留情的讓楊氏難看[205]，而再次引起議論。

　　縣內高系領導人立法委員高育仁，在十四全代會的中央委員選舉中，以排名第二十一的成績當選，並有意尋求連任中常委，但是在國民黨所規劃的十六位票選名單中，卻沒有高育仁的名字，8 月 23 日選舉結果，執意參選的高氏最後落選[206]，這樣結果引起高氏的反彈，並表示「…日後對黨交付的任務將另有評估…」

[204]〈…楊寶發表示必支持黨提名候選人〉，自立早報，1993.8.9，9 版。〈黃秀孟選縣長，楊寶發允跨刀…〉，民眾日報，1993.8.9，15 版。〈楊寶發拔刀相助…〉，中華日報，1993.8.10，29 版。

[205]另外亦有指係楊寶發欲爭取提名連任時，曾受到王宮田的挑戰。〈對南縣政壇的期許〉，民眾日報，1987.11.1，6 版。〈手持本報 76 年剪報指責黃秀孟…〉，民眾日報，1993.11.25，16 版。

[206]〈…高育仁可能退黨…〉，民眾日報，1987.8.22，3 版。〈十六位票選中常委出列…〉，中華日報，1987.8.24，1 版。

[207]。當時在縣內頗有影響力的統一集團總裁高清愿，亦和高育仁同樣在中常委選舉中落敗，失望之餘亦說出「…年底縣長選舉統一集團將僅在一定範圍內配合」[208]。這樣的演變讓黃秀孟的縣長選情增加許多不確定因素。

黃秀孟的競選總部於 9 月 16 日成立，國民黨祕書長許水德特別南下與會[209]，會後並邀約地方人士在新營糖廠招待所午宴，出席者包括縣長李雅樵、縣議長周清文、省立新營醫院院長胡雅雄及國大代表顏耀星、李碧梅、謝文彬、王振廷、翁興旺等，但是立委高育仁、洪玉欽、蘇火燈及省議員謝鈞惠、方醫良等人都未出現，之前參與提名登記的六人中，只有蔡勝佳在即將散會前才趕到[210]。會中許水德要周清文出面幫忙勸退黃丁全，但是周氏並未正面回應[211]，從受邀者出席情況來看，國民黨的整合工作到此尚有待努力。

黃秀孟的競選總部雖然已經成立，但是其競選總幹事由誰出任卻仍未定案，立委洪玉欽在當時被視為最佳的總幹事人選，但洪氏卻遲不答應，洪氏本人亦証實黨主席李登輝要他出任黃秀孟

---

[207] 〈未搭上中常委列車…〉，自立早報，1987.8.25，11 版。〈中常委改選結果波及…〉，中華日報，1987.8.25，25 版。

[208] 當時票選加指定的中常委共三十一位，唯一台南縣籍的是台北市長黃大洲。〈未當選中常委…〉，民眾日報，1987.8.25，14 版。〈黃大洲是唯一南縣籍中常委…〉，中華日報，1987.8.26，25 版。

[209] 〈黃秀孟競選總部今正式成立…〉，中華日報，1993.9.16，25 版。〈黃秀孟麻豆成立競選總部…〉，自立早報，1993.9.16，11 版。

[210] 〈許水德南下整合…〉，中華日報，1993.9.16，25 版。〈與南縣政壇人士聚餐…〉，自立早報，1993.9.16，11 版。〈勸退黃丁全整合派系，要角均缺席…〉，民眾日報，1993.9.18，14 版。

[211] 同上。

競選總幹事一職，但洪氏表示要考慮一星期才回覆[212]，就在洪氏考慮期間，國民黨公布新的立法院黨職人員名單，洪氏原本在立法院是擔任黨團的政黨關係工作會及中央政策會的主任，但卻被調整為中央政策會的指導員，明升暗降的意義濃厚[213]。

當黃秀孟尚在尋找競選總幹事人選時，9月底起國民黨的整合工作有了初步進展，在中常委選舉中落敗的高育仁，於9月25日偕其妻高張明鸞拜訪黃秀孟的競選總部，澄清是因為出國之故才沒有出席總部成立大會，並表示其支持黃秀孟的態度不應受到懷疑[214]。9月30日山派的胡雅雄亦在黃秀孟新營服務處成立時，公開為黃氏站台，表示他和王宮田夫婦是多年好友，並呼籲大家要支持國民黨提名的候選人[215]。至於先前中常委選舉失利的高清愿，在國民黨徵召工商團體負責人上陽明山受訓五天，及黃秀孟親自到永康統一集團總部拜訪後，亦明確表示會全力配合輔選[216]。

10月上旬省主席宋楚瑜利用視察國小營養午餐機會，造訪黃秀孟競選總部，陪同宋氏到麻豆國小視察的省議員方醫良，在和黃秀孟共進午餐時強調「…不論爭取提名時大家如何的競爭，一定會支持受黨提名的黃秀孟…」[217]。國民黨的整合進展亦可從黃

[212] 〈洪玉欽證實李主席…〉，中華日報，1993.9.24，25 版。
[213] 〈…洪玉欽打入冷宮…〉，民眾日報，1993.9.24，14 版。〈…總幹事人選添變數〉，民眾日報，1993.9.24，14 版。
[214] 〈黃秀孟選縣長高育仁伉儷助陣…〉，民眾日報，1993.9.26，16 版。〈高育仁表態…〉，中華日報，1993.9.26，25 版。
[215] 〈胡雅雄支持歐巴桑…〉，中華日報，1993.10.1，25 版。〈黃秀孟新營服務處成立…〉，自立早報，1993.10.1，5 版。
[216] 〈…工商龍頭上山受訓…〉，自立早報，1993.10.4，3 版。〈高清愿表明傾力支持…〉，中華日報，1993.10.10，25 版。〈高清愿盛讚黃秀孟…〉，民眾日報，1993.10.10，5 版。
[217] 〈宋楚瑜為黃秀孟加油…〉，中華日報，1993.10.13，25 版。〈方醫良表

丁全的競選總部於 10 月 16 日成立時,之前曾到新營王公廟集體
立誓的其他五人無一出席的情況[218],及山派胡雅雄在其胞弟胡雅
棠的婚宴後,第二度明確表態支持黃秀孟[219]等情勢演變得到理解。

貳、民進黨由初選第二的陳唐山出馬

一、協調不成採初選決定提名對象

民進黨此次縣長選舉的提名登記,是在 5 月 3 日開始辦理五
天,到登記時間截止,依序共有省議員謝三升、不分區僑選立委
陳唐山、成功大學企管系副教授楊澤泉、刺蔣案主角鄭自財、區
域立委魏耀乾等五人完成手續[220],基本背景如下:謝三升 1943
年生,學甲鎮人。國立政治大學公共行政研究所碩士,曾任中學
訓育組長、大專講師,美麗島雜誌創刊編輯,1981、89、94 年分
別當選過第七、九、十共三屆省議員,早期與蘇貞昌、游錫堃被
媒體稱為省議會鐵三角,1986 年 9 月民進黨組黨時的籌備委員,
屬民進黨內美麗島系人士[221]。陳唐山 1935 年生,下營鄉出生,
後遷居鹽水鎮岸內里。嘉義中學、台灣大學畢業,美國奧克拉馬
大學碩士、普渡大學地球物理學博士。1964 年赴美留學,由於從

態支持黃秀孟…〉,中華日報,1993.10.13,25 版。〈…方醫良黃秀孟相
見歡〉,自立早報,1993.10.13,11 版。

[218] 〈黃丁全競選總部成立…〉,中華日報,1993.10.17,25 版。〈黃丁全總
部開張…〉,自立早報,1993.10.17,5 版。

[219] 〈山派胡家絕對支持黃秀孟…〉,中華日報,1993.10.20,25 版。〈胡雅
雄再度表示支持…〉,民眾日報,1993.10.20,25 版。〈胡雅雄表態支持
黃秀孟〉,自立早報,1993.10.20,5 版。

[220] 〈民進黨縣市長選舉黨內初選登記情形〉,自立早報,1993.5.8,3 版。

[221] 台南縣選舉委員會,1989b:19。紀俊臣、陳陽德,2001b:322。〈謝三
升辦妥登記〉,台灣新聞報,1993.5.5,12 版。〈謝三升的政治生涯(上)
(中)(下)〉,民眾日報,1987.9.27、10.1、10.2,7 版。

事台灣獨立運動遭國民黨列入黑名單不得返國，從此旅居美國二十九年。曾任全美及世界台灣同鄉會、台灣人公共事務會（ＦＡＰＡ）會長，在美國聯邦政府商業部有十九年的工作資歷，1992年當選民進黨不分區僑選立委，屬民進黨內台灣獨立聯盟（以下簡稱獨盟）人士[222]。楊澤泉 1955 年生，關廟鄉人。台灣大學土木工程碩士，美國賓夕法尼亞大學區域經濟博士，時任成功大學企管研究所副教授[223]。鄭自財 1935 年生，台南市人。國立成功大學建築系畢業，美國卡內基美隆大學都市設計碩士，1970 年 4 月 24 日於紐約參與刺殺當時訪美的行政副院長蔣經國。1992 年返台時因違反國家安全法被判刑一年，參與提名登記時尚在山上鄉的明德外役監獄服刑[224]。

　　就五人受支持的情形而言，屬美麗島系的謝三升受部份新潮流系人士支持，屬獨盟背景的陳唐山才回國不久，有新營區的黨員及游離票源支持，楊澤泉的支持群主要分散在關廟、歸仁、仁德、新化等地，鄭自財的主要支持者是新潮流系人士，魏耀乾在民進黨內與獨盟人士親近[225]。

　　在辦理登記前，縣黨部即約集有意參與提名競爭的五人協調，達成將尊重黨部提名過程，且未來會全力支持黨部所提名人

---

[222] 台南縣選舉委員會，1994a：210。紀俊臣、陳陽德，2001a：130。〈陳唐山辦理登記…〉，中國時報，1993.5.7，2 版。

[223] 〈民進黨 5 人登記…〉，台灣新聞報，1993.5.8，13 版。〈南縣群雄並起…〉，自立早報，1993.5.8，3 版。

[224] 小谷豪冶郎，1990：332。〈南縣群雄並起…〉，同上。〈民進黨 5 人登記…〉，同上。

[225] 〈民進黨縣黨部點封選票…〉，中華日報，1993.6.27，25 版。〈…新潮流強力運作…〉，自立早報，1993.6.29，11 版。

選的共識[226]。黨中央也決定在提名登記後，各縣市先進行協調產
生單一人選，若無法以協調取得共識，才在 6 月 27 日辦理初選
決定提名者[227]。提名登記結束後，縣黨部在 5 月中旬召開黨務擴
大會議，出席者多數希望以協調方式代替黨員投票的初選來產生
提名人；於是決議成立十一人協調小組，計劃在二十天內透過三
次協調來產生提名人選，若屆時協調失敗，將提交黨中央研議以
何種方式解決提名問題[228]。

　　首次的協調會議於 5 月 22 日在縣黨部舉行，在提名人選上
並沒有得到答案，但會中得到三項共識，分別是[229]：一、提名人
選由登記者中產生，絕不辦理徵召。二、提名過程中絕對禁止彼
此相互攻擊。三、5 月 27 日到中央黨部再進行第二次協調。由第
一次的協調共識中可以看出，已經明確排除了沒有參與提名登
記，但已把戶籍遷回官田鄉，並受許信良、黃信介及施明德等黨
中央人士支持的吳淑珍出線的可能性[230]。

[226] 〈南縣縣長選舉民進黨內部溝通…〉，中國時報，1993.5.3，14 版。〈…
開會獲共識…〉，民眾日報，1993.5.3，13 版。〈民進黨縣黨部召開座談
會…〉，自立早報，1993.5.3，9 版。

[227] 〈…民進黨 12 日進行一階段提名…〉，中國時報，1993.5.4，3 版。〈民
進黨將推出孚眾望人選…〉，中華日報，1993.5.4，25 版。〈縣市長選舉
民進黨火網密佈…〉，自立早報，1993.5.4，2 版。

[228] 協調小組成員分別是蘇煥智、方來進、劉輝雄、謝錦川、李登財、陳文
獻、沈金泉、楊敬昌、王壽國、張田黨、李俊毅等十一人。〈民進黨協調
角逐縣長人選…〉，聯合報，1993.5.16，13 版。〈民進黨南縣黨部屬意協
調…〉，民眾日報，1993.5.17，13 版。

[229] 〈民進黨絕不辦理徵召…〉，台灣新聞報，1993.5.23，13 版。〈民進黨南
縣長候選人難產…〉，自立早報，1993.5.23，9 版。

[230] 吳氏為陳水扁之妻，當時為立法委員的陳氏個人並沒有意願再返鄉選縣
長。〈民進黨力勸吳淑珍…〉，自立早報，1993.5.15，2 版。〈陳水扁之妻
吳淑珍戶籍…〉，中華日報，1993.5.23，25 版。〈吳淑珍遷籍…〉，民眾

　　第二次協調會於 5 月 27 日在台北民進黨的中央黨部召開，黨主席許信良、祕書長江鵬堅及前主席黃信介出面協調，但是參與提名登記的五人仍堅持不退讓，所以會中決議取消原定 6 月 4 日在縣黨部的第三次協調會，並把協調工作交由中央黨部接手持續進行，另外為了將來協調不成，非辦理初選不可的需要，只好先由五人完成抽籤確定了號次[231]，以備印製選票。

　　由於不排除以初選方式決定提名人選，所以縣黨部開始收取入黨滿一年的黨員每人一千元黨費，當時縣內黨員數約 3,500 人，入黨滿一年的約 2,500 人，在繳費期限內繳納黨費取得初選投票權的共 2,022 人[232]。除了黨員投票的初選外，縣黨部還進行幹部評鑑，以無記名投票並由填表幹部直接郵寄中央黨部的方式決定提名人選的優先順序，以配合初選結果提供黨中央提名的參考；有資格對提名登記者評鑑的包括縣內各級黨部主委、縣黨部執行及評議委員、全國黨員代表、村里長以上公職人員、黨部顧問等約四十人[233]。

日報，1993.6.5，15 版。

[231] 由黨中央接手後，黃信介較傾向支持提名謝三升。〈民進黨縣長選舉提名協調…〉，民眾日報，1993.5.28，13 版。〈民進黨南縣長提名傾向…〉，自立早報，1993.5.28，11 版。〈…民進黨中央接手縣長提名作業〉，台灣新聞報，1993.5.29，12 版。

[232] 根據媒體所刊數據，當時民進黨黨員數為 32,719 人，該黨對外自稱約 3,500 人。國民黨黨員數約 94,000 人，滿一年者約 76,000 人。〈南縣民進黨員有限…〉，自立早報，1993.5.30，9 版。〈…動搖初選公平性〉，中華日報，1993.5.31，23 版。〈…導致提名作業情勢歪變〉，中華日報，1993.6.1，25 版。〈台南縣國民黨及民進黨黨員數〉，自立早報，1993.8.13，5 版。

[233] 〈民進黨南縣長人選產生方式…〉，自立早報，1993.5.27，11 版。〈參選縣長人選協調無共識…〉，民眾日報，1993.6.8，15 版。

面對縣黨部要辦理幹部評鑑，台南縣公民投票促進會執行長洪榮川，及十三位民進黨幹部聯署反對，並發表反對理由，要點如下[234]：一、幹部評鑑係不合民主潮流的措施，過去國民黨採行該措施，曾為人所詬病，民進黨不應重蹈國民黨的老路。二、…若初選結果領先，評鑑結果卻落後，對黨內團結、對候選人均將造成傷害。三、反對初選人士，認為初選不具民意代表性，但民進黨南縣幹部具有評鑑資格者，只有四十餘人，比三千多黨員更不具代表性，結果不能令人信服…。四、…幹部評鑑將幹部位階置於黨員之上，違反民進黨權力由下而上的原則。五、…結果可能引發紛爭，不利年底縣長選舉黨內的整合…。

縣黨部執行長李俊毅針對黨員的反彈，以幹部評鑑的資料，將由填表人直接郵寄給黨祕書長江鵬堅，結果只有江氏一人知道，不會影響提名作業的公平性；而且協調作業已改由黨中央主導後仍在進行中，若協調不成最後決定提名的依據是黨員投票的結果，幹部評鑑只是提供黨中央的參考…等理由加以回應[235]。

6月中旬，原本不對外公開的幹部評鑑結果，卻傳出陳唐山得到過半數幹部支持，名列首位的消息[236]。約在同一時候，民進黨第五屆第三次全國黨代表大會，在基隆召開，會中通過「民主進步黨公職候選人提名辦法」第六條修正案，也就是俗稱的「二

[234] 〈幹部評鑑延期結果將不對外公布…〉，自立早報，1993.5.29，11 版。〈…幽靈人口動搖初選公平性〉，同上。〈幹部評鑑決人選且慢…〉，民眾日報，1993.6.2，14 版。
[235] 同上。
[236] 〈民進黨縣市提名人選…〉，自立早報，1993.6.7，2 版。〈民進黨初步決定六縣市將辦初選…〉，自立早報，1993.6.20，2 版。〈陳唐山堅決參加…〉，民眾日報，1993.6.20，14 版。

分之一任期限制條款」[237]，依新通過條文規定，現任公職人員任
期未滿二分之一者，非經徵召或辭職不得提名參選他類公職[238]。
依這項規定，參與提名登記的五人中，有魏耀乾、陳唐山受到影
響，其中屬於區域立委的魏耀乾宣布退出角逐提名行列，並轉支
持陳唐山；而陳氏則因為是不分區僑選立委，若被提名為候選人
而必須辭去立委職務時，依法將可遞補不會影響民進黨在立法院
的總席次，故決定不放棄爭取提名的機會[239]。

　　由於黨中央接手後的協調工作仍一直沒有進展，加上縣黨部
執行委員會決議取消初選前的政見發表會，引起楊澤泉對縣黨部
的批評，楊氏說「…經過幾次協調仍無具體結果，是縣黨部一味
為特定人選護航，而取消政見會則無法讓參選人向黨員抒發政
見…」[240]；並指出「…縣黨部應將參與提名者會被國民黨攻擊的
弱點諸如：對縣政一無所知、家人子女皆不在國內、從政成績不
良、家族政治色彩濃厚等加以表列供黨員投票及中央決策時參
考…，所以提名作業到此仍無結果是縣黨部無能及作業不當的結
果…」[241]。

　　面對楊氏的反彈，縣黨部主委張田黨[242]出面澄清指出「…幹

[237] 〈民進黨全代會今召開…〉，自立早報，1993.6.12，3 版。〈…通過任期
限制條款…〉，中華日報，1993.6.14，2 版。〈民進黨全代會通過「任期
限制條款」…〉，自立早報，1993.6.14，2 版。

[238] 有關民進黨全國黨代表大會於 1993 年 6 月通過的公職候選人提名辦法，
詳見（李昆澤，2002：142～144）。

[239] 〈魏耀乾宣布退選…〉，自立早報，1993.6.19，11 版。〈…不影響陳唐山參
選意念…〉，民眾日報，1993.6.15，14 版。〈陳唐山堅決參加…〉，同上。

[240] 〈楊澤泉抗議民進黨…〉，自立早報，1993.6.22，11 版。〈抗議民進黨南
縣黨部…〉，民眾日報，1993.6.22，14 版。

[241] 〈楊澤泉不滿民進黨縣黨部提名程序…〉，中華日報，1993.6.22，25 版。

[242] 張田黨 1950 年生，嘉義縣鹿草鄉人，後遷居台南縣白河鎮。明達高中、

部把評鑑資料直接郵寄中央黨部統計即是公平執行提名作業的
做法，並不是推卸責任或是偏袒某人的黑箱作業…，而取消政見
會是縣黨部執行委員會在考量時間、人力、財力等因素後所做的
決定，並無其他特別目的…」[243]，為提名作業的公正性辯護。

最後縣黨部於 6 月 27 日在縣府中正堂舉行黨員投票[244]，全
縣約二千位有投票權的黨員中有 1,177 人投票，投票率 58.2%。
開票結果鄭自財 352 票、陳唐山 338 票、謝三升 309 票、楊澤泉
175 票，廢票有 3 張。鄭自財以 14 票之差擊敗陳唐山[245]。

二、鄭自財放棄提名資格

陳唐山本人在初選結果揭曉前即因公前往俄羅斯，開票後即
透過服務處人員表示尊重初選的結果，並會支持未來民進黨提名
的縣長候選人[246]；但是謝三升及楊澤泉的支持者卻對初選結果表
示不滿，指係新潮流系人士以動員人頭黨員來影響初選結果，使
黨意無法代表民意[247]。尤其是謝氏更直接指出，新潮流系的蘇煥
智原本答應要將其所擁有的六、七百名人頭黨員交給他運用，後

逢甲大學合作經濟系畢業。曾任台南縣西藥公會常務理事、農權會常務
理事、新豐民主電視台董事長、民進黨中執委、組織部主任。1991 年 9
月當選台南縣第三屆縣黨部主委。資料來源：張田黨本人提供。
[243] 〈楊澤泉再發聲明…〉，民眾日報，1993.6.23，14 版。〈身為反對黨員要
以大局為重…〉，民眾日報，1993.6.24，14 版。
[244] 〈…民進黨今起六縣市辦初選…〉，民眾日報，1993.6.27，5 版。〈…縣
長提名初選今舉行〉，中華日報，1993.6.27，25 版。
[245] 〈鄭自財以黑馬姿態擊退陳唐山〉，自立早報，1993.6.28，2 版。〈民進
黨六縣市昨天舉行初選…〉，民眾日報，1993.6.28，3 版。
[246] 〈陳唐山落敗…〉，民眾日報，1993.6.29，13 版。〈…陳唐山服務處：將
支持提名人選〉，自立早報，1993.6.29，11 版。
[247] 〈…新潮流控制人頭黨員所致〉，中華日報，1993.6.28，23 版。〈…新潮
流強力運作…〉，同上。

來經自己的支持者替蘇氏的人頭黨員繳交了每人一千元的黨費，使他們有投票資格，而且投票當天還僱車接送，不料這些人卻把票投給鄭自財，謝氏認為這都是蘇氏在背後操控，才會使他落選；蘇煥智則以初選時他一直保持中立，沒有對不起謝氏來回應黨內同志對他的指控[248]。除了謝、楊兩人的反彈外，以溫連章為首支持陳唐山的下營民主聯誼會，亦以初選的投票率不到 60％、受人頭黨員影響已失去公平性、鄭自財非台南縣人形象不易塑造、輔選困難度高…等理由要求重辦初選，並揚言若不重辦初選則選舉時將要杯葛鄭氏[249]。

　　其實在民進黨初選結果揭曉後，國民黨縣黨部主委謝金池就曾在該黨的提名登記說明會上影射說「…國民黨的提名人選絕對是土生土長的台南縣人，不會是台南市人，也絕不會是拿著槍刺殺總統的人…」[250]，由此即不難理解縣內部份民進黨員，為何對初選過程及結果會有無法接受的反應。

　　面對重辦初選的要求，張田黨除了對派系發動人頭黨員影響投票結果表示憂心外，對於是否重辦初選的問題，張氏將提報中央黨部裁決，並認為縣黨部所要作的是盡快將初選結果呈交給中央黨部，並呼籲黨員要尊重初選結果，捨棄偏愛某候選人的情

---

[248] 〈…選得黨內分崩離析〉，民眾日報，1993.6.29，14 版。〈…謝三升指蘇煥智扯後腿〉，中華日報，1993.6.29，25 版。〈民進黨初選出賣風波…〉，民眾日報，1993.6.30，14 版。

[249] 〈南縣下營地區對陳唐山落敗…〉，民眾日報，1993.6.29，14 版。〈下營民主聯誼會盼重辦初選…〉，民眾日報，1993.6.30，14 版。〈…下營民聯會揚言選舉時倒戈〉，中華日報，1993.6.30，25 版。

[250] 〈謝金池指提名人選必是土生土長…〉，中華日報，1993.6.30，25 版。〈國民黨批評鄭自財…〉，民眾日報，1993.6.30，14 版。〈鄭自財不適合當台南縣長…〉，同前。

結，共同支持黨所提名的人選，為民進黨年底選戰爭取勝利[251]。

張田黨的安撫並未平息反彈的聲浪，全國黨員代表沈金全、縣評議委員顏恆通及黨員吳振明等人，因不滿初選被新潮流系所動員的人頭黨員所左右，且無法認同選出一個台南市人代表縣內黨員參選縣長的結果，憤而寄回黨證以退黨表達抗議[252]。面對又一波的反彈，縣黨部延緩了預定召開的臨時執行、評議委員會及鄉鎮級黨部的幹部座談會，採取低調的疏通慰留方式，以避免因開會造成衝突擴大[253]。

先前因全國黨代表大會通過任期限制條款，宣布退選的立委魏耀乾，亦出面對新潮流系以代繳黨費的黨員操縱初選作業，使黨意和民意脫節，並造成黨內分裂表示痛心[254]；並對新潮流系指其他四位在地的參與提名角逐者「…整體形象或行政能力不足以擔任縣長職務」[255]的說法不表認同；也對鄭自財至少要到 10 月底才可出獄，及「受難者」的訴求能否應付選戰的要求深感懷疑[256]。由於魏耀乾在民進黨內的派系色彩較親近獨盟，再加上之前美麗島系的謝三升亦強烈譴責新潮流系的蘇煥智，所以初選作業演變到此，民進黨內的派系對立浮上檯面。

謝三升除了對新潮流系的蘇煥智，在初選時的舉措無法釋懷

[251] 〈…張田黨籲黨員接受初選結果〉，民眾日報，1993.6.29，14 版。〈…會商應付民眾反彈情緒〉，民眾日報，1993.6.30，14 版。

[252] 〈…黨代表沈金全退回黨證〉，中華日報，1993.7.1，25 版。〈…沈金全等提退黨聲明…〉，自立早報，1993.7.1，11 版。〈民進黨南縣黨員再反彈…〉，民眾日報，1993.7.1，14 版。

[253] 同上。

[254] 〈南縣魏耀乾指責新潮流系…〉，民眾日報，1993.7.2，14 版。

[255] 〈…操控「人頭黨員」參與初選〉，自立早報，1993.7.2，11 版。

[256] 〈…魏耀乾強烈批評表示痛心〉，中華日報，1993.7.2，25 版。

之外，亦認為蘇氏的兄長蘇煥杰在初選前，刻意散播謝氏開賭場且詐賭的謠言，影響謝氏選情，因此憤而對蘇煥杰提出告訴[257]。謝氏在初選失利後，亦自我檢討認為是因為美麗島系沒有良好的組織系統，才會在初選時敗給 1991 年底國大代表選舉後，才崛起的新潮流系及台獨聯盟兩股勢力[258]；於是邀集美麗島系人士及支持他的力量，於 7 月中旬召開「民主進步黨台南縣美麗島組織」整合大會，以備未來對各項選舉產生較大的影響力[259]，當時與會的美麗島系人士主要有省議員謝三升、國大代表劉輝雄、台南縣議員謝錦川、前縣議員方隆盛、新市鄉黨部主委蘇信利、縣黨部執、評委王英一、陳文獻、陳清勇、何淵波及公民投票促進會台南縣執行長洪榮川、里長顏政雄…等人[260]。

　　從謝氏對自己初選失利原因的描述中可以理解，民進黨縣內的新潮流、台獨聯盟兩股勢力，是在 1991 及 92 年底的國大代表、立法委員兩次選舉後才逐漸成形；所以民進黨縣黨部在 1987 年 9 月 27 日成立時，加入政黨的三股主勢力—謝三升為主的「黨外公政會台南縣分會」、陳水扁選縣長時以黃太平為首的支持勢

[257] 〈民進黨縣長初選內訌升高…〉，中華日報，1993.7.6，25 版。〈…謝三升：要追究到底〉，民眾日報，1993.7.7，14 版。
[258] 根據謝三升的說法，蘇煥智在 1991 年底參選國大代表失利後，於 1992 年底再參選立委，並受到謝氏的大力支持才當選，蘇氏還曾多次表達對謝氏的感激。由此或許可以理解為何謝氏對於蘇氏在初選時的「失約」會無法釋懷的原因了。〈…謝三升指蘇煥智扯後腿〉，同上。〈美麗島系團結佼關選戰…〉，民眾日報，1993.7.1，14 版。〈…揭發惡質選舉文化〉，中華日報，1993.7.1，25 版。
[259] 〈…謝三升：鞏固力量才不會被看扁〉，民眾日報，1993.7.4，14 版。〈整合美麗島系…〉，民眾日報，1993.7.18，14 版。
[260] 〈南縣美麗島組織籌備會成立…〉，民眾日報，1993.7.20，16 版。〈謝三升任美麗島組織籌備委員會…〉，中華日報，1993.7.20，25 版。

力，以及林文定為代表的「新化黨外編聯會」等[261]，演變到此已有不同面貌。再加上謝氏要以召開整合大會組織美麗島系的這個舉動來看，它透露出本屆縣長選舉黨內提名時，美麗島系的組織動員能力和其他兩股勢力比較起來，相對顯得比較鬆散[262]，而謝氏著手召集支持者整合，以求美麗島系更有組織性、及凝聚力的事實，除了證明縣內民進黨的確有派系存在之外，亦突顯各派系勢力的分化正隨著謝氏的整合美麗島系進入更具體的階段。

不滿初選結果的人士，在六甲鄉珊瑚民主聯誼會會長蔡爾翰的發起連署下，除了促請縣黨部向黨中央建議重新評估提名人選外，也決定在溪北、溪南各辦一場「在野縣長候選人檢討會」，同時計劃在 7 月 11 日黨主席許信良南下了解選情時，親自向他反應民意動向[263]；由於此時陳唐山人已從俄羅斯轉往美國，其在台南縣的服務處人員對於支持者加入反對初選結果的行列，只說無法替陳氏表示任何意見[264]。由蔡氏發起，包括六甲、麻豆、下營等地民主聯誼會、農權會、曾文民主電視台及溪北十七鄉鎮市支持陳唐山的群眾百餘人，於 7 月 7 日在六甲鄉保安宮召開首場的「在野縣長候選人檢討會」[265]，會中蔡氏發表四點結論[266]，要

[261] 有關縣內反對國民黨的勢力，逐步走向政黨組織的過程，詳見（陳延輝、蕭晉源，2003.12：147～149）。

[262] 〈…美麗島系大整合…〉，民眾日報，1993.7.9，14 版。

[263] 〈民進黨內縣長初選反彈聲浪…〉，中華日報，1993.7.6，25 版。〈南縣陳唐山支持人馬…〉，自立早報，1993.7.7，11 版。〈…陳唐山敗部復活謀策略〉，民眾日報，1993.7.7，14 版。

[264] 〈民進黨縣長初選風波…〉，中華日報，1993.7.7，25 版。

[265] 〈南縣「在野縣長候選人檢討會」…〉，自立早報，1993.7.8，11 版。〈民進黨颳起勸退風…〉，民眾日報，1993.7.8，14 版。〈…要求勸退鄭自財…〉，中華日報，1993.7.8，25 版。

[266] 同上。

點整理如下：一、這項行動屬自發性社會民意行動，立委陳唐山本人事先並不知情。二、支持陳唐山運動具有整合台南縣初選後反對勢力的功能，並非製造分裂。三、…一致聯名建議黨中央勸退鄭自財，提名陳唐山。四、短期內陳唐山參選阻力仍大，故將持續推動，凝聚民意。

　　對於縣內反彈聲浪，鄭自財本人因仍在獄中，所以大都由其妻子國大代表吳清桂對外發言，吳氏表示其夫婿與其他縣市的提名人一樣，已收到黨中央所寄發被提名人應填寫的相關切結、同意和誓約書，藉以證明鄭氏將被民進黨提名的事實，並強調外界任何雜音不可能影響中央黨部的決定，也不會改變鄭氏參選的決心[267]。雖然勸退鄭自財的聲浪在初選後即未間斷，但是也有支持初選結果者，像公民投票促進會台南縣分會執行長洪榮川、永康市黨部主委徐慶志、新市鄉黨部主委蘇信利、縣黨部執行委員王頭及蘇煥智所發起成立的公義福利聯誼會等個人或組織，除了挺身呼籲鄭氏是由黨內初選民主程序取得被提名地位，大家應該要尊重這個結果外，並尋求各鄉鎮市黨部及黨員連署支持鄭氏[268]。縣黨部主委張田黨此時亦以中央黨部未能提出整合縣內分歧的具體方案，拒絕參加各縣市黨部主委座談會，希望藉此逼迫黨中

---

[267] 切結書內容依提名辦法第八條規定，若得票未達最低當選票數的 70%，自開票日起五年內，非經徵召，不得參加任何公職提名登記。〈吳清桂將證明鄭自財被提名事實…〉，自立早報，1993.7.9，11 版。〈鄭自財簽具民進黨切結書…〉，民眾日報，1993.7.9，14 版。

[268] 〈公投會洪榮川尋求連署…〉，民眾日報，1993.7.9，14 版。〈南縣公投會呼籲…〉，自立早報，1993.7.13，11 版。〈傷害鄭自財也傷害民進黨元氣…〉，民眾日報，1993.7.13，14 版。〈…蘇信利要求大家放棄成見〉，民眾日報，1993.7.11，14 版。

央積極負起整合的責任[269]。

　　陳唐山自美返國後，馬上打電話向支持他的六甲、下營、麻豆等地的民主聯誼會致謝，並表示聲援行動應審慎考量，並以大局為重[270]。面對陳氏的勸阻，蔡爾翰則表示「…召開『在野縣長候選人檢討會』的目的，在檢驗初選制度缺失與突顯真正民意所在，並藉凝聚力量來支持具民意基礎的候選人，以擊敗國民黨…」[271]；所以 7 月 10 日第二場檢討會，將在溪南的善化鎮嘉南里活動中心如期舉行[272]。

　　由於初選引起謝三升與蘇煥智的對立，再加上支持陳唐山的群眾不願「…扛一個外地人來做縣長…甚至與台南縣出身的人才對決…」[273]，於是鄭自財在尋求支持時受到不少阻力，此時參與初選失利的楊澤泉亦發表「解鈴仍需繫鈴人—給鄭自財的良心建議」的公開聲明，呼籲鄭氏自行宣布放棄被提名的資格[274]。因為僵局仍無法解開，黨主席許信良藉著出席關廟鄉黨部成立滿一週年慶的機會，於 7 月 11 日親自南下，除了表明中央黨部維護體制的決心外，對於提名鄭自財已成定局，呼籲對初選不滿的人士能放棄心結，共同為即將到來的選戰努力[275]；繼許信良之後，陳唐山第二度發表聲明，除了感謝支持他的群眾外，並要求必須以

---

[269] 〈…張田黨籲大家摒棄偏愛情結〉，民眾日報，1993.7.8，14 版。

[270] 〈陳唐山去電支持團體…〉，自立早報，1993.7.10，11 版。

[271] 〈陳唐山感謝各界支持…〉，民眾日報，1993.7.10，14 版。

[272] 〈陳唐山人馬將持續聲援…〉，中華日報，1993.7.10，25 版。

[273] 〈…鄭自財尋求支持受挫…〉，中華日報，1993.7.10，25 版。

[274] 〈…楊澤泉發表聲明給鄭自財…〉，民眾日報，1993.7.11，14 版。〈鄭自財面臨黨內外考驗〉，自立早報，1993.7.12，2 版。

[275] 〈…許信良下鄉被賦整合意義〉，自立早報，1993.7.11，9 版。〈…珊瑚民主聯誼會發起向許信良…〉，民眾日報，1993.7.11，14 版。〈…許信良親訪白河張田黨〉，民眾日報，1993.7.12，13 版。

大局為重，尊重黨內初選結果，共同支持民進黨提名的候選人[276]。

在許信良南下後，原以為提名鄭氏已成定局，黨中央亦計劃在 7 月 21 日確定所有提名作業，但在一項會議中，突然發覺選舉罷免法第三十四條第四款[277]有未服完刑期者不得登記成為候選人的規定，於是鄭自財出獄時間能否趕得上縣長候選人登記截止日，以完成法定參選資格的問題浮現[278]；鄭氏的妻子國大代表吳清桂在新潮流系立委盧修一、翁金珠、林濁水、戴振耀等人陪同下，前往拜會當時的法務部長馬英九，經查對後證實，即使鄭氏表現優良縮短刑期，最快也要到 11 月 1 日才能出獄，而本屆縣長選舉的候選人登記是 10 月 25 日至 29 日，所以鄭氏確定無法成為縣長候選人[279]。

在吳清桂到山上鄉明德外役監獄與鄭氏晤談後，吳氏於 7 月 17 日代替人仍在獄中的夫婿召開記者會，宣布放棄被提名的資格，同時表示「…不論新產生的民進黨提名候選人是誰，也不論產生的方式為何，大家一定要拋棄個人本位主義，忘卻過去紛擾，精誠一致地遵從黨的決定…」[280]。

---

[276] 〈…陳唐山：尊重初選結果〉，民眾日報，1993.7.14，14 版。〈陳唐山促支持者尊重初選結果…〉，民眾日報，1993.7.14，25 版。

[277] 公職人員選舉罷免法第三十四條第四款規定：「…判處有期徒刑以上之刑確定，尚未執行或執行未完畢者，不得登記為候選人…」。

[278] 〈鄭自財參選縣長資格疑慮未清…〉，自立早報，1993.7.14，11 版。〈…鄭自財可能無法出征〉，民眾日報，1993.7.14，5 版。〈鄭自財參選資格有問題…〉，中華日報，1993.7.14，25 版。

[279] 〈鄭自財刑期與選罷法規定…〉，民眾日報，1993.7.14，14 版。〈鄭自財出獄可能趕不上登記參選…〉，自立早報，1993.7.15，2 版。〈…鄭自財趕不上登記…〉，中華日報，1993.7.15，25 版。

[280] 鄭氏支持者曾試圖上書李登輝總統要求特赦，但作罷。〈…鄭自財宣布退選…〉，自立早報，1993.7.18，3 版。〈鄭自財宣布放棄提名…〉，民眾日

鄭氏退選後，將以什麼方式、由何人，來代表民進黨參選，隨即成為新的問題；謝三升表示他會尊重民進黨中央的決策，但如果必須要再辦一次初選，他建議由縣內的公民以「公民投票」方式決定縣長提名人選，以避免人頭黨員左右初選結果的不公平情形再度發生[281]；楊澤泉則主張重辦有政見發表會及公布候選人優劣條件比較表的「正常」初選，並表示反對以徵召方式產生人選[282]。陳唐山從鄭氏參選資格產生問題後，亦一改以往尊重黨中央態度而展現出較積極的行動，除了表示不會放棄服務南縣鄉親的機會外；支持陳氏的蔡爾翰等人亦積極籌備「曾文區聯合競選總部」為其造勢爭取提名[283]。

依據民進黨公職人員提名辦法相關規定，可依初選得票次序遞補及徵召兩種方式，來完成鄭自財放棄提名資格後的提名作業[284]，所以縣黨部主委張田黨明確表示不會再辦第二次初選，至於以何種方式、決定誰為被提名人，將由黨中央決定[285]。

報，1993.7.18，5 版。〈鄭自財正式退出縣長選舉…〉，中華日報，1993.7.18，25 版。
[281] 〈何人遞補鄭自財…〉，中華日報，1993.7.15，25 版。〈…謝三升：公民投票避免傷害〉，民眾日報，1993.7.15，14 版。〈謝三升尊重中央黨部…〉，民眾日報，1993.7.19，13 版。
[282] 〈…楊澤泉主張重辦初選〉，中華日報，1993.7.17，25 版。〈…楊澤泉認應再辦一次初選〉，自立早報，1993.7.18，3 版。
[283] 〈…將成立「曾文區聯合競選總部」抬轎〉，民眾日報，1993.7.15，14 版。〈…陳唐山服務鄉親決心不變〉，民眾日報，1993.7.16，14 版。〈陳唐山：不會放棄服務…〉，自立早報，1993.7.16，11 版。
[284] 民進黨公職人員提名條例施行細則第四十二條規定：「依本條例提名初選結果應獲本黨提名，因故喪失法定公職人員候選人資格或被取消提名初選候選人資格者，辦理黨部得依總得票比率依次遞補或以徵召方式完成提名作業」。(2001 年 6 月修正)
[285] 〈…張田黨：沒必要再辦初選〉，自立早報，1993.7.17，14 版。

重辦初選的提議被縣黨部主委否定後，楊澤泉再次針對縣黨部及陳唐山提出批評，首先指縣黨部未對鄭自財的參選資格詳加審核，才會造成提名人無法成候選人的烏龍事件，故建議縣黨部除了應向黨員公開道歉外，亦應在提名確定後，將失職人員送黨部評議會議處[286]；而對陳氏則是指其「…戴著黑名單的帽子，回國尋求二度春…」[287]；對此，縣黨部主委張田黨及執行長李俊毅共同出面呼籲，希望楊氏能停止情緒化的發言，以免對黨及個人造成傷害[288]；陳氏除了透過服務處表示，早在 2 月份就已放棄美國籍及居留權、而被納入黑名單以致 20 餘年不得返國，全是國民黨刻意迫害的結果外，個人亦強調黨內同志不要再相互攻擊，以免讓別人看笑話[289]。

　　黨中央最後決定採取遞補的方式提名初選得票數排名第二的陳唐山，並於 7 月 21 日正式公布，由於是以遞補而非徵召的方式提名陳氏，故黨中央同時亦要求他遵守「任期限制條款」的規定，亦即須在 9 月 28 日前先辭去立委的職務，才能參選[290]，陳氏得知被提名的消息後，即表明會遵守黨中央的規定，辭去立委職務全力投入選戰[291]，至此民進黨的提名人選確定。

---

[286] 〈楊澤泉要求民進黨縣黨部重辦初選…〉，中華日報，1993.7.20，25 版。
[287] 同上。
[288] 〈楊澤泉發出重辦初選聲明…〉，民眾日報，1993.7.20，14 版。
[289] 〈陳唐山聲明已放棄美國籍…〉，中華日報，1993.7.21，25 版。
[290] 〈民進黨通過六縣市…〉，自立早報，1993.7.22，2 版。〈民進黨南縣決由陳唐山…〉，民眾日報，1993.7.22，5 版。〈…提名陳唐山參選縣長〉，中華日報，1993.7.22，25 版。
[291] 〈…陳唐山將辭掉立委〉，民眾日報，1993.7.23，5 版。〈表示遵照民進黨中央…〉，中華日報，1993.7.23，25 版。

三、多樣化的輔選策略

　　為了化解初選時的對立，陳氏在縣黨部主委張田黨、執行長
李俊毅等人的陪同下開始拜會活動，由於初選時出身關廟鄉的楊
澤泉，其支持者較偏重在溪南的各鄉鎮，故縣黨部把優先拜會對
象放在新市、新化、歸仁、關廟、仁德、永康等地，以求能達到
整合黨內意見的目的[292]；同時陳氏並呼籲黨內三大派系要儘快整
合，否則面對國民黨龐大的組織動員力量，年底勝算將不大[293]。

　　為了統籌競選事宜，7月下旬縣黨部的執行委員會特別選在
關廟鄉黨部舉行，會中除了達成為陳氏辦理首波十場參選說明會
及協助成立競選總部外，還要進行民意調查以瞭解選民對縣內建
設的意見，以供競選時參考；至於競選總幹事的人選則尊重陳
氏，將由他自己決定由誰出任[294]；會後張田黨、李俊毅等人前往
明德外役監獄探視鄭自財，這是鄭氏退選後縣黨部人員首度前往
探視，雖然鄭氏對縣黨部於初選揭曉至提名確定這段時間內，立
場是否中立有所抱怨，但最後仍然表示將以大局為重，全力支持
陳唐山參選縣長[295]，經過鄭自財這番陳述，顯示民進黨在初選後
的勢力整合有了具體進展。

　　由於陳唐山長年旅居美國，縣內一般選民對其較陌生，輔選
單位除了在各地密集舉辦陳氏的參選說明會之外，還運用有線電

---

[292] 〈陳唐山展開地方拜訪〉，自立早報，1993.7.24，11 版。〈陳唐山參選縣
　　長以民意…〉，民眾日報，1993.7.24，14 版。

[293] 〈陳唐山拜會各鄉鎮黨部…〉，中華日報，1993.7.24，25 版。

[294] 〈…成立競選總部是焦點話題〉，自立早報，1993.7.23，11 版。〈民進黨
　　南縣黨部召開輔選會報…〉，自立早報，1993.7.28，11 版。

[295] 〈鄭自財擬控告選委會…〉，民眾日報，1993.7.26，13 版。〈張田黨探視
　　鄭自財…〉，自立早報，1993.7.28，11 版。〈…鄭自財答應協助陳唐山…〉，
　　民眾日報，1993.7.28，14 版。

視為其助選。為了突破國民黨對三家無線電視台的控制，1992年底第二屆立法委員選舉後，由民進黨人士所籌劃成立的新營、曾文、新豐等三家民主有線電視台（又稱第四台或民主電視台），到了 1993 年 11 月初已約有二萬收視客戶[296]，當時新營民主電視台董事長為謝清文、總經理是縣黨部主委張田黨、經理是顏恆通。曾文民主電視台董事長是立委魏耀乾，總經理是前縣黨部主委林文定。新豐民主電視台董事長是省議員謝三升[297]。這三家民主電視台除了在特別規劃的第十九頻道（政治台）上播放介紹陳唐山的專輯、專題訪問或是轉播陳氏拜訪行程、演講內容等和縣長選舉有關的節目為其助選外，為了擴及對非收視戶的宣傳也以錄製陳唐山競選錄影帶免費發送，或是在廟口、夜市、老人會等地設置臨時播放點供民眾免費觀看，短期內對陳氏知名度的拉升提供了助益[298]，這也是 1985、89 年陳水扁和李宗藩參選縣長時尚未被普遍使用的宣傳利器。

在提名確定後，民進黨中央的選舉對策委員會，見國民黨內地方勢力對立嚴重，於 7 月下旬提出年底選戰要聯合國民黨內地方勢力的構想，其中把台南縣列為可運用此策略的七縣市之一，黨主席許信良說「…現在國民黨不僅中央在分裂，地方也在分裂，中央對地方的控制力已經很弱，如果此時民進黨不策反，那麼派系投票傾向還是不會改變，而趁此時去策反，則有不同的結果…」[299]；關於聯合國民黨內地方勢力的具體行動，陳唐山在 8

---

[296] 〈第四台打選戰…〉，民眾日報，1993.11.13，5 版。

[297] 〈陳唐山選縣長民主電視台助陣…〉，民眾日報，1993.7.25，16 版。

[298] 〈新營民主電視台為陳唐山抬轎…〉，民眾日報，1993.7.24，14 版。〈…民主電視台密集造勢〉，民眾日報，1993.7.27，16 版。

[299] 聯合國民黨地方勢力的策略，當時在民進黨內部仍有反對聲浪，其中副祕書長邱義仁就持保留態度。〈…民進黨要開闢敵後戰場〉，自立早報，

月 2 日時曾前往永康拜會謝鈞惠,謝氏除了稱許陳氏政治風度好之外亦表示可以作好朋友,但對於是否支持則未有肯定承諾[300];要是比對陳氏拜會謝氏的時間點可以發現,剛好是國民黨在新營為黃秀孟辦提名人介紹會的隔天;而黃氏的介紹會當天,山派和高系的主要人士有多人未出席,由此可以理解民進黨尋求國民黨內部分不滿人士支持的動作明顯。

民進黨尋求國民黨內勢力支持的動作持續進行,在 8 月中旬國民黨十四全代會的中常委選舉後,由於高育仁、高清愿兩人都榜上無名,所以民進黨前縣黨部主委林文定在 8 月底,便利用陳唐山在新化的參選說明會,公開呼籲身為縣內高系領導人,及全國前十大企業總裁的兩位高氏能夠支持陳氏[301];另一波行動則在 9 月下旬展開,當黃秀孟在 9 月中旬成立競選總部,且國民黨祕書長許水德於台糖新營招待所宴請縣內黨籍政壇人士,試圖化解提名對立但仍出現多人缺席的情形後,時任中央黨部專員的民進黨前縣黨部主委潘輝全,則把國民黨籍的省府委員黃正雄、縣議長周清文、立委高育仁、新營醫院院長胡雅雄、縣農會總幹事蔡勝佳等人士列為拜會對象[302],希望這些人能考慮轉向支持陳唐山。

在表態支持陳氏的人士中,以屬於國民黨山派勢力的新營市代表顏松峰及其母親顏胡秀英最直接,顏松峰原擔任新營市代表會主席,1992 年新營市長補選時爭取國民黨提名不成,辭去市代會主席一職,面對年底縣長選舉顏氏表示「…不會為『恩將仇報』

　　1993.7.24,2 版。〈許信良有意拉攏策反…〉,民眾日報,1993.7.24,1 版。

[300] 〈陳唐山尋求謝鈞惠支持…〉,中華日報,1993.8.3,25 版。〈陳唐山拜會謝鈞惠…〉,自立早報,1993.8.3,11 版。

[301] 〈…林文定促高育仁高清愿支持陳唐山〉,民眾日報,1993.8.31,13 版。

[302] 〈近期內拜訪南縣非海派政壇人士…〉,自立早報,1993.9.23,11 版。

的人出力⋯」[303]，且明確表示要支持陳唐山；對於張田黨邀約入黨，顏氏亦表示願考慮的態度[304]；至於顏胡秀英，早在 1981 年起，就曾三度和黃秀孟競爭過省議員，且 1985、89 年那二次是分別以違紀及無黨籍身份參選，顏胡雖都落選但分別有 53,817 及 66,899 票（台南縣選舉委員會，1985b：317；台南縣選舉委員會，1990a：18），基層實力不容忽視。

　　本文介紹到新營顏家班支持陳唐山一事，並不表示國民黨全山派勢力都倒向民進黨，以時任內政部政務次長的前縣長楊寶發來說，很早就表態支持黃秀孟，而新營醫院院長胡雅雄至此亦已兩度公開表明支持國民黨提名人，尤其第二次出面澄清山派支持動向，是起因於顏峰松陪同陳唐山在其胞弟胡雅棠的婚宴上逐桌敬酒而起。至於省議員方醫良、前立委李宗仁等人後續將會再詳細介紹到他們在國民黨高層出面整合後，態度轉變的經過。所以新營顏家班支持陳唐山是因為長久以來顏胡母子和黃秀孟及國民黨縣黨部之間的選舉恩怨所導致的個別現象。

　　8 月初，陳氏在鹽水鎮成立第一個競選服務處，並公布由王幸男[305]出任其競選總幹事，同日晚間在說明會上提出辦理老人年

---

[303] 〈新營市代顏松鋒表示不會支持海派人選〉，中華日報，1993.8.12，25版。〈顏松鋒選新營市長不容小覷〉，民眾日報，1993.9.6，15版。

[304] 胡龍寶是顏松峰的叔公，胡雅雄是其堂舅；由於顏松峰仍有打算再參選新營市長，這多少應和他支持陳氏及願考慮加入民進黨有直接關係。〈南縣山派顏松鋒考慮加入民進黨⋯〉，自立早報，1993.8.11，11 版。〈⋯顏松鋒傳將加入民進黨〉，民眾日報，1993.8.12，14 版。

[305] 王幸男 1941 年生，玉井鄉人。長榮中學初中部、新豐高中畢業，1959年考入陸軍官校專修班，與施明德為同期同學。1976 年 10 月 10 日寄郵包炸彈給謝東閔、李煥及黃杰。1977 年 1 月被補，1990 年 5 月因李登輝就職總統獲假釋。1998 年 12 月於台南市當選第四屆立法委員。〈獨盟大老王幸男，擔任陳唐山競選總幹事⋯〉，自立早報，1993.8.10，11 版。http://www.ly.gov.tw/ly/ly05/ly0501/ly050100.jsp?value=00002&stage=5　立

金、爭取縣內設立大學、主持便民廉能新縣政、改善低收入戶生活、加強環保措施等政見主軸[306]；8月8日在善化鎮第一市場所舉辦的演講會，由前黨主席黃信介主講，主題為「縣長博士博，縣民有大福」，蘇煥智和謝三升兩人都出席助講[307]，這顯示初選時所產生的對立經整合的努力後已有所進展。

　　民進黨為了提高陳唐山知名度，除了在八、九兩個月份共安排了至少五十九場說明會之外、還有多樣化的造勢方式，例如當時漁貨走私情形嚴重，縣內漁民受到衝擊，縣黨部、漁權會、農權會及珊瑚民主聯誼會等社團即安排陳氏在永康、新營、鹽水等地協助拍賣魚貨[308]；仁德、歸仁、關廟等地的鄉黨部則聯合邀請布袋戲團演出，透過特地編寫的劇本，啟發縣民的民主意識並更加認識陳唐山[309]；其他像迎接黑名單人士—旅日的前世界台灣同鄉會會長郭榮桔博士返鄉、及為了籌湊競選經費而席開八百餘桌，需買餐券才能入場的「疼惜之夜」募款餐會等[310]，都達到吸引群眾注意的目的。

　　隨著選舉日期接近，民進黨為了防範可能影響選舉結果的不當手段發生，亦著手注意人口變動、反賄選、防作票及行政是否

法院網頁（2003.12.24 查詢）

[306] 〈陳唐山鹽水服務處成立…〉，自立早報，1993.8.8，9 版。〈陳唐山以六政見爭取選民認同…〉，民眾日報，1993.8.9，15 版。

[307] 〈台南縣長候選人陳唐山博士…〉，民眾日報，1993.8.8，13 版。

[308] 〈民進黨安排 59 場次問政說明會…〉，民眾日報，1993.8.3，14 版。〈候選人出奇招…〉，自立早報，1993.8.19，11 版。〈鹽水牛墟拍賣吳郭魚…〉，中華日報，1993.9.5，25 版。

[309] 〈…掌中戲助陣〉，民眾日報，1993.8.30，15 版。〈以布袋戲啟發民主意識…〉，民眾日報，1993.9.17，14 版。〈「陳唐山布袋劇團成立」…〉，自立早報，1993.9.18，11 版。

[310] 〈前世台會長郭榮桔返麻豆…〉，中國時報，1993.8.4，15 版。〈陳唐山募款餐會新營登場…〉，中華日報，1993.9.5，25 版。

中立幾項工作；首先在人口變動部份是掌握縣內事業共同戶的種類、戶數、所在地點、1993 年 5 月 26 日之前入籍人數、遷出入記錄以及投票資格的相關數據，以避免以往曾因選舉接近就出現事業共同戶人口暴增現象重演。為了表示對這項工作的慎重，縣黨部主委張田黨、執行長李俊毅等人還親自到縣府及縣選委會要求公布相關資料，民進黨並揚言要持續追蹤到選舉投票人造冊完成及投票當天截止[311]。經過清查縣內共有榮民之家、榮民醫院、仁愛之家、軍事監所、寺廟、教養院等事業共同戶二十六處，計一萬零八人[312]。

在反賄選作為方面，由政治大學教授柴松林，宗教界陳福住牧師、釋淨耀法師等人發起的「乾淨選舉救台灣推行委員會」[313]，於 9 月初在台南縣成立分會，新化鎮口埤仔教會鄭國忠牧師獲選為總幹事、新營民主電視台總經理也是民進黨縣黨部主委的張田黨則擔任文宣工作[314]，就此組織在縣內分會的成員來看，主要來自宗教團體、社運人士及親民進黨的社團如珊瑚民主聯誼會、公義福利聯誼會等為主[315]。此反賄選組織在台南縣的分會成立後，即進行一連串拜會朝野政黨的各級黨部、候選人及村里長等活動，宣導淨化選舉理念，並尋求參選人簽署反賄選承諾[316]。

---

[311] 〈民進黨擔心出現…〉，自立早報，1993.7.27，11 版。〈民進黨縣黨部發文縣府…〉，中華日報，1993.7.28，25 版。〈…檢送「共同事業戶」資料〉，民眾日報，1993.7.28，14 版。

[312] 〈民進黨將全力防堵幽靈人口…〉，民眾日報，1993.10.21，14 版。〈民進黨追查南縣幽靈人口〉，自立早報，1993.10.25，5 版。

[313] 〈乾淨選舉全國推行委員會…〉，自立早報，1993.11.7，4 版。

[314] 〈…選出鄭國忠牧師任總幹事〉，自立早報，1993.9.8，11 版。

[315] 〈乾淨選舉救台灣南縣座談會登場…〉，民眾日報，1993.9.8，14 版。〈…乾淨選舉救台灣推委會…〉，中華日報，1993.9.8，25 版。

[316] 同上。

　　在防作票部份，由於民進黨人士認為 1989 年底的縣長選舉因監票作業疏忽，才讓李宗藩以九千餘票落選並引發新營事件，為了記取教訓縣黨部特地呼籲民進黨員前往登記加入監票員行列，達到每個投開票所都有民進黨黨員監票的目標，以確保開計票作業順利進行[317]。

　　至於要求行政中立方面，由於國民黨的參選人黃秀孟是教育人員出身，其夫婿王宮田又是現任省教育廳副廳長，就連現任縣長李雅樵都與縣內教育界淵源頗深，所以民進黨把要求遵守行政中立原則的重點放在教育界上；陳唐山在 9 月下旬以同是鹽水鎮人返鄉服務的名義，拜訪新上任不久的教育局長吳延齡，吳氏會後雖表示陳氏沒提到行政中立的話題，但強調一定會下令要求縣內教育界不得動用教育資源輔選[318]。

　　陳唐山的競選總部於 9 月底在新營成立，當時與會人士涵蓋新潮流及美麗島系人士，展現整合成效[319]；由民進黨所公布的陳氏競選總部主要幹部名單[320]，及競選總部成立時前來助講的人士加以分析有以下幾點特色：

　　　一、延續陳水扁、李宗藩努力成果。經過 1985、89 年陳水
　　　　　扁、李宗藩兩位人士的參選，使縣內反國民黨勢力獲得
　　　　　具體擴展，由於李宗藩在當選 1991 年底的第二屆國民

---

[317] 〈民進黨反賄選抓作票…〉，民眾日報，1993.9.7，14 版。〈…兩百多人自願監票〉，自立早報，1993.9.11，11 版。〈…民進黨積極招募選監人員〉，民眾日報，1993.9.11，13 版。

[318] 〈陳唐山拜會教育局長…〉，自立早報，1993.9.21，11 版。〈…要求教育人員保持行政中立…〉，中華日報，1993.9.21，25 版。

[319] 〈南縣陳唐山成立競選總部…〉，自立早報，1993.9.28，5 版。〈陳唐山成立競選總部…〉，民眾日報，1993.9.28，14 版。〈陳唐山競選總部成立…〉，中華日報，1993.9.28，25 版。

[320] 見表十三，1993 年縣長選舉陳唐山競選團隊主要成員。

大會代表後，旋於 1992 年 4 月病逝，所以由李氏之妻安井實千子、陳水扁夫婦擔任榮譽總幹事職務，有延續兩位人士在縣內努力成果的用意。

二、學術界人士出面肯定。李鎮源、黃昭堂及陳隆志等人在學術界都有相當地位，而且對於反對國民黨威權統治的民主運動亦投入多年；這些人願為陳唐山站台助選，顯示學術界人士對陳氏有所肯定外，學界人士大量投入助選行列亦是本屆縣長選舉特色之一。

三、展現黨內整合成效。參與提名競爭的謝三升、蘇煥智、楊澤泉三人，分別列名首席政治顧問及後援會副會長，並先後為陳氏站台助講，再次證實對於初選時的對立所進行的整合已獲成效。

四、國民黨籍人士加入。國民黨籍的葉棟樑在 1980 年 12 月曾以 82,374 票當選增額國大代表（董翔飛，1984a：447），葉氏本身擔任陳氏的後援會副會長外，其女葉宜津亦登記為陳唐山的助選員，葉女後來代表民進黨在 1994、98、2001 年分別當選第十屆省議員、第四、五屆立法委員[321]。鄭天德是前新營市農會總幹事，因總幹事選舉恩怨退出國民黨後，曾於 1992 年 7 月代表民進黨參加新營市長補選，結果以 237 票之差落敗[322]、顏松峰則是前新營市代會主席；這幾位有國民黨背景人士出現在陳氏競選團隊上，代表部份已不認同所屬政黨的國民黨員，轉投入民進黨尋求新的政治發展機會。

---

[321] 見表七，歷屆台南縣所屬選區選出立法委員。表十四，歷屆台南縣選出省（參）議員。
[322]〈新營市長補選塵埃落定…〉，自立早報，1992.7.19，2 版。

（表十三）1993年縣長選舉陳唐山競選團隊主要成員

職　　　　　衔	姓　　　　　　　　　　　　　　　　　　名
榮 譽 總 幹 事	江鵬堅、安井實千子、吳淑珍、施明德、高俊明、張燦鍙、陳水扁
後援會榮譽會長	李鎮源、郭榮桔、黃昭堂、陳隆志
首 席 政 治 顧 問	方來進、劉輝雄、謝三升、蘇煥智、魏耀乾
後 援 會 會 長	鄭勝輝
後 援 會 副 會 長	楊澤泉、吳南河、黃憲清、葉棟樑、蘇明清、李福成、侯水盛、楊老成、謝清文
執 行 總 幹 事	李俊毅、沈春輝、楊鴻鎧、鄭天德
選 務 總 督 導	張田黨
副 總 督 導	沈明賢、李登財、陳文獻、潘輝全、謝錦川
督　　　　　導	民進黨台南縣鄉鎮黨部執、評委員，縣議員、鄉鎮市長候選人。
顧 問 團 召 集 人	方隆盛、王壽國、王獻彰、林益仁、邱芳明、周國龍、胡炳三、曾中山、黃嘉光、楊鴻森、陳行昌、陳敏雄、陳建興、蔡爾翰、葉金發、顏松鋒、顏政雄
總　　幹　　事	王幸男
向縣選委會正式登記的助選員	謝長廷、葉菊蘭、張燦鍙、陳定南、陳婉真、葉宜津、林文定、林岳峰、楊鴻鎧、鄭國忠、蔡爾翰、陳金興、蘇煥智、黃百宏、王壽國、陳耀、黃國照、陳宗藤、曾中山、張田黨魏耀乾、蔡同榮、黃爾璇、李俊毅、許添財、邱芳明、楊澤泉、侯水盛、方來進、李登財、謝錦川、謝三升、陳水扁。

筆者製表
資料來源：民眾日報，1993.7.27，13版。中華日報，1993.10.26，
　　　　　15版。

（表十四）歷屆台南縣選出省（參）議員

1946.04.15 第一屆省參議會台南縣選出參議員			
李萬居	劉明朝	殷占魁	陳按察
後補參議員＞＞		黃媽典、梁道、梁柱、謝水藍	
1951.11.18 第一屆臨時省議會台南縣選出省議員			
黃朝琴 （國民黨海派）	王雲龍（國民黨山派）	郭秋煌	梁許春菊
1954.04.18 第二屆臨時省議會台南縣選出省議員			
黃朝琴	吳三連（海派）	梁許春菊	胡丙申 （國民黨山派）
1957.04.21 第三屆臨時省議會台南縣選出省議員			
黃朝琴	吳三連	梁許春菊	郭秋煌	王雲龍
1960.04.24 第二屆省議會台南縣選出省議員			
黃朝琴	許寬茂 （國民黨山派）	梁許春菊	郭秋煌	王雲龍
1963.04.28 第三屆省議會台南縣選出省議員			
李銑[323]	張文獻 （國民黨山派）	梁許春菊	陳華宗 （國民黨海派）	李雅樵 （國民黨海派）
1968.04.21 第四屆省議會台南縣選出省議員			
高育仁 （國民黨高系）	李雅樵	梁許春菊	陳華宗	楊馨宜 （國民黨山派）
1972.12.23 第五屆省議會台南縣選出省議員			
林耿清 （國民黨山派）	謝崑山 （國民黨海派）	蔡江淋海派[324]	林秋龍 （國民黨海派）	江恩 （國民黨山派）
1977.11.19 第六屆省議會台南縣選出省議員			
蘇俊雄 （國民黨山派）	謝崑山	蔡江淋	林耿清 （國民黨山派）	江恩
1981.11.14 第七屆省議會台南縣選出省議員			

[323] 李銑是國民黨籍，票源主要是外省族群及軍眷區，有別於傳統的海、山、高等派系或是中立色彩。

[324] 蔡江淋為無黨籍，但素有國民黨黨友之稱，與國民黨海派友好。

高育仁	謝三升（無黨籍）	蔡江淋	黃秀孟 （國民黨海派）	謝鈞惠[325]
1985.11.16 第八屆省議會台南縣選出省議員				
高育仁	方醫良 （國民黨山派）	蔡江淋	黃秀孟	謝鈞惠
1989.12.02 第九屆省議會台南縣選出省議員				
方醫良	謝三升 民進黨美系[326]	蔡江淋	黃秀孟	謝鈞惠
1994.12.03 第十屆省議會台南縣選出省議員				
方醫良 （國民黨山派）	謝三升 （民進黨美系）	葉宜津 民進黨獨盟	鄭國忠 民進黨新系	謝鈞惠 （國民黨山派）

資料來源：1.省諮議會網站 http://www.tpa.gov.tw/index_d2.htm 2.台南縣選委會編
印，歷屆《台灣省議會議員選舉台灣省台南縣選舉實錄》。新營：縣
選委會。3.政黨及派系屬性的認定由媒體與訪談而得。

五、 基層輔選組織建立有所成長。其餘人士大都是民進黨籍
的各級民意代表、黨部幹部或是各地民主聯誼會的負責
人，這樣的陣容規模雖仍無法與國民黨相比，但與之前
1985、89 年的兩次縣長選舉比起來，民進黨在基層輔
選組織的拓展上是有所成長的。

六、 知名的黨籍公職人員助選。除了陳水扁之外，還有謝長
廷、葉菊蘭、陳定南…等人，在當時都是知名度很高的
民進黨籍公職人員，這些人一起向縣選委會登記為助選
員，對陳氏的聲勢提昇，有正面幫助。

---

[325] 謝鈞惠原為國民黨籍色彩中立，但 2000 年總統大選後，脫離國民黨加入
親民黨。

[326] 民進黨「美系」代表民主進步黨美麗島系、「正線」代表正義連線、「新
系」代表新潮流系。「獨盟」代表台灣獨立聯盟。

　　為了不讓國民黨組織動員能力專美於前，民進黨在本屆縣長選舉，亦嘗試採取劃分輔選責任區的方式，強化基層組織在票源拓展的實力[327]；在縣黨部的召集下縣內各級公職、黨務人員及有意參選 1994 年縣議員、鄉鎮市長者，在 10 月上旬出席了一項「輔選責任區認領會議」，會中決議在縣黨部執行委員會中，成立臨時性的「縣長輔選委員會」統籌輔選事宜，於三十一鄉鎮市則分別成立「輔選工作委員會」，在各村里設置「工作小組」，並依縣議員選舉所劃分的十個選區，由現任公職、黨職人員及 1994 年公職參選者就地緣、人脈關係分配輔選責任區，以達拓展票源目的[328]。

　　從民進黨在本屆縣長選舉採劃分輔選責任區的作為來看，可以理解是為了彌補以往在組織動員能力不足的缺點；縣內民進黨的鄉鎮級黨務組織雖然尚未像國民黨一樣深化縣內各地，但輔選責任區的認領則透露民進黨有意藉此方式，使其基層實力拓展能早日普及各鄉鎮，藉此次選舉動員機會替未來在全縣各鄉鎮都可進行組織動員的能力預作經營；並和已擅長的文宣選戰相互呼應，以達到勝選目的。

參、縣政首次政黨輪替

一、候選人登記後的競選情形

　　10 月 25 日起共五天開始辦理縣長候選人登記，黃秀孟在支持群及夫婿王宮田、縣黨部主委謝金池的陪同下首先完成手續。

[327] 〈九日將召開輔選責任區認領會議〉，自立早報，1993.10.7，5 版。〈劃分責任區深耕…〉，中華日報，1993.10.10，25 版。
[328] 〈民進黨部完成公職人員輔選責任區…〉，中華日報，1993.10.16，25 版。〈輔選陳唐山民進黨…〉，民眾日報，1993.10.19，16 版。

隨後黃丁全在競選總幹事也就是佳里鎮代會主席杜山田，和支持者高喊「開除國民黨、拒絕黃秀孟」的口號中登記成為候選人，向選民証明要參選到底的決心[329]。至於陳唐山在登記前除了已辭去僑選立委身份外，亦配合民進黨政策公布自己財產，陪陳氏前往登記的有省議員謝三升、區域立委魏耀乾、不分區立委方來進等人[330]。

為了輔選黃秀孟，國民黨中央把中常委亦加入助選行列，分配到台南縣為輔選責任區的四位中常委分別是擔任總召集人的總統府祕書長蔣彥士，台灣省主席宋楚瑜、行政院政務委員郭婉容、台北市長黃大洲，而幹部則包括婦工會主任林澄枝、考紀會主任李宗仁、文工會副主任周康美及吳鍾靈、鄭逢時等人[331]；面對國民黨中央所安排的中常委助選陣容，陳唐山在問政說明會時反擊指出「…國民黨公布的這批輔選大員中，沒有一個曾歷經選舉的考驗…以沒有民意基礎的政府官員，對抗民間的草根力量…相信以台南縣民的水準，絕對不吃這一套…」，來點出國民黨中央輔選團隊的最大弱點[332]。

隨著候選人登記截止，輔選責任區為台南縣的總統府祕書長蔣彥士，於 10 月底即首次南下進行整合，邀蘇火燈、蔡勝佳等人在善化鎮亞洲蔬菜研究中心共進早餐後，馬上又到安定鄉及永康市拜訪方醫良、謝鈞惠；結果方、蔡兩人正面回應願支持黃秀孟，

---

[329] 〈台南縣長選舉登記…〉，民眾日報，1993.10.26，26 版。〈黃秀孟黃丁全陳唐山三人…〉，自立早報，1993.10.26，4 版。〈…縣長參選登記…〉，中華日報，1993.10.26，15 版。

[330] 同上。

[331] 〈…國民黨中常委責任區劃定…〉，民眾日報，1993.10.27，4 版。〈執政黨下達中常委輔選令…〉，中華日報，1993.10.27，1 版。

[332] 〈國民黨動員輔選…〉，民眾日報，1993.10.29，16 版。

而蘇、謝兩人亦表示不會扯自己人後腿[333]，顯示整合有所進展。

緊跟在蔣彥士之後，總統李登輝在省主席宋楚瑜的陪同下，於 11 月初也來到新營市，為黃秀孟站台助選[334]，並在白河鎮關仔嶺風景區邀宴洪玉欽夫婦、方醫良、謝鈞惠、施瑞和、蔡勝佳及近兩百位洪氏的支持者；在李總統協調下，洪玉欽終於答應出任黃秀孟的競選總幹事，而方、謝、施、蔡四人亦表態願支持黨提名的候選人[335]。

黃秀孟的競選總部早在 9 月中旬即成立，但是競選總幹事一職遲至 11 月初才敲定，這段期間黃氏先後找過監委謝崑山、立委高育仁、縣議長周清文及素有海派勢力軍師之稱的吳維樵等人，但都不能如願；至於洪玉欽則是當時縣內唯一有五屆立委經歷的資深民代，新營區及下營鄉是其主要票源地，地緣上對陳唐山有直接威脅，是國民黨積極遊說出任總幹事的對象[336]，但是洪氏卻一直不願接受，即使李總統當面邀請亦沒有馬上回應，等到再次南下親自協調，一起宴請兩百餘名洪氏支持者後才願接任，回顧洪氏考量的原因約有以下幾點：

一、洪氏妻子曾和山派競爭過縣婦女會理事長。原理事長山派監委張文獻之妻張胡瓊月任期屆滿，山派推出蔣蕙卿接任，洪妻沈美珠有意出馬競爭，但在縣黨部的斡旋下，

[333] 〈蔣彥士拜訪蘇火燈方醫良謝鈞惠…〉，中華日報，1993.10.30，25 版。〈蔣彥士整合奏功…〉，民眾日報，1993.10.30，3 版。

[334] 〈李登輝切腹擔保…〉，自立早報，1993.11.2，4 版。〈…李登輝展現街頭群眾…〉，民眾日報，1993.11.2，4 版。

[335] 〈李登輝再出牌…〉，自立早報，1993.11.2，2 版。〈洪玉欽重現江湖…〉，民眾日報，1993.11.2，4 版。

[336] 〈黃秀孟抬轎軍師迄今獨缺…〉，中華日報，1993.9.17，25 版。

沈氏才棄選[337]；與山派此一經過，使洪氏考量若出馬主導黃氏的輔選工作，山派是否會有善意回應有待斟酌。

二、減少對未來參選阻力的考量。1991 年的國大代表選舉，洪氏曾為蘇清榮輔選，結果引起其他黨內參選者的不諒解，所以洪氏的支持者在面對是否要出任黃秀孟的競選總幹事時，大都持反對意見，以免因此對未來自己參選帶來阻力[338]。這也可以理解為何李總統要洪氏出任總幹事的餐會上，連洪氏的二百餘位主要支持者都要一起邀請的原因了。

三、有意立法院新職但落空。競選總部在 9 月中旬成立前幾天，黃秀孟曾偕夫婿王宮田前往下營鄉拜訪洪氏，但洪氏只表全力支持仍未答應接任競選總幹事[339]，由於 9 月下旬國民黨中央，即將對立法院黨團人事佈局有所調整，故可以理解原任立法院黨政工作會主任的洪氏，有意以出任黃秀孟的競選總幹事為條件，來做為向黨中央交換立法院新職的籌碼；但是人事案公布後洪氏被明升暗降，調整為中央政策會指導員，此一結果洪氏及其支持者皆大表不滿[340]，影響接任意願不難理解。人事案公布的同一天，洪氏亦曾證實李總統當面要他接任台南縣競選總幹事，並給他一個星期時間考慮[341]，10 月中旬，

[337] 〈縣婦女會即將改選沈美珠雖有意角逐…〉，中華日報，1993.7.13，25 版。
[338] 〈洪玉欽絕對支持黃秀孟…〉，中華日報，1993.9.19，25 版。
[339] 〈洪玉欽應允全力協助…〉，中華日報，1993.9.13，23 版。
[340] 〈洪玉欽意外落榜…〉，民眾日報，1993.9.24，14 版。〈…洪玉欽打入冷宮…〉，民眾日報，1993.9.24，14 版。
[341] 〈洪玉欽證實：…〉，中華日報，1993.9.24，25 版。〈…洪玉欽會明智抉擇〉，中華日報，1993.10.5，25 版。

洪氏在省黨部主委凃德錡及省議員方醫良列席的情況
下，召集縣內主要支持者開會討論，結果仍有八成以上
的主要支持者認為黨內整合仍有待努力，依舊對洪氏接
任總幹事持反對意見[342]，直到 10 月底、11 月初，蔣彥
士、李總統先後南下整合有成後，洪玉欽才鬆口答應。
就時間點而言，因為拖了將近二個月競選總幹事人選才
確定，這對黃秀孟的選情多少有些負面影響。

在陳唐山陣營方面，陳氏競選總部鑑於同是台南縣出身，當
時知名度頗高的立委陳水扁，因其「阿扁仔旋風」不減當年，於
是陳氏與王幸男特地在 10 月底親自北上，邀請陳水扁擔任其助
選員，並獲得陳水扁同意[343]。陳水扁、吳淑珍夫婦多次南下麻豆、
新營、關廟等地助講，每場也都成功吸引大量人潮，陳水扁在演
講會上多次提及八年前其妻吳淑珍，與他在關廟鄉謝票時所發生
的車禍，讓他留下慘痛記憶外[344]，亦拜託鄉親要「多投一些選票
多贏國民黨，使選票多到不但可『生吃還可以曬乾』（喻非常多
的意思），讓國民黨連作票都來不及…」[345]；也說到當年蓬萊島
雜誌社誹謗官司纏訟時，曾訪問美國國會，在美期間就是有陳唐
山全程陪伴他，才讓拜會工作進行順利，「…當他落難時陳唐山
勇敢站出來支持他，因此現在他也站出來全力支持陳唐山」[346]，
陳水扁為陳唐山助選所喊出「支持陳唐山也就是支持陳水扁」的

[342] 〈…洪玉欽意願低…〉，民眾日報，1993.10.15，16 版。
[343] 〈阿扁擔任陳唐山的助選員〉，自立早報，1993.10.31，4 版。
[344] 〈陳水扁為陳唐山助陣…〉，中華日報，1993.10.27，25 版。〈吳淑珍細
說往事…〉，民眾日報，1993.11.20，3 版。
[345] 〈回到故鄉為陳唐山助講…〉，自立早報，1993.11.9，4 版。
[346] 〈「支持陳唐山就是支持陳水扁」…〉，自立早報，1993.10.27，4 版。

口號；對台南縣尚屬陌生的陳唐山而言，其選情的提昇具有正面
的助益[347]。在另一方面，初選時獲得最高票的鄭自財也在 11 月 1
日出獄，當天陳唐山率領支持者前往山上鄉的仁德外役監獄迎
接，鄭氏除了表示會為民進黨籍候選人助選外，亦預祝陳唐山能
順利當選[348]。

經過這段時間的觀察，初選之後民進黨內的整合可說有顯著
的進展，這從謝三升及蘇煥智的積極站台助講可以得到理解，首
先是謝三升的宣傳車加入助選廣播[349]，及 11 月中旬謝氏自美國
返台後，馬上對三度來訪為助選員口誤致歉的陳唐山表示，對於
在學甲鎮的自辦政見發表會上，助選員林岳峰口誤說出「推薦謝
錦川參選省議員」，引起謝三升支持者反彈的風波，不會放在心
上外[350]；亦說明對初選期間的派系不愉快情事，向來都以開闊的
心胸視之，謝氏除了籲請鄉親一同支持陳唐山外，並答應最後十
天內要為陳氏密集站台造勢[351]；在蘇煥智方面，蘇氏在七股、
營等地為陳氏助講的晚會上，亦公開提到「…初選過程咱鄉親心
內有委曲之處…都由我來承擔…為了老人年金得以早日實施的
份上，大家要全力支持陳唐山當選縣長…」[352]，由此可以理解蘇

[347] 〈陳水扁搶救陳唐山〉，民眾日報，1993.11.27，3 版。〈…超級助選員—
陳水扁〉，民眾日報，1993.11.27，14 版。
[348] 〈…鄭自財出獄…〉，民眾日報，1993.11.2，2 版。〈鄭自財出獄…〉，民
眾日報，1993.11.2，14 版。
[349] 〈…謝三升之民主戰車參與引人注意〉，中華日報，1993.11.12，25 版。
[350] 〈陳唐山當面向謝三升致歉…〉，中華日報，1993.11.16，25 版。〈…陳
謝兩人口誤風波冰釋〉，民眾日報，1993.11.23，16 版。〈…謝三升望學
甲鄉親勿心存芥蒂〉，中華日報，1993.11.23，25 版。
[351] 〈…謝三升解心結允助講〉，民眾日報，1993.11.16，14 版。
[352] 〈…南縣民進黨整合趨向成功〉，民眾日報，1993.11.22，14 版。〈…陳
唐山政見會熱力不減…〉，民眾日報，1993.11.23，16 版。

氏亦有意化解初選時的紛爭，並為黨籍候選人積極助選。

　　陳唐山在 10 月底自動公布財產後，黃秀孟也依據公職人員財產申報法，向監察院申報相關資料[353]；在黃氏的財產資料中由於包括第一、華南兩家當時省屬的金融機構股票，因為這兩家銀行須受省議會監督，而黃秀孟又是現任省議員，陳唐山陣營為此加以批評黃氏混淆了監督與被監督的角色，黃氏競選總部則以「…從事合法的商業行為是憲法賦與每個人的權利…，所持有的三商銀股票區區數千股，是投資群中的『小兒科』…」[354]來反駁陳氏陣營不應以內線交易、利益輸送等角度，來質疑其個人投資行為。

　　在競選過程中，早期的態勢是以陳唐山、黃丁全兩人批評國民黨和黃秀孟為主，而黃秀孟則以陳唐山為主要的反擊對象。首先以黃丁全對國民黨的批評為例，黃丁全在其選舉文宣與政見發表會上曾列舉「…自劉博文起，凡出身教育界的國民黨籍候選人都是一團糟，並指李雅樵八年前負債逾億元…」[355]，「…八年後竟然有財力在台南市住價值好幾千萬元的大樓」[356]，並呼籲鄉親「莫再寄望國民黨的黃秀孟，因為國民黨等於李雅樵等於黃秀孟」[357]；黃丁全且列舉李雅樵「引誘民眾炒地皮、體育公園品質低落、收受人事紅包、七股工業區延宕多年…」[358]等十大罪狀，

---

[353] 〈陳唐山公布財產〉，中華日報，1993.10.26，15 版。〈…黃秀孟存款上千萬…〉，中華日報，1993.10.28，3 版。

[354] 〈縣市長候選人財產…〉，民眾日報，1993.10.28，4 版。〈陳唐山總部質疑持有三商銀股票…〉，中華日報，1993.11.13，16 版。

[355] 〈黃丁全青天戰報咬住黃秀孟…〉，民眾日報，1993.11.13，14 版。

[356] 〈縣長選戰逐日轉熾…〉，民眾日報，1993.11.21，16 版。

[357] 〈黃丁全青天戰報咬住黃秀孟…〉，同上。

[358] 〈…李國堂：片面說詞挑毛病〉，民眾日報，1993.11.16，16 版。〈各抒

指責國民黨所把持的縣政，官員炒地皮、貪污腐敗，早已失去民
心；除此之外，黃丁全亦搬出黃秀孟於 1987 年 10 月下旬，在省
議會給楊寶發難堪的往事，批評黃秀孟夫婦不念舊情的過去[359]，
籲選民不要投票給黃秀孟。

至於陳唐山陣營對國民黨及黃秀孟的批評，可從民進黨中央
的文宣及陳唐山陣營兩個方向來了解，民進黨中央黨部文宣部製
作，並分送各縣市黨籍候選人使用的國民黨 1993 年十大弊案文
宣，指出國民黨光 1993 年的一年中，就浪費了人民 1,792 億元[360]，
根據當時蓋洛普公司的民意調查數據，有 65.3％的受訪者認為政
府部門重大工程貪污嚴重[361]，由此即能理解當時選民對國民黨此
政黨的清廉度形象有所質疑。在縣內，支持陳唐山的麻豆民主聯
誼會，除了發出一份揭發國民黨七大「歪哥」（貪瀆弊案）文宣，
欲使選民對自稱「好媳婦」的黃秀孟，有「歹後頭」（指國民黨）
的印象[362]，除此之外麻豆、下營、六甲、新營四個民主聯誼會亦
聯合發動老人，扛著「捷運牌」垃圾桶到國民黨縣黨部抗議，嘲
諷執政黨一再表示若實施老人年金，會導致政府財政無法負擔，
但另一方面卻把人民的血汗錢浪費或是貪污掉，並呼籲國民黨把

己見中不忘…〉，民眾日報，1993.11.22，14 版。
[359] 〈黃丁全批評黃秀孟…〉，民眾日報，1993.11.1，13 版。〈…五項呼籲勿
選無情人〉，民眾日報，1993.11.25，16 版。
[360] 民進黨所指的十大弊案是：台北市捷運弊案、中華電信大哥大採購弊案、
中鋼擴建工程弊案、中油廢水處理弊案、援助外蒙古弊案、S-2T 反潛機
採購案、和平新邨案、松華案、賤賣國土及竊據國土案。〈民進黨將公布
國民黨 1993 十大弊案…〉，民眾日報，1993.11.1，1 版。〈十大弊案文宣
今登場…〉，自立早報，1993.11.10，2 版。
[361] 〈六成五指重大工程貪污嚴重〉，民眾日報，1993.11.2，2 版。
[362] 〈抓住拉票時機…〉，中華日報，1993.11.5，25 版。

買票及浪費的錢都省下來，則老人年金就有財源可實施了[363]；陳唐山的競選總部則直指黃秀孟、李雅樵及國民黨三者，是三位一體的「腐敗共同體」，不可分開看待[364]。

　　因此，國民黨籍的縣長李雅樵，八年的施政成績在選舉時成為關注的對象，11月初天下雜誌第一百五十期，發表二十一縣市施政的民意調查，結果台南縣在政府官員貪污腐敗部份名列第三名，官員炒地皮第二名，議員炒地皮第三名，黑道干政第八名，地方建設發展的民眾滿意度倒數第四名[365]；由於成績不理想對國民黨所主持的縣府形象造成衝擊，再加上這篇報導是在敏感的選舉期間發布，馬上引起縣府及縣議會的反彈，身兼黃秀孟助選員的縣議員劉桂妙等人，即在縣議會上大肆批評天下雜誌報導不公[366]，除了要求該雜誌雜道歉外，並在李雅樵的帶領下發動縣府員工連署抗議，發動的對象甚至包括各級學校教職員，總共約一萬二千人[367]。陳唐山陣營除了引用此報導來攻擊國民黨及黃秀孟外，亦和黃丁全陣營不約而同的為縣府員工抱不平，因為他們認

---

[363] 抗議人士會扛著「捷運牌」垃圾桶，是因為當時民進黨立委揭發台北市捷運的垃圾桶每只花費新台幣二萬八千元、座椅每把四萬五千元，總工程費四千四百億元，平均每公尺造價五百萬元；欲藉此諷刺國民黨的浪費。〈省下買票錢發放敬老年金吧…〉，自立早報，1993.11.6，4版。〈兩黨文宣針鋒相對…〉，民眾日報，1993.11.17，16版。

[364] 〈…陳唐山視為「腐敗共同體」〉，自立早報，1993.11.23，6版。

[365] 姜雪影，〈地方三害：炒地皮、貪污、黑道，二十一縣市那裡最嚴重〉，《天下雜誌》，150（1993.11），70。〈…台南縣政府：不排除提出控訴〉，自立早報，1993.11.9，11版。

[366] 〈議會縣府嚴重抗議…〉，中華日報，1993.11.9，25版。〈…府會要向天下雜誌討公道〉，民眾日報，1993.11.9，13版。

[367] 〈…萬餘名公務員簽署抗議〉，自立早報，1993.11.10，11版。〈縣府發起聯署向「天下」抗議…〉，民眾日報，1993.11.10，13版。

為民意調查所指炒地皮、貪污的人，畢竟是縣府少數高階官員及民意代表，所以由縣長、議員所發起的員工抗議連署「…是策動無辜者替自己掩飾罪行的行為」[368]。

除此之外，支持陳唐山的新營、下營、麻豆、六甲民主聯誼會人士亦發動群眾前往縣府，以嘲諷的方式贈送「譽滿天下」、「南瀛無光」的匾額，表達對縣政建設表現不佳的抗議[369]；面對批評的聲浪，李雅樵除了認為天下雜誌的民意調查取樣方式欠缺公信力外，亦懷疑該雜誌社與民進黨有所勾結，於是動員北上抗議；天下雜誌則發表聲明補充解釋民意調查取樣過程外，並對李雅樵的準備北上表示歡迎之意[370]；雖然縣府與雜誌社各說各話，但李雅樵在民進黨籍縣議員謝錦川的質詢下，於縣議會坦承其女兒和司機王文章確實在 1989 年 11 月也就是七股工業區定案後二年，合資在七股鄉工業區預定地買了 1.2829 公頃的魚塭地[371]。

陳唐山陣營於是再針對李雅樵的施政及財產加以攻擊，首先提到陳唐山長年在美國聯邦政府工作，黃秀孟陣營卻還指其欠缺行政經驗，故特別澄清陳氏在美國的行政經驗不足是在炒地皮，及紅包文化方面的經驗不足，並呼籲選民「…不能再選一個李雅

---

[368] 〈陳唐山總部引用天下雜誌抨擊…〉，中華日報，1993.11.6，25 版。〈…陳唐山為縣府員工叫冤〉，民眾日報，1993.11.10，16 版。〈…黃丁全指藉無辜者掩飾罪行〉，民眾日報，1993.11.13，14 版。

[369] 〈至台南縣政府欲贈李雅樵揶揄匾額…〉，自立早報，1993.11.12，11 版。〈四民主聯誼會贈匾縣府…〉，民眾日報，1993.11.12，16 版。

[370] 〈…懷疑天雜誌與某候選人掛鉤…〉，中華日報，1993.11.11，25 版。〈…天下雜誌提出五點說明〉，民眾日報，1993.11.11，13 版。

[371] 〈…連署抗議天下雜誌報導不公…〉，中華日報，1993.11.10，25 版。〈坦承女兒司機合資…〉，民眾日報，1993.11.10，16 版。〈…坦承購買七股魚塭地〉，民眾日報，1993.11.18，14 版。

樵的替身（指黃秀孟）來當縣長了」[372]，並針對李雅樵提出六大質疑：「一、李縣長八年前參選負債近億元，當時競選經費那裡來？二、李縣長舊債經法院裁定以薪水三分之一逐月還債，縣長如此是台南縣之恥，縣長應否向縣民公開道歉？三、李縣長八年任期後由負債變為鉅富，不但縣內擁有多筆土地，就連高雄、台南市也有房地產，縣長應否向縣民公開說明？四、以縣長每月薪水、津貼、特支費，八年來不吃、不穿、不用也只有二、三千萬元的積蓄，單是債務都還不完，李縣長現在總資產有多少？債務是否還清？購屋置產的錢那裡來？五、李縣長自稱已向監察院申報財產，但公報卻不見李縣長的財產，李縣長何時申報財產？六、民間傳說李縣長的策略是以拖過選舉，避免自己的財產成為議會及縣長攻擊的目標，為杜悠悠眾口，應向社會公布財產」[373]；藉此除了打擊國民黨的形象外，亦讓民眾對國民黨的候選人產生顧忌。李雅樵除了澄清在 10 月底已依法向監察院完成財產申報外，並表示由於身兼台南縣選舉委員會主委的職務，在選舉期間將不再對外界的質疑表示意見，一切都等選後再處理，來回應陳唐山陣營的攻擊[374]。

　　由於陳唐山陣營推出老人年金的政見，再加上黃秀孟以「好媳婦」的形象在選戰中出現，所以陳氏陣營特別留意黃秀孟與公婆的互動，陳氏的六甲鄉後援會曾發出一份文宣，指稱黃秀孟和王宮田兩人，雖貴為省議員和省教育廳副廳長，但卻獨留公婆兩人居住在破舊的林鳳營鐵路局日本式宿舍，自己則居住高樓洋

[372] 〈各地公辦政見會開鑼〉，民眾日報，1993.11.18，14 版。
[373] 〈陳唐山競選總部指其故意…〉，中華日報，1993.11.19，25 版。〈陳唐山競選總部提六質疑…〉，民眾日報，1993.11.23，16 版。〈陳唐山總部至縣府前演出…〉，民眾日報，1993.11.23，14 版。
[374] 〈李雅樵強調早已完成申報〉，民眾日報，1993.11.23，16 版。

房，其孝心令人質疑[375]，為此黃秀孟隨即把公婆從舊宿舍接走，
並到台南地檢署新營檢察官辦公室按鈴控告陳唐山以不實文
宣，誣指她不孝順，已涉嫌妨害名譽及違反選罷法[376]；為此鹽水
鎮陳唐山後援會、麻豆老人聯誼會及六甲鄉中社村的長壽俱樂部
等近二百人，前往林鳳營鐵路局宿舍探視黃秀孟公公王海龍，當
時王氏兩老夫婦已被接走，舊宿舍也正在整修，於是留下「孝行
楷模」匾額，諷刺黃秀孟及王宮田，並表明願出庭作證，證明黃、
王兩人讓王老先生夫婦留在破舊宿舍，直到選舉對手批評才接去
同住的事實[377]。

　　選戰從初期的陳唐山、黃丁全兩人攻擊黃秀孟為主的情形，
逐漸轉為陳唐山、黃丁全兩個陣營亦互相批評，而黃秀孟仍以陳
唐山為主要反擊對象的形態。在黃丁全與陳唐山兩個陣營的互動
方面；原先黃丁全與陳唐山兩人的主要攻擊目標都放在國民黨的
黃秀孟，但到了 11 月上旬有了變化；首先是陳唐山陣營認為黃
丁全模仿民進黨的老人年金政見，並喊出「比民進黨還民進黨」
的口號，若因此黃丁全的得票超過二萬票，則很有可能會對陳氏
的選情有所影響，於是呼籲選民把支持黃丁全的選票投向陳氏以
求力量二合一之外[378]，更直指黃丁全是在和國民黨「唱雙『黃』」，

---

[375] 〈…有無孝順心裡有數〉，自立早報，1993.11.26，7 版。

[376] 〈…黃秀孟控告陳唐山涉三罪嫌〉，民眾日報，1993.11.26，14 版。〈…
黃秀孟指控陳唐山妨害名譽〉，中華日報，1993.11.26，23 版。

[377] 〈陳唐山後援會走訪王海龍〉，自立早報，1993.11.27，7 版。〈…黃秀孟
獲頒孝行楷模匾額〉，民眾日報，1993.11.27，16 版。〈陳唐山六甲後援
會願出庭作證…〉，民眾日報，1993.11.26，14 版。

[378] 〈四項因素影響拓展票源…〉，中華日報，1993.11.7，25 版。〈民進黨部
指黃丁全若得票逾兩萬票…〉，中華日報，1993.11.9，25 版。〈…陳唐山
籲將選票二合一〉，民眾日報，1993.11.22，14 版。

是國民黨所設下的「蔡四結陷阱」[379]，也就是指黃丁全與國民黨有所往來，是國民黨藉以分割陳唐山票源的選舉策略。

　　為此黃丁全亦加以反擊，除了向陳氏陣營下戰書要求辯論，以澄清自己的參選和國民黨無關外，亦把文宣矛頭對向陳唐山，發出「十問陳唐山」攻擊陳氏參選縣長是投機心態的表現[380]，雖然黃丁全受到陳唐山陣營的攻擊後，對陳氏陣營有所反擊，但在程度上仍看得出是有所節制的，這點從黃丁全原本打算要在私辦政見發表會上揭露所謂「民進黨內幕」，但在部分民進黨員要求及黃氏所謂「…尊重民進黨對開拓台灣民主政治的貢獻」[381]等理由下取消，並只限於對陳氏個人參選動機及經過批判，而「…不針對在地的民進黨先進」[382]發表意見的轉變，得到理解。

---

[379]　〈陳唐山指國民黨重施夾殺故技…〉，民眾日報，1993.11.9，16 版。〈針對外傳「蔡四結」陷阱認遭抹黑…〉，民眾日報，1993.11.10，16 版。〈黃丁全下戰帖…〉，自立早報，1993.11.13，5 版。

[380]　〈…南縣砲聲震天…〉，自立早報，1993.11.22，9 版。〈…黃丁全抨擊給死人戴帽子〉，自立早報，1993.11.23，7 版。〈…黃丁全十問陳唐山…〉，中華日報，1993.11.23，25 版。

[381]　〈…黃丁全揭開民進黨不和內幕〉，中華日報，1993.11.15，24 版。〈…黃丁全決停止掀內幕〉，民眾日報，1993.11.15，14 版。

[382]　同上。

（表十五）1993 年第十二屆縣長選舉候選人政見		
號次	姓　名	政　　　　　見
1	黃秀孟	一、貧困老人每月發給六千元的救濟金，各長壽俱樂部每年由縣府補助廿萬元；分區興建勞工休閒娛樂活動中心，重視勞工需求及權益，婦女健康檢查費用由縣府補助。 二、調整農業生產結構，發展精緻農業，改善農林漁牧生產環境，全面實施農作物保險，作物轉作不受限；水利會小組會費全面由政府補助，擴建漁港發展漁業，拓修農路、產業道路，健全農產品產銷制度，提高農村生活品質。 三、辦好國民教育，提高教育品質，國民中小學學生教科書全部免費，國小普設幼稚園，保育員全部納編，全面實施國中小營養午餐照顧學童之健康，爭取設立國立綜合大學，主辦台灣區運動會。 四、掌握工業發展方向，爭取設立七股工業區及第二科學園區，積極鼓勵旅外鄉親回縣投資設廠，並以工業穩定農業生產，加速經濟發展。 五、廣闢財源，促重新劃分財政收支，修改不合時宜之稅法，結合中央、省級民意代表共同有效推動地方建設。 六、健全都市發展，積極開發公共設施，加速辦理市地重劃，促進農村都市化建設。 七、加速觀光發展規劃與開發，建立完整的觀光旅遊系統及各觀光地區的獨風格，提供良好觀光旅遊環境，促進地方利益。 八、提高道路品質，建立便捷、安全之週輸系統，繁榮地方。 九、加速區域排水系統之改善，整治河川及排水路，以杜絕水患。 十、加強防治公害美化環境，以淨化、美化、保全縣民生活品質。 十一、加強改善醫療設施，促進全民健康。 十二、充實警備，維護治安，建立安和樂利的社會。
2	黃丁全	一、實施老人年金發放，凡籍設本縣一年以上，年滿 65 歲者，每人每月三千六百元。散居戶榮民納入老人年金方案辦理。 二、落實殘障醫療保險，幼童健康保險。 三、確實推動各鄉鎮市富麗農村政策之實施，並於各鄉鎮市之產業道路全面鋪設柏油路面。 四、推動本土文化教育，落實社區藝文活動，提供各鄉鎮市婦女社團活動經費，成立縣政諮詢委員會，全面參加里民大會及各級學校家長會。 五、各國中、國小學雜費全免，高中以上學校適當補助並提高國小營養午餐補助經費，公教人員人事公開、透明化。

		六、整治縣境重要河川，保護自然生態環境，落實環保政策。
		七、設置觀光農場，開發觀光資源，提升農、漁會功能。
		八、比照日本，照顧農民各項農產品及養殖畜牧業保證價格等福利政策。
		九、全面反毒，維護治安，加強警察，勞工及公教人員福利。
		十、停徵工程受益費，凍結增加稅收法令。
3	陳唐山	一、實施老人年金制度，65 歲以上老人每人每月三千元。
		二、提高中低收入戶老人社會救濟金，每月六千元至一萬元。
		三、全面實施婦女生育補助。
		四、增加縣府所屬機構女性主管名額。
		五、國中、國小學雜費、教科書費全免，落實義務教育精神。
		六、爭取設立國立台南大學及公立專科學校。
		七、九年義務國教向下延伸，普設幼稚園，並獎助民間興辦。
		八、籌設台南文化村，內設台灣歷史文物館，保存台灣歷史文化遺產。
		九、等設農民、漁民專屬醫院。
		十、全面規劃興建全縣衛生下水道系統，建立衛生模範縣。
		十一、闢建小型汽電共生焚化爐，有效解決各鎮市垃圾問題。
		十二、全線整建曾文溪堤防，根絕水患；闢建曾文溪沿岸快速道路，便利東西交通。
		十三、爭取釋出台糖、台鹽及軍事用地，以興建國宅、公園及一般公共設施。
		十四、爭取設立高科技、低污染工業，促進工商發展，增加就業機會。
		十五、籌設農漁牧產品天然災害及滯銷處理中心；積極開發本縣山海觀光資源。
		十六、加強勞動者在職及轉業訓練，健全失業救濟制度，創設勞動者創業低利貸款，保障勞動者工作權，提升工業產能。
		十七、全面停徵工程受益費，造福縣民。
		十八、爭取縣內台糖、台鹽的中央稅收按比例撥歸本縣使用。
		十九、徹底清查並收回被佔用之縣產。
		二十、設立公共工程發包中心，招標公開化，杜絕官商勾結及偷工減料。
		二十一、設置縣長親民時間，縣長每週一次，輪流至全縣卅一個鄉鎮市辦公，縣長親自服務縣民。
		二十二、公教人事甄選、升遷、考核公開化，預算規劃透明化。
		二十三、公開銷燬二二八事件後，白色恐怖時代的安全資料。

資料來源：台南縣選舉委員會，1994a：210。

在選舉過程中，社會福利政策的提出與論辯是政見競爭的一項特色[383]，而且以老人年金（敬老津貼）較受到矚目，三位候選人中以陳唐山陣營最早提出發放老人年金的政見，一開始是宣稱若當選則六十五歲以上老人，每人每月要發放三千元，而黃秀孟則開出月所得在六千九百元以下的貧戶，家中的六十五歲以上老人每人每月發放六千元，並對於民進黨採普遍發放的方式，但沒有交待財源從何而來提出批評[384]；在黃丁全方面則和民進黨一樣採普遍發放方式，只要年滿六十五歲老人都可領到，只是金額提高為三千六百元，並批評黃秀孟陣營所提的貧戶老人才可領的標準太苛刻[385]。

由於發放敬老津貼是民進黨中央為其提名候選人所提出的共同政見，但各縣市候選人所提金額並不完全相同，為求主張一致，在 11 月 18 日由黨中央派人攜來「發放敬老津貼誓約書」並由陳唐山簽署，承諾當選後將於 1994 年 7 月 1 日起，對縣內年滿六十五歲以上老人，每人每月發放金額調高為五千元，否則將辭職以示負責，並把誓約書影印成競選文宣在各地散發[386]。

除了攻擊對手及政見上的競爭外，國民黨在勢力整合及動員方面亦持續進行，擔任國民黨中央台南縣輔選總召集人的總統府

---

[383] 有關三位候選人政見內容，見表十五，1993 年第十二屆縣長選舉候選人政見。

[384] 〈…老人年金成了焦點話題…〉，中華日報，1993.11.18，25 版。〈黃秀孟抨擊老人年金…〉，中華日報，1993.11.25，25 版。

[385] 〈黃丁全承諾老人年金…〉，中華日報，1993.11.4，4 版。〈黃丁全重申老人年金…〉，民眾日報，1993.11.4，14 版。〈黃丁全重申實現老人年金…〉，中華日報，1993.11.13，16 版。

[386] 〈陳唐山為老人年金簽誓約〉，自立早報，1993.11.18，6 版。〈…公開陳唐山誓約書〉，民眾日報，1993.11.26，16 版。〈陳唐山分發敬老津貼誓約書…〉，中華日報，1993.11.27，25 版。

祕書長蔣彥士，於 11 月 11 日在總統府召集第一次輔選會議，並
特別邀集黨籍縣內人士如，高系領導人區域立委高育仁、前嘉南
農田水利會會長屬山派人士的不分區立委李源泉、國大代表黃來
鎰、前立委李宗仁、考試委員郭俊次等人出席，參與討論的還有
黨副祕書長謝深山、李鍾桂、婦工會主任林澄枝…等人，在會中
縣黨部主委謝金池分析選情時提到「…黃秀孟和陳唐山是呈勢均
力敵的五五波態勢，退黨參選的黃丁全…得票率最多一成[387]，因
此南縣是兩黨對決的情勢…」，聽完選情簡報，蔣氏除了希望與
會人士要更積極助選外，並分配輔選責任區[388]。

接著在 11 月 19 日，蔣彥士親自南下拜訪縣議會議長周清文
及省府委員黃正雄，蔣氏當面向周議長表示「…聽說你（周議長）
的部分支持群有支持黃丁全的情況，希望能進一步疏通不要扯後
腿…」[389]，周、黃兩人在蔣氏親自拜訪後，都應允進一步瞭解支
持者動向並願幫黃秀孟爭取支持。

國民黨中央在面對違紀參選或助選的問題時，處理方式主要
先以柔性的協調、勸退，最後仍不配合者則以黨紀處理；從省黨
部主委涂德錡重申「…黨紀是十四全之後的新精神」即可理解國
民黨欲處理違紀的堅定態度；不但以黨紀處理違紀參選者，省黨
部亦通令各縣市對於「嚴重違紀助選者」也要立即以黨紀議處
[390]。在台南縣自行退黨參選的黃丁全，11 月 3 日在黨主席李登輝

---

[387] 由於黃丁全的聲勢一直未有起色，對選情影響有限，本文後續討論焦點
將放在黃秀孟及陳唐山兩大陣營上。
[388] 〈有請黨內南縣派系重量級人物…〉，自立報報，1993.11.12，4 版。
[389] 〈蔣彥士拜會黃正雄周清文…〉，自立早報，1993.11.20，6 版。〈抵馬沙
溝參觀…〉，民眾日報，1993.11.20，14 版。
[390] 〈國民黨樹軍威…〉，自立早報，1993.11.3，2 版。〈嚴重違紀助選者…〉，
自立早報，1993.11.3，2 版。

的逐一唱名下，被國民黨撤銷黨籍；黃丁全只以「…有民意基礎
的黨加入才有榮譽及使命感，若是欠缺民意的國民黨，就算是加
入或退黨，都是沒有任何意義可言」來回應[391]。

　　繼 11 月 1 日李登輝在新營為黃秀孟站台助選後，11 月 13 日
李總統再次南下永康市在「心手相連婦女大會師」的晚會上，呼
籲婦女要幫黃秀孟拉票，讓「歐巴桑」順利當選[392]，同時亦批評
陳唐山「…在台灣艱困的時候出國，現在才要回來分享成就，這
種人並不適合當地方首長」[393]；面對李登輝兩次南下助選，民進
黨中央及陳唐山陣營亦想出對應的策略，作法是舉行「主席之
夜」、「陳唐山噢咁[394]陳水扁、吳淑珍兄嫂之夜」、「為李宗藩討回
公道之夜」、「李登輝受騙之夜」等主題的造勢晚會，邀請江鵬堅、
姚嘉文、黃信介、許信良等歷任民進黨主席，及陳水扁夫婦站台
的方式來因應[395]，並把李登輝和黃秀孟兩者區隔開來，尊重、不
批評李總統，以避免因批評頗俱聲望的李氏而引起選票流失，以
揭發黃秀孟和李雅樵的弊端，來顯示李總統會為黃氏站台是因為

[391] 〈…開除黨籍是唯一選擇〉，中華日報，1993.11.3，3 版。〈李登輝逐一
唱名…〉，民眾日報，1993.11.4，4 版。〈黃丁全：已無意義〉，民眾日報，
1993.11.4，4 版。

[392] 〈執政黨李主席稱許黃秀孟…〉，中華日報，1993.11.14，14 版。〈…參
與大會師婦女每人拉 50 票〉，民眾日報，1993.11.14，14 版。

[393] 〈李登輝再次為黃秀孟…〉，自立早報，1993.11.14，4 版。〈南縣鄉親請
送「歐巴桑」…〉，中華日報，1993.11.14，3 版。〈李登輝二度助選…〉，
民眾日報，1993.11.15，14 版。

[394] 疼惜之意。

[395] 〈民進黨在台南颳起主席風…〉，自立早報，1993.11.9，2 版。〈李登輝
總統受騙之夜〉，自立早報，1993.11.23，7 版。〈…應付國民黨「李登輝
牌」…〉，民眾日報，1993.11.23，16 版。

基層國民黨員欺上瞞下的結果[396]。

繼黨主席李登輝南下後，時任內政部政務次長的楊寶發亦於 11 月 14 日返抵本籍新化鎮邀集支持者，包括鎮長蔡登義、鎮農會總幹事黃文雄…等鎮內人士進行整合以支持黃秀孟，並獲得肯定的回應[397]，即使黃丁全陣營拿出以前黃秀孟夫婦和楊寶發不愉快的往事大肆宣傳，但楊氏仍然延續初選以來就支持黃秀孟的立場，以具體行動為黃秀孟站台助選，化解競爭者對黃秀孟夫婦的攻擊[398]。另一個受矚目的焦點人士，高系領導人高育仁亦在 11 月 13 日於新營，在黃秀孟的「咱愛南縣之夜」的造勢晚會為黃氏站台，親自澄清外界指其作壁上觀的傳言，且要求其支持群為黃氏助選[399]；高氏妻子高張明鸞也協同國民黨婦工會主任林澄枝，巡迴縣內三十一鄉鎮，動員婦女界為黃秀孟助選；另外，屬山派人士的不分區立委李源泉亦已多次為黃秀孟站台[400]。

國民黨的整合進展亦可從下面情形得到理解；首先，在初選時曾表明若論私誼不會為黃秀孟助選的國民黨考紀會主委，山派前立委李宗仁亦在 11 月 1 日拜訪黃秀孟競選總部，為其加油打

---

[396] 〈…陳唐山嚴厲抨擊拿總統當盾牌〉，民眾日報，1993.11.7，4 版。〈國民黨「總統牌」來勢洶洶…〉，自立早報，1993.11.8，5 版。

[397] 〈楊寶發出面整合…〉，民眾日報，1993.11.15，14 版。〈山派楊寶發跨刀…〉，民眾日報，1993.11.15，5 版。

[398] 〈楊寶發返鄉行動證明…〉，中華日報，1993.11.19，25 版。〈…揭發黃秀孟忘恩負義內幕〉，民眾日報，1993.11.20，14 版。〈楊寶發以實際行動支持黃秀孟〉，自立早報，1993.11.21，6 版。

[399] 〈高育仁強調為黃秀孟跨刀立場…〉，民眾日報，1993.11.16，16 版。〈…高育仁公開表態支持黃秀孟…〉，中華日報，1993.11.16，25 版。

[400] 〈新化婦女聯誼會支持黃秀孟…〉，中華日報，1993.11.22，25 版。〈…高育仁為黃秀孟「搶票」…〉，民眾日報，1993.11.25，16 版。〈立委參加中央民意代表助選團…〉，民眾日報，1993.11.9，4 版。

氣並呼籲婦女界共同讓國民黨的首位女性縣長候選人順利當選
[401]；再來，黃秀孟於 11 月 6 日特地前往台南紡織公司總部，拜
訪董事長吳修齊，感謝吳氏實質的助選行動，從這件事來看，黃
氏除了先前已獲得統一企業負責人高清愿的支持外，吳修齊的台
南紡織也已經為黃氏助選[402]。其他像善化鎮籍的台北市長黃大
洲，亦在 11 月 18 日返回善化邀宴山派人士，如國大代表王鼎勳、
王振廷父子、立委蘇火燈、國大代表前永康市長黃來鎰及地方人
士，席間黃大洲帶領王宮田逐桌敬酒，黃大洲藉此舉營造黃秀孟
夫婦和山派人士互動機會的用意明顯[403]。此外，蔣彥士於 11 月
24 日第三次出面協調，這次再度邀集南縣政壇人士聚會，並經與
會的派系領導人物表態全力輔選黃秀孟後，國民黨縣黨部隨後對
外表示縣內派系整合大致完成[404]。

　　從李登輝在 11 月初首次南下為黃秀孟助選，促成洪玉欽接
任黃秀孟競選總幹事，再加上蔣彥士前後三次協調，獲得國民黨
內高系、山派主要人士先後表態支持黃秀孟，此一過程應可證明
國民黨的整合是有成效的[405]。

　　由於整合上較早獲得成效，陳唐山陣營此時除了全力批評對
手外，對於反制賄選及防止舞弊的後續作為上，亦著力甚多；由
鄭國忠牧師擔任總幹事的「乾淨選舉救台灣全國推行委員會」台
南縣分會，於 11 月 2 日分別到三位候選人的競選總部，要求簽

[401] 〈李宗仁為黃秀孟加油…〉，中華日報，1993.11.2，16 版。
[402] 〈黃秀孟拜訪吳修齊〉，自立早報，1993.11.7，4 版。〈黃秀孟拜訪吳修齊〉，中華日報，1993.11.7，25 版。
[403] 〈黃大洲宴客，王宮田伴隨…〉，中華日報，1993.11.20，25 版。
[404] 〈蔣彥士再度邀集政壇大老聚會…〉，中華日報，1993.11.26，23 版。
[405] 〈海派洪玉欽為黃秀孟掌兵符〉，民眾日報，1993.11.15，3 版。

署送交的「反賄選、反暴力」誓約書，保證不以買票及暴力手段
介入選舉；陳唐山及黃丁全兩人都立即簽名表示支持，黃秀孟則
以行程已排定為由推辭並未簽字[406]。活動負責人鄭國忠牧師於是
另定在 11 月 12 日，再次邀約三位縣長候選人及國民黨、民進黨
縣黨部主委，於新營南新國中進行公開宣誓活動，但最後還是只
有黃丁全、陳唐山及民進黨縣黨部主委張田黨等人，到場簽署誓
約書並公開宣誓遵守約定，黃秀孟及國民黨縣黨部主委謝金池仍
未參與，簽署及宣誓活動告一段落後，該會接著串連縣內包括新
營民主聯誼會、教師聯盟、農權會、公義福利聯誼會、新營民主
電視台等十餘個團體在新營市舉辦遊行，宣導不買票、不賣票、
反暴力的乾淨選舉文化[407]。

　　約在同時，沒有參與簽署誓約的黃秀孟陣營在 11 月 11 日起
一連四天舉辦免費的流水席，以與之前陳唐山在新營、歸仁等地
所舉辦須購買餐券入場的募款餐會互別苗頭；黃氏陣營所辦的免
費流水席所在地點及實際追加後的桌數如下：善化高中六百五十
桌、永康市衛生所前一千桌、新營市舊體育場八百三十桌及麻豆
國小一千二百桌[408]，陳唐山陣營除了批評此舉是賄選行為且動員
自己支持者佔桌「幫忙吃」外，並宣導「吃黃秀孟的桌，投陳唐

---

[406] 〈淨化選舉活動…〉，民眾日報，1993.11.3，16 版。〈…南縣黃秀孟因故
缺席〉，自立早報，1993.11.13，5 版。

[407] 〈乾淨選舉救台灣新營市辦誓師…〉，民眾日報，1993.11.21，16 版。〈對
賄選候選人不收也不投…〉，民眾日報，1993.11.22，9 版。

[408] 〈黃秀孟慷慨大開流水席…〉，自立早報，1993.11.12，4 版。〈願與鄉親
心手相連…〉，中華日報，1993.11.12，25 版。〈…席開六百五十桌…〉，
民眾日報，1993.11.13，14 版。〈數萬鄉親齊聚一堂…〉，中華日報，
1993.11.14，16 版。〈黃秀孟咱愛南縣麻豆之夜…〉，中華日報，1993.11.15，
24 版。

山的票」加以反制[409]；檢察官出身的黃丁全，於 11 月 13 日早上
對此向縣選舉委員會選監小組召集人涂萬壽提出檢舉，並獲應允
移送司法單位偵辦[410]，但是過了三天黃丁全再率領支持者到縣選
委會了解簽送情形時，檢舉的公文仍未發送地檢署，黃丁全支持
者氣憤之餘掀桌並噴漆抗議，縣選委會這才趕緊以限時掛號寄出
公文平息風波[411]。

　　黃秀孟陣營針對競爭者的抗議，以「…民進黨可以辦萬人餐
會，難道道別人就不行嗎？」來反駁[412]；但除了競爭者的抗議外，
中央選舉委員會駐區巡迴監察員亦認為有涉及賄選嫌疑，並通知
縣選委會選監小組儘速查明[413]；經過調查，選監小組召集人涂萬
壽對外表示「…經查餐會一事是由黃秀孟的後援會為她所舉辦，
由於參加者並不一定都是她的支持者，因此並不構成賄選…」
[414]，並把調查結果呈報上級。

　　民進黨陣營在防制選舉舞弊的作法，除了配合「乾淨選舉救
台灣全國推行委員會」台南縣分會的活動外，亦有以下；首先是
揭發買票方式，立委魏耀乾 10 月底在六甲鄉為陳唐山站台助講
時，就說出國民黨以每張二千元的代價，在鹽水、下營、白河、
六甲、麻豆等地向陳唐山的支持者收購身分證，等投票日過後再

[409] 〈…民進黨人馬不請自到…〉，中華日報，1993.11.13，16 版。〈選戰「吃」
　　緊…〉，民眾日報，1993.11.13，5 版。〈會師餐會出現外籍兵團…〉，民
　　眾日報，1993.11.14，16 版。
[410] 〈黃丁全檢舉黃秀孟賄選…〉，自立早報，1993.11.14，4 版。
[411] 〈黃丁全率眾包圍縣府〉，自立早報，1993.11.17，6 版。〈…怒掀桌椅又
　　噴漆〉，民眾日報，1993.11.17，14 版。
[412] 〈民進黨可以辦萬人餐會…〉，中華日報，1993.11.12，25 版。
[413] 〈黃秀孟辦桌賄選？…〉，民眾日報，1993.11.13，5 版。
[414] 〈…選監小組：黃秀孟餐會不構成賄選〉，自立早報，1993.11.13，5 版。

發還的買票新手法[415]，另外也指稱有某候選人將以婦女會名義，在競爭者的主要支持區招攬選民，於投票日前後舉辦免費旅遊，藉拉低投票率影響對手得票數[416]；陳唐山陣營預估因此可能有二萬票會受到影響，於是透過文宣提醒選民不要把身分證交給他人，若已交給他人者趕緊去申請臨時身分證，作為反制之道[417]；國民黨縣黨部則以造謠摸黑、無稽之談來否定民進黨的說法[418]。再來則是加強監票，民進黨所屬的幾個鄉鎮黨部為防止投開票過程有任何舞弊出現，自行印製並散發監票須知給各投開票所的監票人員，重點以防止選票被冒領、代投，及跟監、核對共同事業戶名單為主[419]，民進黨陣營為此在造勢晚會上亦一再強調，「…不能再讓李宗藩的事件重演」[420]。

　　從以下三個例子亦有助於了解民進黨陣營，在防制賄選舞弊的積極態度；一、陳唐山的文宣部主任黃嘉光，於 11 月 20 日向

---

[415] 〈魏耀乾指控國民黨買票…〉，自立早報，1993.11.1，4 版。〈挖陳唐山牆腳一票二千…〉，民眾日報，1993.11.4，14 版。〈國民黨蒐購選民身分證…〉，民眾日報，1993.11.7，14 版。〈外傳國民黨在六甲蒐購身分證…〉，民眾日報，1993.11.11，16 版。

[416] 〈陳唐山總部指有候選人舉辦免費旅遊…〉，中華日報，1993.11.10，25 版。

[417] 〈陳唐山評估危機…〉，民眾日報，1993.11.7，5 版。〈…申請臨時身分證運動…〉，中華日報，1993.11.15，24 版。

[418] 〈…國民黨南縣黨部：民進黨耍花招〉，自立早報，1993.11.4，5 版。〈…執政黨縣黨部駁斥…〉，中華日報，1993.11.4，25 版。

[419] 〈防範縣長選舉作票…〉，民眾日報，1993.11.16，14 版。〈…嚴防國民黨動手腳〉，民眾日報，1993.11.21，14 版。〈…國民黨可能搞鬼〉，民眾日報，1993.11.27，14 版。

[420] 所謂李宗藩事件，即 1989 年第十一屆縣長選舉開計票時的新營事件。〈鍾碧霞為陳唐山跨刀〉，民眾日報，1993.11.9，16 版。〈今天投開票民進黨防舞弊…〉，民眾日報，1993.11.27，16 版。

台南地檢署新營檢察官辦公室申告王宮田替黃秀孟賄選，因為王氏在 19 日贈送吹風機給參加保健員實務座談會的全縣一百七十餘所國小護理人員，檢察官隨即受理進行調查[421]。二、11 月 20 日身兼縣選委會監察小組委員的民進黨關廟鄉黨部總幹事翁重仁，於關廟鄉深坑村發現國民黨關廟鄉黨部主任賈景華，涉及賄選的行為，除了拍照存證並向歸仁分局報案，根據翁氏表示，檢察官「…尚未抵達現場前，竟先指示警方讓部分涉嫌賄選者離開現場，抵達現場後，反指（縣選委會）監察委員沒有搜證權…」[422]，民進黨人士於是前往台南地檢署按鈴控告該名檢察官。三、11 月 24 日晚間，在永康市民進黨人士一連檢舉二起疑似賄選案，並引發群眾集聚永康及潭頂兩個派出所前，經調集鎮暴警察監控群眾及檢察官立即搜證偵訊後，才未衍生事端[423]。

　　由於黃秀孟是國民黨首位女性縣長候選人，所以參選的兩大政黨在婦女選票的爭取上，顯得十分積極。就黃秀孟陣營動員各級婦女團體輔選的情形來看；國民黨中央黨部副祕書長李鍾桂、婦女工作會主任林澄枝，副主任蔡淑媛、文化工作會副主任周康美等人[424]，幾乎是長期駐縣輔選；另外由國民黨籍立委潘維剛、葛雨琴等人所率領，動員南下支援的全國性婦女團體有婦聯會、婦女會、婦女自強協會、助產士公會、婦女社會服務團、國際婦

---

[421] 〈王宮田涉嫌為黃秀孟賄選…〉，民眾日報，1993.11.21，14 版。〈…黃嘉光再控黃秀孟涉嫌〉，中華日報，1993.11.21，23 版。

[422] 〈檢察官抓賄選遲到…〉，民眾日報，1993.11.21，14 版。〈…張田黨等人控告李建忠…〉，中華日報，1993.11.21，23 版。

[423] 〈南縣永康市查獲兩起賄選案…〉，自立早報，1993.11.25，3 版。〈永康兩起賄選疑案…〉，中華日報，1993.11.26，23 版。

[424] 〈婦工會主任林澄枝籲婦女…〉，自立早報，1993.11.7，25 版。〈婦工會副主任蔡淑媛…〉，中華日報，1993.11.23，25 版。

女交流協會、現代婦女基金會…等[425]，屬於縣內的婦女團體則有
台南縣婦女會、婦聯會、三十一鄉鎮市的婦女會、青溪婦聯會、
中華反共婦女分會、護理師護士公會、女教師進修聯誼會、工商
婦女聯誼會、真善美聯誼會、擎天青年協會、各鄉鎮市農會家政
班…等[426]。黃秀孟針對婦女選票所提出的政見主要有以下，一、
四十歲以上的婦女，可定期免費作乳癌及子宮癌的健康檢查。
二、中低收入戶婦女生育補助，每名二千元。三、補助婦女社團
活動經費。四、重視婦女工作權益及升遷。五、成立「齊家」諮
詢服務中心[427]。

　　面對國民黨全力動員婦女團體的壓力，陳唐山陣營爭取婦女
選票的具體作法是採取加強婦幼福利政見，及增加陳氏妻子林純
純拜訪行程等方式來回應；在婦幼文宣方面，推出「陳唐山是咱
婦女的靠山」的政見文宣，六大主張分別是一、全面實施婦女生
育補助。二、成立婦女技藝學習及就業輔導中心。三、設立公私
立托兒所、幼稚園。四、增加縣府所屬機關女性主管名額。五、
設立不幸婦女庇護中心。六、主張對全職家庭主婦，提高其家庭
年所得寬減額為二十四萬元[428]。和以往歷屆選舉婦幼政見相比，
在政黨競爭和首次有女性縣長候選人的情形下，本屆選舉候選人
所提內容有更具體、更重視婦女權利的正面發展。

　　在林純純助選作為方面，為了平衡黃秀孟女性候選人對婦女

[425] 〈全國婦女團體專程南下全力支援…〉，民眾日報，1993.11.21，16 版。
[426] 〈歸仁婦女界全力支持歐巴桑…〉，中華日報，1993.11.1，24 版。〈心手
　　相連婦女大會師…〉，中華日報，1993.11.13，16 版。〈…林澄枝赴善化
　　鼓舞士氣〉，中華日報，1993.11.25，25 版。
[427] 〈黃秀孟歸仁說明會五位省議員助講…〉，中華日報，1993.11.11，25 版。
[428] 〈陳唐山推出文宣…〉，中華日報，1993.11.8，24 版。

票源的吸引，陳氏的妻子林純純在 8 月底亦辭去在美國銀行的工作，返回台灣助選[429]，除了傳統的拜訪選民、站台助講鼓勵婦女關心政治外，10 月底總統府祕書長蔣彥士在上班時間，南下整合縣內農會系統的餐會中，林純純特地前往提醒「…蔣祕書長週五不必上班嗎？是否為了縣長選舉專程南下？…」[430]，達到了柔性抗議的目的；特別的是，她曾在民進黨人士經營的民主電視台所舉辦的晚會中，表演舞蹈和演唱閩南語歌曲，也在造勢晚會上和陳唐山一起共舞[431]，這些都是以往選舉中少見的造勢手法，在當時被媒體稱為「美國式戰術」[432]。

雖然各層面的婦女團體幾乎都被動員，但是婦女團體中亦有矛盾存在，以縣婦女會為例，前理事長山派的張胡瓊月任期屆滿時，洪玉欽之妻沈美珠就曾和山派屬意接棒的蔣惠卿競爭過，經國民黨縣黨部協調後沈氏退出，才由蔣氏出線；為此還影響到洪玉欽出任黃秀孟競選總幹事的意願。另外，張胡卸任後雖然事先就婉拒新職的安排，但是國民黨還是將她和省府委員黃正雄夫人黃謝貴美兩人，列為省婦女會理事，但是張胡最後仍以：一、省理事跟地方服務難扯上邊，且需負縣長輔選重責，本身處境不適合。二、非常不認同把同是台南縣籍的原任理事，同屬山派人士的前省議員江恩除名，由其入替的作法。三、任監察委員的夫婿張文獻好不容易退出政壇，欲好好聚首，不願再擔任縣長輔選重

---

[429] 〈林純純鼓勵婦女…〉，民眾日報，1993.9.10，16 版。〈林純純洗手做羹湯…〉，自立早報，1993.9.11，11 版。〈遠從美國趕回來為丈夫助選…〉，中華日報，1993.10.5，22 版。

[430] 〈蔣彥士出席餐會，林純純轉送邀請函…〉，民眾日報，1993.10.30，14 版。

[431] 〈陳唐山夫婦跳恰恰…〉，中華日報，1993.11.9，25 版。

[432] 〈美國式戰術爭取婦女界支持…〉，民眾日報，1993.11.16，14 版。

任[433]等三項理由辭職。從張胡辭省婦女會理事三項理由中，有二項提到不願介入縣長選舉輔選工作的情形來看，多少可以理解黃秀孟和張胡的微妙關係。

另外，在國民黨整合有所進展，且縣婦女會積極為黃秀孟造勢後，國民黨曾透過縣婦女會，聯合其他縣內婦女團體，以召開記者會發表聲明的方式，攻擊陳唐山，指其曾在政見會上以言語侮辱女性；但是陳唐山的支持者，亦是縣婦女會常務理事的山派人士顏胡秀英則挺身為陳氏解圍，指縣婦女會決定對陳氏譴責的會議並沒有通知她，會議召開時只有二位幹部及部分鄉鎮市人員出席，聲明內容也未經理監事同意就發布，所以不具代表性[434]。

除此之外，海外人士加入助選行列亦是這次縣長選舉特色之一，由於陳唐山長期旅居美國，從事台灣獨立運動多年，且曾任台獨組織負責人；獲旅美人士肯定，海外支持者除了在當地辦募款餐會為他籌湊競選經費外，亦組成全美後援會返台為陳氏助選，後援會主要成員有會長洪茂澤、祕書長張紹堂、華府同鄉會長黃河、前全美台灣人權會長黃玉桂及學者蔡武雄、許富淵博士…等人[435]。

選情到了投票前，黃秀孟和陳唐山仍無明顯拉大差距，再加上四年前縣長選舉發生新營事件的前車之鑑，台南縣警局向上級申請的上千名支援警力、鎮暴用高壓噴水車於 11 月 26 日，開始

---

[433] 〈張胡瓊月堅辭省婦女會理事…〉，中華日報，1993.10.31，25 版。
[434] 〈…顏胡秀英大起反感〉，民眾日報，1993.11.8，14 版。〈…顏胡秀英認不具代表性〉，自立早報，1993.11.8，5 版。
[435] 〈…旅美同鄉會黃河等人…〉，民眾日報，1993.11.18，16 版。〈…蔡武雄向鄉親力荐陳唐山…〉，民眾日報，1993.11.20，16 版。〈…助選團鼓舞陳唐山〉，民眾日報，1993.11.20，5 版。

進駐縣選委會開計票中心所在的縣府大樓週邊[436]，縣警局亦呼籲
「…選舉當天投完票返家，無事儘量避免外出，以免萬一暴力份
子滋事，遭受波及…」[437]，對於警方的佈署，民進黨縣黨部執行
長李俊毅以「…只要警方嚴守行政中立，選務過程在公平、公開、
透明原則下進行，國民黨及輔選單位不買票、作票，司法單位也
能確立司法公信，民眾就不會有民主抗爭活動…只要發現賄選、
作票狀況絕對力爭到底，屆時就算警方有心袒護，藉拒馬、噴水
車、催淚瓦斯企圖拖延、掩飾，民主潮流也會突破層層封鎖」[438]
來回應。

二、投票結果與分析

選舉於 11 月 27 日投票，開、計票過程順利，結果黃秀孟
218,509 票、得票率 42.25％，黃丁全 16,097 票、得票率 3.11％，
陳唐山 275,317 票、得票率 53.24％（詳見表三），陳唐山以 56,808
票擊敗黃秀孟當選縣長。台南縣自 1945 年日本人離開台灣後，
首次由非國民黨籍人士擔任縣長。

仔細觀察這次選舉的競選過程與投票結果，有以下幾點特色：
一、 民進黨人士政黨政治意識較國民黨人士佳。兩黨在決定
提名人選時，都曾出現黨內對立的情形，但是民進黨人
士在鄭自財聲明放棄提名資格，改遞補陳唐山成定局
後，即很快的達成一致對外的團結共識。反觀國民黨確
定提名黃秀孟後，黨內各勢力形成支持共識的速度就不

[436] 〈黃秀孟預感投票日有暴力事件…〉，中華日報，1993.11.19，25 版。〈大
批警力進駐縣府待命〉，自立早報，1993.11.27，7 版。
[437] 〈…縣警局提四聲明…〉，民眾日報，1993.11.24，16 版。
[438] 〈…民進黨強調選務公正何懼抗爭〉，民眾日報，1993.11.25，16 版。

及民進黨人士，直到李登輝等高層人士輪番南下協調才出現轉變，整合成效才漸顯現。但本文認為造成國民黨部份人士政黨政治意識不振的原因，應該指向國民黨內部民主化程度有待努力及提名制度不夠公正、公開兩個因素上，不應一味怪罪地方勢力不合作。

二、六人連線並沒有共推一人參選。在初選時謝鈞惠等六人曾一同到新營王公廟裡下跪立誓，約定若國民黨提名黃秀孟則必共推一人參選，雖然最後黃丁全退黨參選到底，但是從黃氏競選總部成立時，其他五人無一出席，及黃氏只得 16,097 票的結果來看，之前六人連線信誓旦旦要共推一人的約定是沒有被履行的，否則黃丁全不會只有這麼少的得票數。

三、國民黨對黨內地方勢力的態度有所轉變。國民黨後來在縣內進行整合工作時雖然仍無法跳脫派系勢力的思維模式，但是國民黨早在進行提名作業前，祕書長許水德就曾表示不要過度依賴地方派系，由此可以理解國民黨想要擺脫黨內地方勢力影響縣長選舉的用意明顯，而台南縣最後提名與李雅樵同是海派的黃秀孟，亦顯示國民黨有意打破之前海派、山派輪流執政的雛型；正當國民黨有意減少對地方勢力的依賴時，民進黨的黨主席許信良則提出要策反國民黨的地方勢力，也就是要在此次縣長選舉時，聯合部分反彈的國民黨內地方勢力，一同對抗國民黨的候選人，此一策略在台南縣內亦有所行動，這應亦會影響到選舉結果。

四、民進黨反賄選及防範選舉舞弊的努力對選情有所幫助。由於民進黨人士認為 1989 年李宗藩會落敗與開計

票作業及選舉風氣有直接關係，於是在反賄選及防範選務舞弊的作為上特別加強，從配合乾淨選舉救台灣推動委員會的各項活動、監控共同事業戶人口動向，到積極檢舉可疑賄選案件等，此些舉措多少有助選風的提昇；雖然流水席情形及買票的傳聞仍舊發生，但是對選民意識的導正及陳唐山的選情還是有所助益。

五、媒體的使用影響選情。在這部份可舉電視台及雜誌報導兩個現象來說明；首先，電視台又可從無線及有線電視台來了解，由於當時僅有的中國、台灣電視公司及中華電視台等三家被國民黨所控制的無線電視台，且對於處理縣市長選舉新聞，皆過於偏袒國民黨籍候選人，而民進黨及新黨的立法委員曾為此不公平現象，在立法院質詢當時的新聞局長胡自強要求改善時，胡氏卻以「…如果民眾認為電視台新聞不公，可拒看抵制…」[439]回應，由此可以理解國民黨尚無意開放無線電視的管制或是促成新聞中立，於是民進黨人士所主導的「全民聯合」無線電視台，在 11 月 15 日未經合法下開播，當時僅止桃園楊梅以北的台北縣市在十三頻道收視得到，其他縣市則是透過全國共七十家的有線電視台聯播方式進行[440]，藉以打破無線電視台被國民黨壟斷的情勢。在有線電視部份，其特點是以區域性為主，就台南縣來說，此

---

[439] 〈…胡自強指民眾可拒看抵制〉，自立早報，1993.11.9，4 版。〈胡自強只講對了一半…〉，自立早報，1993.11.10，2 版。

[440] 當時雖然有線電視已經合法但是無線電視尚未開放。〈打破三台壟斷…〉，自立早報，1993.11.5，2 版。〈…全民聯合電視台今成立〉，民眾日報，1993.11.14，5 版。〈民進黨開播無線電視…〉，民眾日報，1993.11.15，1 版。

屆選舉時縣內共有三家民進黨人士經營的有線電台，根據對收視戶的調查顯示，同為新聞性節目而言，民進黨經營的有線電視台比受到國民黨控制的三家無線電視台受歡迎[441]。透過地方性的有線電台宣傳助選，對陳唐山的選情有直接的助益。至於雜誌報導部份，當時頗具知名度的天下雜誌在選前所刊出的民意調查結果，顯示李雅樵所主持的縣政表現給縣民的印象不佳，此報導多少會影響選民對國民黨的印象，進而影響到國民黨籍候選人選情。

六、國民黨內各勢力動員能力消退。由於民進黨人士透過經營有線電視台宣揚反對國民黨威權統治的理念，再加上政黨競爭的形勢明顯，影響選民既有的國民黨派系政治意識，而逐漸朝政黨政治的觀念轉變，而這個改變可以讓我們理解派系勢力的動員力量，將由於選民的自主意識提高而被削弱。另外，從國民黨內各勢力的領導人士陸續表態支持黃秀孟，並且為其站台助選，而仍無法讓黃氏當選的結果來看，亦可理解國民黨的派系動員能力有消退的現象。

七、國民黨輔選策略失當。國民黨為了輔選黃秀孟，把具有中常委身份的總統府祕書長蔣彥士，台灣省主席宋楚瑜、行政院政務委員郭婉容、台北市長黃大洲等人都列為台南縣的輔選負責人。但是這些人在選戰中最大的弱點就如同陳唐山所說的，沒有一個有經過基層民意的考驗，除了缺乏民意基礎的弱點外，以台北市長黃大洲來

[441] 〈名嘴明星助陣…〉，民眾日報，1993.11.11，16版。

說，與台南縣雖有地緣關係，但由於台北市捷運工程被
民進黨視為 1993 年國民黨的十大弊案之一，且被當成
文宣廣為運用，黃大洲的形象在那時具有相當的爭議
性，但國民黨卻仍將台南縣列為他的輔選責任區，這是
值得檢討的。另外，黃秀孟的造勢晚會大都以演藝人員
為主角，其中藝人張柏舟在選前最後一場晚會上還為黃
氏下跪求票[442]，若是和民進黨的造勢手法相比，國民黨
的方式顯得單調，這點和國民黨的站台助選者口才、形
象並無特別突出有關外，國民黨輔選單位的創意顯得比
民進黨來的少，以民進黨來說，除了有知名民意代表為
主角的主題式大型演講會外，還有拍賣魚貨、民主布袋
戲、密集的廟口小型說明會等多樣性的造勢方式。

八、 老人年金政見受選民青睞。民進黨發放老人年金的共同
政見，是延續 1992 年底立委選舉時，縣籍民進黨立委
蘇煥智的參選政見而來，陳唐山將其列為第一條政見，
並且引發黃秀孟及黃丁全的跟進，國民黨所提出的是貧
困老人救濟金，限制太嚴苛、黃丁全所提出的金額則是
比民進黨後來統一規定的五千元少；這項政見的提出除
了受到縣內老人族群的肯定外，對家有高齡人口的年輕
族群亦有吸引力，試想若家中有二位六十五歲以上老
人，則每月就有一萬元的金額可領，這對廣大的依靠領
薪水家庭而言，將有極大的吸引力；而透過這項政見的
競爭亦可理解到，民進黨對於當時社會問題的洞察力比
國民黨還要深入敏銳。

---

442 〈…麻豆說明會主持人張柏舟下跪…〉，中華日報，1993.11.27，25 版。

九、國民黨給選民的印象不佳。早在 8 月份國民黨召開十四
全代會前，國民黨高層就有所謂的主流及非主流之爭，
再加上十四全召開時，由國民黨人士退黨所組成的新黨
宣布成立[443]，並在其他縣市推出人選參與選舉，使得國
民黨分裂的形象在選民前展露無遺，再加上民進黨陣營
針對 1993 年一年之中，相繼爆發的十大弊案加以批
評，使得選民對國民黨留下不良的印象；除此之外，天
下雜誌所發表的民意調查結果，更讓國民黨所主持的縣
府形象受損，一連串的負面印象可以理解將會對選民的
投票傾向產生影響。

十、國民黨內地方勢力分裂不應成為黃秀孟敗選的主因。
1989 年的縣長選舉結果非國民黨候選人的得票率總合
是 49.15％，到了 1992 年底的第二屆立法委員選舉，台
南縣內非國民黨籍的候選人得票率總合亦有 48.58％
[444]；從這二次選舉結果可以看出縣內支持非國民黨籍候
選人的比例已有近 50％的比例，再加上解嚴後政黨競
爭的潮流，已取代一黨獨大時代國民黨內的派系競爭形
態，而且派系動員能力已受到選民自主意識提高的影響
而減弱，所以國民黨內的地方勢力整合情形不應再成為
選舉勝敗的主因，理由是選民對非國民黨籍候選人的支
持趨勢來看，即使國民黨縣內各地方勢力團結一致，亦

---

[443] 有關新黨成立的背景因素，鄭志隆將其歸為政治、經濟、社會文化等層
面，包括國民黨黨內不民主、國民黨執政下政治的腐化、官商勾結腐蝕
經濟體質、金權政治造成社會不公…等，由此亦可對當時國民黨負面的
政黨形象有所理解（鄭志隆，2001：35～47）。

[444] 見表十六，台南縣歷年各項公職選舉非國民黨籍候選人之得票率一覽表。

很難保証可以在此次縣長選舉獲得超過 50%的得票率
[445]。另外，在國民黨高層整合下，高系、山派主要人士
都曾出面表態願支持黃秀孟；所以應該可以如此理解：
如果高系、山派那些領導人士是真正全力動員輔選，則
黃秀孟的落敗則印証了選民自主意識提高、派系動員能
力減弱的判斷，若如果只是陽奉陰違應付國民黨高層整
合的話，則從非國民黨籍候選人受支持的變化趨勢來
看，亦不應把黃秀孟的落選主因歸咎到國民黨內的地方
勢力頭上，也就是說此屆縣長選舉國民黨會敗選的原
因，除了派系未盡全力的說法外，不應忽視選民的意識
改變，及派系動員力減弱等因素；取而代之決定縣長選
舉勝負的主因，應該往政黨形象、政見內容及候選人個
人條件是否能獲得選民肯定等方向去檢討才合理。

十一、李雅樵個人及施政表現受爭議。李雅樵的施政表現在此
次選舉中被提出來仔細的檢討，除了縣內重大建設計劃
如七股工業區的開發延宕多年仍無重大進展外，位於新
營市的縣立體育公園工程進度一再延宕，迫使預定 9
月初舉行的全縣運動會延期[446]，而且部份工程尚未完成
驗收即出現被破壞或是漏水、積水現象，品質受到質疑，

---

[445] 吳重禮曾指出「…組織性反對黨的興起、政黨競爭的制度化、大眾政治
參與程度的提昇，都是弱化地方派系動員能力的要素…」，故國民黨所屬
地方政治勢力的動員能力弱化情形，在已是第二次政黨競爭的本屆縣長
選舉應更趨明顯，故不應再成為選舉成敗主因（1998.7：199）。
[446] 〈體育公園工程延宕…〉，中華日報，1993.8.28，25 版。〈李雅樵下令體
育公園…〉，中華日報，1993.8.29，25 版。

（表十六）台南縣各項公職選舉非國民黨籍候選人之得票率

縣長

時間（選舉）	黨籍	得票率
1951 0415		0.00
1954 0418		41.37
1957 0421		30.66
1960 0424		0.00
1964 0426		0.00
1968 0421		0.00
1972 1223		0.00
1977 1119	黨外	0.00
1981 1114	黨外	44.93
1985 1116	黨外 / 其他	32.37 / 2.06
1989 1202	民進黨 / 中國自強黨	45.84 / 3.31
1993 1127	民進黨 / 其他	53.24 / 3.11
1997 1129	民進黨 / 其他	64.85 / 0.00
2001 1201	民進黨 / 其他	50.79 / 3.98

縣議員

時間（選舉）	黨籍	得票率
1951 0128		
1953 0208		
1955 0116		
1958 0119		
1961 0115		
1964 0126		
1968 0126		
1973 0317		
1982 0116		
1986 0201		
1990 0120		
1994 0129		
1998 0124	民進黨 / 其他	14.85 / 48.43

省議員

時間（選舉）	黨籍	得票率
1951 1118		45.41
1954 0418		33.97
1957 0421		32.32
1960 0424		14.76
1963 0428		19.02
1968 0421		8.04
1972 1223		
1977 1119	黨外	40.95
1981 1114	黨外 / 其他	11.42 / 18.14
1985 1116	黨外	5.47
1989 1202	民進黨 / 其他	28.15 / 15.85
1994 1203	民進黨 / 其他	47.43 / 0.66

國大代表

時間（選舉）	黨籍	得票率
1947 1121		
1969 1220	黨外	17.45
1972 1223	黨外	42.45
1980 1206	黨外 / 其他	17.68 / 32.68
1986 1206	民進黨 / 其他	30.35 / 41.00
1991 1221	民進黨 / 其他	40.82 / 2.71
1996 0323	民進黨 / 其他	15.71 / 11.56

立法委員

時間（選舉）	黨籍	得票率
1948 0121		
1969 1220	黨外	17.45
1972 1223		
1975 1220	黨外	5.77
1980 1206	黨外 / 其他	10.61 / 19.94
1983 1203	黨外 / 其他	6.74 / 29.18
1986 1206	民進黨 / 其他	11.11 / 19.34
1989 1202	民進黨 / 其他	19.34 / 2.88
1992 1219	民進黨 / 其他	38.58 / 23.67 / 10.00
1995 1202	民進黨 / 其他	41.49 / 6.72
1998 1205	民進黨 / 其他	40.34 / 5.80
2001 1201	民進黨 / 其他	47.31 / 11.73

備註：1.若選舉區與台南縣行政區不相同時，以候選人在台南縣的得票率計。2.得票率係為有效得票數對投票數而言。

資料來源：黃德福，1978：附錄78；黃德福，1992：144～169；台南縣選舉委員會編印之台南縣歷屆各項公職選舉實錄。

尤其工程預算的追加更是成為媒體矚目的焦點[447]。接著，天下雜誌的民意調查顯示縣民質疑縣府官員、民意代表炒地皮的比例偏高後，李氏自己在縣議會坦承他的女兒和司機的確在七股工業區合資購買土地外，李氏向監察院所申報的財產資料一直未見公布，都成為陳唐山陣營攻擊的把柄，而這都成為黃秀孟競選時所要面對的包袱。

十二、黃秀孟個人條件並不特別突出。擁有十二年省議員資歷的黃秀孟，其服務成績從她歷次參選的得票數呈現遞增的情形，可以理解頗受選民肯定，但是若以學歷、外貌、群眾魅力、個人氣質等個人條件和陳唐山相比，黃氏並沒有特別突出的地方。另外，觀察國民黨輔選單位在競選過程中塑造黃秀孟為「好媳婦」的手法，可以發現是要刻意突顯黃氏女性候選人的特色，但是台南縣當時多數鄉鎮尚以農業形態為主，都市化程度還不高，國民黨於此提名女性縣長候選人，選民是否能接受這樣的安排，以及國民黨的提名決策是否有針對選民型態考量亦是值得反省的問題。再加上陳氏陣營為了平衡黃秀孟女性候選人的特色，在加強宣傳與婦女相關政見及安排林純純助選行程等輔選策略上的應對，多少降低了黃秀孟女性候選人的特色。

---

[447] 〈公布真相釋疑〉，中華日報，1993.9.5，25版。
[448] 趙永茂針對地方派系與選舉關係的一項研究中指出，所謂的個人條件與特質包括「…個人的學識、能力、經歷、家庭背景、膽識、風度及對政治或行政改革的態度等…」，並將之列為影響選民投票的重要因素（1989.9：65）。

十三、兩黨競爭型態為主，無政黨奧援的參選者發展空間有限。從 1989 年參選縣長的國民黨、民進黨、中國自強黨籍的候選人得票率分別為 47.71％、45.85％、3.32％，及本屆國民黨、民進黨、無黨籍的參選者得票率分別為 42.25％，53.24％，3.11％（見表三），的結果來看，可以理解從開放自由組黨後，台南縣的縣長選舉至此是國民黨與民進黨兩大政黨競爭的形態，第三勢力發展的空間有限，尤其是無政黨奧援的參選者，幾乎無法在縣內與國民黨、民進黨兩大主要政黨競爭。

十四、司法與行政中立仍需努力。在司法公平性部份，由於民進黨人士積極抓賄選，故引發多起檢舉案件，檢察官在偵辦時的態度似乎無法讓民進黨人士滿意，甚至發生民進黨籍的縣選委會選監小組成員控告查賄檢察官涉嫌瀆職的情事，再加上縣選委會選監小組處理黃秀孟辦流水席被檢舉涉及賄選案時的態度，招來競爭者認為有拖延、坦護的嫌疑等現象來看，可以理解司法的公正性有待努力。在行政中立方面，國民黨上從李總統、宋省長、總統府蔣祕書長等人，下至王宮田及縣內各級學校部份校長、教職人員 [449] 都曾被民進黨人士批評沒有遵守行政中立，有涉嫌利用職務之便為黃秀孟助選的爭議，這些都是行政不夠中立的警訊。

十五、國民黨眷區票源鬆動。本屆縣長選舉另一個特別現象是，一向被國民黨視為鐵票的眷區票源產生鬆動的情形

---

[449] 〈傳聞教育人員介入選舉…〉，中華日報，1993.11.19，25 版。

[450]，以永康市的四分子地區的眷村為例「…八個里共有
一萬五千餘榮民…，但開出的一萬三千多張選票中，黃
秀孟只得一萬零八十票，陳唐山拿走了三千四百餘
票…」[451]，由此即可理解一二。這和新黨成立及縣內民
進黨人士平時對眷區的經營付出應有一定程度的關
聯，另外，也應和選前陳唐山陣營曾到眷區舉行「族群
共和之夜」宣示加強族群交流，並向眷村民眾提出老舊
眷村改建，及照顧無眷無舍的老兵等相關政見[452]，獲
得眷村民眾肯定有關。眷區對民進黨態度的轉變，從陳
唐山助選員進入拜訪拉票時曾受到石塊攻擊，而自我調
侃「…對此，陳唐山競選總部認為，此已由大磚頭變為
小石塊，顯見眷村對於民進黨的敵意已漸消失…」[453]，
得到理解。

　黃秀孟個人的服務成績雖然優良，但是國民黨所帶給她的負
面包袱太大，再加上民進黨提名的陳唐山在學識、品德與操守的
形象受到選民肯定，在民心轉變的大趨勢下，台南縣戰後首次出
現非國民黨籍的縣長，縣政出現政黨輪替。

---

[450] 國民黨對眷區選票的掌握會有鬆動的因素頗多，應可包括眷村改建的延
宕、對國民黨領導階層的不滿、對國家認同的焦慮、外省族群的危機感、
眷村新生代知識水準的提升、多元資訊的獲得以及 1993 年 8 月新黨的
成立…等。

[451] 〈永康市眷區鐵票生鏽了…〉，民眾日報，1993.11.29，14 版。〈永康鐵
票生鏽…〉，中華日報，1993.11.30，25 版。

[452] 〈為了眷村陳唐山第一次用北京話演講…〉，中華日報，1993.11.15，24
版。〈…陳唐山積極拉攏榮家選票…〉，中華日報，1993.11.26，23 版。

[453] 〈攻擊石塊由小變大…〉，自立早報，1993.11.15，4 版。

第三節　陳唐山再次獲得選民肯定

民進黨籍的縣長陳唐山為尋求連任，投入 1997 年 11 月底的第十三屆縣長選舉，由於沒有特別經營屬於自己的黨員勢力（即代繳黨費的人頭黨員），以致在黨內初選前，曾被評估可能會在黨員投票時落敗，而無法代表民進黨參選，幸好在最後關鍵時刻受到黨內各方人士的支持，才化解可能被淘汰的危機，順利以高票取得被提名權。

在國民黨方面，由於三年多前黃秀孟的敗選，使得國民黨首度以在野黨的身份參與縣長選舉，在爭取國民黨提名競爭者眾多的情形下，最後由國民黨主席李登輝所屬意的洪玉欽獲得提名，洪氏除了擁有博士學歷及六屆十七年立法委員的資歷外，當時亦是國民黨中央黨部的副祕書長，在台南縣是國民黨內頗具群眾基礎的民意代表。

在沒有第三位參選者的情況下，陳唐山以顯著的差距連任成功，本節內容將針對提名及競選過程加以介紹，藉以理解原本在黨內初選時處於劣勢的陳唐山，為何最後能獲得提名，並且擊敗國民黨籍候選人順利連任成功的原因，並呈現民進黨和國民黨內各勢力，到本屆縣長選舉前後的變化情形。

壹、陳唐山突破劣勢獲得提名

在民進黨內參與 1997 年縣長選舉黨內初選登記的人共有三位，分別是縣長陳唐山、立法委員蘇煥智及省議員謝三升[454]。雖然三人參選意志堅定，縣黨部主委黃國照仍然希望透過協調方式

---

[454] 〈三雄互不相讓民進黨面臨…〉，民眾日報，1997.1.2，5 版。

產生提名人選，以避免因黨內初選所可能帶來的對立影響黨內團
結，而對縣長選情造成負面的衝擊[455]，在當時陳唐山對於濱南開
發案的態度及縣府內的人事安排，被視為黨內協調是否能有成效
的關鍵；在濱南開發案部份，主要是立委蘇煥智對於七股鄉將有
第七輕油煉解廠（七輕）及大型鋼鐵廠的進駐持反對意見[456]，表
面理由是基於環境及生態保護考量，在此之前蘇氏就曾以理光頭
並率眾向縣府表達反對立場，到了縣長提名競爭此時，蘇氏則公
開要求陳唐山必須以書面方式，表明反對濱南開發案態度，否則
將不會接受協調中途退選[457]；在縣府的人事安排方面，陳氏則是
被質疑偏厚所屬的台獨聯盟人士，未將縣內美麗島、新潮流、獨
盟三大派系人馬平均晉用[458]。

　　民進黨中央在元月上旬即公布首波提名六人的名單，但是並

[455]〈…黃國照：還有協調空間〉，民眾日報，1997.1.6，14 版。

[456] 濱南開發案可上溯到 1987 年 2 月李雅樵主持縣政時；當時出身將軍鄉
　　的東帝士集團總裁陳由豪，即透過縣府提出「七股地區綜合開發計劃」，
　　由於環境評估無法通過又在國內外輿情壓力下，主要投資者東帝士與燁
　　隆兩大集團於是將該投資計劃區向北挪移，最後演變成以開發七股潟湖
　　及台鹽鹽場土地為主的「濱南工業區開發案」；而「反濱南」運動的串
　　聯在 1994 年 9 月 30 日，由五十餘個反對團體結合而成的「反七輕反大
　　煉鋼廠行動聯盟」的成立，正式拉開序幕，而蘇煥智所主導的「愛鄉文
　　教基金會」在「反七輕反大煉鋼廠行動聯盟」中有一定的主導力，亦對
　　縣內民進黨內各勢力間的互動產生影響，除了本屆縣長選舉外，2000 年
　　總統選舉後陳唐山接掌國科會主委生變、2001 年縣長選舉選情緊繃等都
　　與濱南開發案所引發的陳、蘇二人關係緊張有關（陳雅芬，2002：50～
　　52、118）。

[457]〈蘇煥智老神在在…〉，自立早報，1997.1.25，13 版。〈協調空間關鍵在
　　陳唐山…〉，民眾日報，1997.1.23，16 版。

[458]〈民進黨南縣長初選…〉，民眾日報，1997.1.7，17 版。〈民進黨初選滿
　　城風雨…〉，自立早報，1997.1.28，14 版。

不包括台南縣在內[459]，由於陳唐山是民進黨內欲尋求連任的現任縣長，任內並無重大過失，一般來說都會列入優先提名的對象，但在首波提名名單中卻未見陳氏的名字，顯然縣內民進黨的黨內初選協調進程，此時尚未有重大進展。黃國照除了坦承協調無功，且呼籲黨中央儘快協助解決外，一方面亦指示縣黨部加緊辦理黨員投票的初選選務工作，以備協調不成時派上用場[460]。直到1月10日繳交一千元黨費的期限截止，共有 2,661 位民進黨員完成手續，取得在初選時的投票資格，縣黨部並預定 2 月 2 日在善化高中舉行投票[461]。

　　就參與初選的三人實力來說，以謝三升所掌握的人員黨員數最多，蘇煥智次之，陳唐山最弱，但若就中央黨部所進行的第一階段民意調查結果而言，則以陳氏獲得較高的民意支持度[462]，由於當時民進黨的提名制度規定，若協調不出單一人選則辦理黨員投票，第一階段黨員投票中，超過二人登記的縣市，取初選得票數較高的前二名再進行第二階段的民意調查，最後以初選及民意調查成績各佔 50％的方式，決定提名人選[463]，由於陳氏未特別經營屬於自己的黨員勢力，所以當時曾被評估在初選時可能落居第三名，失去進入第二階段參與民意調查的機會，而喪失被民進

---

[459] 〈…民進黨首波提名六人…〉，中華日報，1997.1.9，4 版。

[460] 〈民進黨縣長提名協調陷困境〉，中華日報，1997.1.8，26 版。

[461] 〈…民進黨掀起繳費熱〉，中國時報，1997.1.11，16 版。〈…共有 2,661 位黨員有投票資格〉，中華日報，1997.1.24，26 版。

[462] 〈陳唐山初選情勢不妙〉，中國時報，1997.1.11，16 版。〈民進黨縣長參選三雄對峙…〉，自立早報，1997.1.15，17 版。〈…傾縣長派人士指出陳唐山若能…〉，民眾日報，1997.1.28，16 版。

[463] 〈…今辦第一階段初選…〉，中國時報，1997.2.2，2 版。

黨提名的機會[464]。

　　除了三位參與初選者外，另一位被視為能左右初選結果的實力人物，是勞工團體出身的前不分區立委方來進[465]，由於方氏具有動員數百張黨員選票的能力，所以他的支持動向顯得舉足輕重[466]，在當時方氏一直大力推動台南縣產業總工會能夠成立，原持保留立場的陳唐山，亦在初選投票前幾天，口頭同意此組織立案，並指示縣府勞工科長蔡宏郎協助辦理相關手續[467]，由此可以理解方來進與陳唐山在初選前有了良好的互動，這對陳氏的初選情勢多少有正面的幫助[468]。

　　民進黨中央的立場原本欲以協調的方式產生人選，但是參選的三人並沒有讓步的打算，黨主席許信良預定在 1 月下旬南下與陳唐山的會面亦取消，使得協調不成已成定局，初選勢在必行[469]。

　　面對協調不成，必須以初選來決定勝負的演變，這對於沒有特別經營所屬黨員勢力的陳唐山來說，是偏於不利的情勢，因此陸續有支持陳唐山的個人或團體出面呼籲支持陳氏連任，當中主要有縣內聞人吳新榮之子——吳南河醫師為會長，由百餘位民進黨

---

[464] 〈蘇煥智有信心贏陳唐山…〉，中國時報，1997.1.25，16 版。〈…謝三升：參選到底〉，中國時報，1997.1.25，16 版。

[465] 方來進 1951 年生，私立崑山工專畢業。曾任台灣勞工陣線主席、民進黨中央黨部、台南縣黨部執行委員。1992 年二屆立委選舉時被民進黨安排為全國不分區立委，排名第十，並順利當選（台南縣選舉委員會，1993：512；立法院祕書處，1994：5）。

[466] 〈方來進一向屬民進黨…〉，民眾日報，1997.1.24，16 版。

[467] 〈南縣產業總工會可望獲准…〉，自立早報，1997.1.3，14 版。〈縣長允產業總工會立案〉，中華日報，1997.1.28，26 版。

[468] 有關台南縣產業總工會成立經過，詳見黃育德，2000：34～71。

[469] 〈縣長提名協調難解…〉，中華日報，1997.1.26，26 版。〈縣長提名協調免談…〉，中華日報，1997.1.27，23 版。

人士所組成的陳唐山北門區後援會，及屬於民進黨關廟鄉黨部的
楊敬昌、張榮崇等人 [470]；另外美麗島系的立委謝錦川亦陪同陳氏
拜票、台南縣二二八公義和平救世會理事長沈義人，亦出面肯定
陳氏施政表現 [471]，繼謝錦川之後，另一位黨籍立委李俊毅亦在歸
仁鄉，召開民進黨公職人員聯合推薦陳唐山的記者會，李氏在會
中表示「…只有陳唐山爭取連任才能確保勝選，而陳唐山受制於
人頭黨員，在爭取黨內提名過程已明顯陷入危機…」，並批評蘇
煥智「…假反七輕之名，行參選縣長之實…希望蘇氏能支持陳唐
山連任，四年後願支持蘇氏角逐縣長寶座，否則四年後將會出馬
參選和蘇氏周旋到底…」[472]。

　　隨後，林文定、潘輝全、張田黨、謝錦川等四位歷任縣黨部
主委 [473]，亦針對縣長黨內初選召開聯合記者會，會中除了一致肯
定陳唐山的政績外，亦在聯合書面聲明中指出「…依黨內第一階
段民意調查結果，陳唐山、蘇煥智、謝三升等三位同志的民意調
查支持度落差很大，各人所擁有的基本黨員選票卻逞逆勢走向，
很可能民調榜首在初選投票時落居榜尾…」[474]。從當中充分顯示
這四位分屬黨內三大勢力的前任主委，所憂慮的是黨意與民意可
能在人頭黨員的影響下出現落差，造成縣民對民進黨的失望，使

[470] 〈陳唐山北門後援會矢志…〉，自立早報，1997.1.10，17 版。〈支持陳唐山關廟黨員…〉，民眾日報，1997.1.25，13 版。
[471] 〈陳唐山拜訪黨員謝錦川相陪〉，中國時報，1997.1.26，16 版。〈沈義人聲援陳唐山連任…〉，民眾日報，1997.1.28，16 版。
[472] 〈推薦陳唐山南關線…〉，中國時報，1997.1.25，16 版。〈李俊毅挺身支持陳唐山…〉，中華日報，1997.1.29，26 版。
[473] 民進黨歷任縣黨部主委任期及所屬勢力，詳見表十七，民主進步黨台南縣黨部歷任主委及任期。
[474] 〈確保執業民進黨四前主委…〉，中國時報，1997.1.30，16 版。〈四位民進黨前主委…〉，自立早報，1997.1.30，13 版。

得縣政執政權又拱手讓人。

　　面對多位頗有聲望的人士相繼表態支持陳氏的情況下，謝三升指出「…民主政治大家都有權利發表意見，不過初選體制不容破壞，不管未來是否再有所協調，他都將參選到底…」[475]；蘇煥智則不滿的認為「…大家都要他（蘇氏）退選，不要成為罪人，然而為何不勸陳唐山反七輕，不要圖利財團侵害人民生存權利…」[476]，並自認是打贏選戰最佳人選。

（表十七）民主進步黨台南縣黨部歷任主委及任期

屆次	任期	日期起迄	姓名	派系屬性	備註
1	2 年	1987.9.28～1989.9.27	林文定	新潮流系	＊
2	2 年	1989.9.28～1991.9.27	潘輝全	美麗島系	＊＊
3	2 年	1991.9.28～1993.9.27	張田黨	美麗島系	
4	2 年	1993.9.28～1995.9.27	謝錦川	美麗島系	
5	2 年	1995.9.28～1997.9.27	黃國照	福利國	
6	2 年	1997.9.28～1999.9.27	黃國照	福利國	
7	2 年	1999.9.28～2001.9.27	蔡爾翰	正義連線	
8	2 年	2001.9.28～2003.9.27	蔡爾翰	正義連線	
9	2 年	2003.9.28～	郭國文		
10		～			
11		～			
12		～			
13		～			
14		～			

筆者製表

資料來源：民進黨台南縣黨部提供。

＊　林文定於 1989 年 4 月底辭職，縣黨部主委一職自 1989 年 4 月 30 日至 9 月 27
　　日止是由許滄淵代理。〈林文定辭職風波落幕…〉，民眾日報，1989.5.2，15 版。

＊＊潘輝全於主委任內因「四○五台視抗議案」被判一年徒刑，入獄服刑期間縣黨
　　部主委一職由謝錦川代理。〈台視廣場前滋擾案…〉，中華日報，1989.11.25，11

---

[475]　〈謝三升：不管是否協調都將參選…〉，中華日報，1997.1.30，26 版。
[476]　〈蘇煥智：自認打贏選戰最佳人選〉，中華日報，1997.1.30，26 版。

版。

　初選投票的前夕，縣內出現一份主題為「清廉的背後—請看陳氏家譜的嘴臉」的匿名傳單，內容攻　陳唐山任用了十一位與自己有親戚關係的人，進入縣府工作。對此，陳氏的機要祕書王幸男首先回應指出「…傳單內所指內容在縣議會定期會中，即有議員曾質詢過，且當時陳氏亦已說過如果所晉用的人有作出不法或不稱職的事情，他很願意接受批評…」[477]；接著陳氏在妻子及幕僚人員的陪同下，亦針對黑函召開記者會「…除了表明為維護民進黨的形象，均不願有正面的回應，希望參選對手適可而止外，也對提名制度未給予現任者一定程度的保障，致必須訴諸黨員投票，造成黨內互相攻訐，影響黨內和諧的作法，表示非常的不公平而且不智…」[478]。

　初選投票結果陳唐山 1,024 票、謝三升 559 票、蘇煥智 549票[479]，陳氏大幅領先其他兩位參選者。看到這樣的結果陳氏亦感到意外，因為他一直認為自己大約只有三百票左右的實力，沒想到會有這麼多人暗中支持他[480]。蘇氏得票數排名第三，失去參與第二階段民意調查的資格，於是率先表示「…接受失敗的事實，並感謝大家的支持，反七輕的運動，將面臨更困難的挑戰，惟有

---

[477] 〈…黑函攻擊自己人…〉，民眾日報，1997.2.1，16 版。〈民進黨兄弟閱牆…〉，自立早報，1997.2.1，14 版。

[478] 〈初選前夕請聽我說…〉，中華日報，1997.2.2，26 版。〈…陳唐山偕夫人爭取支持〉，自立早報，1997.2.2，14 版。

[479] 〈民進黨十縣市完成初選…〉，民眾日報，1997.2.3，1 版。〈陳唐山謝三升入圍第二階段…〉，民眾日報，1997.2.3，4 版。

[480] 〈「最高票真意外」…〉，中國時報，1997.2.4，16 版。〈…坦言黨內初選意外獲高票〉，自立早報，1997.2.4，14 版。

加緊努力，才能保護鄉土…」[481]。

從初選結果最後由陳氏獲得勝利可以理解以下幾點意義：

一、陳氏施政獲得肯定。根據當時遠見雜誌的民意調查結果，陳唐山在首長努力度排名第三，縣生活指標及施政滿意度都名列前五名（林文玲，1996.11：58、64），而且任內並無重大缺失，施政表現可算是優良；另外，從縣內四位分屬三大勢力的前任縣黨部主委，都一同出面推薦的情形來看，亦可理解陳氏確實獲得肯定。而這從初選前一度因沒有培植自己的黨員勢力，而陷入可能被淘汰危機的劣勢，最後以明顯差距獲勝的過程來看，亦能証明陳氏的施政表現，獲得自主性較高的黨員所肯定。

二、方來進的動向。在初選前被視為有能力動員近五百位黨員的前不分區立委方來進，在陳氏對縣產業總工會同意核准的良性互動下，可以理解陳氏透過具有現任行政資源的優勢下，多少對方氏的支持動向產生吸引的作用[482]。

三、謝三升健康狀況。當時輿論曾提及黨主席許信良曾透過同為美麗島系人士的身份，將原本支持謝氏的部份黨員撥給陳氏；亦有提及是謝氏故意禮讓，再加上陳氏在初選結果揭曉後的感言，曾提及「…感謝黨內同志支持，

---

[481] 〈蘇煥智接受失敗事實…〉，中華日報，1997.2.3，23 版。〈蘇煥智十票之差飲恨…〉，民眾日報，1997.2.3，14 版。

[482] 方氏手中的人頭黨員最後會轉向支持陳氏的原因，是替方氏操盤的某大椿腳，之前在參選鄉長時，曾尋求新潮流系勢力協助，但受到蘇煥智的搪塞以致最後落選，所以這次初選時才指揮人頭黨員，把票投向民意調查成績第一的陳氏（黃綺君，2001：59）。

謝三升的禮讓…」[483]，但這些都未提及原因，解釋為何要把謝氏的部分支持者轉投向陳氏，若從謝氏於 3 月15 日即因肝癌病逝的情形來看[484]，舉行初選時謝氏的健康狀況即對他未來若初選獲勝，是否有體力能代表民進黨參選縣長產生疑慮，再加上美麗島系的謝氏與新潮流系的蘇氏在上屆縣長選舉的初選時，曾發生摩擦的情形來看，謝氏把票轉給陳氏的可能性大於轉支持蘇氏；再從選後陳氏曾對謝氏的禮讓表示感謝來看，謝氏因健康不佳的因素，其支持者把部份所屬的黨員勢力票源，轉向陳氏的說法可信度十分高[485]。

四、黨內三大勢力消長。參與初選的陳唐山、謝三升、蘇煥智三人，分屬獨盟、美麗島系及新潮流系三大勢力，從這次初選得票情形可以發現原本被評估掌握最多黨員票的謝氏，在有所禮讓後仍居得票數第二名，可以理解美麗島勢力在此時因為領導人健康狀況不佳、又無法推

[483]〈民進黨初選七縣市提名人…〉，自立早報，1997.2.3，1 版。〈南縣整合奏功…〉，自立早報，1997.2.3，4 版。〈…陳唐山面臨挑戰〉，民眾日報，1997.2.12，16 版。

[484]〈謝三升病逝…〉，自立早報，1997.3.16，13 版。〈謝三升去逝…〉，民眾日報，1997.3.16，16 版。

[485]另外，從謝氏之子謝宗霖在 4 月上旬即受黃國照邀請，接任縣黨部執行長一職來看，謝三升在初選時的禮讓亦獲得縣黨部的善意回應。而且黃氏之前能順利當選縣黨部主委，主要是受到謝三升的美麗島系勢力與方來進所屬勞工陣線的支持有關。謝宗霖 1966 年生，北門中學、文化大學新聞系畢業，美國加州拉爾文大學公共行政碩士，其父過逝後被視為台南縣美麗島系領導的接班人。〈…從政廿年充滿傳奇色彩〉，中華日報，1997.3.16，26 版。〈接掌民進黨南縣黨部執行長…〉，中國時報，1997.4.13，16 版。

出足與陳唐山競爭的適當人選下，不得不轉支持頗具民
意支持度的陳氏，這個結果讓獨盟勢力呈現成長的趨
勢，但是獨盟此時的表現與美麗島系、新潮流系的勢力
本質最大不同的地方，並不是藉由召募所屬黨員勢力的
方式而來，而是陳氏個人條件及施政表現獲得肯定以
致。從這次初選結果和 1993 年的那次相較，可以理解
民進黨在縣內的派系勢力消長情形可用以下來描述：獨
盟因陳唐山個人表現獲得肯定而呈大幅成長趨勢，而以
謝三升為首的美麗島系此時則因領導人健康因素，必須
面對世代交替的過渡期而有所衰退，但勢力仍大於新潮
流系；至於以蘇煥智為首的新潮流系未來則端視，美麗
島系接棒的領導人能否凝聚謝三升所留下的勢力，且獨
盟能否再推出類似陳氏這種能獲普遍肯定的人選，如果
兩者都是否定的話，曾在 1992、95 年底立委選舉拿下
最高票[486]、又握有一定規模人頭黨員的蘇氏，他所屬
的新潮流系未來將頗有發展潛力。

五、 人頭黨員影響力暫時受挫。初選前的民意調查以陳唐山
獲得最高成績，但由於陳氏並沒有掌握足以對抗謝、蘇
二人的人頭黨員數，以致陷入可能被淘汰的危機，這個
過程突顯人頭黨員在民進黨的黨內初選仍是一個有待
解決的問題；陳氏的危機雖在地方人士、社團、立委李
俊毅、謝錦川及四位前縣黨部主委出面支持下化解，但
這是在陳氏個人條件獲得肯定的情形下才發生的現

---

[486] 蘇煥智在 1992、95 年的第二、三屆立委選舉，分別以 105,073 及 78,445
票的第一高票當選（台南縣選舉委員會，1993：23；1996b：30）。

象，相信在未來只要民進黨未能推出類似陳氏這種表現優良普獲肯定的候選人，則人頭黨員必定會對黨意與民意的相符程度造成負面影響。

初選結果揭曉後，無緣進入第二階段民意調查的蘇氏首先公開表示接受選舉結果，但排名第二的謝三升則暫時不對外發表意見，直到 2 月 5 日才正式聲明放棄參與第二階段民意調查的競爭資格，除了透過電話向縣黨部主委黃國照及主要支持者，在初選時的協助表示感謝外，並公開呼籲他的支持者要全力支持陳唐山連任[487]；同一天，蘇煥智也再度出面呼籲他的支持者「…對初選一事要保持君子之爭應有的風度…接受失敗的事實，捐棄不滿情緒支持民進黨提名的縣長候選人…」[488]。

由於謝氏已發表放棄初選聲明，使得原定 3 月 2 日舉行的第二階段民意調查得以取消，而民進黨中央亦隨即在 2 月 21 日，正式公布提名陳唐山競選連任[489]；從謝、蘇二人在初選後，相繼表示會支持陳唐山競選任連的情形來看，民進黨因初選所產生的短暫對立已隨即得到整合，獲得一致對外的共識。這個階段民進黨團結對外的表現，亦可從國民黨縣黨部主委薛正直，在看了民進黨的整合情形後，對外的談話得到理解，薛氏表示「…民進黨初選的混亂氣氛都只是一時的現象，最後仍舊會平靜下來…年底的選舉…最重要的是靠自己的努力，不能也不會依賴民進黨內部

---

[487]　〈謝三升聲明退出縣長角逐…〉，自立早報，1997.2.6，13 版。

[488]　〈蘇煥智：接受失敗事實…〉，自立早報，1997.2.6，13 版。〈蘇煥智反七輕立場不變…〉，中國時報，1997.2.6，16 版。

[489]　〈民進黨正式公布七提名人…〉，民眾日報，1997.2.22，3 版。〈民進黨通過七縣市長提名…〉，中國時報，1997.2.22，4 版。

混亂或分裂…」[490]。

貳、李登輝總統屬意洪玉欽

　　隨著本屆縣長選舉的提名登記時間到來，國民黨內有意參選縣長的人士在 1996 年底即陸續表態，其中永康市長曾文錡[491]的表現顯得積極，根據曾氏說法，他是因為國家發展會議（以下簡稱國發會）達成凍結省自治選舉，以及精簡台灣省政府的功能業務與組織（以下稱凍省）的共識，並計劃廢除鄉鎮市長選舉將之改為由縣市長派任後[492]，才轉而參選縣長；再加上近幾屆縣長均出身溪北，反而人口佔全縣三分之一的新豐區一直未有人選出馬，尤其他所在的永康市人口佔全縣六分之一，所以不應在縣長選舉上缺席[493]，曾氏除了以「永康經驗」及「中生代老經驗」為主題廣發文宣外，更對外表示不會接受官派的永康市長，也不會藉參選縣長作為要求國民黨提名他參選 1998 年底立法委員的籌碼，藉以展示參選的決心[494]；面對外界將他歸為高系人士的說法，他則承認與高育仁互動良好，但並未捲入派系[495]。

　　除了曾氏外，另一位有意參選者洪玉欽，則在 1997 年初的

---

[490] 〈…國民黨縣黨部主委薛正直指在意料中〉，中華日報，1997.2.4，23 版。

[491] 曾文錡 1952 年生，永康市人。私立遠東工專畢業，曾任九、十、十一共三屆縣議員，於 1994 年 1 月第二度參選永康市長才當選（台南縣選舉委員會，1989b：75、79、85；1990b：361；1994b：51）。

[492] 有關國家發展會議對凍省及鄉鎮市長改為官派的共識，詳見黃崑輝等編，1997：775。

[493] 〈縣長選舉曾文錡爭取…〉，中國時報，1997.1.1，17 版。〈曾文錡表態爭取…〉，民眾日報，1997.1.1，16 版。

[494] 〈曾文錡宣布參選縣長…〉，自立早報，1997.1.8，17 版。〈曾文錡展開首波文宣…〉，民眾日報，1997.1.16，16 版。

[495] 〈…曾文錡：不願捲入派系之爭〉，自立早報，1997.1.22，17 版。

一場國民黨三十一鄉鎮市黨部常委、主任的聯誼會上，受到主持會議的麻豆鎮長沈國民公開推崇，認為洪氏有二十七位鄉鎮市長支持，並且與省及中央的關係良好，是獲得提名的適當人選[496]。聯誼會中國民黨縣黨部主委薛正直則認為「…縣長人選最好經過協調，產生共識勝算機會才大…不要像過去縣長選舉時，發生同志扯後腿情事…」[497]。

另一位角逐者，省教育廳副廳長王宮田亦在 1 月 2 日寄出公開信，表明參選縣長的決心，同時對外說明「…黃秀孟三年前參選縣長失利主要是有太多黨內人士扯後腿，他永銘在心，黨若仍提名這些人，他絕對會奉陪到底…」[498]，對於縣黨部釋出將以協調方式產生提名人選的態度，王氏則強調他本身沒有協調空間，而在被問到若洪玉欽獲得提名是否支持時，答稱「當初他支持多少，我們回敬多少！」，並提及「…黃秀孟轉戰立委時，黨部未予提名，僅獲報准參選，值選舉前夕還被抓賄選『抄家』，…這種待遇他們銘感在心，不會忘記…」[499]。從這可以理解，王宮田此次參與縣長提名登記的用意，極大成份是要報復那些在 1993年黃秀孟參選縣長時，扯後腿的同黨人士，並對國民黨相關單位於 1995 年立委選舉時的不友善待遇表示反彈。

直到 1 月 24 日黨內初選登記時間截止，先後共有永康市長

---

[496] 〈…國民黨縣黨部聯誼…〉，自立早報，1997.1.1，17 版。〈向縣長討經費難…〉，民眾日報，1997.1.1，16 版。

[497] 〈…主委強調縣長人選最好…〉，民眾日報，1997.1.1，16 版。〈縣市長選舉國民黨提名產生以協調優先…〉，民眾日報，1997.1.14，4 版。

[498] 〈…王宮田角逐南縣長…〉，中國時報，1997.1.3，16 版。〈…王宮田爭取縣長提名〉，民眾日報，1997.1.3，14 版。

[499] 〈黃秀孟將演復仇記…〉，中華日報，1997.1.18，26 版。〈…王宮田矢志參選到底〉，民眾日報，1997.1.18，16 版。

曾文錡、省議員方醫良、國大代表翁興旺[500]、省教育廳副廳長王
宮田、縣議長連清泰任職於行政院原子能委員會放射性物料管理
局副局長的胞兄連清宏、立法委員洪玉欽、1995年底立委連任失
敗，轉任國民黨中央黨部社工會副主任的蘇火燈、縣黨部文宣委
員會副召集人莊志政、省議員謝鈞惠等九人完成登記手續[501]，從
參與黨內提名登記的人數比1993年還多出二位的情形來看，競
爭的激烈程度並不亞於上屆。若從參與登記者的動機來判斷約可
歸為以下幾個面向：

一、不滿與反彈。這部份主要以翁興旺、莊志政為代表；翁
氏有二次當選國大代表的經驗，屬於海派人士，由於之
前的國大代表選舉，洪氏所支持的對象曾和他競爭過，
所以此次參選除了有為自己維持知名度外，亦有對洪氏
表示不滿之意[502]。而莊志政曾在1989、94年兩度參選
省議員但都落選，此次參選曾表明無法接受所謂的「欽
定人選」，則是對國民黨未落實提名制度的反彈[503]。

二、確保所屬勢力不再萎縮。這部份可舉山派的蘇火燈為

---

[500] 翁興旺1948年生，將軍鄉將富村人。北門中學、台灣大學商研所高級
經理班結業，高等檢定考試及格。曾任台南成功獅子會會長、救國團台
南東區團委會副會長、台灣省壘球協會常委，1991、96年分別以34,787
票及32,258票當選第二、三屆國民大會代表。屬國民黨海派人士（中央
選舉委員會，1993：924、1102；1997：443）。

[501] 〈國民黨縣長初選九人…〉，中國時報，1997.1.25，16版。〈…縣長提名
九人角逐〉，中華日報，1997.1.25，26版。〈國民黨縣長提名登記…〉，
自立早報，1997.1.25，17版。

[502] 〈翁興旺參選…〉，中國時報，1997.1.26，16版。

[503] 所謂欽定人選，指的是由當時總統李登輝所屬意提名的意思。〈…莊志
政將角逐縣長選舉〉，民眾日報，1997.1.29，16版。〈…莊志政懇請同志
愛護支持〉，民眾日報，1997.1.31，16版。

例，雖然蘇氏在 1992 年參選立委時，曾因贊成彈性課
徵證交稅遭到國民黨撤銷提名，但仍違紀參選並當選
（陳延輝、蕭晉源，2003.12：153），可是在 1995 年底
的立委選舉連任失敗後，縣內山派背景的省議員及立
委，此時只剩省議員方醫良一人（見表七、十四），山
派的勢力明顯萎縮，蘇氏此時再度出馬的企圖除了有替
自己爭取 1998 年底立委參選籌碼的可能外，亦有想藉
此保持山派勢力的意義 [504]。

三、選舉恩怨。這以王宮田的動機最明顯；王氏參與登記
後，即明確指出黃秀孟在 1993 年參選縣長時，受到黨
內其他同志的掣肘及 1995 年底的立委選舉國民黨相關
單位不友善的待遇，這些過去都令他們夫婦無法釋懷。
所以這次王氏的參選目的明顯是要「回敬」上屆縣長選
舉時，對他們夫婦扯後腿的人，而所指的對象就是也有
參與提名登記的方醫良及謝鈞惠；至於立委選舉未被提
名最後只獲報准參選，加上又被以查賄選為名進行搜
索，則是針對國民黨而來。

四、凍省與停辦鄉鎮市長選舉的效應。這部份以方醫良、謝
鈞惠、曾文錡為主。由於國發會達成凍省及鄉鎮市長將
改由縣市長派任，不再以選舉產生的決議，使得省議員
方醫良、謝鈞惠及永康市長曾文錡，勢必尋找新的政治
出路；其中方、謝兩人明顯即因不再舉辦省議員選舉而
欲藉此轉換跑道。而曾文錡則因身為永康市長，亦受到
即將不再辦理鄉鎮市長選舉的影響，須要另求發展 [505]，

---

[504] 〈國民黨內縣長選舉各路…〉，自立早報，1997.1.23，17 版。
[505] 當時曾文錡一再強調參與登記的目的，不是為了官派鄉鎮市長或是為將

除此之外，曾氏的參與提名登記亦透露出縣內曾文溪以南的區域，尤其是新豐區的永康、仁德、歸仁、關廟等鄉鎮市，及鄰近永康市的新市鄉、新化鎮、安定鄉等地，由於人口增加快速，佔全縣的比例逐漸加大，未來勢必成為影響選情的重點區域。

五、其他。以連清宏的參與登記來說，他是縣議長連清泰的胞兄，擁有清華大學博士學位，由於形象清新並受到縣議會內許多議員的支持，一時成為矚目焦點 [506]；但是連清泰於 1994 年 3 月所涉及的縣議會正副議長賄選案此時仍未宣判，原本家人反對的連清宏此時出馬，不免令人認為有其他目的 [507]。

國民黨縣黨部在登記日期截止後，即邀集完成登記的九人舉行初選座談會，會中謝鈞惠強烈主張不要辦理容易產生弊端的黨員意見反映或是黨員投票，並強調如果縣黨部選擇要辦的話，他將拒絕參加 [508]。最後，縣黨部委員會議於 2 月底決議，從黨中央

來的立法委員提名預作準備，亦表示不會回鍋參選縣議員，問鼎連清泰欲退出政壇所留下的縣議會議長缺。但是不應忽略的是，當時曾有是否需要正、副縣長搭配競選的討論，再加上洪玉欽與曾氏兩人互動良好，於多次公開場合互邀對方一同出席，曾氏有意和洪氏搭配的可能性十分高，後來省府宣布副縣長不必搭配競選情勢才明朗。〈一言賈禍惹來…〉，自立早報，1997.2.20，15 版。〈副縣市長不必搭配…〉，中國時報，1997.2.22，4 版。

[506] 〈手足情深連清泰力薦…〉，自立早報，1997.1.31，14 版。〈各有長短考驗國民黨〉，中國時報，1997.1.31，16 版。

[507] 1994 年 3 月連清泰等人所涉及的縣議會議長選舉賄選案，在 1997 年 4 月 23 日二審宣判，涉案的三十七人全改判無罪。〈縣議會正副議長涉賄選案二審…〉，中國時報，1997.4.24，14 版。

[508] 〈國民黨縣長提名完成初選號次…〉，中華日報，1997.1.29，26 版。〈…參選人參加座談侃侃而談〉，民眾日報，1997.1.29，16 版。〈國民黨召開

所列舉的幹部評鑑、黨員意見反映及黨員投票三者中，只進行幹
部評鑑，再結合中央黨部及省黨部所辦理的民意調查，作為本屆
縣長選舉提名的參考依據[509]，參與評鑑的幹部包括政治、社會幹
部和黨務小組長以上人員，初步估計約一萬人，評鑑結果各鄉鎮
黨部不得拆閱，將評鑑表密封後送交縣黨部統計，結果並不對外
公布，直接呈報給省與中央黨部做提名的參考[510]。

　　幹部評鑑在 3 月 8 日舉行，可參與評鑑的幹部有 10,560 人，
實際參與者有 6,882 人，投票率為 65.17%[511]。雖然結果不對外公
布，但後來還是傳出洪玉欽、連清宏二人領先，而且洪氏還以明
顯差距勝過連氏的消息[512]，支持連氏的陣營則有意透過縣議會連
署，表達爭取提名的決心，並指出「…連清宏是受到洪玉欽的鼓
勵才準備投入縣長選局，洪玉欽不該再與連氏競爭…」[513]；洪氏
先找連氏出馬參選，但後來自己卻也決定要爭取提名的說法，先
後得到薛正直、縣議員陳寶珍、及洪氏本人證實確有此事，洪氏
自己說「…一年多前確曾鼓勵連清宏出來試試看；總統選舉後至
基層謝票時，受到地方人士鼓勵…我太太沈美珠即向連清宏說，
我可能出來參選…」[514]，因為這個緣故，連氏支持者對洪氏產生

縣長提名座談會…〉，自立早報，1997.1.29，14 版。

[509] 〈國民黨縣長提名將辦評鑑…〉，中國時報，1997.2.28，16 版。〈國民黨
九人投入…〉，中國時報，1997.3.2，4 版。

[510] 〈國民黨南縣黨部選務講習…〉，民眾日報，1997.3.2，14 版。〈縣長提
名選務作業講習…〉，中華日報，1997.3.2，23 版。

[511] 〈…幹部評鑑無瑕演出…〉，中華日報，1997.3.9，26 版。〈…國民黨南
縣黨部舉行幹部評鑑…〉，自立早報，1997.3.9，13 版。

[512] 〈國民黨縣長提名看好洪玉欽…〉，中國時報，1997.3.9，16 版。

[513] 〈傳言洪玉欽鼓勵連清宏參選…〉，中華日報，1997.3.11，26 版。

[514] 〈爭取縣長提名雜音擾人…〉，中華日報，1997.3.13，26 版。

「…不應在連氏下水洗澡後才把衣服拿走…」的不諒解[515]。

由於參與提名登記的洪玉欽身為國民黨中央黨部的副祕書長，在 1996 年總統選舉時，曾擔任李登輝、連戰的台南縣競選總幹事，和國民黨高層互動良好[516]；加上洪氏亦證實自己的參選是得到李登輝主席的「了解與同意」，故當時亦被視為所謂的「欽定人選」[517]。不出所料，國民黨中央在 3 月 26 日正式公布提名洪玉欽代表國民黨參選台南縣長[518]；在參與提名競爭的其他八人中，頗具有民意基礎的謝鈞惠在省黨部向中央黨部提報的建議名單中就未被列入其中；根據判斷，應與當時國民黨內為了凍省，而引起李登輝與宋楚瑜兩人之間的關係緊張，而謝氏在 1997 年 1 月上旬，也就是參與提名登記前，即公開表態支持宋楚瑜有關[519]。

至於方醫良方面，雖然被省黨部列名建議名單的第三順位，且曾利用李登輝宴請省議員了解地方輿論對國發會結論有何看法的機會，向李氏表達參選意願[520]，但仍提名落空，其原因與本身屬於山派人士，派系色鮮明，加上在上屆縣長選舉時與黃秀孟

---

[515] 〈縣長初選幹部評鑑後負面傳聞…〉，中國時報，1997.3.13，16 版。

[516] 〈…洪推出輔選總統實錄…〉，中國時報，1997.1.31，16 版。〈選縣長兩大黨有假想敵…〉，中國時報，1997.1.28，16 版。

[517] 〈擁抱民眾洪玉欽鍾愛公聽會…〉，自立早報，1997.1.26，16 版。〈除洪玉欽、鄭永金為欽定人選外…〉，自立早報，1997.1.27，2 版。

[518] 〈國民黨中常會通過首波…〉，中華日報，1997.3.27，2 版。〈洪玉欽獲得提名…〉，民眾日報，1997.3.27，16 版。

[519] 此後謝、宋兩人保持良好互動，謝氏於 2001 年底，以宋氏參選 2000 年總統落選後所籌組的親民黨籍，參選第五屆立法委員並當選。〈謝鈞惠表態支持宋楚瑜…〉，民眾日報，1997.1.10，16 版。

[520] 〈方醫良將向總統報告縣長選情…〉，民眾日報，1997.3.8，16 版。〈爭取初選勝利方醫良…〉，中華日報，1997.3.8，26 版。

的對立，引來王宮田此時有意與其周旋脫不了關係[521]，而針對傳聞國民黨高層以安排方氏為下屆不分區立委作為勸退的條件，方氏則在洪氏獲提名同一天，除了表示尊重國民黨高層決定外，並藉由宣布參選 1998 年底的區域立委，以澄清接受職務安排或是達成條件交換的傳聞[522]。

　　情勢演變到此，觀察國民黨內勢力變化可以發現，山派在楊寶發於 1981 年受到提名且驚險連任成功後，就一直未再有人士成功問鼎縣長寶座，原本屬山派的立委李宗仁、蘇火燈亦先後在 1992、95 年連任失敗，所以檯面上屬於山派勢力的省級以上民意代表，就以省議員方醫良較為資深，加上山派首任領導人胡龍寶於 1997 年 5 月 14 日逝世，所以山派勢力此時明顯呈現衰退的現象[523]。在海派方面，由於 1993 年黃秀孟競選縣長失利後，連帶使李雅樵受到國民黨冷落，李氏曾為此對國民黨高層頗為不滿，加上國發會凍省共識引起李登輝與宋楚瑜關係緊張的形勢下，宋氏適時探訪李雅樵並獲李氏的歡迎[524]，這對日後宋氏參選 2000 年總統，李氏擔任其台南縣競選總幹事多少有所關聯，可見此時

---

[521] 方氏未獲提名另一個因素在於 1994 年底第十屆省議會副議長選舉時，曾涉及收賄並支持楊文欣擊敗國民黨所提名的林仙保，引起李登輝震怒，結果與其他十二位省議員被起訴（陳明通，2001：255〜257）。

[522] 〈…方醫良宣布參選下屆立委〉，民眾日報，1997.3.27，16 版。〈方醫良宣布參選立委〉，中華日報，1997.3.27，26 版。

[523] 山派的胡雅雄及蘇火燈曾在 1989 年 7 月，參與關中所發起的「民主基金會」，而關氏當時被視為與李登輝對立的「非主流人士」，後來李氏權力鞏固後，多少會降低對胡氏等山派人士的信賴度。而胡雅雄在 1989 年的縣長選舉時，就曾以杯葛國民黨提名制度及針對李雅樵而來，當時李登輝曾親自南下宴請各派系人士整合，李雅樵才得以順利參選。有關胡氏參加關中的「民主基金會」經過，詳見陳明通，2001：234〜236。

[524] 〈宋楚瑜訪李雅樵…〉，中國時報，1997.3.1，14 版。

李雅樵與國民黨已漸行漸遠；至於黃秀孟在縣長選舉失利後，接
著以報准方式參加 1995 年立委選舉並當選，總算為海派維持住
部份的政治勢力，但從王宮田參與本屆縣長選舉的黨內提名登記
時，曾對國民黨有關單位只以報准方式讓黃秀孟選立委，及查賄
選時遭到搜索的微詞，可以理解對國民黨亦有不滿的情緒；至於
高系的高育仁在 1993 年 1 月底角逐立法院院長失利後，亦與李
登輝為首的國民黨高層關係陷入低潮，但仍於 1995 年連任區域
立委成功[525]。

除了民進黨與國民黨推出人選角逐縣長寶座外，於 1993 年 8
月成立的新黨原本表明不會在縣長選舉缺席，但先前傳聞可能代
表新黨參選台南縣長的林忠山，最後則選擇參加台南市長選舉
[526]，故新黨與上屆一樣都未提名人選參與縣長選舉[527]。

---

[525] 當時高育仁與關中搭檔，有意與劉松藩、王金平競爭立法院正副院長，
當時劉、王受到李登輝為首的主流派人士支持，高、關則傾向以郝柏村
為首的非主流人士，最後高、關敗陣。由此可以理解國民黨中央到了 1997
年縣長選舉時，對台南縣的黨內派系勢力最倚重的對象，明顯落在刻意
培植為中央黨部副祕書長的洪玉欽身上。有關高育仁角逐立法院院長失
利過程，見陳明通，2001：214～215。

[526] 新黨成立後首度在台南縣參與的選舉，是 1993 年第十三屆縣議員選舉，
當時新黨僅在範圍包括仁德、歸仁、關廟、龍崎等鄉的第九選區推出朱
克陸，但只得 2,263 票在同選區參選的十三人中排名倒數第二，並未當
選。朱克陸 1963 年生，歸仁鄉看東村人。台灣大學畢業（台南縣選舉
委員會，1994b：10、34、229。）。〈蔡達棠歡迎林忠山參選〉，民眾日
報，1997.3.2，14 版。

[527] 1993 年縣長選舉時，新黨傳出李勝峰可能在台南縣參選，但最後李氏決
定在台北縣參選。〈…新黨聲稱絕不缺席…〉，民眾日報，1997.1.2，5 版。
〈南縣市國民黨提名戰…〉，中華日報，1997.2.12，6 版。〈李勝峰支持
群動向不明…〉，民眾日報，1993.8.13，13 版。

參、雙方陣營的整合情形與競爭過程

一、民進黨部份

　　陳唐山雖然獲得謝三升和蘇煥智的支持，但民進黨中央仍有關切整合的具體行動；首先，以美麗島系部份來說，謝三升在選後即表示會支持黨所提名的人選，但謝氏在 3 月中旬即因肝癌驟逝[528]，以致美麗島系頓失領導人，謝氏雖然生前曾三度請當時的私立長榮大學學務長，亦是民進黨全國黨代表的曾信超代為照料派系事務，而且黨主席許信良及中央黨部組織部主任陳昭南亦曾為此約見曾氏研商，但皆為曾氏所挽拒，曾氏是建議由謝氏之子謝宗霖出面接下美麗島系領導人的棒子[529]，而謝宗霖不久即在民進黨安排下，於 4 月中旬出任縣黨部執行長一職[530]，美麗島系內的謝三升勢力總算有了接棒人，雖然謝宗霖擁有美國加州拉爾文大學公共行政碩士學位，但當時只有三十歲也沒有參選過任何公職選舉[531]，擔起父親留下的美麗島系領導人的擔子稍嫌分量不足，但從民進黨主席許信良在選前曾南下邀宴縣內美麗島系人士，且於席間呼籲共同支持陳唐山的情形[532]，可以理解黨中央在此新舊世代交替的過渡時期，還是有出面協助凝聚派系向心力的關懷，以避免因派系領導人的逝世可能產生的勢力潰散，而影響

---

[528] 〈省議員謝三升肝癌…〉，中華日報，1997.3.16，26 版。〈謝三升病逝…〉，自立早報，1997.3.16，13 版。

[529] 〈曾信超美麗島系接班人…〉，民眾日報，1997.3.16，16 版。〈…曾信超聲明支持謝宗霖〉，中華日報，1997.3.17，23 版。

[530] 〈謝宗霖接任民進黨南縣執行長…〉，民眾日報，1997.4.13，16 版。

[531] 〈謝三升「民主香火」有傳人…〉，民眾日報，1997.4.20，17 版。〈謝宗霖克紹父親民主…〉，民眾日報，1997.4.22，16 版。

[532] 〈許信良籲黨員團結…〉，中華日報，1997.10.28，24 版。

到縣長選情。

至於新潮流系方面，蘇煥智在初選失利後即公開表示，會支持黨提名的陳唐山，而且新潮流系的林文定受邀出任陳氏的競選總部總幹事、國大代表黃偉哲[533]亦任陳氏總部的執行總幹事[534]，所以新潮流系投入輔選陳氏的動作明顯；雖然如此，在競選期間陳唐山多少仍受蘇煥智所主導的反濱南開發案勢力所困擾，唯區域只限於七股鄉為主。雖然陳、蘇兩人因濱南開發案有所對立，但稍後屬新潮流系的立委蘇煥智、國大代表侯水盛、省議員鄭國忠等人，於9月中旬以聯名贈匾給陳氏競選總部預祝高票當選，及出席陳氏競選總部成立大會的方式[535]，展現支持的具體行動；而陳氏亦堅持必須等到環境評估通過後，才會對民眾有疑慮的投資案表示態度的原則下[536]，暫時放下對立，向外界澄清了在整合上有困難的疑慮。

除了民進黨內部的整合成效外，國民黨及無黨籍的縣議員、鄉鎮長亦多人陸續表態支持陳唐山，曾公開宣布支持陳氏的主要人士，包括前北門鄉長當時的國民黨縣黨部委員洪巒聲、前縣議員侯澄財、前官田鄉長鄭國川[537]、後壁鄉長葉宣煌、新市鄉代會

[533] 黃偉哲 1963 年生，佳里鎮人。台灣大學學士、美國耶魯大學碩士。1996年3月代表民進黨參選第三屆國大代表，以 45,810 票當選（台南縣選舉委員會，1996a：38、609）。

[534] 〈林文定為陳唐山掌兵符…〉，民眾日報，1997.8.19，16 版。〈陳唐山完成競選幕僚網…〉，自立早報，1997.8.19，13 版。

[535] 〈民進黨內部整合…〉，中國時報，1997.9.13，17 版。〈南縣陳唐山競選總部成立…〉，民眾日報，1997.9.21，5 版。〈南縣陳唐山洪玉欽…〉，自立早報，1997.9.21，13 版。

[536] 〈濱南開發案謝銀行…〉，民眾日報，1997.10.21，23 版。

[537] 〈國民黨大樁腳洪巒聲倒戈…〉，自立早報，1997.2.28，15 版。〈…侯指不惜被開除黨籍…〉，中華日報，1997.11.16，26 版。〈鄭國川擬支持陳

副主席朱坤山[538]、柳營鄉長黃國安、鹽水鎮代會主席翁長庚、安定鄉民眾服務社理事長現任縣議員王文東[539]、縣議員陳特清[540]、縣議員陳沛然、縣議員施重男[541]、縣議員陳進財、前仁德鄉長阮登村、前仁德鄉代會主席沈振旺、無黨籍縣議員楊麗玉[542]、縣議員張世賢[543]、無黨籍縣議員吳逢麟、前仁德鄉代會主席王金丁、新營市公所主任祕書顏志成[544]等人。

　　分析國民黨及無黨籍人士陸續表態支持陳氏的原因約有以下幾點：

　　一、因選舉恩怨與國民黨發生摩擦。以當時的國民黨縣黨部

唐山…〉，民眾日報，1997.4.12，16 版。

[538] 〈後壁鄉長倒戈支持陳唐山…〉，中國時報，1997.5.11，17 版。〈…後壁鄉長指黨欠他十個大功…〉，中國時報，1997.9.9，17 版。〈…國民黨朱坤山堅決退出國民黨〉，自立早報，1997.9.18，16 版。

[539] 〈夜奔敵營黃國安…〉，自立早報，1997.9.25，15 版。〈翁長庚為陳唐山站台造勢…〉，民眾日報，1997.9.28，16 版。〈陳後援會長推出王文東…〉，中華日報，1997.10.5，26 版。

[540] 〈陳特清案國民黨暫緩處分〉，民眾日報，1997.10.19，4 版。〈…陳特清表示支持陳唐山到底〉，中華日報，1997.10.30，24 版。〈陳特清退出國民黨…〉，民眾日報，1997.11.26，23 版。

[541] 〈肯定陳唐山陳沛然…〉，自立早報，1997.10.19，14 版。〈施重男選議員聲稱不要黨提名…〉，自立早報，1997.10.18，13 版。〈侯澄財施重男支持陳唐山…〉，中華日報，1997.11.16，26 版。

[542] 〈陳進財不怕國民黨不提名〉，民眾日報，1997.10.19，23 版。〈代陳唐山走訪仁德…〉，民眾日報，1997.10.19，23 版。〈縣議員楊麗玉表態支持陳唐山〉，中華日報，1997.10.23，24 版。

[543] 〈張世賢婉拒當顧問…〉，中華日報，1997.7.24，24 版。〈角逐白河鎮長兩人表態…〉，中國時報，1997.9.4，17 版。〈…張世賢為陳唐山抬轎〉，民眾日報，1997.10.29，23 版。

[544] 〈陳唐山白河服務處成立〉，自立早報，1997.10.29，16 版。〈…王金丁重出江湖〉，中國時報，1997.11.19，15 版。〈顏志成退出國民黨…〉，民眾日報，1997.11.23，23 版。

委員前北門鄉長洪鑾聲的表態為例,洪氏指出他所支持
的北門鄉農會總幹事黃金鎮,欲尋求連任卻未獲國民黨
提名,幸好陳唐山伸出援手才擊敗對手;因此,他才決
定支持陳氏。另外,前官田鄉長鄭國川亦是尋求連任
時,國民黨縣黨部採開放競選並支持前鄉代會主席何政
儀,造成鄭氏落選,於是鄭氏表態支持陳唐山[545]。縣
議員張世賢表態支持陳氏後,引來國民黨要對他採取黨
紀處分時說「…過去相當配合縣黨部的運作,而在上屆
縣議員選舉時,就因『國民黨的關係』才落選,本屆再
次參選縣議員以無黨籍身份參選,卻以最高票當選…」
[546],而且「…國民黨大小眼,辦活動從不通知我,只有
要輔選時才會想到…以往參選各項選舉,國民黨從未幫
過忙,都是自己一個人衝刺…」[547]。縣議員施重男不但
公開支持陳氏,後來更退出國民黨,當時他說「…退黨
的重要原因是黨工姿態太高,不親民,且自走入政治以
來,也從未獲國民黨配票,全是選民的支持…」[548]。

二、陳氏的施政與為人受肯定。國民黨籍縣議員陳沛然在縣
議會質詢時提到「…國民黨對於支持陳唐山的民代,再
三祭出黨紀處分,但他不怕人恐嚇…陳唐山對縣政很用
心,三年多來做得不錯…至於老人年金,老人家「怨無
不怨少」,他的母親特別交代他不可以到議會來罵縣

---

[545] 〈國民黨大樁腳洪鑾聲倒戈…〉,同前。〈鄭國川擬支持陳唐山…〉,同前。
[546] 〈…黨部放話張世賢將「見招拆招」〉,民眾日報,1997.8.21,16 版。
[547] 〈…議員張世賢亦不在手〉,中國時報,1997.9.9,17 版。
[548] 〈侯澄財施重男支持陳唐山…〉,同前。

長…」[549]；無黨籍縣議員楊麗玉指出，會支持陳唐山是因為「…台南縣由民調全省倒數第三名，自陳唐山上任後即逆轉為前二名，且以透明化工程招標杜絕浪費、注重社會福利、爭取南部科學園區（以下簡稱南科）設立…」[550]；前縣議員侯澄財在漁權會會員大會上表示「…自己是國民黨員，在這次縣長選舉將不分黨派…陳唐山主政四年來之政績大家有目共睹，對促進地方繁榮可期…」[551]；新營市公所主任祕書顏志成，在八位市民代表陪同下，前往陳氏競選總部宣布退出國民黨，並指出「…對於陳唐山縣長的施政理念及清廉形象肯定，不惜犧牲個人在國民黨的前途，決定站出來支持陳縣長…」[552]。

三、行政資源誘因。一向是洪玉欽主要支持者的後壁鄉長葉宣煌，在全縣模範母親表揚大會上，即公開說「…縣府以後有大型活動，可以多多交由後壁鄉承辦…我有自信可以辦得很好…」，並要在場人士以鼓掌方式，表示支持陳唐山連任[553]；縣議員張世賢曾表示「…爭取經費建設地方，陳唐山協助相當大，若不予支持則不合情理…」[554]；柳營鄉長黃國安亦提到「…縣府對柳營鄉內建設配合，必須有善意的回應…」[555]；歸仁鄉出身的國

---

[549] 〈肯定陳唐山陳沛然…〉，同前。

[550] 〈…楊麗玉擔任主任負責輔選事宜〉，民眾日報，1997.10.9，23版。

[551] 〈…侯指不惜被開除黨籍…〉，同前。

[552] 〈顏志成退出國民黨投入選戰…〉，民眾日報，1997.11.23，23版。

[553] 〈後壁鄉長倒戈支持陳唐山…〉，同前。〈…後壁鄉長指黨欠他十個大功…〉，同前。

[554] 〈…張世賢自稱「黨性堅強」〉，中華日報，1997.9.25，24版。

[555] 〈夜奔敵營黃國安…〉，自立早報，1997.9.25，15版。

民黨籍縣議員陳特清，提到為何支持陳唐山時說「…鄉黨部有預設立場…就連成立洪玉欽後援會也沒有跟他打招呼…為陳唐山站台只有一個理由，就是還人情債…」[556]；國民黨籍縣議員陳進財直接說「…在這一屆縣議員期間，受到陳唐山幫了很大的忙，讓他爭取的建設經費平均一年高達六千萬，且拜託的人事案件，也大多實現…」[557]，從以上的例子可以理解，陳氏有了行政資源後，與非民進黨籍的鄉鎮長及縣議員的互動增加許多籌碼，藉由建設經費補助、人事案促成及活動的舉辦，建立彼此良好的互動模式。

四、為自身政治前途考量。除了以上的因素外，尚有一個不能忽視的動機，就是這些表態支持陳唐山的國民黨或是無黨籍人士，大都有參選或連任的打算，例如張世賢有意參選白河鎮長、朱坤山想選新市鄉長、無黨籍的楊麗玉欲問鼎麻豆鎮長、王金丁積極佈署有意再次角逐仁德鄉長，顏志成退黨前即已參與國民黨新營市長提名登記[558]；若這些人最後未受到國民黨的提名，則現在表態支持陳唐山，以尋求未來自己參選時，陳氏能提供助力的動機是可以被理解的。或者，當時國發會對鄉鎮市長改以官派的共識一旦落實，真的要停辦鄉鎮市長選舉的話，那所支持的陳氏要是能當選，一樣可為自身政治前途預留出路[559]。最後，還可從另一角度來思考，就國

---

[556] 〈為陳唐山站台被留黨查看…〉，自立早報，1997.10.16，13 版。

[557] 〈陳進財不怕國民黨不提名〉，同前。

[558] 〈當仁不讓反目成仇…〉，自立早報，1997.9.25，15 版。

[559] 〈凍省左右支持立場〉，中國時報，1997.6.11，17 版。

民黨籍的鄉鎮長或縣議員來說，一面支持民進黨的陳唐山一面又參與黨內提名登記的用意，亦有對國民黨提名單位牽制的用意，一旦國民黨不提名，則把所屬勢力投入對抗國民黨提名人，要是國民黨能提名則本身票源含括民進黨，大大增加自身籌碼，這樣的推論或許會因兩黨黨紀都有規定，不得為非黨籍提名人助選的約束而被質疑，但是黨紀的問題可以採取開放競選的途徑加以迴避，所以這個方向的推論不應被忽略。

國民黨面對接二連三的倒戈情形，縣黨部主委薛正直一開始表示「…對縣長輔選配合及投注的心力，將作為明年縣議員及鄉鎮市長提名的最主要依據…」[560] 作為嚇阻，但仍無法收效，後來態度轉更強硬的表示「…除非我不在這裡，否則一定讓他們很難過…不僅不會給予提名，甚至不惜徵召人選與之競選…」[561]；相對國民黨的強勢態度，民進黨縣黨部則宣布「…如果是國民黨籍或無黨籍鄉鎮市長，公開支持民進黨籍縣長陳唐山者，將考慮不在該區推出候選人…」作為鄉鎮長提名策略的主軸[562]，以此作為對表態支持陳氏的非民進黨籍公職民代的善意回應。

由於仍無法阻止倒戈情形發生，國民黨縣黨部接著改以較溫和方式，在縣內各地舉辦六場大型黨員眷屬烤肉聯誼，及對黨員發公開信的方式呼籲團結，信中薛氏提到「…如果連副祕書長也在對手打擊下落敗，國民黨在台南縣還有什麼未來…黨籍基層民

---

[560] 〈國民黨視縣長輔選提名縣議員…〉，民眾日報，1997.8.20，16 版。〈…提名考量以輔選縣長程度…〉，民眾日報，1997.9.25，16 版。

[561] 〈…薛正直決定對支持對手的黨員…〉，自立早報，1997.9.25，15 版。〈…牆頭草黨員將由黨紀伺候〉，中華日報，1997.9.25，24 版。

[562] 〈民進黨公布 鎮市長提名辦法…〉，民眾日報，1997.11.12，23 版。

代應以黨的生存為重，而黨部也理解有地方派系等因素，因此如
果是公開支持對手，但私下全力為洪玉欽輔選，黨部也能了解⋯」
[563]。之後國民黨歸仁鄉黨部考紀會，達成對違紀助選的黨員，採
「選前規勸輔導，選後依實情輕重檢討」[564]的處理共識，由此可
以理解國民黨對處理違紀助選案的態度，已不像先前薛氏所揚言
要讓違紀助選者很難過那麼強硬；除此之外，國民黨主席李登輝
於投票前一週，南下為洪氏站台並在台糖新營招待所，宴請洪氏
競選總部、鄉鎮市後援會等各級輔選單位代表時，致詞強調「⋯
政黨要有力，而地方派系要『共存共榮』，唯有政黨有力，地方
派系『共存共榮』，政黨才能充分、均衡照顧地方派系，希望政
黨和地方派系發揮團結力量，全力支持洪玉欽⋯」[565]。

　　由以上國民黨處理違紀助選的經過，可以清楚看出先前態度
十分強硬，這顯示縣黨部主委對於本身在縣內已淪為在野黨的情
勢沒有新的體認，仍舊是一副高高在上的心態，直到強硬態度無
法收嚇阻效果後，才改以黨員烤肉聯誼及向黨員發公開信等柔性
訴求時，似乎稍嫌太晚，因為狠話已先說出口；最後黨主席李登
輝更直接表示，地方派系要共存共榮，並希望地方派系要能與國
民黨團結，國民黨才有力量照顧好每個派系，這顯示黨中央直接
承認地方勢力的重要性，尤其黨主席在洪氏各鄉鎮市後援會的輔
選代表前說這些話，和以往相比，更突顯國民黨在縣長選舉中對
鄉鎮市級派系的掌控此時已大為鬆動，而這和 1993 年民進黨選

---

[563] 〈為洪玉欽拉票國民黨辦聯誼〉，自立早報，1997.10.20，14 版。〈⋯薛
　　　正直發給黨員公開信〉，中華日報，1997.10.22，24 版。
[564] 〈⋯投效敵營黨員選前勸導選後檢討〉，中華日報，1997.10.28，24 版。
[565] 〈李登輝：派系應共存共榮⋯〉，中國時報，1997.11.23，17 版。〈主席
　　　固票新營宴請輔選幹部⋯〉，中華日報，1997.11.23，23 版。

贏縣長後擁有行政資源支配權，及陳唐山的施政表現獲肯定，非民進黨籍人士向其靠攏有密切關係。

　　陳氏獲得非民進黨籍的鄉鎮長及縣議員的支持外，競選期間在縣議會亦得到禮遇。縣府主任祕書李國堂 [566] 在縣議會第十三屆第八次定期會的程序委員會上，為陳唐山向議員請命，因為陳縣長競選事務忙碌希望能不必全程列席備詢，此舉獲得近半數議員同意，不對陳氏提出質詢或改以面書進行，更有積極支持陳氏者如陳沛然議員，除了把質詢時間讓給陳唐山去澄清洪氏陣營對老人年金中斷發放的攻擊外，並讓陳氏在澄清後提早離開議會 [567]。由此可以理解雖然民進黨籍縣議員在縣議會屬極少數 [568]，但陳氏在府會關係的處理上，明顯突破黨籍限制，收到正面效果。

　　在縣府與縣農會的互動方面；從 5 月上旬縣府與縣農會合作，透過台北市台南縣同鄉會的安排，到台北市舉辦農產品展售會，受到台北市長陳水扁的支持 [569]，及 9 月初縣農會總幹事蔡勝佳與縣府機要祕書王幸男、縣文化中心主任葉佳雄等人研商成立「南縣產業文化推動小組」，準備擴大舉辦各項地方產業活動的情形來看 [570]，亦能理解縣府與縣農會有良好的互動 [571]；巧合的

---

[566] 李國堂 1946 年生，佳里鎮人。國立中興大學農業經濟研究所碩士，曾任農業局長（台南縣選舉委員會，1993：49）。

[567] 〈…部分施政改為書面質詢〉，中華日報，1997.10.15，24 版。〈質詢議員為縣長政見解套…〉，中華日報，1997.10.19，26 版。

[568] 1994 年 1 月的第十三屆縣議員選舉，民進黨原本當選四席，分別是方隆盛、林文定、郭添寶和謝錦川，後來謝錦川於 1995 年底當選第三屆區域立委辭去縣議員（台南縣選舉委員會，1994b：39～41）。

[569] 〈北市台南縣同鄉會拜訪縣府…〉，民眾日報，1997.4.20，16 版。

[570] 〈南縣產業文化推動小組將成立…〉，民眾日報，1997.9.5，16 版。

[571] 高永光曾以恩侍主義的角度出發，觀察 2000 年總統選舉前後，不同派系托庇於不同恩庇者的變動情形，得到「派系產生恩主轉換與本身勢力

是在南縣產業文化推動小組成立後的第二天，縣黨部主委薛正直
選擇在縣農會公布洪氏的電視文宣[572]，頗有整合意味。

　　除了民進黨的動員輔選，及非國民黨籍公職民代的表態支持
外，陳唐山另一個不容忽視的支持力量，則是不隸屬民進黨指
揮、自主性高的台南縣正義聯盟；此組織發源於六甲地區後來擴
及全縣，於 1995 年由珊瑚、南關線、山城、曾文、海埔、麻豆
等數十個民主促進會所組成，宗旨要推動台南縣民主事宜[573]，聯
盟內設一位總召集人，副總召集人溪南、溪北各有二位，祕書長、
祕書及總務各一人，到了 1997 年 8 月止，所屬社團及友會至少
有三十七個[574]。正義聯盟在此次縣長選舉出面支持陳唐山[575]，
並舉辦多次輔選的造勢活動，如藉舉行刺破紅色氣球來諷刺洪玉
欽誇大自己政績的「戳破紅雞歸」活動[576]、當民進黨團在立法院
所主導推動的敬老津貼暫行條例逕付二讀提案遭到否決後，率眾

消長有關」的結論，只是高氏未能確定兩者間的因果關係；若從台南縣
蔡勝佳與陳唐山所主持的縣府兩者間的互動關係可以發現，山派部份人
士在 1993 年民進黨贏得縣長選舉後即有類似高氏所指的恩主轉換情
形，但嚴格來說，應只是山派部分人士轉與民進黨合作的伙伴關係，談
不上是恩庇者與侍從者的上下關係；另外，要是以山派勢力消長及恩主
轉換的因果關係來說，則是山派勢力弱化情形出現在先，而類似恩主轉
換的合作對象轉移才接著出現。最後，高氏在該文把山派的方醫良誤植
為海派，亦在此一起提出（2002.6：9～10）。

[572] 〈…洪玉欽影像文宣…〉，中華日報，1997.9.7，26 版。
[573] 〈正義聯盟決做陳唐山後盾…〉，中華日報，1997.10.29，24 版。
[574] 見表十八，台南縣正義聯盟 1997 年 8 月止所屬社團及友會。〈正義聯盟
日益壯大…〉，民眾日報，1997.8.4，14 版。
[575] 〈正義聯盟奧援陳唐山連任…〉，民眾日報，1997.4.27，16 版。〈正義聯
盟萬人大會師…〉，民眾日報，1997.11.1，22 版。
[576] 〈正義聯盟下營大會師…〉，中華日報，1997.11.1，23 版。〈陳唐山支持
群入虎穴…〉，自立早報，1997.11.1，13 版。

到洪氏總部抗議洪氏未舉手贊成該條例[577]、洪氏後援會刊登報紙
廣告「當我們同在一起其恐怖無比」攻擊陳氏競選團隊時，正義
聯盟亦動員群眾到永康市統一企業總部，抗議洪氏後援會會長高
清愿刻意抹黑[578]。另外，擔任洪氏官田鄉後援會總幹事，綽號「白
猴」的鄉代會主席蘇文生遭槍擊身亡後，國民黨為其覆蓋黨旗，
正義聯盟亦發動群眾到縣議會前舉辦「公祭白猴」活動，藉誦讀
祭文來諷刺國民黨與黑道的曖昧關係[579]。觀察競選過程，可以理
解正義聯盟的助選行動較積極主動，而陳氏競選總部則比較偏被
動的守勢輔選策略。

---

[577] 〈敬老津貼審查洪未投票…〉，中華日報，1997.11.8，26 版。〈正義聯盟
　　怒吼向洪玉欽叫陣〉，民眾日報，1997.11.8，5 版。
[578] 〈民進黨赴統一企業…〉，自立早報，1997.11.22，5 版。〈…正義聯盟至
　　統一抗議…〉，中華日報，1997.11.22，26 版。
[579] 〈公祭白猴南縣兩黨陣營卯上…〉，民眾日報，1997.11.24，4 版。〈亡夫
　　受辱蘇文生遺孀…〉，中華日報，1997.11.24，23 版。〈…南縣上演公祭
　　白猴…〉，中國時報，1997.11.24，4 版。

（表十八）1997 年 8 月台南縣正義聯盟所屬社團及友會

	第一屆	第二屆	第三屆	備註
總召集人	六甲珊瑚民主聯誼會蔡爾翰	下營民意促進會陳邦增	大都會發展協會陳進發	
副總召	不詳	大凍山民主促進會沈金全麻豆民主協會黃耀欽	吳清枝黃漏全	
	不詳	南關線民主促進會陳德雄善安民主促進會梁水上	王俊潭張運合	
書長	不詳	珊瑚民主促進會蔡宗達	蔡宗達	
1997 年 8 月止所屬社團及友會				
新營民主聯誼會、大凍山民主促進會、佛山民主促進會、台南縣珊瑚民主聯誼會、下營民主聯誼會、下營民意促進會、番仔田民主聯誼會、麻豆民主協進會、曾文老人民主聯誼會、長青民主協進會、王爺埔民主促進會。台南縣漁權會、台南縣農權會、新市民主聯誼會、善安民主促進會、大內民主聯誼會、台南大都會發展協會、同心民主聯誼會、山城民主促進會、南關線民主促進會、台南縣基層民意促進會、安定交流道促進會、山上反公害促進會、愛鄉車隊。全民計程車聯誼會台南分會、東石民主聯誼會、民主愛心促進會、湖山社區發展協會、曾文聯合行車安全協會、虎豹車隊救難協會、台南縣古樂發展協會、台南縣天心香功協會、台南縣山田土社會公益促進會、溪流聯誼會、紅樹林公益促進會、台南縣東原民俗曲藝協會、台南縣嘉南公益促進會。				

資料來源：民眾日報，1997.8.4，14 版。

　　在各方支持情形逐漸明朗同時，陳唐山陣營繼 1993 年的「縣長博士博、縣民有大福」後，在這屆推出「科學大城、縣民大贏」的競選文宣主軸[580]。並公布包括爭取高科技廠商在南科設廠、防洪治水、興建兩座大型垃圾焚化爐、推動電子化政府、及發展觀光的「綠色長城計劃」等五項連任後將優先施政的目標[581]，並在後續提出一份把台南縣規劃為大新營、海洋、科學城、大學城、綠森林等五大生活圈的發展藍圖[582]。此外，有鑑於上屆縣長選舉，陳氏贏了國民黨籍候選人五萬餘票，但 1994 年初的縣議員選舉只有三位民進黨籍候選人當選的不對稱情形，民進黨縣黨部成立了縣長與縣議員選舉的「聯合作戰中心」，藉以拉抬選情[583]；至於在上屆縣長選舉中，對陳氏選情產生幫助的有線電視，原本溪南、溪北在後續共發展出十餘家有線電視台，但在 1996 年中旬完成整合為兩大集團，分別是總部位於新營市的「南天」及位於永康市的「新永安」，有線電視所發揮的宣傳功能，持續被民進黨及國民黨運用在縣長選舉上[584]。另外，在本屆縣長選舉前後，政黨色彩較鮮明的地方性廣播電台亦逐漸受到重視，當時較主要的有民進黨立委謝錦川的「台南之聲」、立委蘇煥智的「愛鄉電台」、李俊毅的「水牛之聲」及國大代表侯水盛、縣議員林

[580] 〈陳唐山公佈選舉ＣＩＳ…〉，中華日報，1997.7.10，24 版。〈陳唐山競選文宣出爐〉，自立早報，1997.7.10，15 版。
[581] 〈陳唐山文宣首重科技縣…〉，中國時報，1997.9.26，17 版。
[582] 〈陳唐山推出主打文宣…〉，中華日報，1997.10.9，24 版。〈…陳唐山提跨世紀競爭藍圖〉，自立早報，1997.11.4，16 版。
[583] 〈…縣黨部成立聯合作戰中心…〉，自立早報，1997.8.2，15 版。〈縣長議員選局民進黨統一作戰…〉，中國時報，1997.8.2，17 版。
[584] 〈陳唐山軟性出擊…〉，自立早報，1997.7.9，15 版。〈鎖定水患洪玉欽猛轟…〉，自立早報，1997.9.7，14 版。〈…洪玉欽影像文宣…〉，同前。

文定的「曾文溪廣播電台」，新黨方面則有「希望之聲」[585]。而本屆縣長選舉在媒體的運用上還有一個特色，就是陳氏陣營首度把電腦網際網路使用在候選人的宣傳上，除了提出電子政府的構想外，亦把陳氏政見公布在網頁上，民進黨縣黨部則在黨部大樓架設網路設備，以利各地選情匯整並供查詢，這種以網際網路來推銷候選人的作法，隨即引來洪氏陣營的跟進[586]。

有關候選人的個人特質部份，隨著選舉日期接近，抗爭的活動亦日漸頻繁，陳唐山面對抗議人士時所表現的態度多少能理解他的個人特質。首先以溪南焚化爐選定在新化王田地區興建，遭到當地居民抗爭為例，陳氏為此在十四個鄉鎮市協調會議上，向反對的民意代表及抗議人士表示「…即使明知道會失去選票，也不會以選舉勝敗來考量，甚且縣長不做也沒關係，因此溪南焚化爐照做…否則會失去縣長責任，政府的公權力也會蕩然無存…」[587]；接著在 8 月下旬前往北門鄉新圍地區，巡視長期受海水倒灌的災區，當地民眾高聲要求陳氏及陪同官員應捲起褲管體會災區涉水之苦時，陳氏一度動氣的回應「…這次專程下鄉視察災情，完全是體會民意要實際瞭解問題的所在，同時藉著專家的意見徹底解決海水倒灌的問題，而不是要特意捲起褲管涉水一遍，讓媒體拍照作秀…」[588]；幾天後，在縣府接見新化鎮大坑里自救會陳

情民眾，協調解決砂石車橫行一六八號縣道事宜時，不甘被群眾指責他「袒護商人，拿錢不辦事」，憤而回應「…到底拿什麼錢說清楚，沒有的事不要亂講，不要動不動就拿幾張選票來嚇人，陳唐山不是以選票來處理事情…民主不是可以不守法，如果認為我做不好，可以不必投票給我，幾張選票不稀罕…公務人員的人格不容受侮辱…」[589]；另一個例子是在選舉投票前兩天，針對洪氏夫婦在下營鄉的造勢晚會中，下跪痛哭請求選民支持的舉動，陳氏親自主持記者會回應時表示「…要挺著胸膛爭取選票才是有尊嚴的縣長…如果是為了選票都能下跪，未來如何面對縣民…」[590]。從以上幾個例子可以理解，陳氏對於縣政推展可說理直氣壯，不會為了選票而對抗爭民眾唯唯諾諾，踏實不作秀的風格亦令人耳目一新，對於維護公權力及公務人員的尊嚴更是直言不諱，從這些實際例子不難理解唯有清廉、勤政，才有如此不卑不亢的自信。

二、國民黨部份

　　國民黨於 3 月下旬確定提名人選為洪玉欽之後，縣內各級黨部陸續召開輔選會議討論助選事宜，薛正直並強調要避免 1993年縣長選舉時，黨內同志互扯後腿的情形再度發生[591]，而洪氏亦

---

[589] 〈…陳唐山：縣長可以不做尊嚴要受尊重〉，民眾日報，1997.8.26，13版。〈被指拿錢沒做事陳唐山光火…〉，中華日報，1997.8.26，24版。〈縣長：不要用選票威脅我…〉，中國時報，1997.8.26，17版。

[590] 〈…下跪拉票陳唐山不仿效…〉，民眾日報，1997.11.28，23 版。〈陳唐山開記者會批洪　黑〉，中華日報，1997.11.28，24版。

[591] 〈…召開全縣鄉鎮黨部主委座談會…〉，民眾日報，1997.4.9，16版。〈…鄉鎮常委主任總動員〉，中國時報，1997.4.9，16 版。〈薛正直大力推銷洪玉欽…〉，中華日報，1997.4.25，26 版。

開始以候選人身份到各地尋求支持，首先透過黨務系統安排到永康市拜會，對象包括省議員謝鈞惠、市長曾文錡、市農會幹部等黨籍各級民代及地方人士後，第二站即轉往山派發源地善化鎮[592]。雖然輔選會議和拜會行程持續進行，但是國民黨縣黨部原定於 4 月 19 日要在善化高中舉行的洪玉欽介紹會，卻因洪氏尚未找到競選總幹事人選而延後[593]。

　　為此，當時副總統兼行政院長的國民黨副主席連戰，在台北國賓飯店席開三桌宴請縣內各派系人士，其中包括國策顧問張文獻、立法委員高育仁和黃秀孟、內政部次長楊寶發、統一企業負責人高清愿、縣議長連清泰、前縣議長周清文及黨籍省級以上民意代表、地方人士約三十人；雖然多人缺席但出席人士共推高清愿，出任洪氏的後援會會長並獲高氏應允[594]，只是洪氏競選總幹事人選仍未有人願意出任，隨後國民黨祕書長吳伯雄為此南下拜會黨籍人士，欲拜會的人士中監察委員謝崑山、省議員謝鈞惠因事外出未遇，高育仁則在永康市民眾服務社，向一天內二度來訪的吳伯雄表示「…大家常見面，隨時可詳談…」，即繼續他的為民服務，吳氏只好轉往永康市公所及市長曾文錡家中[595]；前縣長李雅樵則對來訪的吳氏抱怨，1993 年縣長選舉後「…大家把敗選責任推給他，說他縣長任內做得不好，三年多來黨連一通電話都沒有，只有縣黨部主委薛正直去看過他，南縣是繼北縣之後淪

[592]　〈…洪玉欽訪地方人士…〉，中華日報，1997.4.4，26 版。〈…洪玉欽勤跑基層訪民意〉，民眾日報，1997.4.6，14 版。

[593]　〈洪玉欽介紹會暫緩舉行〉，中華日報，1997.4.9，26 版。

[594]　〈國民黨加快整合腳步…〉，中華日報，1997.4.16，26 版。〈高清愿出任洪氏後援會會長…〉，民眾日報，1997.4.18，14 版。

[595]　〈吳伯雄今抵縣訪問〉，中華日報，1997.4.19，26 版。〈吳伯雄南下整合「找嘸人」…〉，民眾日報，1997.4.20，3 版。

陷，同是縣長卸任，際遇卻有天壤之別…」[596]。黃秀孟則向吳伯
雄抱怨在 1993 年縣長選舉及 1995 年立委選舉時，在國民黨內所
受到的不公平及不友善的待遇，黃氏表示支不支持洪氏要問過椿
腳的意向，並評估過才會有答案，而前縣議長周清文事後對外証
實，吳氏曾邀其出任洪氏競選總幹事但被他所婉拒[597]。

　　從國民黨副主席連戰及祕書長吳伯雄南下整合，及尋求洪氏
競選總幹事的經過來看，到此時尚未收到重大成效，且突顯出幾
個問題；首先是李雅樵的不滿情緒。李氏對來訪的吳氏提到自從
1993 年黃秀孟縣長選舉敗選後，國民黨即把責任推到他頭上，黨
從來沒有打過電話給他，只有薛正直去看過他，言下之意，對薛
氏前一任的縣黨部主委劉文正頗有微詞；至於卸任後未被安排出
路一事，是對國民黨高層無法釋懷，所以才在 1996 年的總統選
舉袖手旁觀，未參與輔選李登輝及連戰。再來則是黃秀孟未直接
表態。對於是否支持洪氏，黃氏表示要問過椿腳後才決定的說
法，則是模仿 1993 年黃氏參選縣長欲邀請洪氏擔任競選總幹事
時，洪氏推託的說法，頗有「回報」的意味。而這也顯示上屆的
縣長選舉國民黨內的恩怨，仍延續到本屆。

　　繼 4 月份連戰、吳伯雄的邀宴及來訪後，5 月下旬國民黨組
工會主任許文志訪問南縣三天，繼續了解影響整合問題所在，期
間許氏表示「…派系整合問題，目前尚未有具體效果，仍得繼續

---

[596] 李雅樵還說「…我不會做表面功夫，所以總統選舉時（1996 年），我說
不管就真的不管…」。〈李雅樵痛批國民黨小人當道…〉，民眾日報，
1997.4.20，3 版。

[597] 〈黃秀孟吐怨氣吳伯雄被「洗面」…〉，民眾日報，1997.4.20，3 版。〈…
黃秀孟則為上次敗選大吐苦水〉，中國時報，1997.4.20，17 版。

努力…」[598]，對於洪氏競選總幹事人選遲未確定一事，許氏結束
三天行程後仍未提出答案，薛正直仍舊只說「…還在審慎評估考
量中，將於適當時間公布…」[599]。接著，6 月中旬省黨部主委洪
德旋，巡視南縣了解縣長選情，對洪氏仍找不到競選總幹事的問
題，仍無具體進展[600]。到 7 月初，吳伯雄藉南下參加前縣長胡龍
寶的公祭儀式[601]，再次宴請縣內地方人士，出席者有洪玉欽、總
統府副祕書長黃正雄、省議員謝鈞惠、方醫良，縣議會正副議長
連清泰、周五六，縣農會總幹事蔡勝佳、水利會會長徐金錫…等
人，席間吳氏除了懇請大家幫助洪氏贏得縣長選舉外，對於洪氏
競選總幹事人選一事，則再次表達希望由前縣議長周清文擔任的
意思[602]。由於周清文在縣內的派系色彩被視為高系人士，八年議
長任內與各勢力都有接觸，再加上宋楚瑜參選省長時周氏曾擔任
其台南縣競選總幹事，有一定基層實力，只是此時周氏意願仍尚
未明朗[603]。

　　洪氏的競選總幹事人選仍舊未能確定，直到黨主席李登輝於

[598] 〈國民黨組工會主任來訪〉，中華日報，1997.5.22，24 版。〈許文志談選
　　　舉…〉，民眾日報，1997.5.24，16 版。

[599] 〈許文志結束訪問…〉，中華日報，1997.5.25，26 版。〈洪玉欽總幹事人
　　　選未定〉，中華日報，1997.5.25，26 版。

[600] 〈…洪德旋強力推銷洪玉欽〉，民眾日報，1997.6.13，16 版。〈國民黨高
　　　層又來人…〉，中華日報，1997.6.13，24 版。〈縣長之戰國民黨要光復…〉，
　　　民眾日報，1997.6.14，16 版。

[601] 胡龍寶的公祭由省長宋楚瑜擔任主祭官，高育仁、楊寶發、李雅樵、陳
　　　唐山等人任陪祭官。〈…胡龍寶喪禮備極哀榮〉，台灣新聞報，1997.7.6，
　　　16 版。〈胡龍寶公祭冠蓋雲集〉，中華日報，1997.7.6，26 版。

[602] 〈吳伯雄訪基層…〉，台灣新聞報，1997.7.6，16 版。〈…吳伯雄拜訪基
　　　層宴請民代〉，中華日報，1997.7.6，26 版。

[603] 〈周清文是否為洪玉欽抬轎…〉，台灣新聞報，1997.7.9，16 版。

9月3日親自南下善化高中，出席縣黨部為洪氏所舉辦的「台南縣輔選動員幹部誓師大會」造勢活動，會後邀集統一企業負責人高清愿、國策顧問張文獻、立委高育仁、黃秀孟、省議員謝鈞惠、方醫良、副議長周五六、前縣議長周清文等八人，進入校長室內會談，經協調後才敲定洪氏的輔選架構，並對外公布，後援會會長為高清愿，後援會副會長有張文獻、高育仁、黃秀孟三人；競選總幹事則有兩人，溪北方醫良、溪南謝鈞惠，策劃小組執行長由周清文擔任並負責決策[604]。至於亦受邀參與商談輔選架構的縣議會副議長周五六，後來則在國民黨祕書長吳伯雄當介紹人的情況下，於9月中旬宣誓加入國民黨，並為洪氏輔選[605]。

　　回顧洪氏於3月底即獲國民黨提名，原定4月中旬的提名人介紹會，卻因競選總幹事人選未定而延期，接著副總統兼行政院長連戰、中央黨部祕書長吳伯雄、組工會主任許文志、省黨部主委洪德旋，先後出面協調仍無法解決競選總幹事人選問題；直到9月初普連任黨主席成功的李登輝[606]，親自出馬才完成輔選架

[604] 〈洪玉欽競選總部人事…〉，中華日報，1997.9.4，24 版。〈洪玉欽競選總部架構展現…〉，中華日報，1997.9.5，24 版。〈洪玉欽輔選架構總統欽點…〉，民眾日報，1997.9.5，16 版。

[605] 8 月中旬國民黨邀其入黨時，周五六曾回應「…只要賄選官司（指 1993 年 4 月正副議長選舉）判定他無罪，他會角逐議長，而且立即加入國民黨，並請吳伯雄當介紹人…」。〈只要賄選官司判決還他清白…〉，中國時報，1997.8.16，15 版。〈周五六宣誓加入國民黨…〉，民眾日報，1997.9.19，16 版。〈…周五六第三度加入國民黨〉，自立早報，1997.9.19，13 版。

[606] 李登輝是在 8 月 26 日以 93.4％得票率，連任黨主席成功，當時聲望正值高峰。中央委員選舉時受凍省案影響的省長宋楚瑜，則擊敗被李氏規劃為行政院長的蕭萬長，排名第一。〈李登輝蟬連黨主席…〉，民眾日報，1997.8.27，1 版。〈中委選舉變天…〉，民眾日報，1997.8.28，1 版。

構，這時距洪氏被提名已過了五個月餘。分析洪氏主要輔選架構，後援會會長找來總部設於永康市的統一企業負責人高清愿，其財力對洪氏的競選支出有絕對的幫助，後援會副會長張、高、黃三人，則分屬山派、高系及海派三大勢力，設想十分周到，只是當事人是否會放下之前恩怨全力輔選一事，則有待觀察。

　　至於較特別的安排則是方醫良、謝鈞惠兩位分屬溪北、溪南的雙競選總幹事，以及策劃小組執行長周清文須負責決策的特殊輔選架構；一般來說，如果整合真的成功，不至於會出現如此特殊的輔選團隊，因為照常理競選總幹事往往是決策的重要角色，而且以單一競選總幹事為常態，但洪氏卻有兩位；加上決策權是落在專責執行，相當於執行總幹事的策劃小組執行長周清文身上，形成決策者也要負責執行自己決策的特殊現象，這樣安排勢必加重決策者的負擔，而可能影響決策品質。所以這和較常見的單一競選總幹事決策後，再交由多位執行總幹事共同執行的競選團隊模式相比，洪氏的輔選架構的確顯得不尋常，從這裡多少亦能理解洪氏的輔選團隊極可能是在李登輝的壓力下，各方妥協的結果，當然這種體質的輔選架構所能產生的效能，亦是令人懷疑的。

　　經李登輝南下協調出輔選架構後，9月上旬起，方醫良陸續在西港、佳里等地公開為洪氏站台「…呼籲支持他的選民，全力支持洪玉欽，打贏選戰，以免他被外界誤會，淪為罪人…」[607]；接著黃秀孟、王宮田夫婦於9月中旬，在縣黨部主委薛正直及立法院政黨關係室主任鄭逢時的撮合下，以黃秀孟當選國民黨第十五屆全國黨代表大會（以下簡稱十五全）中央委員名義，舉辦感

---

[607] 〈…方醫良首度公開站台…〉，民眾日報，1997.9.8，14 版。〈方醫良籲
　　縣民支持洪玉欽…〉，民眾日報，1997.9.18，16 版。

恩餐會，藉宴請黃氏主要支持者、十五全黨代表及地方人士的機
會，公開宣布全力支持洪玉欽參選縣長，當時縣黨部副主委胡雅
雄亦受邀出席[608]。而高育仁則在 10 月下旬於官田鄉席開七十餘
桌，宴請與其互動良好人士，並呼籲支持洪氏，受邀出席的包括
國大代表楊榮明、前縣議長周清文、嘉南農田水利會會長徐金
錫、新營市長黃金鏞、縣議員余榮和、何麗華、楊登山、黃其福
等人[609]；至於李雅樵對國民黨不滿的心結尚未化解，故仍未有積
極輔選動作[610]。

　　在有關爭取鄉鎮市長支持的情形；6 月上旬，由國民黨縣黨
部主導，洪氏出面邀請全縣三十一鄉鎮市長舉行的「有話大家談」
座談會，親自出席的鄉鎮市長共十八位，派代表參加的有五個、
未出席則有八個鄉鎮[611]，親自出席的十八位中，雖有仁德、七股、
歸仁、六甲等鄉鎮長發言批評陳唐山，但是大多數仍保持緘默，
亦有傾向支持陳氏者藉機離席[612]。以常理而言，國民黨籍佔絕大
多數的鄉鎮市長，理應支持該黨提名人洪玉欽，但大都數還是選
擇謹慎以對的主要原因，在於當時鄉鎮市長選舉是否仍要繼續舉

[608] 〈黃秀孟公開呼籲支持洪玉欽…〉，中華日報，1997.9.14，26 版。〈黃秀
孟陪洪玉欽敬酒…〉，中國時報，1997.9.14，17 版。

[609] 〈…高育仁表態支持洪玉欽〉，中華日報，1997.10.27，23 版。〈高育仁
籲椿腳支持洪玉欽…〉，民眾日報，1997.10.27，4 版。

[610] 除了李雅樵外，素有海派師爺之稱的前縣議會副議長吳維樵，在此屆縣
長選舉亦未有助選動作。〈被列黨顧問李雅樵不平〉，中國時報，
1997.9.21，17 版。〈政黨意識淡薄影響深遠〉，民眾日報，1997.10.22，
23 版。〈吳維樵對政治心如止水〉，中國時報，1997.10.25，17 版。

[611] 〈鄉鎮長「心頭不定」國民黨整合有隱憂〉，中華日報，1997.6.11，21
版。〈西瓜偎大邊成座談會話題…〉，中華日報，1997.6.11，21 版。

[612] 〈爭經費吃力鄉鎮市長…〉，中國時報，1997.6.11，17 版。〈凍省左右支
持立場〉，同前。

行並未完全明朗；對現任的鄉鎮市長而言，一旦改為官派且表態
支持的對象若能當選，那對未來出任官派鄉鎮長機會大增，這可
算是最小代價的連任捷徑；再加上不同政黨的縣長陳唐山握有現
任的行政優勢，以致大部份鄉鎮市長在自身政治前途考量下，對
支持意向的表態顯得謹慎許多。

雖然後續正式表態支持洪氏的鄉鎮市長，尚包括善化鎮長林
碧華、永康市長曾文錡、新營市長黃金鏞、新化鎮長蔡登義、麻
豆鎮長沈國民、學甲鎮長李育全、仁德鄉長鍾和邦等人 [613]，而且
薛正直亦於 10 月上旬向外宣稱共有二十四位鄉鎮長支持洪氏的
消息 [614]，但是從國民黨輔選單位原定於 7 月 26 日起，要以每天
成立一個鄉鎮市後援會的速度，完成全縣共三十一個後援會的計
劃 [615]，實際上從進行的不順利的情勢來看，可以感覺出公開表態
支持洪氏的鄉鎮市長，在縣長選舉中對選民真正的影響力，及是
否真會全力輔選洪氏都令人質疑。

依國民黨輔選單位的規劃，7 月 26 日起仁德鄉後援會首先成
立，到了 8 月底就必須完成各鄉鎮市援會的組織，但一直拖到 10
月底鹽水鎮後援會才找到有意願的人擔任幹部，勉強成立；像官
田鄉則因國民黨所屬各勢力對立，最後妥協採主席團模式運作

---

[613] 〈洪玉欽善化後援會召開籌備會…〉，台灣新聞報，1997.6.28，16 版。〈曾
文錡鬆口支持洪玉欽…〉，中國時報，1997.6.29，17 版。〈洪玉欽選縣長
黃金鏞表支持〉，自立早報，1997.7.1，15 版。〈新化鎮長鄉邀宴各界…〉，
自立早報，1997.7.15，15 版。〈洪玉欽為麻豆爭取經費比較多…〉，中華
日報，1997.8.22，24 版。〈洪玉欽學甲後援會成立…〉，民眾日報，
1997.8.25，14 版。

[614] 〈24 位鄉鎮市長全力輔選…〉，中華日報，1997.10.8，24 版。

[615] 〈…洪玉欽後援會少了鹽水〉，中華日報，1997.7.23，24 版。

[616]。除此之外，像白河鎮就發生縣議員張世賢，即使國民黨祭出黨紀也拒絕出任洪氏後援會幹部；而永康市則是經過三個月餘協調才產生人選的困境[617]。

若進一步了解各後援會成立經過，即可理解洪氏在各鄉鎮市成立後援會時，主要遇到的問題約有以下幾點：首先是陳唐山在當地得到選民的支持度高，洪氏後援會成立困難；這以鹽水鎮最明顯，因為陳氏出身鹽水鎮[618]。再來則是當地縣議員或是鄉鎮長支持陳氏；這可舉白河鎮籍縣議員張世賢及後壁鄉長葉宣煌為例[619]。最後則是各鄉鎮市內國民黨所屬不同勢力的對立，造成協調困難影響後援會成立進度；這以永康市協調三個月餘才成立，及官田鄉後援會採主席團模式即是因鄉內各勢力複雜，不易協調所致。

除了國民黨內部勢力的矛盾外，另一個可能影響選情的事件，應屬7月中旬國民黨舉行十五全黨代表選舉時，在永康市發生的疑似舞弊案，當時設在永康市台南高農的投開票所在開始計票時，被候選人楊來勇發現整疊蓋著同一候選人的選票，因而質疑可能有舞弊情形，進而以省黨部委員身份要求投票無效，巧合的是當時又突然因雨停電場面混亂[620]，此事後來國民黨縣黨部雖有組成專案小組調查，但是調查結果只上呈省黨部，並未對外公

---

[616] 〈…官田後援會採主席團運作模式〉，中華日報，1997.7.30，24版。〈洪玉欽成立鹽水後援會…〉，中華日報，1997.11.1，23版。

[617] 〈拒當洪玉欽白河後援會顧問團長…〉，中華日報，1997.8.21，24版。〈洪玉欽永康後援會成立…〉，中國時報，1997.8.24，17版。

[618] 〈陳唐山的故鄉鴨子划水…〉，中華日報，1997.7.23，24版。

[619] 〈投效敵營噤驚人知…〉，中國時報，1997.8.16，15版。

[620] 〈永康發生疑似作票…〉，台灣新聞報，1997.7.20，16版。〈…縣黨部：永康選務工作確有疏失〉，中華日報，1997.7.20，26版。

開[621]。此一事件直到縣黨部於 8 月 19 日舉行十五全黨代表座談
暨修憲成果說明會時，黨代表選舉落選的楊來勇，以省黨部委員
身份上台發言，除了針對黨代表選舉過程及座談會座位安排未予
尊重表示不滿外，發言完畢離開會場時還當眾摔礦泉水瓶子洩憤
[622]。由於楊來勇出身永康四分子地區，當選省黨部委員時得票數
排名前十名，縣議員王敏星為其女婿，所以在永康市及黨務系統
內有一定的影響力[623]。黨代表選舉的舞弊疑雲及處理過程不夠透
明化多少會對國民黨的形象造成負面影響，至於楊氏的反彈亦可
能對洪氏在永康市的選情產生負面影響。

在競選政見方面，依選舉公報所載，洪氏共有二十一項政見，
其中有八項是針對老人、勞工、榮民、婦女、幼兒、殘障、青年
及青少年等特定對象為訴求；陳氏則是以規劃台南縣未來發展的
生活圈，及各項重點產業研發中心為主，所要訴求的主軸明顯已
經與上屆選舉，針對特定選民訴求為考量的設計有所轉變[624]。

由於洪氏的政見設計是以特定的人口結構為考量焦點，此設
計理念與 1993 年縣長選舉時，陳氏針對老人族群所設計的老人
年金政見，以求選民迴響的用意頗有雷同之處，只是洪氏陣營明
顯將規模擴大到老人以外的族群，所以模仿的可能性極高；這部

---

[621] 〈永康作票疑雲…〉，中華日報，1997.7.22，24 版。〈十五全選舉調查報
告出爐…〉，自立早報，1997.7.29，15 版。
[622] 〈國民黨代表聚會談岔了…〉，中國時報，1997.8.20，17 版。
[623] 楊來勇 1942 年生，永康四分子人。私立東南商職畢業，曾任二屆永康
鄉民代表，鄉代會副主席任內當選縣議員並連任三屆。培植其女婿王敏
星當選縣議員後，自己改走黨務系統並以得票排名前十名成績當選省黨
部委員，1996 年國大代表選舉時擔任盧憶萱競選總幹事，協助盧氏順利
當選，有不弱的基層實力（台南縣選舉委員會，1989b：702、734）。〈楊
來勇重承諾講義氣…〉，民眾日報，1997.8.2，16 版。
[624] 詳見表十九，1997 年第十三屆縣長選舉候選人政見。

份從國民黨主席李登輝於 10 月底在別的縣市為候選人站台時，亦提出老人年金政見，而洪玉欽隨之宣布爭取同步實施可以得到理解 [625]。當然，此舉即引來陳氏陣營嘲笑國民黨慢半拍的政見訴求，還在此時抄襲上屆縣長選舉民進黨早已提過的競選訴求 [626]，這種情形不免給選民一個印象，就是民進黨較有能力主導選舉議題的能力，相對較能引起選民的注意。

號次	姓名	政 見 (表十九) 1997 年第十三屆縣長選舉候選人政見	
1	陳唐山	一、規劃台南縣跨世紀縣政藍圖提昇總體競爭力。 二、加速產業升級，南科周邊九鄉鎮規劃科學城。 三、協助大學設校，曾文區七鄉鎮規劃大學城。 四、新營縣治周邊六鄉鎮，規劃行政金融生活圈。 五、爭取國際機場，中心漁港，海線規劃海洋生活圈。 六、規劃綠色長城百岳計劃及山線森林觀光生活圈。 七、防洪治水，疏濬縣內主要河川，整治縣內大排，改善縣內社區排水系統，加強山坡地保護，徹底解決水患，保障縣民生命財產安全。 八、優先完成台南生活圈道路系統，地鐵延伸至永康。 九、沙崙高鐵站區聯合開發，設置國際經貿展示中心。 十、規劃工商綜合區，軟體園區及高科技研發中心。 十一、推廣科技農牧養殖漁業，成立農特產研究中心。 十二、規劃農特產觀光動線，推廣民宿旅遊與定點旅遊。 十三、設置勞工失業轉業基金，發放津貼，協助轉業。 十四、弱勢優先，增加婦幼、老殘福利項目支出。 十五、獎勵民間興辦托兒所、安養中心、精神障礙之家。 十六、爭取區域醫院或醫學中心設置，提升醫療品質。 十七、充份利用閒置教室，開辦社區大學及學苑。 十八、推廣民俗文化，成立傳統民俗藝陣傳承中心。 十九、加強治安、社區、管區、學區三區一體全民聯防。 二十、實現電子化政府的理想，服務品質再提升。	

[625] 〈年金問題發酵…〉，中華日報，1997.11.2，3 版。〈李登輝在北縣開老人年金…〉，自立早報，1997.11.2，14 版。
[626] 〈陳唐山：證明民進黨有遠見…〉，民眾日報，1997.11.1，4 版。

2	洪玉欽	一、南北均衡，山海一線，搭配南科發展，全面規劃台南縣為融合生活、生態、生產的「三生生活圈」。 二、治安：增加警察與消防人力及預算，加強社區聯防。 三、治水：疏濬主次要河川，改善排水系統及堤防。 四、經貿：歸仁高鐵站旁設多功能經貿園區及世貿中心。 五、交通：爭取南部國際機場設於七股，台南市鐵路地下化延伸至永康、新市，規劃全縣快速道路網。 六、環保：解決垃圾問題，落實環保教育。 七、社區發展：補助社區活動經費，落實社區總體營造。 八、醫療：爭取於新營地區設置大型醫院。 九、教育：充實國小專任職員，倡導各項學校活動，提昇教師福利，並規劃大學城。 十、行政：加強行政效率，推行便民服務，並朝電子化政府邁進。 十一、農業：積極輔導農業轉型，加速開放農地自由買賣。 十二、山區：縮小水源保護區範圍，發展無污染產業。 十三、文化觀光：推動深度文化旅遊，串聯觀光景點，結合地方特色，開發山海線觀光資源。 十四、老人：設置老人安養中心，輔助老人社團經費，並加強老人福利。 十五、勞工：發放失業補助，加強勞工教育，充實勞工福利。 十六、榮民：照顧榮民榮眷，加速眷村改建。 十七、婦女：成立「婦女社團基金」，補助媽媽教室等社團，設置婦幼館。 十八、幼兒：照顧幼兒福利，提昇幼教品質。 十九、殘障：協助殘障就業，保障應有的權益。 二十、青年：設置「青年社團基金」，協助青年創業就業。 二十一、青少年：結合民間社團，關懷青少年，設置夜間運動場。

資料來源：台南縣選舉委員會，1998：193。

在爭取軍眷區選票方面，雖然國民黨一向視軍眷區為穩定支持的票源區，但卻發生疏忽拜票的情形，以仁德鄉二空眷區為例，由於民進黨的陳唐山曾先後共四次前往拜票[627]，而且當地居民對陳氏的態度逐漸友善，反而未見一向支持的國民黨候選人來

---

[627] 〈陳唐山拜票二空眷村…〉，自立早報，1997.11.22，16 版。〈最後一夜陳唐山駐守…〉，中華日報，1997.11.29，24 版。

拜票，這現象使得當地將參選縣議員的國民黨籍吳健保向黨務組織反應，認為洪玉欽至少應該來眷區內走動一下 [628]，洪氏這才在仁德鄉長鍾和邦、縣議員參選人吳健保的陪同下前往，試圖化解眷區票源可能轉向的疑慮 [629]。

　　而另一個會牽動眷區票源動向的則是新黨人士，新黨雖然沒有提名人選參選縣長，但新黨人士仉桂美 [630] 已在 9 月中旬表示不會在縣議員選舉缺席；到了選舉投票前一天，曾在溪北參選1996 年國大代表的新黨人士徐志仁 [631]，在多位新黨人士的陪同下前往洪氏永康後援會，表態支持國民黨候選人 [632]；由此可以理解這次縣長選舉新黨是傾向支持國民黨。

　　此外，從這次國民黨高層的輔選過程，亦可看出其所屬勢力世代交替的脈絡。由於國民黨與縣內所屬的海、山派及高系人士，多少存在對立的情形，再加上國民黨十五全閉幕後，連戰接班的態勢明朗，所以連氏透過黨務系統在地方培植所屬新勢力的動

---

[628] 〈搶攻國民黨鐵票…〉，中華日報，1997.11.22，26 版。〈兩黨仁德搶票…〉，中華日報，1997.11.5，24 版。

[629] 〈洪玉欽二空眷村掃街固票〉，自立早報，1997.11.25，16 版。

[630] 仉桂美 1955 年生，夫家在永康市。高雄女中、文化大學政治系畢業，台灣大學政治學碩士、政治大學政治學博士，曾任空中大學、空中行專、東海大學講師，文化大學副教授。曾於 1995 年代表新黨於台南縣參選第三屆立法委員，得 23,395 票未當選（台南縣選舉委員會 1996b：30、209）。

[631] 徐志仁 1952 年生，後壁鄉人。後壁高中畢業，空軍官校五十七期肄業，從事旅遊業。於 1996 年 3 月代表新黨，在台南縣第一選區（溪北）參選第三屆國大代表，得 8,687 票未當選（台南縣選舉委員會，1996a：35、609）。

[632] 〈新黨提名縣議員月底截止〉，中國時報，1997.9.19，17 版。〈新黨人士表態支持洪玉欽〉，民眾日報，1997.11.29，23 版。

作，隱約可以觀察得出來，在縣內李全教[633]即是一個例子。李全教當時是國民黨台南縣青年工作會（青工會）總會長、身兼國民黨主導的台南縣青年議會議長，也是南瀛文教基金會董事長。在本屆縣長選舉期間，內政部次長楊寶發除了肯定李氏並受邀參加南瀛文教基金會所舉辦的相關活動外，並答應協助爭取補助活動的經費[634]，而且國民黨副主席連戰南下為洪玉欽助選時，亦曾前往安定鄉造訪李全教，李氏當面表態願出任洪玉欽的青年後援會會長[635]，並陸續動員青工會、青年議會等團體表態支持洪氏[636]。李全教後來在 1998 年底即被國民黨安排為第四屆全國不分區立委，接著在 2001 年獲提名並當選第五屆區域立委。李全教被安排為不分區立委的時間甚至比出身北門鄉，擔任過第十四屆縣議會議長的李和順還要早一屆[637]，可見國民黨刻意培植的動作明顯[638]。至於海派黃秀孟宣布不再連任立委後，則是交棒給王宮田在

---

[633] 李全教 1959 年生，安定鄉港尾村人。台南一中、國立台北科技大學畢業，美國馬凱大學電機碩士、美國伊利諾大學電機博士班、美國加州聯合大學管理學博士（台南縣選舉委員會，2002：583）。

[634] 〈楊寶發支持牛墟文化節…〉，民眾日報，1997.1.29，16 版。

[635] 〈…拜訪李全教鼓勵推動文化事業…〉，中華日報，1997.4.20，26 版。

[636] 〈青工總會聲明支持洪玉欽…〉，中華日報，1997.10.5，26 版。〈南縣青年議會表態支持洪玉欽〉，自立早報，1997.11.9，14 版。

[637] 李和順是在 2001 年才被安排為不分區立委，當時排名第十二名（台南縣選舉委員會，2002：587）。

[638] 趙永茂曾針對民進黨在地方與中央執政後，有關台灣地方派系的轉型趨勢進行研究，得到國民黨所屬的地方派系在權力關係與運作方式層面，有朝向區域結盟及中央化趨勢的結論（2001.6：165～167），趙氏的看法著重從地方政治勢力出發向上發展，這種由下而上的立論有其說服力，但是從本文對台南縣的觀察結果認為，不應忽視國民黨所主導的影響，台南縣內國民黨所屬的政治勢力向中央擴展的情形是有出現，但是所呈現的過程主要還是由國民黨中央所主導，由上而下的串連，這與趙氏由

省教育廳副廳長任內所培植的郭添財[639]，而郭氏也在 2001 年順利當選第五屆區域立委。由於方醫良、洪玉欽在 2001 年第五屆立委選舉時兩人都落選，所以國民黨世代交替情形逐漸明朗。

肆、得票數頗有差距的選舉結果

隨著投票日期的接近，候選人的文宣攻擊就顯得越激烈，而兩位候選人中以洪氏陣營所發出的負面攻擊文宣較多，這從洪氏陣營於 11 月中旬起到投票前，幾乎每天都買大幅報紙廣告攻擊陳唐山可得到印證，洪氏所攻擊的焦點主要有陳氏任用多位與自己有親戚關係的人進入縣府任職、指陳氏及其縣府機要祕書王幸男等台獨聯盟成員為恐怖份子、縣府公共工程品質有問題、陳氏推卸責任卻爭功、爭取南科時表現不力、陳氏的清廉是假象、陳氏陣營欺負女性[640]…等等。雖然陳氏曾宣布「不回應、不理睬、不反擊」、「反摸黑、反暴力、反栽贓」的三不三反選戰原則[641]，

下而上的看法恰巧相反，舉例來說海派的洪玉欽受李登輝培植為國民黨副祕書長、山派的楊寶發則受連戰提拔，以及國民黨對李全教的栽培都是由上而下的例子。至於高系，由於高育仁曾任省議會議長（亦是國民黨所安排），所以區域結盟的階段較明顯，較有趙氏所指的由下而上的串連趨勢，只是高系於 1993 年 1 月問鼎立法院院長並未成功，是故若就高系而言，若說朝中央擴展則還不能算是成功。

[639] 郭添財 1961 年生，關廟鄉北勢村人。關廟國中、台南師專畢業，高雄師範大學碩士、政治大學教育博士，高考、特考及格，曾任國小教師、台南縣教育局督學、彰化縣教育局長（台南縣選舉委員會，2002：583）。

[640] 廣告內容詳見中華日報，1997.11.18，21 版。民眾日報，1997.11.20，21 版。自立早報，1997.11.20，13 版。中華日報，1997.11.22，21 版。中華日報，1997.11.23，21 版。中國時報，1997.11.24，15 版。中華日報，1997.11.25，21 版。民眾日報，1997.11.27，21 版。

[641] 〈陳唐山提選戰三不三反原則…〉，民眾日報，1997.11.18，21 版。〈…陳唐山關鍵時刻放低姿態〉，自立早報，1997.11.18，16 版。

但是陳氏陣營面對報紙廣告的攻擊時，除了低調的一一澄清說明外，還是有回應的動作；例如採取法律途徑的方式控告對方、支持者率眾前往廣告署名洪氏後援會會長高清愿的統一企業總部前抗議等情事 [642]，最後陳氏支持者及競選總部聯合舉辦了一個「黑函返鄉」的活動，即計劃要將已收集裝箱的洪氏攻擊文宣，送回洪氏競選總部前焚燒以示抗議，但為避免衝突事端在投票前發生，最後改以郵寄方式並高喊「欽仔、欽仔炒韭菜，燒燒一碗來，黑函阮不要」的口號表示抗議 [643]。陳氏陣營在選舉時期刻意採取低調的策略，還可以從宣布不參加公辦政見會，以避免對手可能的蓄意挑釁，藉機引發衝突得到理解 [644]，而只有洪氏一個人發表政見的公辦政見會，在聽眾稀少又沒有對手的情況下，洪氏獨自講了幾場並向縣選委會抗議場地佈置不佳後，也只好提前結束 [645]。至於陳氏不積極與洪氏針鋒相對的考量，應該在於當時的民意調查結果幾乎都是陳氏明顯領先 [646]；故可以理解的是，陳氏

---

[642] 〈…陳唐山陣營控告高清愿毀謗〉，中華日報，1997.11.22，21 版。〈民進黨赴統一企業…〉，同前。〈選戰熱過頭官司告不停…〉，中國時報，1997.11.22，17 版。

[643] 〈陳唐山總部送黑函返鄉…〉，民眾日報，1997.11.27，5 版。〈陳唐山陣營舉辦黑函返鄉活動…〉，中華日報，1997.11.27，24 版。

[644] 〈陳唐山不參加公辦政見會…〉，民眾日報，1997.10.16，5 版。〈…洪請陳參加公辦政見會〉，中華日報，1997.10.18，26 版。

[645] 〈陳進興搶走選戰鋒頭…〉，中國時報，1997.11.20，17 版。〈聽眾席沒搭棚洪玉欽…〉，中國時報，1997.11.22，17 版。〈永康公辦政見會草草結束…〉，民眾日報，1997.11.26，23 版。

[646] 〈…陳任內建設受縣民肯定…〉，自立早報，1997.10.13，13 版。〈四成游離票成扭轉…〉，自立早報，1997.11.17，3 版。〈洪玉欽發佈民調〉，民眾日報，1997.11.18，23 版。〈民進黨民調顯示…〉，自立早報，1997.11.18，16 版。〈陳唐山、洪玉欽互有勝算…〉，中國時報，1997.11.19，7 版。

陣營的策略即是避免與對手有針鋒相對的場面，以免讓對手有機會藉此拉抬聲勢，或是故意製造衝突等意外狀況，而對選舉結果產生無法預期的變數。

　　雙方除了文宣上的攻防外，各自黨內高層人士到縣內助選的情形亦是值得留意；在民進黨部份來說，來台南縣為陳氏助選的黨籍人士主要有台北市長陳水扁所率領的「寶島希望助選團」、黨主席許信良的「辣妹助選團」及「政策花車」、謝長廷的「南台灣小太陽青年助選團」[647]。在國民黨方面，為洪玉欽助選的國民黨高層人士，主要有黨主席李登輝，副主席連戰、行政院長蕭萬長及台灣省長宋楚瑜。由於受到凍省的影響宋楚瑜與李登輝的關係對立，9月底洪氏競選總部於新營成立時，連戰與宋楚瑜雖然同台助選，但除了禮貌性的握手外，並沒有進一步的互動，大會結束後在縣內也各自進行既定的拜會行程[648]，國民黨高層的對立，也呈現在國民黨為洪氏輔選的架構上，在李登輝的安排下，洪氏有兩位競選總幹事方醫良和謝鈞惠，由於李登輝與宋楚瑜對立後，謝鈞惠曾於一月上旬公開表態支持宋氏，所以謝氏和宋氏的互動較為良好。所以從另一個角度來看，民進黨及國民黨內重要人士來台南縣輔選站台除了要拉抬候選人及本身聲望外，多少有為自己在地方培植所屬勢力的企圖。

　　選舉於 11 月 29 日投票，開票結果陳唐山 328,641 票，得票

---

[647] 〈陳唐山永康造勢阿扁助講…〉，中華日報，1997.11.18，24 版。〈…南方小太陽到永康〉，自立早報，1997.11.21，16 版。〈謝長廷助講佳里人歡迎…〉，中國時報，1997.11.27，17 版。〈許信良打中央牌…〉，中華日報，1997.11.28，24 版。

[648] 〈…連宋同台造勢…〉，中華日報，1997.9.28，24 版。〈宋楚瑜輔選第一砲…〉，民眾日報，1997.9.28，6 版。〈…同時下鄉各自上香…〉，中國時報，1997.9.28，17 版。

率 64.85％；洪玉欽 171,357 票，得票率 33.81％（見表三），陳氏
連任成功。以得票率來看，陳氏比上屆縣長選舉成長了 11.61％，
而洪氏的得票率則比黃秀孟少了 8.34％。在三十一鄉鎮市中陳氏
只在北門鄉輸了 275 票，其餘都是領先洪玉欽。

　　觀察陳氏能以明顯差距勝過洪氏，連任成功的原因約有以下
幾點：

　　一、施政表現與清廉作風受肯定。陳唐山任內恰好有南科在
　　　　縣內定案，而且作風清廉也沒有重大施政缺失，所以普
　　　　獲選民肯定。以南科落腳新市鄉為例，競選時雙方陣營
　　　　雖然都宣稱是自己的政績[649]，但是南科落籍縣內的經過
　　　　各黨派人士都有出面爭取，故不易歸納出是那個特定對
　　　　象的功勞。若從當時國內多家知名的高科技廠商，陸續
　　　　在選前宣布投入幾千億資金，進駐南科的情形來看[650]，
　　　　縣府後續的招商情形十分成功，再從科學園區所在的善
　　　　化、安定、新市三個鄉鎮的開票情形來看，陳氏都是領
　　　　先，三地共贏了洪氏約二萬一千票，由此可以理解選民
　　　　是較肯定陳氏對南科的投入。另外，陳氏上任後把金額
　　　　超過十五萬元的公共工程，都列入公開招標的作法，更
　　　　是之前國民黨籍縣長時代所未達到的境地，開票的結果
　　　　也顯示選民對縣府的清廉度有較以前更大的信心。

　　二、個人魅力吸引選票。陳氏學歷與外表俱佳，溫文儒雅的
　　　　學者形象是個人特有條件，強調民主與法治的精神及維

---

[649] 〈洪玉欽為南科做了什麼…〉，中華日報，1997.8.15，24 版。〈洪玉欽南
　　　科戰報出爐…〉，民眾日報，1997.8.15，16 版。
[650] 〈台積電四千億資金進駐南科…〉，自立早報，1997.4.12，13 版。〈聯電
　　　揮金陳唐山成…〉，自立早報，1997.6.21，13 版。

護人格尊嚴的堅持，勇於向陳情抗爭的民眾據理力爭的不卑不亢風範，都令人印象深刻。本屆縣長選舉結果，陳氏大勝十五萬七千餘票，如此大的得票差距應與其個人魅力有直接關係。一般說法都提到國民黨組織動員失效才造成洪氏以明顯幅度落敗，深究其原因應該是陳氏個人條件突出，獲得選民認同才會拉大與洪氏的差距。

三、行政資源運用妥當。陳氏曾對外界表示，在 1993 年上任後就已經開始部署連任[651]，再加上選舉期間陸續多位國民黨或無黨籍縣議員、鄉鎮長表態支持，以國民黨籍縣議員陳特清、張世賢為例，兩人表示會支持陳唐山是為了還人情債，而關廟鄉出身的國民黨籍縣議員陳進財更直言「在這一屆縣議員期間，陳唐山幫了很大的忙⋯讓他爭取的建設經費平均一年高達六千萬元，且拜託的人事案件，也大多實現⋯」[652]，由此即可以知道陳氏以行政資源，拉攏了許多非民進黨籍的公職人員，這對他的選情有正面的幫助。

四、黨內整合獲共識。民進黨在初選時曾出現黨內對立的情形，但隨著提名確定，謝三升及蘇煥智等人亦陸續表態支持陳唐山，雖然競選期間陳氏競選總部和縣黨部曾發生輔選人事架構的分歧意見，但在陳氏妥協同意讓黨務系統參與競選總部決策核心後，縣黨部主委黃國照、正副執行長謝宗霖、葉溪河才同意接下陳氏競選總部總督

---

[651] 〈陳唐山痛斥劣質選舉文化⋯〉，中國時報，1997.11.25，4 版。

[652] 〈支持陳唐山係因「欠人情」⋯〉，中華日報，1997.9.25，24 版。〈⋯陳特清表示要還人情債〉，自立早報，1997.10.16，13 版。〈陳進財不怕國民黨不提名〉，同前。

導及正副執行總幹事，順利取得共識 [653]；另外，蘇煥智雖然仍對濱南開發案持反對立場，但還是有出面為陳氏站台助選，這些情形都可以理解民進黨內部對於「暫時放下歧見，先贏得縣長選舉」有充份的共識。

五、選戰策略應對正確。陳唐山競選總部為了讓支持群眾同時起步發揮輔選力量，擬定的輔選計劃共分準備、運動、決戰三期，首先是從 7 月初到 9 月底的準備期、運動期是接續前階段到 10 月底止，11 月起則進入決戰期，因為要爭取連任所以重點在穩紮穩打偏重守勢，著力於鞏固票源 [654]，這點從陳氏總部較少攻擊文宣，著重澄清對手的攻擊，及陳氏在選前與記者閒話家常時，曾提到自己身體狀況「…未因選舉而變胖或變瘦。嗓子也保養的很好，不像有人為了要大聲罵人而沙啞了…」[655]，得到理解。另外，從陳氏的前六條政見內容，亦可以看出對於台南縣的未來發展提出明確的規劃，其中科學城及大學城的搭配設計，使以前所提出「回來，就有希望」，要讓年輕一代的縣民求學、就業都能留在台南縣的訴求有了實現的機會 [656]，這點亦頗能得到選民認同。

在洪玉欽方面，洪氏在此次縣長選舉輸了陳氏十五萬七千餘

---

[653] 〈陳唐山記者會民進黨部缺席…〉，中國時報，1997.8.19，17 版。〈陳唐山競選總部內訌化解〉，自立早報，1997.8.23，15 版。〈陳唐山大勝不等於民進黨部勝利…〉，中國時報，1997.12.3，17 版。

[654] 〈結束選戰三部曲中的…〉，民眾日報，1997.9.22，14 版。〈…陳唐山總部宣布作戰三部曲〉，自立早報，1997.9.22，13 版。

[655] 〈閒話家常〉，民眾日報，1997.11.28，23 版。

[656] 〈…以靜制動陳唐山老神在在〉，自立早報，1997.11.30，10 版。

票，是此次國民黨所提名的候選人中，輸對手票數最多的縣份[657]，分析其原因應有以下幾點：

一、國民黨整體表現不好。這點可以從選前台灣的社會治安差，國民黨內訌不斷加以理解。當時社會治安差，頻頻發生重大案件，像桃園縣長官邸血案、高雄市彭婉如命案及白曉燕綁架撕票案等，一般民眾對國民黨的表現十分失望，台南縣選民亦不例外，這些案件讓選民對國民黨的政黨認同產生不良的結果就反應在選舉投票上；除此之外，因國發會達成凍省共識，亦引起國民黨內部的對立，內訌的結果當然影響選民對國民黨的觀感，甚至影響到縣市長選舉的輔選，以台南縣為例，洪玉欽兩位競選總幹事之一的謝鈞惠即傾向支持宋楚瑜，而方醫良雖與李登輝有所互動但和洪玉欽在縣內是分屬不同派系勢力，所以方、謝兩人是否都會盡全力為李登輝所屬意提名的洪玉欽輔選是令人質疑的焦點。

二、提名過程有瑕疵。1993 年縣長選舉國民黨提名黃秀孟的經過引來其他參選者的不滿，到了本屆選舉在國民黨主席屬意下洪玉欽獲得提名，國民黨這種由上而下近乎指定式的運作方式，使所謂的提名制度形同虛設，經過兩次縣長選舉已經証實黨意與民意背離，也突顯出國民黨縣黨部並沒有檢討出 1993 年縣長選舉失敗的原因，只會把責任推給地方勢力在輔選時不合作，而這當然更引來地方人士的反彈，李雅樵對國民黨的心結產生原因

---

[657] 1997 年的縣市長選舉結果，民進黨十二席、國民黨六席、無黨籍三席，其中國民黨比上屆少了八席。〈…綠色壓頂…〉，民眾日報，1997.11.30，1 版。〈…國民黨這裡輸最慘〉，中華日報，1997.11.30，6 版。

之一即是如此;由於國民黨在本屆縣長選舉仍與上屆在
提名過程中犯了相同的錯誤,當然引來比上屆更大的挫
敗。

三、縣黨部輔選策略受爭議。在競選過程中,陸續有現任或
是卸任的國民黨籍縣議員、鄉鎮長等地方人士,表態支
持陳唐山時,縣黨部主委薛正直的應對方式卻仍以提名
作為威脅,除了強調以輔選投入程度作為將來提名與否
的參考外,亦揚言要特別推出人選與這些違紀者在鄉鎮
長或縣議員選舉中競爭,讓這些人「很難過」;試想一
個決定為民進黨候選人助選的國民黨員,怎麼可能透過
公開的要脅,就能使對方回頭投入輔選洪氏,並藉此爭
取縣黨部的提名,由此可以理解薛正直的心態依舊是一
副高高在上,認為握有提名權就能完全操控有意參選的
黨員。由於民進黨縣黨部又適時宣布若表態支持陳氏的
鄉鎮長,民進黨將不在當地提名人選與之競爭的善意訊
息,雙方縣黨部的姿態落差,造成心存觀望的國民黨員
投向民進黨的可能性大增,這是國民黨縣黨部應該受檢
討的地方。在選舉策略上,從競選過程中可以看出洪氏
陣營的文宣,太偏重負面抹黑的方向,太過度的情形下
亦有可能引起選民的反感,在政見訴求上則是偏重對不
同年齡、身份提出福利政策,這點可以說是跟著民進黨
後面走,理由是 1993 年選舉時民進黨提發放老人年金
即是屬針對特定選民身份所提出的政見,在本屆洪氏陣
營加以模仿擴大,但是洪氏所面對的對手是要尋求連任
的陳唐山,陳氏在上屆即已用過並獲得選民迴響的政見
主軸,洪氏陣營在本屆加以模仿的效果當然有限,再加

上南科落籍縣內確定後，未來台南縣的整體規劃將是縣
民關心的焦點，可惜的是洪氏所提的二十一條政見中只
有第一條概略提到，反觀陳氏共二十條政見裡，至少有
七條是針對南科設立後，所擬定的未來縣政發展方向
[658]，所以比較之下，國民黨的輔選策略明顯未主導出能
引起選民所關切的議題。

四、輔選策略錯誤。當時社會上重大犯罪案件及國民黨內政
治對立頻傳，使國民黨在政黨形象上，無法得到選民的
肯定，再上台南縣選民在縣長選舉時有明顯的選人重於
選黨的投票傾向，可是洪氏本人及其輔選團隊卻仍一再
強調，身為國民黨中央黨部副祕書長的洪玉欽，與國民
黨中央關係良好，這樣的形象定位只會帶來負面的結
果。

五、洪氏立委任內無特殊表現。選舉期間陳氏陣營曾揭露洪
氏過去曾與 1985 年引發金融風暴的「十信弊案」主角
蔡辰洲有密切關係[659]，並引用國會觀察基金會的統計，
指洪氏在八十五到九十會期的三年中，在立法院內實質
發言不到五次 [660]，再加上選前民進黨在立法院推動敬
老津貼暫行條例逕付院會二讀審查時，洪氏在表決時採
迴避態度未去投票，引來陳氏支持者頒「尿遁反年金英
雄金像獎」給他，嘲諷並抗議他未持贊成立場[661]。雖

---

[658] 雙方的競選政見請參閱附表十九，1997 年第十三屆縣長選舉候選人政
見。

[659] 〈陳營推出十三太保洪玉欽文宣…〉，民眾日報，1997.11.25，23 版。

[660] 〈洪玉欽問政表現陳唐山提出質疑…〉，自立早報，1997.11.15，4 版。

[661] 〈陳唐山後援會斥責又演尿遁記…〉，民眾日報，1997.11.8，5 版。〈敬

　　然洪氏擁有博士高學歷，並且身為國民黨中央黨部副祕書長，但在個人問政表現及清廉形象無法與陳唐山相比的情形下，多少會對其選情造成負面影響。

老津貼審查洪未投票遭抗議…〉，中華日報，1997.11.8，26 版。〈陳唐山餐會人聲鼎沸…〉，民眾日報，1997.11.9，5 版。

第四章　結論

壹、劃分出國民黨所屬政治勢力的變遷階段

　　如果要對國民黨所屬政治勢力的變遷情勢，加以劃分出不同時期的話，可依 1987 年 7 月政府宣佈解除戒嚴令為基準；在戒嚴時期裡，國民黨在 1972 年 12 月提名高育仁當選第七屆縣長以前，可視為海、山兩大主要政治勢力的奠基期，隨著高系逐漸壯大，亦進入興盛期，直到政府解除戒嚴令後，國民黨所屬的政治勢力對縣長選舉的影響力，才逐漸被政黨競爭所取代。

　　若是以國民黨和縣內所屬政治勢力的互動過程而言，在奠基期中又可明顯看出海派的出現與國民黨扶植山派形成的兩大特點，隨著這兩個勢力的形成，亦出現派系勢力輪流主持縣政的雛形，同時雙方對立也明顯化，終於引來國民黨在 1972 年 8 月的壓抑，具體的措施就是六甲農地重劃弊案的爆發；到了 1981 年 11 月第九屆縣長選舉首次有黨員違紀參選，此情勢所代表的意義即是地方勢力因不滿國民黨的壓抑所產生的反彈，一直到 1985 年 11 月第十屆縣長選舉時，國民黨內各勢力的對立達到階段性的激化高點，此現象隨著縣長選舉進入政黨競爭形態，以及 1993 年縣長選舉國民黨敗選後，有暫時轉為蟄伏的情形。

　　若以縣長選舉的競爭型態而言，包含 1981 年第九屆縣長選舉在內，在此之前歷屆都是國民黨所屬勢力之間的派系競爭型態，1985 年第十屆雖然仍是派系勢力競爭的態勢，但是和以往最大的不同則是有反對國民黨的無黨籍勢力加入競爭，這意味反對國民黨勢力的興起已有一定程度，這除了為 1987 年 9 月民進黨成立縣黨部有所正面的影響外，也為後來的縣長選舉轉為政黨競

爭型態，預先為非國民黨勢力的整合立下基礎。

貳、描述主要政治勢力變遷經過

　　整體來看，台南縣內的國民黨主要政治派系的變遷過程，可用附圖一來表示，亦即日本人離開台灣到 1957 年 4 月第三屆縣長選舉前，是海派勢力獨大期。在國民黨刻意培植下，以胡龍寶為首的山派勢力逐漸形成，直到胡氏當選第三屆縣長，並於 1960 年 4 月連任第四屆縣長成功後，縣內可說正式出現兩個縣級規模的政治勢力。1964 年 4 月第五屆縣長選舉，海派劉博文當選，出現海派及山派輪流主持縣政的雛型，此時也進入兩大政治勢力惡性對立階段；直到 1972 年 8 月劉博文因案去職，同年 12 月國民黨在派系替代策略考量下，提名高育仁並順利當選第七屆縣長，海、山兩大勢力暫時受到壓抑，而高氏的當選縣長後，第三勢力高系也因此出現。繼高氏之後，國民黨再提名與地方勢力沒有淵源的楊寶發並當選第八屆縣長，但是楊氏後來與山派合流並成為其中重要人士，這樣的變化除了宣告國民黨的派系替代策略失敗外，也引起海派人士的反彈，這點從 1981 年 11 月第九屆縣長選舉結果，為何沒沒無聞的蔡四結得票數只比尋求連任的楊寶發少了二萬六千餘票可以得到理解。

　　由於反國民黨勢力的興起，再加上國民黨本身無力化解黨內政治勢力的對立，使得 1985 年 11 月第十屆縣長選舉共有無黨籍人士陳水扁及國民黨海派的李雅樵、山派的胡雅雄三位主要參選人，海派的李雅樵在高系助選及國民黨的重點支持下，才以一萬六千兩百餘票的差距當選縣長，國民黨暫時化解無黨籍人士的挑戰。無黨籍人士的勢力經過這屆縣長選舉，也拓展到足以和國民黨內主要政治勢力對抗的基礎。

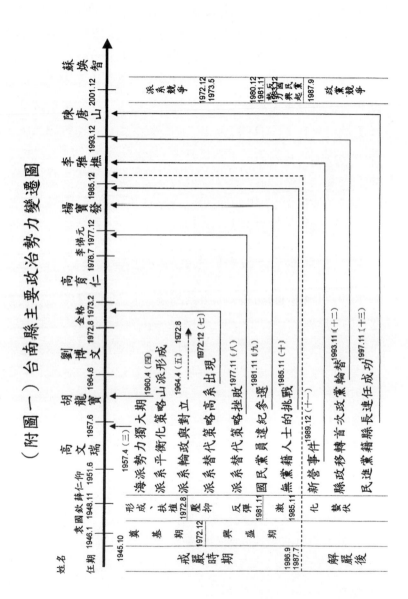

（附圖一）台南縣主要政治勢力變遷圖

　　隨著 1986 年 9 月民進黨成立，1987 年 7 月政府宣布解除戒嚴，及同年 9 月民進黨台南縣黨部成立，縣長選舉本質進入政黨競爭階段，非政黨形態的政治勢力對選舉結果的影響力漸趨消退；1989 年 12 月的第十一屆縣長選舉，民進黨推出李宗藩挑戰尋求連任的李雅樵，最後以 9,529 票之差敗選，並引發群眾抗爭的新營事件。1993 年 11 月第十二屆縣長選舉民進黨推出陳唐山與國民黨提名人黃秀孟競爭縣長寶座，最後陳氏以 56,000 餘票之差贏得選舉，中斷連續十一屆都是國民黨籍人士當選縣長的局面。陳唐山並於 1997 年 11 月第十三屆縣長選舉時以 157,200 餘票之差打敗國民黨籍候選人，連任成功。

參、國民黨所屬三大政治勢力的特色比較

　　若以國民黨內的海派、山派及高系三大政治勢力來比較可以得到以下理解；首先就形成時間來說，以海派形成最早，山派是國民黨來台後才培植出現，高系最晚形成。就各勢力主要成員來說以山派的家族色彩較濃厚，海派及高系在這方面與山派比起來則較不明顯。就經濟實力而言，以受到台南紡織、統一企業支持的海派勢力較佔優勢，山派在縣內農會系統雖有直接影響力，但在資金調度上還是比不上私人企業來的有自主性，高系在經濟實力上是比不上海、山兩派的。

　　以基層組織來看，山派的形成與受到國民黨栽培有直接關係，山派首任領導人胡龍寶曾任國民黨縣黨部主委，他的子女胡雅雄及張胡瓊月亦先後擔任過縣黨部副主委職務，張胡瓊月亦曾擔任縣婦女會理事長一職多年，所以和海派比起來，山派與國民黨的互動較密切，對國民黨相關的基層組織亦有較多的互動；但相對的，山派與海派兩者比起來，山派受到國民黨較大的控制，

海派這點就顯得較有自主性。

　　至於高系，雖然不如海、山兩派在縣內的網絡經營的深入與完整，但高育仁向省議會及立法院發展的結果，形成地方勢力人士進入國民黨中央，同時也平行與其他縣市的地方勢力串聯形成一股不容忽視的力量；向黨中央發展及水平與其他縣市的地方勢力有所串聯這個特點，則是高系比海、山兩大勢力表現突出的地方。

肆、有關反國民黨的民主勢力形成政黨組織的過程

　　在 1987 年民進黨台南縣黨部成立前，台南縣內的公職選舉，在選舉公報上的黨籍欄如果出現空白或是「無」有兩種意義，一是純為無黨籍。二是退出國民黨參選。而在縣內無黨籍的參選人中，從事反對國民黨政治運動者，主要以林丙丁、謝三升、陳水扁等人為主。至於吳拜、吳豐山、蔡四結等人則多少有國民黨所屬政治勢力為奧援，這是有必要加以區分出來的地方。所以說，從事反對國民黨政治運動的黨外勢力在南縣的發展應該要從林丙丁、謝三升、陳水扁、李宗藩這一脈相承來說明。

　　而黨外政治勢力形成政黨組織的過程，還可看出從早期林丙丁、謝三升先後當選公職立下根基後，到了 1985 年陳水扁參選縣長時，支持陳氏的動員則是第一次成功的全縣性整合，這次選舉結果也讓黨外政治勢力拓展為全縣性的規模，也為接下來的第二次整合─民進黨在台南縣成立縣黨部奠下良好基礎。

　　民進黨在台南縣成立縣黨部之後，對勢力的拓展有了正面的幫助，這從 1989 年李宗藩代表民進黨參選縣長，結果只以九千餘票敗選可以理解，由於勢力持續的整合成長，對後來陳唐山順利當選縣長有了直接的幫助。

伍、有關地方政治勢力結盟、分化對縣政政黨輪替的影響

　　有關縣內各政治勢力間的分化原因與結盟的情形，對縣政政黨輪替的影響可藉以下敘述來理解；也就是擁有縣政主導權的政黨，其所屬的某一政治勢力會因取得行政資源分配權力，而運用權利分享方式對其他游離勢力加以吸納，再加上部分地方勢力為追求利益也會主動向擁有縣政主導權的勢力靠攏，於是擁有縣政主導權的勢力便會擴張。持續擴張的結果，最後會造成其所能分配的行政資源與其過度擴張的勢力兩者間失去平衡，於是各勢力為爭奪有限的利益而發生衝突，在衝突中便會造成擁有縣政主導權的政黨內部產生分裂，在利益衝突中失敗的勢力便會分離出去，在追求利益的前提下與其他政黨結盟，在下次選舉時與擁有行政資源的勢力競爭，最後造成縣政政黨輪替。

　　以上的描述經歷 1987 年 7 月國民黨宣布解嚴，傳播媒體亦隨之開放的催化，資訊公開的結果也讓選民整體的自主意識提昇，其中在政黨競爭過程中，不同政黨在法治政治、責任政治上的表現都直接影響選民對政黨的投票取向，這點轉變對選舉勝負有了直接影響，最後亦成為決定縣政政黨輪替的因素。

參考書目

1. 丁仁方，1999，《威權統合主義―理論、發展與轉型》，台北：時英。

2. ------，1999.6，〈統合化、半侍從結構與台灣地方派系的轉型〉，《政治科學論叢》，10，59～82。

3. 小谷豪冶郎，1990，《蔣經國先生傳》，台北：中央日報。

4. 不著撰人，1951.6，〈台南縣長選舉花絮〉，《新縣市月刊》，6，37。

5. 中央日報編輯部，1986，《寶島群英》，台北：中央日報。

6. 中央選舉委員會，1990，《增額中央民意代表選舉記要第四輯―中華民國七十五年增額立法委員選舉概況》，台北：中選會。

7. --------------，1993，《國民大會第二屆國民大會代表選舉實錄上冊》，台北：中選會。

8. --------------，1997，《第九任總統副總統暨第三屆國民大會代表選舉實錄》，台北：中選會。

9. 王振寰，1989.1，〈台灣的政治轉型與反對運動〉，《台灣社會研究季刊》，2：1，71～116。

10. 王敏順，1995.12，〈紮根理論研究法之評述〉，《規劃學報》，22，30。

11. 王清治，1985，〈從北門出發―台南縣政治勢力的演變〉，時報雜誌編輯部，《台灣地方勢力分析》，台北：時報，169～178。

12. 王業立，1998.5，〈選舉、民主化與地方派系〉，《選舉研究》，5：1，77～94。

13. 台南縣文獻委員會，1967.6，〈台南縣五十七年度公職人員選舉

概況〉,《南瀛文獻》,13,1～33。

14. ----------------,1973.5,〈自由地區動員戡亂時期增加中央民意
代名額選舉結果清冊〉,《南瀛文獻》,18,2～3。

15. ----------------,1974.6a,〈台南縣大事記—中華民國六十二年〉,
《南瀛文獻》,19,158～174。

16. ----------------,1974.6b,〈編後記〉,《南瀛文獻》,19,175。

17. ----------------,1978.6 a,〈李代表耀乾先生生平事略〉,《南瀛文
獻》,23,231～232。

18. ----------------,1978.6 b,〈高故前台南縣長文瑞先生事略〉,《南
瀛文獻》,23,229～230。

19. ----------------,1985.6,〈劉故省府參議憲廷先生事略〉,《南瀛
文獻》,30,268。

20. 台南縣選舉委員會,1981,《台南縣第九屆縣長選舉候選人各
投開票所得票數一覽表》,新營:縣選委會。

21. ----------------,1985a,《台南縣第十屆縣長選舉候選人各投開票
所得票數一覽表》,新營:縣選委會。

22. ----------------,1985b,《台灣省議會第八屆議員、台南縣第十
屆縣長選舉選務實錄》,新營:縣選委會。

23. ----------------,1989a,《台灣省台南縣地方公職人員選舉誌要
(上)》,新營:縣選委會。

24. ----------------,1989b,《台灣省台南縣地方公職人員選舉誌要
(下)》,新營:縣選委會。

25. ----------------,1989c,《台南縣第十一屆縣長選舉候選人各投開
票所得票數一覽表》,新營:縣選委會。

26. ----------------,1990a,《七十八年增額立法委員、台灣省議會第
九屆議員、台南縣第十一屆縣長選舉台灣省台南縣選務實

錄》，新營：縣選委會。

27.　--------------，1990b，《台灣省台南縣議會第十二屆議員，台
　　　南縣第四、七、十一屆鄉鎮市長選舉選務實錄》，新營：縣選
　　　委會。

28.　--------------，1993，《第二屆立法委員選舉台灣省台南縣選舉
　　　實錄》，新營：縣選委會。

29.　--------------，1994a，《台灣省台南縣第十二屆縣長選舉選舉實
　　　錄》，新營：縣選委會。

30.　--------------，1994b，《台灣省台南縣議會第十三屆議員，台
　　　南縣第二、五、八、十二屆鄉鎮市長選舉選舉實錄》，新營：
　　　縣選委會。

31.　--------------，1996a，《第九任總統副總統、第三屆國民大會代
　　　表選舉台灣省台南縣選舉實錄》，新營：縣選委會。

32.　--------------，1996b，《第三屆立法委員選舉台灣省台南縣選
　　　舉實錄》，新營：縣選委會。

33.　--------------，1998，《台灣省台南縣第十三屆縣長選舉選舉實
　　　錄》，新營：縣選委會。

34.　--------------，2002，《台南縣第十四屆縣長第五屆立法委員選
　　　舉選舉實錄》，新營：縣選委會。

35.　台南縣議會編印，1999，《台南縣議會》，新營：縣議會。

36.　台灣省新聞處，1995，〈異議份子變縣長，也是歷史──陳唐山〉，
　　　《一枝草一點露──台灣五十的故事 13 深耕篇 2‧斯土斯民的
　　　開創者》，南投：中興新村，83～95。

37.　台灣省選舉委員會，1981，《民國六十九年增額中央民意代表
　　　選舉台灣省選舉概況》，台中：省選委會。

38.　--------------，1996，《第九任總統副總統暨第三屆國民大會代

表台灣省選務實錄》，台中：省選委會。

39. ----------------，2000，《第十任總統副總統台灣省選務實錄》，
台中：省選委會。

40. 台灣時報，1981，《選壇風雲錄》，高雄：台灣時報。

41. 台灣時報記者集體採訪，1977，《政海浮沉錄》，高雄：台灣時報。

42. 台灣新文化服務社，1952，《台灣省首屆民選縣市長暨縣市議員特輯》，台北：台灣新文化。

43. 白夢，1951.6，〈台南民選縣長逐鹿戰〉，《新縣市月刊》，6，36～37。

44. ----，1951.7，〈台南新舊任縣長交接側寫〉，《新縣市月刊》，7，19。

45. 石之瑜，2001，《政治學的知識脈絡》，台北：五南。

46. 石萬壽主纂，1988，《永康鄉志》，台南：永康鄉公所。

47. 立法院　書處，1994，《第二屆立法委員名鑑》，台北：立法院　書處。

48. 朱浤源主編，2003，《撰寫博碩士論文實戰手冊》，台北：正中。

49. 吳文星，1992，《日據時期台灣社會領導階層之研究》，台北：正中。

50. 吳重禮，1998.7，〈亦敵亦友乎：論地方派系與國民黨候選人選擇過程的互動模式〉，《中國文化大學政治學研究所學報》，7，177～204。

51. ------，1999.7，〈國民黨初選制度效應的再評估〉，《選舉研究》，5：2，129～160。

52. ------，2002.12，〈台灣地區「派系政治」研究文獻的爭議：美國「機器政治」分析途徑的啟示〉，《政治科學論叢》，17，81

～106。

53. 李旺臺，1993，《台灣反對勢力（1976—1986）》，台北：五千年。

54. 李旺臺、甘春煌等，1982.11，〈地方政治人物風雲鑑（2）—高育仁等〉，《聯合月刊》，16，78～80。

55. 李昆澤，2002，《民主進步黨初選制度的研究—初選制度的設計與演變》，高雄：國立中山大學政治學研究所在職班碩士論文。

56. 李筱峰，1987，《台灣民主運動四十年》，台北：自立晚報。

57. 沈國屏，1993，《派系、反對勢力與地方政權之轉型—高雄縣的個案研究》，台中：私立東海大學社會學研究所碩士論文。

58. 易君博，1984，《政治理論與研究方法》，台北：三民。

59. 林文玲，1996.11，〈縣市競爭誰領風騷〉，《遠見雜誌》，126，54～65。

60. 林本炫，2002.6，〈紮根研究法〉，《第一屆「社會科學研究方法：質性研究方法」研習會教學講義》，嘉義：南華大學教社所、社會所、應社所主辦，3-1～3-7。

61. 林男固，2002，《地方派系依侍動員結構的演變與特質—高雄縣內門鄉的個案分析》，南投：國立暨南國際大學公共行政與政策研究所碩士論文。

62. 林佳龍，1989.1，〈威權侍從政體下的台灣反對運動：民進黨社會基礎的政治解釋〉，《台灣社會研究季刊》，2：1，117～143。

63. 林玲玲，1994，《高雄市選舉史》，高雄：高雄市文獻委員會。

64. 洪波浪、吳新榮主修，1980a，《台南縣志卷三政制志（上）》，新營：台南縣政府。

65. --------------------，1980b，《台南縣志卷三政制志（中）》，新營：

台南縣政府。

66. -------------------，1980c，《台南縣志卷三政制志（下）》，新營：
台南縣政府。

67. 洪綏聲，1986，〈台南縣長李雅樵〉，中央日報編輯部，《寶島
群英》，台北：中央日報，219～220。

68. 紀俊臣、陳陽德，2001a，《台灣地方自治人物誌縣市長篇》，
台北：時英。

69. --------------，2001b，《台灣地方自治人物誌省議員篇》，台北：
時英。

70. 高永光，2002.6，〈二十一世紀台灣地方派系的發展〉，《中國地
方自治》，55：6，4～17。

71. ------，2003.3，〈台北縣地方派系與黑道互動模式之研究〉，《中
國地方自治》，56：3，13～34。

72. 高育仁，1976.6，〈對台南縣議會第八屆第七次大會施政總報
告〉，《南瀛文獻》，21，1～25。

73. 涂叔君，2001，《南瀛二二八誌》，新營：縣府文化局。

74. 張泉香，1970.6，〈農地重劃在南縣〉，《南瀛文獻》，15，1～21。

75. 張憲炎等，2004，《李登輝先生與台灣民主化》，台北：玉山社。

76. 陳向明，2002，《社會科學質的研究》，台北：五南。

77. 陳延輝，1996.5，〈鄉土政治文化教育中政黨政治觀念的促進〉，
《「鄉土文化教育」學術研討會論文集抽印本》，台南：國立台
南師範學院鄉土文化研究所主辦。

78. 陳延輝、蕭晉源，2003.12，〈戰後台南縣政政黨輪替原因之探
討〉，《第一屆「台灣地方政治變遷」國際學術研討會論文集》，
台北：國立台灣師範大學政治學研究所主辦。

79. 陳明通，1990，《威權政體下台灣地方政治菁英的流動（1945

～1986）—省參議員及省議員流動的分析》，台北：國立台灣
大學政治學研究所博士論文。

80. 陳唐山，1993，《同根台灣陳唐山》，台北：前衛。

81. 陳陽德，1978，《台灣民選地方領導人物變動之分析》，台北：
國立政治大學政治研究所博士論文。

82. ------，1996.7，〈民主轉型與地方政治生態的變遷〉，《東海學
報》，37：5，84～96。

83. 陳雅芬，2002，《地方民主與永續發展之研究—以台南縣濱南
工業區開發案為例》，嘉義：國立中正大學政治學研究所碩士
論文。

84. 陳鴻瑜，1992，《政治發展理論》，台北：桂冠。

85. 游光明，1994，《台中縣地方派系權力結構轉變與運作》，台北：
私立東吳大學社會學研究所碩士論文。

86. 程俊，1994，《台灣地方派系與政黨結盟關係之研究—屏東縣
個案分析》，台北：私立東吳大學政治學研究所碩士論文。

87. 黃文博，1995，《南瀛歷與風土》，台北：常民文化。

88. 黃育德，2000，《工人如何形成政治行動？—台南縣自主工會
運動的個案研究》，台南：國立成功大學政治經濟研究所碩士
論文。

89. 黃崑輝等編，1997，《國家發展會議實錄上輯》，台北：國發會
書處。

90. 黃朝琴，1970.6，〈陳故省議員華宗先生紀念特輯〉，《南瀛文
獻》，15，95～123。

91. 黃瑞琴，2002，《質的教育研究方法》，台北：心理。

92. 黃綺君，2001，《台南縣選民投票穩定與變遷之分析--1997 年
與 2001 年縣長選舉的實證研究》，嘉義：國立中正大學政治學

研究所碩士論文。

93. 黃德福，1992，《民主進步黨與台灣地區政治民主化》，台北：
    時英。

94. 葉至誠、葉立誠，1999，《研究方法與論文寫作》，台北：商鼎。

95. 葉炎清，1970.6，〈台南縣辦理中央公職人員增選補選選舉概
    況〉，《南瀛文獻》，15，1～54。

96. 董翔飛，1984a，《中華民國選舉概況上篇》，台北：中央選舉
    委員會。

97. ------，1984b，《中華民國選舉概況下篇》，台北：中央選舉委
    員會。

98. 達梅，1989.6，〈憂國紓難之吳三連〉，《南瀛文獻》，34，102
    ～105。

99. 鄒川雄，2002.6，〈詮釋學觀點與質性研究〉，《第一屆「社會科
    學研究方法：質性研究方法」研習會教學講義》，嘉義：南華
    大學教社所、社會所、應社所主辦，2-1～2-11。

100. 廖忠俊，2000，〈台南縣地方的海派山派高系及其主要領導人
     物〉，《台灣地方派系及其主要領導人物》，台北：允晨，154～
     259。

101. 廖娟秀、葉翠雯，1992，《台灣自治史人物—胡龍寶傳》，台北：
     月旦。

102. 廖達琪，1997，《高雄縣地方派系研究（一）：地方派系與政治
     生態》，行政院國科會專題研究計畫，NSC84-2411-H110-007。

103. 趙永茂，1989.9，〈地方派系與選舉之關係：一個概念架構的分
     析〉，《中山社會科學季刊》，4：3，58～70。

104. ------，1996.5，〈臺灣地方系的發展與政治民主化的關係〉，《政
     治科學論叢》，7，39～56。

105. ------，2001.6，〈新政黨政治形勢對台灣地方派系政治的衝擊〉，《政治科學論叢》，14，153～182。

106. 齊光裕，1996，《中華民國的政治發展》，台北：揚智。

107. 劉金清，1996，〈台南縣：國民黨面臨硬仗，民進黨日漸茁壯〉，張昆山、黃政雄主編，《地方派系與台灣政治》，台北：聯合報，231～238。

108. 劉博文，1969.6，〈我所認識的華宗先生〉，《南瀛文獻》，15，103。

109. 劉嶽雲，2001，《政治理論與方法論》，台北：五南。

110. 潘淑滿，2003，《質性研究理論與應用》，台北：心理。

111. 蔡明惠、張茂桂，1994.春，〈地方派系的形成與變遷─河口鎮的個案研究〉，《中央研究院民族研究所集刊》，77，125～156。

112. 賴秀真，1994.秋，〈台中市地方派系之特質〉，《理論與政策》，9：1，97～108。

113. 謝敏捷，1997，《地方派系生態與政黨政治變遷之研究（一）─台南縣個案》，行政院國科會專題研究計畫，NSC86-2414-H194-009。

114. 謝德錫，1990，〈從政也從商的新聞文化人吳三連〉，張炎憲等，《台灣近代名人誌第五冊》，台北：自立晚報，137～155。

翻譯書籍

1. Anselm Strauss、Juliet Corbi 著，1997，《質性研究概論》，徐宗國譯，台北：巨流。

2. Anselm Strauss、Juliet Corbin 著，2003，《質性研究入門─紮根理論研究方法》，吳芝儀、廖梅花譯，台北：濤石。

相關網址

省諮議會 http://www.tpa.gov.tw/index_d2.htm

台北市公車處 http://tcba.tcg.gov.tw/組織簡介/組織簡介.htm

台南縣政府 http://travel.tnhg.gov.tw/index.html

台灣大學公共衛生學系 http://ccms.ntu.edu.tw/~ihpm/guide13.htm

台灣省政府 http://www.tpg.gov.tw/tpaih/governor/governor.htm

行政院 http://www.ey.gov.tw/member/mp078.htm

台北市政府

　http://www.taipei.gov.tw/cgi-bin/classify/index.cgi?class_id=%41%30%33%2C%42%30%31%2C%43%30%39

立法院

　http://www.ly.gov.tw/ly/ly05/ly0501/ly050100.jsp?value=00002&stage=5

報紙資料

中華日報、民眾日報、聯合報、中國時報、中央日報、台灣新生報、台灣新聞報、自立早報等，台南縣版相關新聞報導。

附件一

附件一　蔡四結手稿〈我為什麼要競選縣長〉

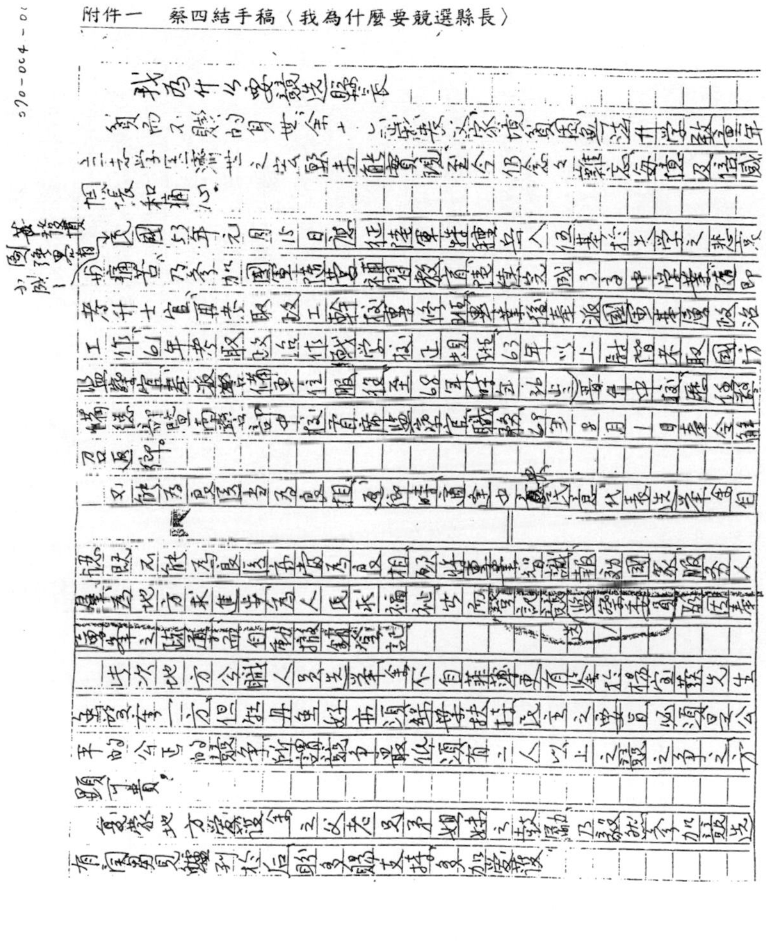
我為什麼要競選縣長

附件二

附件二 一九八一年十一月蔡四結競選第九屆縣長時的文宣傳單

學歷：
政工幹部學校專修班十九期
政治作戰學校正規班廿八期
監察幹部訓練班廿三期
考試院國防特考乙等及格

經歷：
貨運行細工。
西藥房店員。
連營政戰輔導長。
台南縣團管區監察官。
警備總部少校監察官。
高雄港檢處中校監察官。
南警部中校首席監察官。

「拆四結」!! 蔡四結 !!

心血流家鄉・只求

奉獻 !! 服務 !!

「拆四結」

今日看我「闖關」

明天由您「做主」

拆「四結」!!
不能再等！

蔡四結 !!
拆開南縣十八年來縣長
無競選的結！

蔡四結 !!
拆開南縣十八年來縣政
黨包辦的結！

蔡四結 !!
拆開作縣長是有錢有
勢獨佔的結！

蔡四結 !!
拆開貧寒子弟有出頭天
有出脫的結！

蔡四結

賜教處：台南縣白河鎮中正路37號
電話：(066) 854054・85____

311

070-004-006

附件三

附件三　一九八五年十一月陳水扁競選第十屆縣長時的文宣傳單

國家圖書館出版品預行編目

台南縣派系興起與政黨政治的確立 /
陳延輝 蕭晉源合著. -- 一版.
臺北市：秀威資訊科技, 2005[民 94]
　面；　　公分. --　參考書目：面
ISBN 978-986-7263-26-1（平裝）
1. 政治 － 台灣

573.07　　　　　　　　　　94006613

 社會科學類　AF0020

台南縣派系興起與政黨政治的確立

作　　者 / 陳延輝、蕭晉源
發 行 人 / 宋政坤
執行編輯 / 魏良珍
圖文排版 / 劉逸倩
封面設計 / 莊芯媚
數位轉譯 / 徐真玉　沈裕閔
圖書銷售 / 林怡君
網路服務 / 徐國晉
出版印製 / 秀威資訊科技股份有限公司
　　　　　　台北市內湖區瑞光路 583 巷 25 號 1 樓
　　　　　　電話：02-2657-9211　　　傳真：02-2657-9106
　　　　　　E-mail：service@showwe.com.tw
經 銷 商 / 紅螞蟻圖書有限公司
　　　　　　台北市內湖區舊宗路二段 121 巷 28、32 號 4 樓
　　　　　　電話：02-2795-3656　　　傳真：02-2795-4100
　　　　　　http://www.e-redant.com

2006 年 7 月 BOD 再刷
定價：480 元

讀　者　回　函　卡

感謝您購買本書，為提升服務品質，煩請填寫以下問卷，收到您的寶貴意見後，我們會仔細收藏記錄並回贈紀念品，謝謝！

1. 您購買的書名：_____

2. 您從何得知本書的消息？

　　□網路書店　□部落格　□資料庫搜尋　□書訊　□電子報　□書店

　　□平面媒體　□ 朋友推薦　□網站推薦　□其他_____

3. 您對本書的評價：(請填代號　1.非常滿意 2.滿意 3.尚可 4.再改進)

　　封面設計____　版面編排____　內容____　文/譯筆____　價格____

4. 讀完書後您覺得：

　　□很有收獲　□有收獲　□收獲不多　□沒收獲

5. 您會推薦本書給朋友嗎？

　　□會　□不會，為什麼？_____

6. 其他寶貴的意見：_____

_____

_____

_____

讀者基本資料

姓名：_____　年齡：_____　性別：□女 □男

聯絡電話：_____　E-mail：_____

地址：_____

學歷：□高中(含)以下　□高中　□專科學校　□大學

　　　□研究所(含)以上 □其他_____

職業：□製造業 □金融業 □資訊業 □軍警 □傳播業 □自由業

　　　□服務業 □公務員 □教職　□學生 □其他_____

To：114

台北市內湖區瑞光路 583 巷 25 號 1 樓

秀威資訊科技股份有限公司　　　收

寄件人姓名：

寄件人地址：□□□

（請沿線對摺寄回,謝謝!）

秀威與 BOD

BOD（Books On Demand）是數位出版的大趨勢，秀威資訊率先運用 POD 數位印刷設備來生產書籍，並提供作者全程數位出版服務，致使書籍產銷零庫存，知識傳承不絕版，目前已開闢以下書系：

一、BOD 學術著作—專業論述的閱讀延伸
二、BOD 個人著作—分享生命的心路歷程
三、BOD 旅遊著作—個人深度旅遊文學創作
四、BOD 大陸學者—大陸專業學者學術出版
五、POD 獨家經銷—數位產製的代發行書籍

BOD 秀威網路書店：www.showwe.com.tw
政府出版品網路書店：www.govbooks.com.tw

　　永不絕版的故事・自己寫・永不休止的音符・自己唱